Beck'sche Reihe
BsR 1055

„Meines Erachtens gibt es für das denkende Wesen keinen entscheidenderen Augenblick als den, wo ihm gleichsam die Schuppen von den Augen fallen und es entdeckt, daß es nicht einsam in den Einöden des Weltalls verloren ist, sondern daß ein universeller Lebenswille in ihm zusammenströmt und sich in ihm vermenschlicht. Der Mensch ist nicht, wie er so lange geglaubt hat, fester Weltmittelpunkt, sondern Achse und Spitze der Entwicklung – und das ist viel schöner."

Aus der Vorbemerkung von Pierre Teilhard de Chardin

Pierre Teilhard de Chardin wurde am 1. Mai 1881 in Sarcenat bei Clermont-Ferrand (Auvergne) geboren. Nach philosophischen, theologischen und naturwissenschaftlichen Studien wurde er 1922 außerordentlicher Professor für Geologie am Institut Catholique von Paris. Wegen seiner evolutionistischen Anschauungen wurde er 1926 in ein zwanzigjähriges Exil nach China geschickt. Von dort aus errang er als Paläontologe auf den Spuren der frühen Menschheit in China, Indien, Java und Afrika Weltgeltung. Ab 1946 lehrte und forschte er in Europa, Amerika und Afrika und bemühte sich, Natur- und Geisteswissenschaftler für den Entwurf einer neuen Anthropologie zu gewinnen. Er starb am 10. April 1955 in New York. Von den zahlreichen Schriften Teilhards ist „Der Mensch im Kosmos" die bedeutendste. Sie wurde 1940 in Peking abgeschlossen und auf Verlangen der römischen Zensur 1948 mit einem Anhang „Über die Rolle des Bösen in einer evolutionären Welt" versehen; trotzdem konnte das Buch erst nach dem Tode Teilhards erscheinen und eroberte in wenigen Monaten die Welt. Im Verlag C. H. Beck liegt außerdem vor: Pierre Teilhard de Chardin, Die Entstehung des Menschen.

PIERRE TEILHARD DE CHARDIN

Der Mensch im Kosmos

Aus dem Französischen
von Othon Marbach

VERLAG C.H.BECK MÜNCHEN

Titel der Originalausgabe: „Le Phénomène humain"
(Paris 1955, Éditions du Seuil)

Mit 4 Abbildungen

Die Deutsche Bibliothek – CIP-Einheitsaufnahme

Teilhard de Chardin, Pierre:
Der Mensch im Kosmos / Pierre Teilhard de Chardin.
Aus dem Franz. von Othon Marbach. – Unveränd. Nachdr.
der Ausg. 1959. München : Beck, 1994
   (Beck'sche Reihe ; 1055)
   Einheitssacht.: Le phénomène humain <dt.>
   ISBN 3 406 37445 X
NE: GT

ISBN 3 406 37445 X

Unveränderter Nachdruck 1994 der im Verlag C. H. Beck
erschienenen gebundenen deutschen Ausgabe von 1959
Umschlagentwurf: Uwe Göbel, München
Umschlagabbildung: Philippe Halsmann
© für die deutsche Ausgabe: C. H. Beck'sche Verlagsbuchhandlung
(Oscar Beck), München 1959. –
Gesamtherstellung: C. H. Beck'sche Buchdruckerei, Nördlingen
Gedruckt auf säurefreiem,
aus chlorfrei gebleichtem Zellstoff hergestelltem Papier
Printed in Germany

INHALT

II. DAS LEBEN

III. DAS DENKEN

IV. DAS HÖHERE LEBEN

DER MENSCH IM KOSMOS

(Le Phénomène humain)

wurde veröffentlicht unter dem Patronat Ihrer Majestät der Königin
Marie-José und mit Förderung durch ein wissenschaftliches
und ein Ehren-Komitee

I. Wissenschaftliches Komitee

LEPRINCE-RINGUET, Louis, Mitglied der Académie des Sciences. Professor an der Polytechnischen Hochschule, Paris. Präsident der Vereinigung katholischer Naturforscher

MALAN, Mr. B. D., Director, Archaeological Survey der Südafrikanischen Union

MONOD, Théodore, Korrespondent des Institut de France, Professor am Nationalmuseum für Naturgeschichte. Direktor des Französischen Instituts für Südafrika

PIVETEAU, Jean, Mitglied der Académie des Sciences, Professor an der Sorbonne

ROBINSON, J. T., Professional Officer in Charge, Department of Vertebrate Palaeontology und Physical Anthropology, Transvaal Museum, Pretoria

ROMER, Alfred Sherwood, Ph. D., Sc. D., Director of the Museum of Comparative Zoology, und AGASSIZ, Alexander, Professor of Zoology, Harvard University, USA

SIMPSON, George Gaylord, Curator of fossil Mammals and Birds, The American Museum of Natural History, Professor of Vertebrate Palaeontology, Columbia University

TOYNBEE, Arnold J., Director of Studies, Royal Institute of International Affairs, Research Professor of International History, University of London

VANDEL, Albert, Korrespondent der Académie des Sciences, Paris

VAUFREY, R., Professor am Institut de Paléontologie Humaine, Paris

VIRET, Jean, Professor an der Naturwissenschaftlichen Fakultät, Lyon

WESTOLL, Stanley, Professor der Geologie am King's College der Universität Durham

II. Ehren-Komitee

TEILHARD DE CHARDIN, Monsieur und Madame Joseph

TEILHARD DE CHARDIN, Monsieur François-Régis

TEILHARD DE CHARDIN, Madame Victor

TEILHARD-CHAMBON, Mademoiselle M., Agrégée der Universität

BEGOUEN, Max-Henri, Graf

MORTIER, Mademoiselle J.

ARON, Robert, Agrégé der Universität, Schriftsteller

BACHELARD, Gaston †, Honorarprofessor an der Sorbonne, Mitglied des Institut de France

Diese zwei Listen stellen notwendigerweise nur eine Auswahl dar und enthalten keineswegs eine vollständige Aufzählung der hervorragendsten Freunde und Bewunderer des Paters Teilhard de Chardin. Manche von den Berufensten sind hier vielleicht nicht genannt, und wir bitten sie, diese Unterlassung zu entschuldigen.

Unser Dank gilt allen, die an der Spitze dieses Buches ihre Sympathie für den großen hingegangenen Gelehrten und Denker bezeugen. Pater Teilhard de Chardin hätte diesen Achtungsbeweis, der von Menschen verschiedenen Glaubens in voller Freiheit des Geistes dargebracht wurde, gewiß mit Freude entgegengenommen.

Anmerkung der Herausgeber der Originalausgabe

AUS DEM VORWORT
ZUR FRANZÖSISCHEN AUSGABE

Es ist verständlich, daß ein Gelehrter am Ende seines wissenschaftlichen Untersuchungen gewidmeten Lebens danach strebt, die Fülle seiner Beobachtungen und Erwägungen in einem Gesamtbild zusammenzufassen, um so der Weltanschauung, die er sich nach und nach erarbeitet hat, Ausdruck zu geben. Je enger der Gegenstand seiner Studien und Überlegungen mit der allgemeinen Entwicklung der Wissenschaft oder den großen Fragen menschlicher Existenz verbunden ist, desto mehr wird er von diesem Streben ergriffen sein.

Wie aktuell die vorliegende Studie ist, wird niemandem entgehen, dem die großen Probleme der Gegenwart bewußt geworden sind. Die maßgebendsten Persönlichkeiten stimmen darin überein, daß die Fülle unserer wissenschaftlichen Erkenntnisse – zumindest soweit sie den Menschen zum Gegenstand haben – einer einheitlichen Zusammenfassung bedarf. Auch religiösen Kreisen wäre sie erwünscht; denn durch sie würde erst die Größe und Schönheit der Schöpfung ins rechte Licht gesetzt. Schließlich widerstrebt es dem menschlichen Geist, sich mit einer Wissenschaft zu begnügen, die ewig Stückwerk bleibt.

Von der Dringlichkeit einer zusammenfassenden Weltschau überzeugt und mehr als irgendein anderer zu ihrer Ausarbeitung vorbereitet, bemühte sich Pater Teilhard de Chardin darum, sie durchzuführen. Wenn sich die hier niedergelegten Ideen als richtig erweisen, so wird ihnen zweifellos der gebührende Platz im Fortschritt der philosophischen und theologischen Wissenschaft eingeräumt werden. Denn für den Christen gibt es nach der Erarbeitung einer geschlossenen Weltanschauung noch ein anderes Problem von allerhöchster Wichtigkeit: die Synthese aus dieser Weltanschauung und den Inhalten des Glaubens. Seit dem heiligen Thomas von Aquin sind alle Theologen davon überzeugt, daß bei allem Rangunterschied eine innere Harmonie zwischen der natürlichen und übernatürlichen Ordnung bestehen muß. Dem mittelalterlichen Menschen war diese Harmonie sozusagen eine Selbstverständlichkeit. Dem Menschen von heute jedoch, der mit den Fortschritten der Wissenschaft vertraut ist, ist sie aus mehr als einem Grunde schwer faßbar. Zwar zweifelt der christliche Intellektuelle nicht an ihr, er ist sogar davon durchdrungen, daß sie vorhanden sein muß; aber es ist ihm unmöglich, sie zu sehen.

Um diese zweite, umfassendere Synthese zwischen dem Christentum und den modernen wissenschaftlichen Erkenntnissen bemühte sich Pater Teilhard de Chardin unentwegt in seinen Studien. Indem er sie in der Richtung der Weltanschauung fortsetzte, die allmählich in ihm gereift war, wurde es ihm immer klarer, daß das Christentum, in seinem innersten Wesen verstanden, wie es besonders in den Briefen des heiligen Paulus aus der Gefangenschaft hervortritt, als Krönung und Abschluß jeder kosmischen Evolution betrachtet werden muß. Christus ist für Teilhard de Chardin wie für Paulus die Achse und das Ziel des ganzen Weltgeschehens, er ist der geheimnisvolle Punkt Omega, in dem alle aufstrebenden Kräfte zusammenlaufen, so daß die gesamte Schöpfung als Funktion des fleischgewordenen Wortes verstanden werden muß.

Es ist hier nicht der Ort, auf die christologische Seite seines Werkes näher einzugehen. In der Schrift «Der Mensch im Kosmos» läßt der Autor absichtlich alle theologischen Probleme beiseite, eben weil er auf dem Boden der Erfahrungswissenschaft bleiben will.

Möge dieser meisterhafte Versuch, der weite Horizonte erschließt und zu noch kühneren Überlegungen und Forschungen den Anstoß gibt, allen denen eine Hilfe sein, die, von der Unruhe und Unsicherheit unserer Zeit ergriffen, danach trachten, den Sinn der Welt und des Lebens besser zu verstehen. Wir glauben fest daran, daß dieses Werk vielen Licht und Eingebung bringen und auf unsere Zeit einen tiefgehenden Einfluß ausüben wird.

N. M. Wildiers, Dr. theol.

VORBEMERKUNG DES VERFASSERS

Um das Buch, das ich hier vorlege, richtig zu verstehen, darf man es nicht lesen, als wäre es ein metaphysisches Werk, und noch weniger wie eine Art theologischer Abhandlung, sondern einzig und allein als naturwissenschaftliche Arbeit. Schon die Wahl des Titels weist darauf hin. Nichts als das Phänomen. Aber auch das ganze Phänomen.

Erstens, *nichts als* das Phänomen. Man darf daher auf diesen Seiten *keine Erklärung*, sondern nur eine *Einführung zu einer Erklärung* der Welt suchen. Ich habe nichts anderes versucht als dies: rings um den Menschen als Mittelpunkt eine zusammenhängende Ordnung zwischen dem Folgenden und dem Vorausgehenden festzulegen, – nicht ein System ontologischer und kausaler Beziehungen zwischen Elementen des Universums aufzudecken, sondern ein auf Erfahrung gegründetes Gesetz, das nach rückwärts und vorwärts anwendbar ist und dadurch die aufeinander folgenden Erscheinungen im Lauf der Zeit verständlich macht. Über diese erste *wissenschaftliche* Überlegung hinaus bleibt für die tiefergehenden Überlegungen des Philosophen und des Theologen selbstverständlich noch ein wesentlicher und klaffender Spielraum offen. Ich habe es strikt und absichtlich vermieden, mich je in das Gebiet des tiefen Seins zu wagen. Ich glaube aber wenigstens im Bereich der Erfahrung die gemeinsame Bewegung (zur Einheit) einigermaßen richtig erkannt und an den entsprechenden Stellen die Einschnitte aufgezeigt zu haben, die das philosophische und religiöse Denken in ihrem weiteren Fortgang aus Gründen höherer Ordnung mit Recht fordern könnte.[1]

Aber auch das *ganze* Phänomen. Das allerdings könnte der von mir dargebotenen Schau, ohne dem eben Gesagten zu widersprechen, dennoch einen *Anschein* von Philosophie geben. Seit etwa fünfzig

[1] Siehe z. B. weiter unten Seite 169 Anmerkung 1; Seite 188 Anmerkung 1; Seite 310 Anmerkung 1.

Jahren hat die Kritik der Wissenschaften mehr als einmal bewiesen: es gibt keine reinen Tatsachen; jede Erfahrung, mag sie noch so objektiv sein, verwickelt sich unvermeidlich in ein System von Hypothesen, sobald der Gelehrte sie formulieren will. Wenn nun innerhalb eines begrenzten Beobachtungsfeldes diese Aura von subjektiver Interpretation unmerklich bleiben kann, so ist ihr Vorherrschen *bei einer das Universum umfassenden Schau* fast unvermeidlich. Wie die Meridiane in der Nähe des Pols, konvergieren Wissenschaft, Philosophie und Religion notwendigerweise in der Nachbarschaft des Alls. Sie konvergieren, gewiß – aber ohne zu verschmelzen, und indem sie nicht nachlassen, das Wirkliche von verschiedenen Gesichtswinkeln und Ebenen aus immer genauer zu untersuchen. Man lese, was große moderne Gelehrte, wie Poincaré, Einstein, Jeans usw., über das Weltall geschrieben haben. Es ist unmöglich, eine allgemeine wissenschaftliche Deutung des Universums zu versuchen, ohne den *Anschein zu erwecken*, man wolle es vollständig erklären. Doch wenn man näher zusieht, erkennt man bald, daß diese «Hyper-Physik» noch keine Metaphysik ist.

Jeder derartige Versuch einer wissenschaftlichen Beschreibung des Alls zeigt natürlicherweise in seinem Verlauf recht weitgehend den Einfluß gewisser ursprünglicher Voraussetzungen, von denen dann die ganze weitere Struktur des Systems abhängt. Im besonderen Falle der vorliegenden Abhandlung vereinigen sich – darauf möchte ich besonders hinweisen – zwei Grundauffassungen, um alle Ausführungen zu stützen und zu leiten. Die erste besteht in dem Vorrang, der dem Psychischen und dem Denken im Weltstoff zugebilligt wird. Die zweite im «biologischen» Wert, den ich unserer sozialen Umwelt zuspreche.

Überragende Bedeutung des Menschen in der Natur und organische Natur der Menschheit: zwei Hypothesen, die man gleich zu Beginn zurückweisen kann; aber ich sehe nicht, wie man ohne sie eine zusammenhängende und abgerundete Vorstellung vom Phänomen Mensch geben könnte.

Paris, März 1947

SEHEN

Die folgenden Seiten sind Ausdruck eines Bemühens, zu *sehen* und *sehen zu machen*, was des Menschen Bestimmung und Anspruch ist, wenn man ihn voll und ganz in den Rahmen der Erscheinungen stellt. Warum dieses Trachten nach dem Sehen? Und warum richten wir unsere Blicke im besonderen auf den Menschen als Objekt?

Sehen. Man könnte sagen, das ganze Leben sei darin beschlossen, – wenn nicht in seinem Ziel, so doch in seinem Wesen. Höheres Sein ist umfassenderes Vereintsein: dies ist der Grundgedanke des vorliegenden Buches und der Schluß, zu dem es gelangt. Diese Vereinigung jedoch – wir werden es noch feststellen müssen – steigert sich nur, wenn wachsendes Bewußtsein sie trägt. Das aber bedeutet *Schau*. Deshalb entspricht die Geschichte der lebenden Wesen zweifellos der Ausgestaltung immer vollkommenerer Augen inmitten eines Kosmos, in dem die Möglichkeit eines immer schärfer sich ausbildenden Unterscheidungsvermögens besteht. Ist nicht die Schärfe und die Fassungskraft des Blickes das Maß für die Vollkommenheit des lebenden und die Überlegenheit des denkenden Wesens? Mehr und besser sehen wollen ist also keine bloße Laune, keine Neugierde, kein Luxus. Sehen oder zugrunde gehen. In dieser durch das geheimnisvolle Geschenk des Daseins aufgezwungenen Lage befindet sich jedes Element des Universums. Und dies ist demnach, auf höherer Ebene, auch die Daseinsbedingung des Menschen.

Wenn aber Erkenntnis wirklich so lebensnotwendig und beseligend ist, warum – ich wiederhole die Frage – diese Vorliebe für die Ergründung des Menschen? Ist der Mensch nicht schon hinreichend beschrieben –, und langweilig? Besteht nicht ein besonderer Reiz der Wissenschaft gerade in der Ablenkung und Beruhigung unseres

Blicks, wenn dieser endlich auf einem andern Gegenstand verweilen kann als dem eigenen Ich?

Der Mensch drängt sich unserem Bemühen, zu sehen, aus doppeltem Grunde als Objekt auf, und erscheint in doppelter Hinsicht als Zentrum der Welt, gleichsam als der Schlüssel des Universums.

Wir sind zunächst einmal subjektiv unvermeidlich *Mittelpunkt* des uns zugekehrten *eigenen Blickfeldes*. Es war eine, vermutlich unumgängliche, gutgläubige Vereinfachung, wenn die Wissenschaft in ihren Anfängen sich vorstellte, sie könne die Erscheinungen *an sich* beobachten, als ob sie unabhängig von uns abrollten. Ganz unbewußt gingen Physiker und andere Naturforscher zunächst so vor, als senke sich ihr Blick aus weiter Höhe auf eine Welt, die ihr Bewußtsein zu durchdringen vermöchte, ohne ihren Wirkungen ausgesetzt zu sein, oder sie zu beeinflussen. Sie gelangen erst jetzt zur Einsicht, daß selbst ihre objektivsten Beobachtungen von anfänglich aufgegriffenen Annahmen durchsetzt sind, ebenso wie von Denkformen oder Denkgewohnheiten, die im Verlauf der Forschungsgeschichte gebildet wurden. Wenn sie nun den letzten Schluß aus ihren Analysen ziehen, sind sie nicht mehr sicher, ob die endlich erreichte Struktur das Wesen der untersuchten Materie oder das Spiegelbild ihres eigenen Denkens darstellt. Und zugleich bemerken sie, daß sie selbst, durch Rückwirkung ihrer Entdeckungen, mit Leib und Leben in das Netz der Beziehungen verwickelt sind, das sie von außen über die Dinge zu werfen dachten: in ihrer eigenen Schlinge gefangen. Ein Geologe würde von Metamorphismus und Endomorphismus sprechen. Objekt und Subjekt vermischen sich und verwandeln sich gegenseitig im Akt des Erkennens. Deshalb findet der Mensch sich darin wieder und betrachtet sich selbst in allem, was er sieht, ob er will oder nicht.

Das ist gewiß eine Unfreiheit, die aber sogleich durch eine Tatsache von einzigartiger Bedeutung aufgewogen wird.

Wohl ist ein Beobachter dem banalen Zwang unterworfen, den Mittelpunkt der durchwanderten Landschaft, wohin er auch gehe, in sich zu tragen. Aber wie verhält sich der Spaziergänger, wenn er auf seinem Weg zufällig an einen von der Natur bevorzugten Ort gelangt, wo sich Straßen oder Täler kreuzen und wo nicht nur der Blick, sondern auch die Dinge nach allen Seiten hin ausstrahlen?

Dann fällt der subjektive Gesichtspunkt mit einer objektiven Gliederung der Dinge zusammen und Wahrnehmung entfaltet sich in ihrer ganzen Fülle. Die Landschaft enträtselt und erhellt sich. Man sieht.

Dies scheint wohl das Vorrecht des menschlichen Erkenntnisvermögens zu sein.

Man muß nicht unbedingt ein Mensch sein, um die Dinge und die Kräfte «um uns herum» wahrzunehmen. Alle Tiere vermögen dies ebensogut wie wir. Doch der Mensch allein nimmt in der Natur eine solche Stellung ein, daß diese Konvergenz der Linien nicht nur von ihm gesehen wird, sondern auch strukturelle Bedeutung hat. Die folgenden Seiten werden dieses Phänomen eingehender prüfen und erklären. Kraft der Beschaffenheit und der biologischen Eigenheiten des Denkvorgangs befinden wir uns an einem einzigartigen Platz, an einem Knotenpunkt, der den gesamten unserer Erfahrung gegenwärtig zugänglichen Ausschnitt des Kosmos beherrscht. So ist der Mensch Mitte in dem *Blickfeld*, aber zugleich auch in dem *Bau* des Universums. Diese Vorzugsstellung und überhaupt die Tatsachen verlangen, daß alle Wissenschaft schließlich auf ihn zurückgeführt werde. – Wenn Sehen wirklich höheres Sein ist, so laßt uns den Menschen betrachten, und unser Leben wird reicher sein.

Dazu jedoch müssen wir unsere Augen richtig einstellen.

Seitdem der Mensch ins Dasein getreten ist, wird er sich selbst zum Schauspiel dargeboten. Seit Jahrtausenden betrachtet er tatsächlich nur sich selbst. Und dennoch steht er kaum am Beginn einer wissenschaftlichen Ansicht über seine Bedeutung innerhalb der Natur der Welt. Wundern wir uns nicht, daß dieses Erwachen so langsam vor sich geht! Oft ist nichts schwieriger wahrzunehmen, als was uns «in die Augen springen» sollte. Bedarf das Kind nicht einer Erziehung, um die Bilder zu scheiden, die sich seiner eben erst dem Licht geöffneten Netzhaut aufdrängen? Der Mensch bedurfte zur endgültigen Entdeckung des Menschen einer ganzen Reihe von «Sinnen», deren stufenweise Erwerbung – wir werden es noch zeigen – sich mit der Geschichte der Geisteskämpfe deckt und ihre Epochen bestimmt.

Sinn für den in seiner Größe und seiner Kleinheit unermeßlichen Raum, dem es gelingt, in einem Bereich von unbestimmtem Ausmaß die Kreise der uns umdrängenden Dinge zu entwirren und voneinander zu trennen.

Sinn für die Tiefe der Zeit, der nicht ruht in der Bemühung, Ereignisse, die für unser Auge wie von einer Art von Schwere in eine dünne Schicht von Vergangenheit zusammengedrängt werden, über ungezählte Glieder hinweg und über unmeßbare Zeiträume zurückzuverlegen.

Sinn für die Zahl, der unbeirrbar die schwindelerregende Menge belebter und unbelebter Elemente aufdeckt und einschätzt, die bei der geringsten Veränderung des Universums beteiligt sind.

Sinn für Proportion, der nach bestem Vermögen die Unterschiede in den Maßstäben erfaßt, die nach Ausdehnung und zeitlicher Bewegungsfolge das Atom vom Sternennebel und das unendlich Kleine vom unendlich Großen trennen.

Sinn für Qualität oder Neuheit, dem es gelingt, ohne die physische Einheit der Welt zu brechen, in der Natur absolute Stufen von Vollkommenheit und Wachstum zu unterscheiden.

Sinn für Bewegung, der fähig ist, den unwiderstehlichen Fortschritt zu entdecken, der sich hinter der langsamsten Entwicklung verbirgt – die äußerste Bewegtheit unter dem Schleier scheinbarer Ruhe – das völlig Neue, das sich mitten in die einförmige Wiederholung des Gleichen hineinstiehlt.

Und schließlich Sinn für das Organische, der aus dem Nebeneinander, das die Oberfläche darbietet, die natürlichen Zusammenhänge und die strukturelle Zusammengehörigkeit des Nacheinander und des Miteinander herausfindet.

Solange unser Blick die eben erwähnten Eigenschaften nicht besitzt, bleibt der Mensch, so sehr man auch bemüht ist, uns das Sehen zu lehren, das, was er noch immer in der Vorstellung so vieler ist: ein unverständliches Wesen in einer zusammenhangslosen Welt. – Schwindet dagegen in unserer Optik die dreifache Täuschung der

Kleinheit, der Vielheit und der Bewegungslosigkeit, so rückt der Mensch mühelos auf den von uns angekündigten Platz im Mittelpunkt: als gegenwärtiger Gipfel einer Anthropogenese, die selbst Krönung einer Kosmogenese ist.

Der Mensch kann sich nicht vollständig schauen außerhalb der Menschheit, noch die Menschheit außerhalb des Lebens, noch das Leben außerhalb des Universums.

Daher ergeben sich als Hauptpunkte für den Plan dieses Werkes: die Vorstufe des Lebens, das Leben, das Denken – drei Ereignisse, die ein und dieselbe Flugbahn in die Vergangenheit einzeichnen und für die Zukunft (das höhere Leben!) vorausbestimmen: die Kurve des Phänomens Mensch.

Ich wiederhole – des Phänomens.

Ich habe mich zu dieser Bezeichnung nicht zufällig entschlossen. Aus drei Gründen habe ich sie gewählt:

Erstens um zu betonen, daß der Mensch der Natur wahrhaft als eine Tatsache angehört und als solche (zumindest teilweise) den Ansprüchen und Methoden der Naturwissenschaft unterliegt.

Ferner um davon zu überzeugen, daß es unter allen Tatsachen, die sich unserer Kenntnis darbieten, keine gibt, die außerordentlicher und erhellender wäre.

Schließlich um mit allem Nachdruck auf den besonderen Charakter der vorliegenden Darstellung hinzuweisen.

Das einzige Ziel, die eigentliche Triebkraft, die mich auf allen folgenden Seiten lenkt, ist einfach, um es nochmals zu sagen, mein Wille zu *sehen*, mit anderen Worten, eine *homogene* und *zusammenhängende* Schau unserer den Menschen betreffenden Gesamterfahrung zu bieten. Ein Ganzes, das sich vor uns entfaltet.

Suche deshalb niemand hier eine Erklärung der letzten Dinge, eine Metaphysik! Und möge sich niemand über den Wirklichkeitsgehalt täuschen, den ich den verschiedenen Teilen des Films zubillige, den ich hier vorführe. Bei meinem Versuch, mir die Welt vor dem Entstehen des Lebens oder das Leben in der urweltlichen Epoche vorzustellen, vergesse ich nicht, daß es einen Widerspruch in der Weltordnung bedeuten würde, einen Menschen zum Zuschauer dieser der

Erscheinung des Denkens auf Erden lang vorausgehenden Zeiten zu machen. Ich erhebe nicht den Anspruch, sie zu beschreiben, wie sie wirklich gewesen sind, sondern wie wir sie uns vorstellen müssen, damit die Welt in diesem Augenblick für uns wahr werde: die Vergangenheit nicht an sich, sondern wie sie einem Beobachter auf der Höhe jenes Gipfels erscheint, auf den uns die Entwicklung gestellt hat. Eine sichere und bescheidene Methode, die aber, wie wir noch sehen werden, genügt, um, dem Prinzip der Symmetrie folgend, überraschende Zukunftsbilder erstehen zu lassen.

Selbst auf diese mehr als bescheidenen Ausmaße reduziert, stellen die Anschauungen, die ich hier auszudrücken versuche, selbstverständlich nur persönliche Versuche in weitestem Sinne dar. Immerhin stützen sie sich auf eine nicht unbeträchtliche Forschungsarbeit und langjährige Überlegungen; sie können daher eine beispielhafte Idee davon geben, wie das Problem des Menschen sich heute der Wissenschaft darstellt.

Der Mensch als solcher, in der strengen Betrachtungsweise der Anthropologen und Rechtsgelehrten, ist ein ganz kleines, und sogar ein sich immer mehr verkleinerndes Ding. Verweilen wir zu sehr bei seiner Besonderheit, so daß das Ganze unseren Blicken entschwindet, so verführt das unseren Geist zur Zerstückelung der Natur, deren tiefe Zusammenhänge und unermeßliche Weiten er sich nicht bewußt macht. Das ist die *schlechte* anthropozentrische Betrachtungsweise. Daher auch die bei Männern der Wissenschaft noch fühlbare Abneigung, den Menschen als Studienobjekt anders zu nehmen denn als Körper.

Der Augenblick ist jedoch gekommen, wo man sich sagen muß, daß selbst eine positivistische Erklärung des Universums, wenn sie befriedigen soll, der Innenseite der Dinge ebenso wie ihrer Außenseite gerecht zu werden hat, – dem Geist ebenso wie der Materie. Die wahre Physik ist jene, der es eines Tages gelingen wird, den Menschen in seiner Ganzheit in ein zusammenhängendes Weltbild einzugliedern.

Könnte ich doch das Gefühl dafür wecken, daß ein solcher Versuch möglich ist und für den, der den Dingen auf den Grund gehen will und kann, eine Bedingung für die Erhaltung seiner Tatkraft und Tatenlust.

Denn meines Erachtens gibt es für das denkende Wesen keinen entscheidenderen Augenblick als den, wo ihm gleichsam die Schuppen von den Augen fallen und es entdeckt, daß es nicht einsam in den Einöden des Weltalls verloren ist, sondern daß ein universeller Lebenswille in ihm zusammenströmt und sich in ihm vermenschlicht.

Der Mensch ist nicht, wie er so lange geglaubt hat, fester Weltmittelpunkt, sondern Achse und Spitze der Entwicklung – und das ist viel schöner.

I

DIE VORSTUFE DES LEBENS

ERSTES KAPITEL

DER WELTSTOFF

Die Rückführung eines Dinges in die Vergangenheit bedeutet seine Auflösung in die einfachsten Elemente. Spürt man den letzten Fibern des menschlichen Gefüges so weit als möglich in der Richtung ihrer Ursprünge nach, so verlieren sie sich für unseren Blick schließlich im Weltstoff.

Der Weltstoff: letzter Rest der immer vollkommeneren Analysen der Wissenschaft . . . Um ihn zu beschreiben, wie es seiner Bedeutung angemessen ist, hätte ich zu ihm jenen unmittelbaren, vertrauten Kontakt herstellen müssen, der zwischen dem Menschen, der nur gelesen, und dem, der Versuche angestellt hat, einen so gründlichen Unterschied macht. Ich weiß auch, wie gefährlich es ist, als Materialien für einen Bau, dem man eine lange Dauer wünscht, Hypothesen zu verwenden, die selbst nach der Ansicht ihrer Erfinder nur einen kurzen Morgen dauern sollen.

Die augenblicklich geltenden Atomtheorien sind in den Händen der Gelehrten weithin nur ein kurzlebiges graphisches Zeichen, um die wachsende Zahl von «Wirkungen», die die Materie an den Tag legt, zu gruppieren und ihre Widerspruchslosigkeit nachzuprüfen. Viele von diesen Wirkungen haben überdies noch keine erkennbare Fortsetzung im Menschen.

Ich bin weniger Physiker als Naturforscher. Ich werde es deshalb vermeiden, mich in allen Einzelheiten und mehr als nötig auf diese komplizierten und so gebrechlichen Konstruktionen zu stützen.

Hingegen tritt in der Vielfalt der Theorien, die sich überschneiden, eine gewisse Anzahl von Merkmalen ans Tageslicht, die in allen Erklärungen des Universums notwendigerweise immer wieder vorkommen. Von diesen Tatbeständen, die ihm definitiv erscheinen, muß der Naturforscher ausgehen, soweit sie Gesetzmäßigkeiten zum Ausdruck bringen, die allen Umwandlungen in der Natur, selbst denen der Lebewesen, innewohnen. Von ihnen kann er sich erlauben zu sprechen, wenn er sich einem umfassenden Studium des Phänomens Mensch widmet.

I. DER URSTOFF

Wenn wir den Stoff der betastbaren Welt unter diesem besonderen Gesichtspunkt betrachten, und wenn wir ihn, um einen Anfang zu machen, in seinem Urzustand nehmen (darunter verstehe ich: zu einer beliebigen Zeit, an einem beliebigen Ort und mit einem beliebigen Volumen), so enthüllt er sich immer nachdrücklicher als radikal geteilt – dennoch wesensmäßig verbunden – und schließlich unglaublich aktiv.

Vielheit, Einheitlichkeit, Energie: die drei Seiten der Materie.

A. ZUNÄCHST: VIELHEIT. Die Tiefe der atomaren Struktur des Weltalls nimmt auf dem Gebiet alltäglicher Erfahrung sichtbare Gestalt an. Sie drückt sich in den Regentropfen aus und im Sand des Strandes. Sie findet ihre Fortsetzung in der Menge der Lebewesen und der Gestirne. Und selbst in der Asche der Toten kann man sie erkennen. Der Mensch hatte weder Mikroskop noch elektronische Analyse nötig, um zu vermuten, daß Staub sein Leben umgibt und trägt. Aber um die Körnchen dieses Staubes zu zählen und zu beschreiben, bedurfte es des ganzen geduldigen Scharfsinns der modernen Wissenschaft. Epikurs Atome waren regungslos und unteilbar. Und die kleinsten Welten Pascals konnten noch ihre Milben haben. Heute haben wir an Gewißheit und Genauigkeit jenes Stadium instinktiven oder genialen Ahnens weit übertroffen. Unbegrenzt in absteigender Linie. Wie die winzigen Schalen der Kieselalgen, deren Form sich unter stärkerer Vergrößerung fast endlos in immer neue Formen auflöst, so lassen sich die immer kleineren Einheiten der Materie unter der Analyse unserer Physiker auf immer feinere Körnchen zurückführen. Und sooft man auf diese Weise eine neue Stufe erreicht, bei der die Teile sich verkleinern und vervielfachen, ändert sich das gesamte Weltbild und verwischt sich immer von neuem.

Hat man einen gewissen Grad von Tiefe und Auflösung überschritten, so verlieren die vertrautesten Eigenschaften unserer Körper (Licht, Farbe, Wärme, Undurchdringlichkeit) ihren Sinn.

In Wirklichkeit ist es die Auffassung unserer Sinne, die das Dichte schafft, das über einem Gewimmel von Undefinierbarem schwebt. Schwindelerregend an Zahl und an Kleinheit löst sich das Substrat des materiellen Universums ohne Grenzen nach unten auf und schwindet ohne Grenze dahin.

B. EINHEITLICHKEIT. Je mehr wir aber die Materie spalten und künstlich zerstäuben, um so mehr zeigt sich *ihre fundamentale Einheitlichkeit*.

In ihrer unvollkommensten, aber am leichtesten vorstellbaren Form offenbart sich diese Einheitlichkeit durch eine erstaunliche Ähnlichkeit der jeweils vorgefundenen Elemente. Moleküle, Atome, Elektronen, diese winzigen Wesen, sie alle zeigen, welches auch ihre Größenordnung sei und wie sie auch heißen mögen, völlige Gleichheit in ihrer jeweiligen Masse und in ihrem Verhalten, – zumindest in der Entfernung, aus der wir sie beobachten. In ihren Dimensionen und in ihrem Wirken scheinen sie erstaunlich maßgerecht – und eintönig. Als ob das bunte Flimmern der Oberfläche, das dem Leben seinen ganzen Reiz gibt, in der Tiefe erlöschen wollte! Als ob der Stoff allen Stoffes sich auf eine einfache und einzige Substanzform zurückführen ließe!

Also *homogene Einheit*. Es scheint uns natürlich, den kosmischen Korpuskeln einen individuellen Aktionsradius zuzuschreiben, der ebenso beschränkt ist wie ihre Dimensionen. Wir müssen uns jedoch vom Gegenteil überzeugen. Ein jedes von ihnen läßt sich nur hinsichtlich seines Einflusses auf seine gesamte Umgebung definieren. Jedes Element des Kosmos, ob wir es nun in diesem oder jenem Raum vermuten, erfüllt mit seinen Ausstrahlungen das ganze Volumen eben dieses Raumes. Mag das «Herz» eines Atoms auch noch so eng umgrenzt sein, seine Einflußsphäre breitet sich, zumindest der Möglichkeit nach, über den Raum jedes beliebigen anderen Atoms aus. Erstaunliche Eigenschaft, die wir später bis zum «Molekül Mensch» wiederfinden werden!

Kollektive Einheit, so haben wir hinzugefügt. Die zahllosen Einheiten, die sich untereinander in ein gegebenes Volumen der Materie teilen, sind deshalb keineswegs voneinander unabhängig. Etwas verbindet sie miteinander, was sie solidarisch macht. Der Raum, den ihre Menge füllt, bleibt keineswegs ein passiver Behälter, sondern wirkt auf sie wie ein aktives Richtungs- und Übertragungsmedium, innerhalb dessen ihre Vielheit sich organisiert. Wenn man Atome nur einfach zusammenfügt oder aneinanderreiht, erhält man noch keine Materie. Was sie zusammenballt und miteinander verkittet, ist eine geheimnisvolle Gleichheit, die unseren Geist befremdet, mit der er sich jedoch schließlich abfinden muß.

Ein Höheres deutet sich an, das, was über den Zentren ist und sie umschließt.

Seite für Seite, bei jedem neuen Abschnitt der Entstehungsgeschichte des Menschen, werden wir uns der unvorstellbaren Realität der kollektiven Bindungen gegenüber sehen. Wir werden mit ihnen unablässig zu ringen haben, bis es uns endlich gelingen wird, ihre wahre Natur zu erkennen und zu bestimmen. Für den Beginn wollen wir uns begnügen, sie unter dem Namen zusammenzufassen, den die Wissenschaft ihrem gemeinsamen Grundprinzip gibt: Energie.

C. Die Energie, die dritte Seite der Materie. Mit diesem Wort, das in psychologischem Sinn Anstrengung bedeutet, hat die Physik den präzisen Ausdruck für das Vermögen zu wirken, oder genauer einer wechselseitigen Einwirkung, in ihre Sprache eingeführt. Die Energie ist das Maß dessen, was im Lauf der Umwandlungen der Atome von einem auf das andere übergeht. Also Bindungskraft; aber auch, weil das Atom im Laufe dieses Austausches sich zu bereichern oder zu erschöpfen scheint, konstituierender Wert.

Auf dem Boden der durch die radioaktiven Phänomene erneuerten Energietheorie können die materiellen Körperchen jetzt wie einstweilige Behälter einer konzentrierten Kraft aufgefaßt werden. Die Energie, bisher noch niemals in reinem, sondern immer mehr oder weniger in granuliertem Zustand erfaßt (sogar im Licht!), stellt heute für die Wissenschaft die Grundform des Weltstoffes dar. Daher die instinktive Neigung unserer Einbildungskraft, sie als eine Art von uranfänglicher, gleichförmiger Strömung zu betrachten, und alles Gestaltete in unserer Welt als ihre flüchtigen «Wirbel». Bei dieser Anschauung fände das All seine Haltbarkeit und seine endgültige Einheit erst, wenn es *am Ende seiner Zersetzung* angelangt wäre. *Es gewänne seinen Halt von unten her.*

Gewiß müssen wir festhalten, was die Physik konstatiert und unwiderleglich errechnet hat. Doch befreunden wir uns nicht zu rasch mit der Erwartung eines energetischen Gleichgewichts als Endzustand, wie es diese Meinungen uns nahezulegen scheinen! Eine vollkommenere Beobachtung der Bewegungen des Alls wird uns allmählich zwingen, diese Betrachtungsweise umzukehren, das heißt zu entdecken, daß nichts anderes den Dingen Halt und Zusammenhalt gibt, als ihre Verflechtung *von oben her.*

II. DER GESAMTSTOFF

Bisher haben wir die Materie «an sich» betrachtet, das heißt in ihren Eigenschaften und einem beliebigen Volumen, – als ob es in unserer Macht stünde, ein Stück loszutrennen und dieses Muster, unabhängig vom Rest, zu studieren. Doch nun müssen wir uns sagen, daß dieser Vorgang nichts ist als ein bloßer Kunstgriff des Geistes. In seiner physischen und konkreten Wirklichkeit betrachtet, läßt sich der Stoff des Universums nicht zerreißen. Er bildet vielmehr als eine Art gigantischen «Atoms» das – in seiner Totalität genommen – einzig wirklich Unteilbare – (wenn man von seinem Gegenstück, dem Denken, absieht, in dem sich der Stoff zentriert und konzentriert). Die Geschichte und die Stellung des Bewußtseins in der Welt bleiben unverständlich, solange man nicht begriffen hat, daß der Kosmos, an den der Mensch gebunden ist, infolge der unversehrbaren Integrität seiner Gesamtheit ein *System*, ein *Totum* und ein *Quantum* bildet: ein System infolge seiner Vielheit – ein Totum infolge seiner Einheit –

ein Quantum infolge seiner Energie. Alle drei übrigens innerhalb einer unbegrenzten Umfassung.

Wir wollen versuchen, dies dem Verständnis nahezubringen.

A. DAS SYSTEM. Jeder beliebige Naturbeobachter kann das «System» unmittelbar in der Welt wahrnehmen.

Die in den Bereichen des Alls herrschende Ordnung war für die Menschen von jeher Gegenstand des Staunens. Sie enthüllt sich jeden Tag als noch wunderbarer, je mehr es unserer Wissenschaft möglich wird, die Tatsachen genauer und gründlicher zu studieren. Je weiter, je tiefer wir mit unseren ständig wachsenden Machtmitteln in die Materie eindringen, desto mehr beeindruckt uns die Art, wie ihre Teile miteinander verbunden sind. Jedes Element des Kosmos ist tatsächlich aus allen anderen gefügt: von unten her durch das geheimnisvolle Phänomen der Zusammensetzung (Komposition), das es zu einem Produkt einer organisierten Gesamtheit macht; und von oben her durch den Einfluß der Einheiten höherer Ordnung, die es für ihre eigenen Zwecke in Beschlag nehmen und beherrschen.

Es ist unmöglich, aus diesem Geflecht einen Teil herauszuschneiden, ein Einzelstück zu isolieren, ohne daß es sich sogleich an allen Enden zerfaserte und auseinanderfiele.

So weit wir um uns blicken, gewinnt das Universum seinen Halt an seiner Gesamtheit. Und es gibt nur eine einzige wirklich mögliche Weise, es zu betrachten: es wie einen Block, als ein Ganzes zu nehmen.

B. DAS TOTUM. Wenn wir nun diesen Block aufmerksamer betrachten, werden wir in ihm bald noch weit mehr sehen als nur ein einfaches Geflecht verbundener Glieder. Wer von einem Gewebe, einem Netz spricht, denkt an eine gleichförmige Verschlingung ähnlicher Einheiten, von denen man vielleicht tatsächlich keine einzelne heraustrennen kann, doch über deren Gesamtheit man verfügt und deren Fortsetzung man sich vorstellen kann, sofern man nur das einzelne Element erkannt und sein Gesetz definiert hat: Kristall oder Arabeske.

Gesetz, das einen ganzen Raum zu füllen vermag, sich aber schon in einer einzigen Masche zusammengerafft vorfindet.

Nichts Gemeinsames zwischen dieser Struktur und der der Materie.

Niemals wiederholt sich die Materie in ihren Kombinationen; das gilt für die verschiedensten Größenordnungen. Weil es bequemer und einfacher ist, stellen wir uns die Welt gern als eine Reihe einander übergeordneter Planetensysteme vor, die sich stufenweise vom unendlich Kleinen bis zum unendlich Großen erheben: nochmals die beiden Abgründe Pascals[1]. Doch dies ist nur eine Täuschung. Die Sphären, aus denen die Materie sich zusammensetzt, sind grundverschieden in ihrem Verhältnis zueinander: Noch nebelhafter Kreis der Elektronen und anderer untergeordneter Einheiten. Schon besser erkennbarer Bereich der einfachen Körper, in dem sich die Elemente vom Wasserstoffatom ausgehend im periodischen System ordnen. Entfernterer Kreis der unerschöpflichen Molekülkombinationen. Und schließlich, wie durch einen Sprung oder eine Umkehr vom unendlich Kleinen zum unendlich Großen, der Kreis der Gestirne und der Galaxien. Diese vielfältigen Zonen des Kosmos sind eine von der anderen umschlossen, ohne sich nachzuahmen, – so daß nichts uns erlaubt, von der einen zur andern durch einfachen Wechsel der Koeffizienten überzugehen. Hier findet man keine Wiederholung desselben Motivs auf verschiedener Stufe. Die Ordnung, die Gestalt erscheinen nur in der Gesamtheit. Die Masche des Universums ist das Universum selbst.

Erklärt man, daß die Materie einen Block oder eine Gesamtheit bildet, so ist diese Aussage demnach noch unvollständig.

Aus einem Stück, nach einem und demselben Verfahren[2] gewebt, das sich aber in keinem Punkt jemals wiederholt, entspricht der Stoff des Universums einer einmaligen Figur: er bildet strukturell ein Ganzes.

---

[1] Anm. d. Übersetzers: vgl. Pascal, Pensées, Éd. Brunschwicg, S. 72. Zwei Abgründe des Unendlichen und des Nichts. (Der Mensch, der in der Natur zwischen diesen beiden Abgründen steht, ist am Unendlichen gemessen das Nichts, am Nichts gemessen das All.)

[2] Was wir später «das Gesetz des Bewußtseins und der Komplexität» nennen werden.

C. DAS QUANTUM. Und wenn nun die natürliche Einheit eines konkreten Raumes mit der Totalität des Gesamtraumes verschmilzt, so
müssen wir versuchen, die Energie im Hinblick auf den ganzen
Raum von neuem zu definieren.

Und dies führt uns zu zwei Schlußfolgerungen:

Erstens, daß der jedem kosmischen Element eigene Aktionsradius
eigentlich bis zu den letzten Grenzen der Welt zu verlängern ist. Da,
wie wir oben gesagt haben, das Atom von Natur aus dieselbe Ausdehnung besitzt wie jeder beliebige Raum, in den man es setzt, und
da andererseits, wie wir eben gesehen haben, ein Universalraum *der
einzige ist, den es gibt,* – müssen wir notwendigerweise annehmen,
daß eben diese Unermeßlichkeit das allen Atomen gemeinsame
Wirkungsfeld darstellt. Das Volumen eines jeden von ihnen ist das
Volumen des Universums. Das Atom ist nicht mehr die mikroskopische und in sich geschlossene Welt, wie wir es uns vielleicht
vorgestellt haben. Es ist das infinitesimale Zentrum der Welt
selbst.

Überblicken wir andererseits die Gesamtheit der infinitesimalen
Zentren, die sich in die Sphäre des Universums teilen. So unbestimm-
bar ihre Zahl sein mag, stellen sie doch in ihrer Menge eine bestimmte Wirkungsgröße dar. Da das All existiert, muß es sich auch
durch die Gesamtkapazität seiner Wirkung ausdrücken, deren Resultante wir übrigens in jedem von uns finden. Dies führt uns dazu,
nach einem Maßstab für die Dynamik der Welt zu suchen und ihn
ins Auge zu fassen.

Gewiß, die Umrißlinien der Welt scheinen unbegrenzt. Unseren
Sinnen erscheint sie, wenn ich verschiedene Bilder anwenden darf,
entweder wie ein Medium, das sich immer mehr verdünnt, bis es sich
ohne bestimmbare Form ins Unendliche verliert, oder wie ein ge-
krümmter und geschlossener Raum, in dessen Innerem sich alle Linien
unserer Erfahrungswelt um sich selbst aufrollen; in diesem Fall
würde uns die Materie nur deshalb unbegrenzt vorkommen, weil
wir nicht aus ihr herauskönnen.

Darin liegt kein Grund, ihr ein Energiequantum zu versagen, das
die Physiker, nebenbei gesagt, bereits glauben messen zu können.

Aber dieses Quantum gewinnt seinen vollen Sinn erst, wenn wir es zu definieren suchen in seinem Verhältnis zu einer natürlichen und konkreten Bewegung, – das heißt: in der «Dauer».[1]

III. DIE EVOLUTION DER MATERIE

Die Physik wurde im vergangenen Jahrhundert unter dem zwiefachen Zeichen der Festigkeit und der Geometrie geboren. Das Ideal ihrer Jugend war, eine mathematische Erklärung für eine Welt zu finden, die als ein System unveränderlicher Elemente aufgefaßt wurde, die sich in festem Gleichgewicht befinden. Später sah sie sich, wie alle anderen Realwissenschaften, durch ihre eigenen Erfolge unwiderstehlich dazu gedrängt, Geschichte zu werden.

Heute fällt die positive Kenntnis der Dinge mit dem Studium ihrer Entwicklung zusammen. Wir werden später, im Kapitel über das Denken, die vitale Revolution beschreiben und deuten müssen, die sich auch im menschlichen Bewußtsein durch die ganz moderne Entdeckung der «Dauer» abgespielt hat. Hier wollen wir uns nur fragen, welche Ausweitung die Einführung dieser neuen Dimension in unsere Anschauungen über die Materie gebracht hat.

Im wesentlichen besteht die Veränderung, die das Auftauchen des Problems, das wir weiter unten die «Raum-Zeit» nennen werden, in unser Weltbild gebracht hat, darin, daß alles, was wir in unseren kosmologischen Konstruktionen bisher als Punkt betrachtet und behandelt haben, zu einem Schnitt wird, den wir in irgendeinem Augenblick durch unbestimmbare Zeitfibern machen. Die Binde ist von unseren Augen gefallen, und so weit der Blick reicht, verlängert sich von nun an jedes Ding nach rückwärts (und strebt sich nach vorwärts fortzusetzen). So erscheint die ganze Unermeßlichkeit des Raumes als der «in einem Zeitpunkt X» gedachte Schnitt durch einen

[1] Anmerkung des Übersetzers: Wie Henri Bergson unterscheidet auch Teilhard de Chardin «temps» (Zeit) und «durée» (Dauer). Unter «durée» (Dauer) wird der nur intuitiv erfaßbare, schöpferische Zeitablauf verstanden. Man hüte sich vor Mißverständnissen, die der unvermeidliche Doppelsinn des Wortes «Dauer» verursachen könnte.

Stamm, dessen Wurzeln in den Abgrund einer unergründlichen Vergangenheit tauchen, und dessen Äste irgendwo in eine Zukunft reichen, die uns zunächst unbegrenzt dünkt. In dieser neuen Perspektive erscheint die Welt als eine in Umwandlung befindliche Masse. Das Totum und das Quantum des Universums suchen sich in eine Kosmogenese zu übersetzen und in dieser Form neu zu bestimmen.

Wie sieht der Physiker heute die Gestalt (qualitativ), die diese Entwicklung der Materie angenommen, und die Regeln (quantitativ), die sie dabei befolgt hat?

A. DIE GESTALT. Beobachtet man die Evolution der Materie in ihrer Mitte, wo sie am klarsten ist, so kann man sie nach den heute geltenden Theorien auf den stufenweise sich komplizierenden Aufbau der von der physikalisch-chemischen Wissenschaft erkannten Elemente zurückführen. Zu Beginn in den äußersten Tiefen das noch verworren Einfache, das gestaltlich undefinierbar und von der Natur des Lichtes ist. Dann plötzlich[1] ein Gewimmel von positiven und negativen Elementarkörperchen: Protonen, Elektronen, Neutronen, Photonen u. s. w.; ihre Liste wird beständig größer. Dann die harmonische Reihe der Elemente, vom Wasserstoff bis zum Uran wie eine Tonleiter sich entfaltend. Und dann die unermeßliche Verschiedenheit der Verbindungen, in denen die molekularen Massen sich allmählich bis zu einem bestimmten kritischen Wert erheben, oberhalb dessen, wie wir sehen werden, der Übergang zum Leben anzu-

---

[1] Noch vor einigen Jahren stellte man sich die erste Geburt dieser Körperchen eher als jähe *Verdichtung* eines im unbegrenzten Raum verbreiteten Urstoffes vor (wie in einem gesättigten Medium). Heute ziehen die Physiker aus verschiedenen einander stützenden Gründen (vor allem wegen der Relativität, ergänzt durch die zentrifugale Bewegung der Milchstraßen) die Vorstellung einer Explosion vor. Diese zerstäubt ein primitives Quasi-Atom, in dem vor nur einigen, hinter uns liegenden Jahrmilliarden (in einer Art von absolutem natürlichem Nullpunkt) die Raum-Zeit ihren Anfang nimmt. Für das Verständnis der folgenden Seiten sind beide Hypothesen gleichermaßen annehmbar; die eine wie die andere versetzen uns nämlich in das Innere einer Menge von Körperchen, aus der wir nach keiner Richtung entweichen können: weder darum herum, noch nach rückwärts, aber vielleicht (vgl. Teil IV, Kapitel 2) nach vorwärts, durch einen besonderen Punkt der Zusammenrollung und Verinnerlichung hindurch.

setzen ist. Nicht ein Glied in dieser langen Reihe, das man nicht auf Grund guter, beweiskräftiger Experimente als eine Zusammensetzung von Atomkernen und Elektronen ansehen müßte. Diese grundlegende Entdeckung, daß alle Stoffe sich von der Ordnung eines einzigen Atom-Urtypus herleiten, ist der Blitz, der uns die Geschichte des Universums erleuchtet. Auf ihre Weise gehorcht die Materie von Anfang an dem großen biologischen Gesetz (auf das wir ständig werden zurückkommen müssen), dem Gesetz der «zunehmenden Verflechtung» (Komplexifikation).

Auf ihre Weise, sage ich; denn im Stadium des Atoms entgehen uns noch viele Einzelheiten der Geschichte des Alls.

Zunächst einmal: müssen die Elemente, um in der Reihe der Grundstoffe aufzusteigen, nach Art der Onto- oder Phylogenese nach und nach alle Stufen (von der einfachsten bis zur kompliziertesten) durchlaufen? Oder stellen die Atomzahlen nur eine rhythmische Reihe von Gleichgewichtszuständen dar, eine Art von Gefächern, in welche Atomkerne und Elektronen, jäh vereint, hineinfallen? – Und ferner: muß man sich im einen wie im andern Fall vorstellen, daß die verschiedenen Kombinationen der Atomkerne unmittelbar und in gleicher Weise möglich sind? Oder muß man, im Gegenteil, denken, daß im Gesamten, statistisch gesehen, die schweren Atome, einer bestimmten Ordnung zufolge, erst nach den leichten Atomen erscheinen?

Die Wissenschaft scheint auf diese und ähnliche Fragen noch nicht endgültig antworten zu können. Über die aufsteigende Entwicklung der Atome (im Gegensatz zum «Atomzerfall») sind wir augenblicklich weniger gut unterrichtet als über die Entwicklung der Moleküle auf der Vorstufe und der Stufe des Lebens. Man kann jedoch sagen (und das ist für unseren Gegenstand das einzig wirklich Wichtige), daß die Materie von ihren fernsten Gestaltungen an sich uns im *Zustand des Werdens* enthüllt – der schon zwei von jenen Charakterzügen aufweist, die für die späteren Perioden die bezeichnendsten sind: zunächst mit einer kritischen Phase zu beginnen, der *Granulation*, die plötzlich (ein für allemal?) die konstituierenden Faktoren des Atoms und vielleicht das Atom selbst entstehen läßt; sodann

sich, zumindest von den Molekülen an, additiv fortzusetzen, zufolge
eines Vorganges wachsender Komplexität.

Nichts im Universum geschieht kontinuierlich und in jedem beliebigen Augenblick. Ebensowenig kann alles überall geschehen.

Soeben haben wir in einigen Zeilen die heute geltenden wissenschaftlichen Annahmen über die Transformationen der Materie zusammengefaßt: doch haben wir sie nur in ihrer zeitlichen Folge betrachtet und noch ohne ihnen irgendwo im kosmischen Raum einen
Ort anzuweisen. Genetisch gesehen konzentriert sich der Stoff des
Universums in immer höher organisierten materiellen Formen. Aber
wo finden, zumindest seit sich die Moleküle zusammenballen, diese
Metamorphosen statt? Gleichgültig wo, – an irgendeinem Ort des
Raumes? Keineswegs, wie wir alle wissen, sondern einzig und allein
im Herzen und auf der Oberfläche der Sterne.

Unsere Betrachtung des unendlich kleinen Elementaren zwingt
uns sofort, die Augen zum unendlichen Großen der Sternenmasse zu
erheben.

Die Sternenmasse . . . Jene ungeheuren Einheiten, die sich gewissermaßen wie Atome verhalten, deren Zusammensetzung uns aber
infolge ihrer enormen und (scheinbar?) unregelmäßigen Komplexität verwirrt, haben für die Wissenschaft etwas Bestürzendes und zugleich Verführerisches. Eines Tages wird man vielleicht das Gesetz
einer Ordnung oder Periodizität in der Verteilung der Gestirne entdecken, sowohl hinsichtlich ihrer Zusammensetzung wie ihrer Lage
im Raum. Muß eine «Stratigraphie» und eine «Himmelschemie»
nicht unvermeidlich die Geschichte der Atome fortsetzen?

Wir brauchen uns nicht auf diese noch nebelhaften Zukunftsbilder einzulassen. Sie mögen berückend sein, doch sie verhüllen den
Menschen, sie führen nicht zu ihm hin. Hingegen müssen wir die
sichere Beziehung, die genetisch Atom und Stern verbindet, festhalten und zur Kenntnis nehmen, weil sich ihre Folgen noch im
Werden des Geistes wahrnehmen lassen. Die Physik wird sich vermutlich noch lange über die Struktur befragen, die den unermeßlichen Sternenwelten zuzuschreiben ist. Eines indessen ist sicher und
genügt, unsere Schritte auf den Wegen der Anthropogenese zu lei-

ten: daß nämlich die Herstellung höherer materieller Verbindungen sich nur dank einer vorhergehenden Konzentration des Stoffes des Universums in Sternnebeln und Sonnen vollziehen kann. Wie immer die Gesamtgestalt der Welten aussehen mag, die chemische Funktion einer jeden von ihnen besitzt für uns bereits einen bestimmbaren Sinn. Die Gestirne sind die Laboratorien, in denen die Evolution der Materie vor sich geht, und zwar auf die großen Moleküle zu, nach bestimmten quantitativen Regeln, mit denen wir uns jetzt beschäftigen wollen.

B. DIE ZAHLENGESETZE. Was das antike Denken als eine natürliche Harmonie der Zahlen geahnt und geschaut hatte, hat die moderne Wissenschaft in genauen, auf Messungen beruhenden Formeln erfaßt und verwirklicht. Unsere Kenntnis der Mikro- und Makrostruktur des Universums beruht tatsächlich viel mehr auf immer feineren Messungen als auf direkter Beobachtung. Immer kühnere Messungen haben uns auch die berechenbaren Bedingungen enthüllt, denen jede Umwandlung der Materie durch die von ihr eingesetzte Kraft unterworfen ist.

Ich brauche mich hier mit den Gesetzen der Energielehre nicht kritisch auseinanderzusetzen. Ich will von ihnen nur soviel kurz wiederholen, als für jeden verständlich und unentbehrlich ist, der sich mit der Geschichte der Welt befaßt. Was ihre biologische Seite betrifft, können sie im großen und ganzen auf die beiden folgenden Prinzipien zurückgeführt werden.

Erstes Prinzip: Im Lauf der Umwandlungen physikalisch-chemischer Natur stellen wir keinen meßbaren Zuwachs an neuer Energie fest.

Jede Synthese kostet. Das ist ein Grundgesetz für alles Wirkliche, das, wie wir wissen, bis in den geistigen Bereich des Seins sein Recht behauptet. Auf allen Gebieten verlangt der Fortschritt einen Aufwand an Arbeit und daher an Kraft. Aber wer bestreitet diesen Aufwand?

Rein abstrakt könnte man sich vorstellen, daß ein Anwachsen der Hilfsmittel der Welt von innen her, oder eine absolute Vermehrung

ihres Reichtums an Bewegungskräften, im Lauf der Zeit die wachsenden Bedürfnisse der Evolution befriedigen könnte. Tatsächlich
scheinen die Dinge ganz anders vor sich zu gehen. Die Energie, die
zur Synthese benötigt wird, kann, so scheint es, auf keinen Fall als
neues Kapital von außen, sondern nur als eine Ausgabe aus dem
inneren Vorrat gebucht werden. Was auf der einen Seite gewonnen
wird, geht auf der anderen verloren. Jedem Aufbau entspricht ein
gleichwertiger Abbau.

Erfahrungsgemäß und auf den ersten Blick stellt sich das Universum, wenn man es in seinem mechanischen Ablauf betrachtet, nicht
als ein offenes Quantum dar, das fähig wäre, wie die Schenkel eines
Winkels ein immer größeres Maß von Wirklichkeit zu umfassen, –
sondern als ein geschlossenes Quantum, in dessen Innerem der Fortschritt nur im Austausch des anfänglich Gegebenen erfolgt.

Dies ist ein erster Anschein.

Zweites Prinzip: Doch das ist nicht alles. Im Lauf jeder physikalisch-chemischen Umwandlung wird – entsprechend den Gesetzen der Thermodynamik – ein bestimmter Bruchteil der Energie
unwiderruflich «entropiert», das heißt in Form von Wärme abgege-
ben. Es ist natürlich möglich, diesen entwerteten Bruchteil symbo-
lisch in den Gleichungen zu berücksichtigen, und auf diese Weise
auszudrücken, daß nichts verlorengeht, ebenso wie bei den Opera-
tionen der Materie nichts geschaffen wird. Doch das ist bloß ein
mathematischer Kunstgriff. Wenn wir die wirkliche Entwicklung
zum Maßstab nehmen, wird tatsächlich bei einer jeden Synthese
etwas endgültig verbrannt, um diese Synthese zu ermöglichen. Je
mehr das energetische Quantum der Welt funktioniert, desto mehr
verbraucht es sich. Nach den Regeln unserer Erfahrung scheint das
konkrete stoffliche Universum seinen Lauf nicht unbeschränkt fortsetzen zu können. Statt sich endlos in einer Kreislinie zu bewegen,
die sich schließen kann, bildet es, ohne je auf seinen Ausgangspunkt
zurückzukommen, einen in seiner Entwicklung begrenzten Ast.
Dadurch aber trennt es sich von den abstrakten Größen und nimmt
einen Platz unter den wirklichen Dingen ein, die geboren werden,
wachsen und sterben. Aus der «Zeit» geht es in die «Dauer» über;

und der Geometrie entgeht es endgültig, um in seiner Ganzheit wie in seinen Teilen auf dramatische Weise Gegenstand der Geschichte zu werden.

Drücken wir die natürliche Bedeutung der beiden Prinzipien, Erhaltung und Entwertung der Energie, in einem Bild aus.

In qualitativer Hinsicht, haben wir oben gesagt, zeigt sich uns die Evolution der Materie, *hic et nunc*, als ein Prozeß, in dessen Verlauf die Bestandteile der Atome sich verdichten und untereinander verschiedene Verbindungen eingehen. In quantitativer Hinsicht erscheint uns diese Umwandlung jetzt als eine genau bestimmte, aber teure Operation, in der sich eine ursprüngliche Schwungkraft langsam erschöpft. Mühsam, von Stufe zu Stufe, komplizieren und erheben sich die aus Atomen und Molekülen zusammengesetzten Bauten. Doch die aufsteigende Kraft verliert sich auf dem Wege. Überdies wirkt im Innern der synthetischen Gebilde (und um so rascher, als diese Gebilde einer höheren Ordnung angehören) dieselbe Abnutzung, die den Kosmos in seiner Gänze aushöhlt. Nach und nach fallen die *unwahrscheinlichen* Kombinationen, die sie darstellen, wieder in einfachere Bestandteile auseinander, die in die Gestaltlosigkeit der *wahrscheinlichen* Verteilung zurücksinken und sich darin auflösen.

Eine Rakete, die pfeilartig der Bewegung der Zeit folgt und sich entfaltet, nur um zu erlöschen, – eine Gegenströmung inmitten eines talabwärts fließenden Stromes, – dies wäre demnach das Bild der Welt.

So spricht die Wissenschaft. Und ich glaube an die Wissenschaft. Aber hat sich die Wissenschaft bisher jemals die Mühe gegeben, die Welt anders als von der *Außenseite* der Dinge her zu betrachten?

ZWEITES KAPITEL

DIE INNENSEITE DER DINGE

Zwischen Materialisten und Spiritualisten, zwischen Deterministen und Finalisten dauert der Streit in der Wissenschaft immer noch fort.

Nachdem man ein Jahrhundert lang disputiert hat, verharrt jede Partei in ihren Stellungen und zeigt dem Gegner die guten Gründe für ihr Beharren.

Soweit ich diesen Streit, in den ich mich persönlich verwickelt sah, verstehen kann, scheint mir der Grund für seine Fortdauer weniger in der schweren Aufgabe zu liegen, die der menschlichen Erfahrung gestellt ist, gewisse scheinbare Widersprüche in der Natur, wie Mechanismus und Freiheit, Tod und Unsterblichkeit, zu versöhnen, als vielmehr in der Schwierigkeit, daß zwei verschiedene geistige Einstellungen auf gemeinsamem Boden Stellung nehmen. Einerseits sprechen die Materialisten hartnäckig von den Objekten, als ob diese nur aus äußeren Vorgängen bestünden, aus Übergängen von einem Zustand in den anderen. Andererseits wollen die Spiritualisten um keinen Preis aus einer Art einsamer Introspektion heraustreten, die die Wesen nur als in sich geschlossen betrachtet in ihrem «immanenten» Wirken. Hüben und drüben schlägt man sich auf zwei verschiedenen Ebenen, ohne einander zu begegnen, und jeder sieht nur die Hälfte des Problems.

Meine Überzeugung ist, daß die beiden Auffassungsweisen nach einer Vereinigung verlangen, und daß sie sich bald in einer Art von Phänomenologie oder verallgemeinerter Physik vereinigen werden, wo man die Innenansicht der Dinge ebenso beachten wird wie die Außenseite der Welt. Anders scheint es mir unmöglich, für das kosmische Phänomen in seiner Gänze eine ausreichende und zusammenhängende Erklärung zu finden, wonach die Wissenschaft doch streben muß.

Wir haben soeben die *Außenseite* der Materie in ihren Bindungen und meßbaren Dimensionen beschrieben. Um in der Richtung zum Menschen hin fortzuschreiten, müssen wir die Basis unserer künftigen Konstruktionen nach der *Innenseite* dieser Materie hin erweitern.

Die Dinge haben ihr *inneres Sein*, ihr «an sich», könnte man sagen. Und dieses steht in bestimmten Beziehungen, sowohl *qualitativer* wie *quantitativer* Natur, mit den Entwicklungen, die die kosmische Energie entsprechend den Beobachtungen der Wissenschaft nimmt. Drei Feststellungen, welche die drei Teile dieses neuen Kapitels bilden.

Ihre Behandlung an dieser Stelle wird mich zwingen, die Grenzen der Vorstufe des Lebens zu überschreiten und einige Ideen, die das Leben und das Denken betreffen, vorwegzunehmen. Aber ist es nicht die Eigenheit und die Schwierigkeit jeder Synthese, daß ihr Ziel bereits in ihren Anfängen enthalten ist?

I. EXISTENZ

Wenn die letzten Fortschritte der Physik eine Ansicht klar in den Vordergrund gestellt haben, so ist es wohl die, daß es für unsere Erfahrung in der Einheit der Natur Sphären (oder Stufen) verschiedener Ordnung gibt, deren jede durch das Vorherrschen gewisser Faktoren charakterisiert ist, die in der benachbarten Sphäre oder Stufe kaum mehr wahrnehmbar sind oder vernachlässigt werden können. Auf der mittleren Stufe unserer Organismen und unserer Konstruktionen scheint die Geschwindigkeit die Natur der Materie nicht zu verändern. Aber wir wissen heute, daß sie bei den außerordentlich hohen Werten, die die Atombewegungen erreichen, die Masse der Körper tiefgehend beeinflußt. Unter den «normalen» chemischen Elementen scheint Unveränderlichkeit und lange Lebensdauer die Regel. Doch die Entdeckung der radioaktiven Stoffe hat diese Täuschung zerstört. An unseren menschlichen Existenzen gemessen, sind die Gebirge und die Gestirne Vorbilder majestätischer

Beständigkeit. Doch über lange Zeiträume hin beobachtet, verändert sich die Erdrinde unter unseren Füßen unaufhörlich, indes das Firmament uns in einen Wirbel von Sternen hineinzieht.

In allen diesen Fällen und in anderen ähnlichen – kein Erscheinen einer absolut neuen Größe. *Jede* Masse wird durch ihre Geschwindigkeit verändert. *Jeder* Körper strahlt aus. *Jede* Bewegung, sofern sie genügend verlangsamt wird, verbirgt sich hinter dem Schleier der Unbeweglichkeit. Aber wenn der Maßstab oder die Intensität sich ändern, wird ein bestimmtes Phänomen sichtbar, welches den ganzen Horizont einnimmt, alle Zwischenstufen auslöscht und dem ganzen Schauspiel seine eigene Stimmung gibt.

Ebenso steht es mit dem «Innern» der Dinge.

Auf dem Gebiet der Physik und Chemie offenbaren sich die Gegenstände, aus einem Grund, der sich bald zeigen wird, nur in ihrer äußeren Bestimmbarkeit. Für die Physiker gibt es (zumindest bis heute) berechtigterweise nur ein «Außen» der Dinge. Dieselbe intellektuelle Einstellung ist noch dem Bakteriologen erlaubt, dessen Kulturen (von einigen bedeutenden Schwierigkeiten abgesehen) wie die Reagenzien des chemischen Laboratoriums behandelt werden. Doch in der Welt der Pflanzen ist diese Einstellung schon bedeutend schwieriger. Sie beginnt im Fall des Biologen, der sich für das Verhalten der Insekten oder der Hohltiere interessiert, eine gewagte Sache zu werden. Sie ist im Fall der Wirbeltiere einfach wertlos. Und schließlich scheitert sie völlig bei dem Menschen, bei dem die Existenz eines «Innen» nicht mehr übersehen werden kann, da es Gegenstand einer unmittelbaren Erfahrung und Stoff aller Erkenntnis wird.

Die scheinbare Beschränkung des Bewußtseinsphänomens auf die höheren Lebensformen hat der Wissenschaft lange als Vorwand gedient, um es aus ihren Konstruktionen des Universums auszuschließen. Merkwürdige Ausnahme, irregegangene Funktion, Epiphänomen: unter irgendeinem dieser Begriffe ordnete man das Denken ein, um es loszuwerden. Aber was wäre aus der modernen Physik geworden, hätte man das Radium ohne weiteres unter die «anomalen» Stoffe gezählt? ... Freilich, die Radioaktivität wurde nicht und konnte nicht vernachlässigt werden, weil sie meßbar war und weil ihr Weg nicht aus dem äußeren Gewebe der Materie herausführte, – wogegen das Bewußtsein, wenn man es in ein Weltsystem eingliedern will, die Aufgabe stellt, ein neues Antlitz oder eine neue Dimension am Universalstoff ins Auge zu fassen. Vor dieser Anstrengung weichen wir zurück. Doch wer sieht nicht, daß bald hier, bald dort den Forschern ein wesensgleiches Problem vorgelegt wird, das mittels derselben Methode gelöst werden muß: *hinter der Ausnahme das Allgemeingültige zu entdecken.*

Wir haben in letzter Zeit zu oft die Erfahrung gemacht, um daran noch zweifeln zu können: in der Natur ist ein Abweichen von der Regel immer nur die von den Sinnen schließlich wahrgenommene Steigerung einer Eigenschaft, die im unfaßbaren Zustand überall vorhanden ist. Wenn sich ein Phänomen auch nur an einem einzigen Punkt gut beobachten läßt, so hat es sicher, infolge der Grundeinheit der Welt, überall seine Bedeutung und seine Wurzeln. Wohin führt uns diese Regel, wenn wir sie auf den Fall der menschlichen «Selbsterkenntnis» anwenden?

«Das Bewußtsein erscheint völlig evident nur im Menschen», könnten wir versucht sein zu sagen, «es ist daher ein Einzelfall und interessiert die Wissenschaft nicht.»

«Das Bewußtsein erscheint evident im Menschen», müssen wir uns verbessern, «es hat daher, wenn auch nur blitzartig gesehen, eine kosmische Ausdehnung und damit die Aura unbegrenzter räumlicher und zeitlicher Fortsetzung.»

Dieser Schluß ist folgenschwer. Und dennoch ist es mir unmöglich zu sehen, wie wir ihn vermeiden sollen, sofern wir in Analogie mit der übrigen Wissenschaft verbleiben wollen.

Auf dem Grund unserer selbst erscheint unzweifelhaft ein Inneres, wie durch einen Riß gesehen, im Herzen der Wesen. Dies genügt, daß wir die Existenz dieses «Innen» in diesem oder jenem Grade überall und seit jeher in der Natur voraussetzen müssen. Da der Stoff des Universums irgendwo eine Innenseite hat, ist er notwendigerweise von *zweiseitiger Struktur*, und zwar in jedem Raum- und Zeitabschnitt, ebensogut wie er etwa körnig ist: *es gibt eine Innenseite der Dinge, die ebenso weit sich erstreckt wie ihre Außenseite.*

Daher logischerweise die folgende Vorstellung von der Welt, die
zwar unsere Einbildungskraft verwirrt, aber die einzige ist, die tatsächlich unserer Vernunft entspricht. Nimmt man die Urmaterie auf
ihrer untersten Stufe, eben da, wo wir uns am Beginn dieser Seiten
befanden, so ist sie mehr als das Gewimmel von Partikeln, das die
moderne Physik so wunderbar analysiert hat. Wir müssen unter dieser ersten mechanischen Schicht eine «biologische» Schicht annehmen, die zwar äußerst dünn, aber absolut unentbehrlich ist, um den
Zustand des Kosmos in den folgenden Zeiten zu erklären. Ein Innen,
ein Bewußtsein[1] und deshalb Spontaneität; diese drei Ausdrücke
meinen die gleiche Sache. Empirisch einen absoluten Anfang für sie
anzusetzen, steht uns nicht frei; sowenig wie für irgendeine andere
Entwicklungslinie des Universums.

In einer zusammenhängenden Weltschau setzt das Leben unausweich-
lich, und zwar unabsehbar weit zurückreichend, das Vor-Leben voraus.[2]

«Doch» – so werden Spiritualisten und Materialisten einwenden –,
«wenn in der Natur letztlich alles dem Leben oder zumindest der Vorstufe des Lebens angehört, wie ist es möglich, daß sich eine mecha-
nistische Wissenschaft der Materie ausbaut und vorherrscht?

[1] Hier wie auch an anderen Stellen dieses Buches wird der Ausdruck «Bewußtsein» in seiner allgemeinsten Bedeutung angewandt, um jede Art psychischer
Äußerung zu bezeichnen, und zwar von den einfachsten Formen innerer Emp-
findung an bis zum menschlichen Phänomen der reflektierten Erkenntnis.

[2] Diese Seiten waren seit langem geschrieben, als ich zu meiner Überraschung
ihren wesentlichen Inhalt in einigen meisterhaften vor kurzem geschriebenen
Zeilen von J. B. S. Haldane fand: «Wir finden keine augenscheinliche Spur von
Bewußtsein oder Leben in dem, was wir Materie nennen», sagt der große eng-
lische Biochemiker. «Wir studieren daher diese Eigenschaften lieber dort, wo sie
sich mit größter Deutlichkeit zeigen. Doch wenn das Weltbild der modernen
Wissenschaft richtig ist, müssen wir darauf gefaßt sein, sie schließlich, zumindest
in einfachster Form, überall im Universum wiederzufinden.» Er fügt sogar hinzu,
und daran mögen sich meine Leser erinnern, wenn ich später, mit allen Vorbehalten und nötigen Verbesserungen, die Sicht auf den «Punkt Omega» auftauchen
lasse: «Wenn die Zusammenarbeit von ein paar tausend Millionen Gehirnzellen
unsere Bewußtseinsfähigkeit hervorbringen kann, so wird die Idee, daß eine
gewisse Zusammenarbeit der ganzen Menschheit oder von Teilen von ihr das
bewirkt, was Comte das übermenschliche Große Wesen nannte, weit besser begreiflich.» (J. B. S. Haldane, The Inequality of Man, Pelican Editions, A. 12, S. 114,
Science Ethics) – Was ich sage, ist also nicht absurd. – Wobei ich nicht besonders
betone, wie sehr es jeden Metaphysiker freuen sollte, festzustellen, daß sogar nach
Ansicht der Physik die Idee einer völlig rohen Materie (das heißt eines rein äußerlichen
«Zustandswechsels») nur eine erste grobe Approximation unserer Erfahrung ist.

Sollten die Dinge, außen determiniert und innen ‹frei,› infolge dieser Zweiseitigkeit nicht aufeinander rückführbar und ohne gemeinsames Maß sein? – Wo ist in diesem Fall die Lösung?»

In den von mir weiter oben vorgebrachten Bemerkungen über die Verschiedenheit der «Erfahrungsbereiche», die sich innerhalb der Welt übereinanderlegen, ist die Antwort auf diese schwierige Frage bereits eingeschlossen. Sie wird sich noch verdeutlichen, sobald wir erkannt haben werden, nach welchen qualitativen Gesetzen das, was wir eben das Innen der Dinge genannt haben, seine Erscheinungsform verändert und wächst.

II. QUALITATIVE GESETZE[1] DES WACHSTUMS

Die Harmonie zwischen den Dingen in Zeit und Raum erfassen, ohne deshalb die Bedingungen, die ihr tiefstes Wesen beherrschen, festlegen zu wollen; in der Natur eine Kette aufeinanderfolgender Erfahrungen feststellen und nicht eine Bindung «ontologischer» Ursächlichkeit; anders gesagt: sehen, und nicht erklären, dies ist, man vergesse es nicht, das einzige Ziel der vorliegenden Studie.

Gibt es von diesem phänomenologischen Standpunkt aus (dem der Wissenschaft) eine Möglichkeit, über den Punkt hinauszukommen, auf dem wir soeben bei unserer Analyse des Weltstoffes stehengeblieben sind? Wir haben in ihm eine bewußte Innenseite erkannt, die notwendigerweise überall die von der Wissenschaft gewöhnlich allein betrachtete «materielle» Außenseite begleitet. Können wir noch weiter gehen und erklären, nach welchen Regeln diese zweite meist verborgene Seite in gewissen Regionen unserer Erfahrung zum Durchscheinen und dann zum Durchbruch gelangt?

Ja, dies scheint möglich; und sogar auf recht einfache Weise, vorausgesetzt, daß drei Beobachtungen, die jeder von uns machen

---

[1] Anmerkung des Übersetzers: Die «qualitativen Gesetze» stehen im Gegensatz zu den «quantitativen», von denen bisher die Rede war. An die Stelle des Geschehens, das mathematisch erfaßbar ist, treten jetzt qualitative Phänomene, die sich der mathematischen Behandlung entziehen.

konnte und die doch ihren wahren Wert erst gewinnen, wenn man an ihre Verkettung denkt, sich ergänzend aneinanderfügen.

A. Erste Beobachtung. In ihrem prävitalen Zustand kann die Innenseite der Dinge, von der wir soeben angenommen haben, daß sie bereits in den werdenden Formen der Materie vorhanden ist, nicht als eine zusammenhängende Schicht vorgestellt werden, sondern nur so körnig strukturiert, wie die Materie selbst.

Wir werden bald auf diesen wesentlichen Punkt zurückkommen müssen. Dort, wo wir *die ersten Lebewesen* in weitester Ferne wahrzunehmen beginnen, erscheinen sie dem Forscher an Größe und Zahl wie eine Art von «Mega-» oder «Ultra-Molekülen», wie eine verwirrende Menge mikroskopischer Kerne. Das bedeutet aber, daß aus Gründen der Homogenität und Kontinuität das Prävitale noch unter dem Horizont als ein Objekt geahnt werden kann, das an der korpuskularen Struktur und Eigenheit der Welt teilhat. Von innen betrachtet wie von außen beobachtet, hat der Stoff des Universums den Anschein, sich nach rückwärts in einen Staub kleinster Teilchen aufzulösen, die 1. einander vollkommen gleichen (zumindest wenn man sie aus großer Ferne beobachtet), 2. alle mit der ganzen Weite des Kosmos koextensiv sind, und die 3. durch eine Gesamtenergie geheimnisvoll untereinander verbunden sind. Punkt für Punkt entsprechen einander in diesen Tiefen die beiden Seiten der Welt, die äußere und die innere. So daß der Übergang von der einen zur andern in der weiter oben gegebenen Beschreibung der Teilzentren des Universums nur der Ersetzung von «mechanischer Wechselwirkung» durch «Bewußtsein» bedarf.

Die atomare Struktur ist eine dem Innen und dem Außen der Dinge gemeinsame Eigenschaft.

B. Zweite Beobachtung. Die Elemente des Bewußtseins, die anfangs einander praktisch gleichen, werden genau wie die Elemente der Materie, die ihnen korrespondieren, im Lauf der «Dauer» allmählich komplizierter und differenzierter. Unter dieser Voraussetzung, und rein empirisch betrachtet, erscheint das Bewußtsein als eine kosmische Eigenschaft von veränderlicher Intensität, die einer globalen Wandlung unterworfen ist. Dieses gewaltige Phänomen, dem wir durch alle Wachstumsformen des Lebens bis zum Denkvermögen hin nachgehen müssen, erscheint uns, wenn wir es in seinem Aufstieg verfolgen, schließlich als eine Selbstverständlichkeit. Folgt man ihm hingegen in entgegengesetzter Richtung, so führt es uns, wie wir schon weiter oben bemerkt haben, zu der weit weniger vertrauten Idee untergeordneter, immer undeutlicherer und gewissermaßen gelöster Zustandsformen.

Wenn das Bewußtsein auf seine Entwicklungsstufen zurückstrahlt, breiten sich seine Zustände vor ihm aus wie ein Spektrum von ineinander übergehenden Farbnuancen, deren tiefere Schattierungen sich in der Nacht verlieren.

C. DRITTE BEOBACHTUNG. Nehmen wir schließlich aus zwei verschiedenen Bereichen dieses Spektrums zwei Bewußtseinteilchen, die verschiedenen Evolutionsstufen angehören. Jedem von ihnen entspricht aufbaumäßig, wie wir eben gesehen haben, eine bestimmte stoffliche Gruppierung, deren Inneres sie bilden. Vergleichen wir diese beiden äußeren Gruppen miteinander und fragen wir uns, wie sie sich zueinander und in bezug auf das Bewußtseinteilchen verhalten, das jede von ihnen umschließt.

Die Antwort findet sich unmittelbar.

Welchen Fall wir immer prüfen mögen, wir können sicher sein, daß dem höher entwickelten Bewußtsein jedesmal ein reicheres und besser gefügtes Gerüst entspricht. Das einfachste Protoplasma ist bereits ein unerhört komplexes Gebilde. Diese Kompliziertheit nimmt in geometrischer Reihe zu, wenn man vom Protozoon zu den immer höheren Ordnungen der Metazoen fortschreitet. Und genauso, immer und überall, geht es weiter. Auch dieses Phänomen ist so alltäglich, daß wir uns seit langem nicht mehr darüber verwundern. Und dennoch ist es von entscheidender Bedeutung. Ihm verdanken wir es, daß wir einen faßbaren «Parameter» besitzen, der uns erlaubt, die äußere und die innere Schicht der Welt nicht nur in ihrem *Ruhestand* (Punkt für Punkt), sondern auch in der

Bewegung miteinander in Beziehung zu setzen. Wir werden das später dartun.

Die Konzentration eines Bewußtseins, können wir sagen, verändert sich umgekehrt proportional zu der Einfachheit der stofflichen Verbindung, die ihm entspricht. Oder auch: Ein Bewußtsein ist umso vollendeter, als es einem reicheren und besser organisierten stofflichen Aufbau entspricht.

Geistige Vervollkommnung (oder bewußte «Zentriertheit») und stoffliche Synthese (oder Komplexität) sind nur die beiden Seiten oder die zusammenhängenden Teile ein und derselben Erscheinung.[1]

Und damit sind wir, ipso facto, zur Lösung des gestellten Problems gelangt. Wir suchten ein qualitatives Entwicklungsgesetz, das uns erklären sollte, wie von Stufe zu Stufe das Innen der Dinge zuerst unsichtbar ist, dann in Erscheinung tritt, schließlich mehr und mehr das Übergewicht über das Außen gewinnt. Dieses Gesetz enthüllt sich von selbst, sobald das Universum als Übergang begriffen wird von einem *Zustand A*, der durch eine sehr große Zahl sehr einfacher materieller Stoffe (das heißt eine sehr arme Innenseite) charakterisiert ist, zu einem *Zustand B*, den eine kleinere Zahl sehr komplexer Verbindungen kennzeichnet (der also über eine reichere Innenseite verfügt).

Im Zustand A äußern sich die Bewußtseinszentren, weil sie sehr zahlreich und zugleich äußerst schwach sind, nur durch Gesamtwirkungen, die *statistischen Gesetzen unterworfen sind.* Sie gehorchen also kollektiv mathematischen Gesetzen. Dies ist das der Physik und Chemie eigene Gebiet.

Im Zustand B hingegen sind diese Elemente weniger zahlreich[2] und besitzen zugleich mehr Individualität. So befreien sie sich allmählich von der Knechtschaft der großen Zahlen. Sie lassen ihre fundamentale und nicht meßbare Spontaneität durchscheinen. Nun

---

[1] In dieser Hinsicht könnte man sagen, daß jedes Wesen (im Bereich der Erscheinungen) wie eine *Ellipse* um zwei miteinander verbundene Brennpunkte konstruiert ist: ein Brennpunkt stofflicher Organisation und ein anderer von psychischer Konzentration. Beide verändern sich solidarisch, im selben Sinn.

[2] Trotz des für das Leben so kennzeichnenden Vorgangs der Vermehrung, wie wir noch sehen werden.

können wir beginnen eines nach dem anderen ins Auge zu fassen und zu beobachten. Und damit treten wir in die Welt der Biologie ein.

Die ganze folgende Untersuchung ist, um es mit einem Wort zu sagen, nur die Geschichte des Kampfes, der im Universum zwischen der geeinten Vielheit und der unorganisierten Menge entbrannt ist: es handelt sich stets um die Auswirkung des großen *Gesetzes von Komplexität und Bewußtsein*, eines Gesetzes, das schon eine psychisch konvergierende Struktur und Entwicklungskurve der ganzen Welt in sich einschließt.

Doch beeilen wir uns nicht zu sehr. Und da wir uns hier noch mit der Vorstufe des Lebens beschäftigen, halten wir nur fest, daß in *qualitativer* Hinsicht die Annahme, daß ein scheinbar mechanisches Universum sich aus «Freiheiten» aufbaut, keinen Widerspruch bedeutet, – vorausgesetzt, daß diese Freiheiten einen genügend hohen Grad von Geteiltheit und Unvollkommenheit aufweisen.

Gehen wir nun zum Abschluß zu dem viel heikleren *quantitativen* Gesichtspunkt über: sehen wir zu, ob es möglich ist, die in einem solchen Universum enthaltene Energie zu bestimmen, ohne den von der Physik angenommenen Gesetzen zu widersprechen.

III. DIE GEISTIGE ENERGIE

Kein Begriff ist uns vertrauter als der der geistigen Energie. Für die Wissenschaft jedoch ist keiner dunkler. Einerseits steht die objektive Wirklichkeit psychischer Arbeit und Anstrengung so völlig außer Frage, daß unsere ganze Ethik darauf beruht. Und andererseits ist die Natur dieser inneren Kraft so ungreifbar, daß sich die ganze Mechanik ohne sie ausbauen konnte.

Nirgends empfinden wir stärker, in welche Schwierigkeiten wir noch immer geraten, wenn wir Geist und Materie mit einem einheitlichen verstandesmäßigen Blick zusammenfassen wollen. Und nirgends zeigt sich die dringende Notwendigkeit, eine Brücke zwischen dem Physischen und dem Psychischen unserer Existenz zu bilden, fühlbarer, als wenn wir wünschen, daß die geistige und die körperliche Seite des Handelns sich gegenseitig anregen.

Zwischen den beiden Energien des Körpers und der Seele eine enge Verbindung zu schaffen: dieses Problem versucht die Wissenschaft vorläufig zu ignorieren. Es wäre sehr bequem, ihr zu folgen. Zum Unglück (oder Glück) sind wir hier von der Logik eines Systems gefangen, in dem die Innenseite der Dinge ebensoviel oder sogar mehr Wert besitzt als ihre Außenseite. Und so stoßen wir mit der Stirn auf diese Schwierigkeit. Unmöglich, ihr aus dem Weg zu gehen. Wir müssen sie anpacken.

Die folgenden Betrachtungen erheben selbstverständlich nicht den Anspruch, zu dem Problem der geistigen Energie eine wirklich zufriedenstellende Lösung zu bieten. Ihr Zweck ist nur, an einem Beispiel zu zeigen, wie meiner Meinung nach eine Wissenschaft vom Ganzen der Natur ihre Untersuchungen vorantreiben müßte und auf welche Art von Erklärung sie zustreben sollte.

A. DAS PROBLEM DER BEIDEN ENERGIEN. Da die Innenseite der Welt in den Tiefen unseres menschlichen Bewußtseins ans Licht kommt und sich in sich selbst widerspiegelt, könnte es scheinen, wir hätten uns nur selbst zu betrachten, um die Art der dynamischen Beziehungen zwischen dem Innen und dem Außen der Dinge an einem beliebigen Punkt des Universums zu verstehen.

Tatsächlich aber liegt hier eine der schwierigsten Aufgaben.

Gewiß, wir *fühlen* ganz genau, daß beide Kräfte in unserem praktischen Handeln gegenwärtig sind und sich wechselseitig ergänzen. Der Motor funktioniert. Doch es gelingt uns nicht, sein scheinbar widerspruchsvolles Funktionieren zu durchschauen. Das Problem der geistigen Energie hat einen besonderen Stachel, der unseren Verstand irritiert; weist uns doch ein feines Gefühl in unserem Innern ständig daraufhin, daß unser Tun von den Kräften der Materie gleichzeitig abhängig und unabhängig ist.

Zunächst die Abhängigkeit. Ihre Evidenz ist ebenso bedrückend wie erhebend. «Wer denken will, muß essen.» Diese brutale Formel ist der Ausdruck eines ganzen ökonomischen Systems, das je nach dem Punkt, von dem aus man es betrachtet, zur Tyrannei oder im Gegenteil zur geistigen Wirkungskraft der Materie führt. Eine Verausgabung von physischer Energie begleitet und bezahlt, wir wissen es nur allzu gut, die höchsten Gedanken, die heißeste Liebe. Bald haben wir Brot nötig, bald Wein; bald die Infusion eines chemischen Elements oder eines Hormons; bald die Erregung durch eine Farbe, bald den Zauber eines Tons, der unsere Ohren als Schwingung durcheilt, um in unserem Gehirn als Inspiration aufzutauchen . . .

Irgend etwas läßt ohne Zweifel stoffliche und geistige Energie aneinander haften und einander fortsetzen. *Irgendwie* kann es letzten Endes in der Welt nur eine einzige wirksame Energie geben. Und der erste Gedanke, der uns in den Sinn kommt, zeigt uns «die Seele» als eine Art Umwandlungsherd, zu dem auf allen Wegen der Natur die Kraft der Stoffe strebt, um sich zu verinnerlichen und zu Schönheit und Wahrheit zu sublimieren.

Doch kaum gedacht, muß die verführerische Idee einer *direkten* Umwandlung einer der beiden Energien in die andere aufgegeben werden. Denn kaum versucht man sie zu paaren, so erscheint ebenso klar wie ihre Bindung ihre gegenseitige Unabhängigkeit.

Noch einmal: «Wer denken will, muß essen.» Ja, – aber wie verschiedene Gedanken entsprechen demselben Stück Brot! Wie aus den Buchstaben des Alphabets die größte Ungereimtheit ebensogut hervorgehen kann wie das schönste aller je vernommenen Poeme, so scheinen dieselben Kalorien für die von ihnen genährten geistigen Werte ebenso gleichgültig wie notwendig.

Die physische und die psychische Energie, deren eine über die äußere, die andere über die innere Schicht der Welt sich verbreitet, zeigen, im ganzen gesehen, dasselbe Bild. Sie treten immer zusammen auf und gehen irgendwie ineinander über. Doch es scheint unmöglich, ihre Kurven zur Deckung zu bringen. Einerseits wird nur ein winziges Teilchen «physischer» Energie für die höchsten Entfaltungen der geistigen Energie verwendet. Andererseits drückt sich dieses winzige Teilchen, wenn es einmal vom Körper aufgenommen ist, auf der inneren Kontrolltafel durch die überraschendsten Schwingungen aus.

Ein solches quantitatives Mißverhältnis ist Grund genug, die allzu einfache Idee einer «Umformung» (oder direkten Umwandlung) aufzugeben – und folglich auch die Hoffnung, je ein «mechanisches Äquivalent» des Wollens oder des Denkens zu finden. Daß es zwischen dem Innen und Außen der Dinge energetische Abhängigkeiten gibt, ist unbestreitbar. Doch sie können vermutlich nur durch einen komplexen Symbolismus ausgedrückt werden, worin sich Begriffe verschiedenster Ordnungen finden.

B. EINE LÖSUNGSMÖGLICHKEIT. Um einem unmöglichen und unwissenschaftlichen Dualismus zu entgehen und um dennoch dem Stoff des Universums nichts von seiner naturgegebenen Kompliziertheit zu nehmen, möchte ich die folgende Lösung vorschlagen, die der ganzen Folge unserer Gedankengänge zugrunde liegen wird.

Nehmen wir an, daß im wesentlichen jede Energie psychischer Natur ist. Jedoch in jedem Elementarteilchen, so wollen wir hinzufügen, teilt sich diese Grund-Energie in zwei verschiedene Komponenten: eine *tangentiale Energie*, die das Element mit allen Elementen solidarisch macht, die im Universum derselben Ordnung angehören (das heißt dasselbe Maß von Zusammengesetztheit und «Zentriertheit» besitzen), und eine *radiale Energie*, die es in der Richtung nach einem immer komplexeren und zentrierteren Zustand vorwärts zieht.[1]

Das so konstituierte Teilchen ist von diesem Anfangszustand an, und sofern es über eine gewisse freie tangentiale Energie verfügt, offenbar imstande, seine innere Komplexität um einen gewissen Wert zu erhöhen: es gesellt sich den benachbarten Teilchen zu, und folglich

---

[1] Je weniger, beiläufig gesagt, ein Element zentriert ist (das heißt, je schwächer seine radiale Energie ist), in um so mächtigeren mechanischen Wirkungen äußert sich seine tangentiale Energie. Zwischen stark zentrierten Teilchen (das heißt bei hoher radialer Energie) scheint die tangentiale Energie sich zu «verinnerlichen» und dem Blickfeld der Physik zu entschwinden. Gewiß finden wir da ein Hilfsprinzip zur Erklärung der scheinbaren Erhaltung der Energie im Universum (siehe weiter unten b). Man muß offenbar *zwei* Arten von tangentialer Energie unterscheiden: die der *Strahlung* (Maxima für die kleinen radialen Werte – der Fall des Atoms) und die der *Anordnung* (nur in den großen radialen Werten erkennbar – Fall der Lebewesen, des Menschen).

(da seine Zentriertheit dadurch automatisch wächst) steigert es entsprechend seine radiale Energie. Diese wird nun ihrerseits auf tangentialem Gebiet in Gestalt einer Neuordnung wirksam werden, und so weiter.

Bei dieser Perspektive, in der die tangentiale Energie darstellt, was die Wissenschaft gewöhnlich kurz als «Energie» bezeichnet, ist es freilich schwierig zu erklären, wie die tangentialen Kombinationen in Übereinstimmung mit den Gesetzen der Thermodynamik vor sich gehen sollen. Dazu kann man folgendes bemerken:

a) Da sich zunächst einmal die Veränderung der radialen Energie als Funktion der tangentialen auf Grund unserer Hypothese *mittels einer Anordnung* vollzieht, kann sich ein beliebig großer Wert der ersten mit einem beliebig kleinen Wert der zweiten verbinden: da eine äußerst vollkommene Anordnung nur eine äußerst schwache Arbeitsleistung zur Voraussetzung haben kann. Und so erklären sich die oben festgestellten Tatsachen (siehe Seite 51).

b) Ferner: in dem hier vorgeschlagenen System findet man sich paradoxerweise zu der Annahme gezwungen, daß die kosmische Energie in ständigem Wachstum begriffen ist, und zwar nicht nur in ihrer radialen Form, sondern auch, was den Fall erschwert, in ihrer tangentialen (da die Spannung zwischen Elementen mit ihrer Zentriertheit wächst). Dies scheint dem Prinzip der Erhaltung der Energie in der Welt direkt zu widersprechen. Jedoch wir bemerken gleich, daß dieses Anwachsen des Tangentialen der zweiten Art, das allein für die Physik eine Schwierigkeit darstellt, erst dann fühlbar wird, wenn es sich um sehr hohe radiale Werte handelt (zum Beispiel im Fall des Menschen und der sozialen Spannungen). Darunter und für eine ungefähr konstante Zahl von Urteilchen im Universum bleibt die Summe der kosmischen tangentialen Energien im Lauf der Umwandlungen praktisch und statistisch unveränderlich. Und das ist alles, dessen die Wissenschaft bedarf.

c) Und da schließlich in unserem Schema der gesamte Bau des Universums, auf dem Weg der Zentrierung, beständig und in allen Phasen von seinen ursprünglichen Anordnungen getragen wird, bleibt offenbar seine Vollendung bis auf die höchsten Stufen von einem gewissen ursprünglichen Quantum freier tangentialer Energie abhängig, das sich dem Gesetz der Entropie zufolge allmählich erschöpft.

Im ganzen gesehen genügt dieses Bild den Ansprüchen der Wirklichkeit.

Doch drei Fragen haben noch keine Lösung gefunden:

a) Zunächst einmal: kraft welcher besonderen Energie entfaltet sich das All im Sinne seiner Hauptachse, – in der weniger wahrscheinlichen Richtung der höheren Formen von Zusammengesetztheit und Zentriertheit?

b) Ferner: gibt es für den Elementarwert und die Gesamtsumme der radialen Energien, die sich im Lauf der Umwandlungen entwickeln, eine Grenze und ein bestimmtes Ende?

c) Schließlich: Wenn die letzte, aus radialen Energien resultierende Form erreicht ist, ist ihr dann das Schicksal bestimmt, eines Tages wieder zurücksinken zu müssen, und sich aufzulösen, wie es dem Gesetz der Entropie entspricht? Muß sie dann haltlos wieder hinabstürzen, bis auf die Stufe der prävitalen Zentren, und noch tiefer, weil sich die freie tangentiale Energie, die in den aufeinander folgenden Schichten des Universums enthalten war und aus denen sie emporgetaucht ist, erschöpft und allmählich verebbt?

Diese drei Fragen können eine zufriedenstellende Antwort erst viel später erhalten, wenn uns das Studium des Menschen dazu führen wird, einen höheren Pol der Welt zu betrachten, – den «Punkt Omega».

DRITTES KAPITEL

DIE JUGENDLICHE ERDE

Vor einigen tausend Millionen Jahren löste sich ein Fetzen einer aus besonders beständigen Atomen gebildeten Materie von der Oberfläche der Sonne ab. Anscheinend geschah dies nicht im Lauf eines regelmäßigen Prozesses der Evolution der Sternenwelt, sondern infolge eines unglaublichen Glücksfalls (Sterne, die einander streiften? Innerer Bruch?). Und ohne die Bande, die ihn an das Übrige knüpften, durchzureißen, gerade in angemessener Entfernung vom Mutter-Gestirn, um dessen Strahlen in mittlerer Stärke zu empfangen, ballte sich dieser Lappen zusammen, rollte sich um sich selbst, nahm Gestalt an.[1]

Ein neuer Stern – diesmal ein Planet – war geboren, der in seiner Kugelgestalt und Bewegung die Zukunft des Menschen eingeschlossen hielt.

Bisher haben wir unsere Blicke über die grenzenlosen Sphären schweifen lassen, in denen sich der Stoff des Universums entfaltet.

Begrenzen wir von nun an unsere Aufmerksamkeit und konzentrieren wir sie auf das winzige, dunkle, aber faszinierende Objekt, das eben erschienen ist. *Es stellt den einzigen Punkt der Welt dar*, wo es uns möglich sein wird, die Evolution der Materie noch in ihren letzten Phasen und bis zu uns selbst zu verfolgen.

Betrachten wir die jugendliche Erde, wie sie sich in den Tiefen der Vergangenheit wiegt, voll Morgenfrische und mit erwachenden Kräften.

---

[1] Die Astronomen kommen anscheinend wieder der Laplaceschen Idee näher, derzufolge Planeten unter der Wirkung von «Verdichtungen und Hohlräumen» im Innern der kosmischen Staubwolke entstehen, die ursprünglich jeden Stern umschwebte!

I. DIE AUSSENSEITE

Was auf dieser, scheinbar durch blinden Zufall innerhalb der Welten-
masse neugeborenen Kugel das Interesse des Naturforschers erweckt,
ist das nirgendwo anders zu beobachtende Dasein chemischer Verbindungen.[1] Bei den extremen Temperaturen, die auf den Sternen
herrschen, kann die Materie nur in ihren einfachsten Formen bestehen. Nur die Grundstoffe existieren auf diesen glühenden Gestirnen. Auf der Erde behauptet sich diese Einfachheit der Elemente
noch an der Peripherie, in den mehr oder weniger ionisierten Gasen
der Atmosphäre und der Stratosphäre und vermutlich auch in der
Tiefe, in den Metallen der «Barysphäre». Aber zwischen diesen beiden Extremen steigt in aufeinanderfolgenden Zonen eine lange Reihe
zusammengesetzter Stoffe an, die ausschließlich auf «erloschenen»
Sternen vorkommen und auf ihnen erzeugt sind; sie enthüllen in ihren
Anfängen die im Universum verborgenen synthetischen Kräfte. Zunächst die Zone der Silikate, die den festen Panzer des Planeten aufbaut. Und danach die Zone des Wassers und der Kohlensäure, welche
die Silikate mit einer unbeständigen, durchdringlichen, beweglichen
Hülle umgibt.

Barysphäre, Lithosphäre, Hydrosphäre, Atmosphäre, Stratosphäre.

Diese fundamentale Zusammensetzung hat sich gewiß in den Einzelheiten sehr geändert und kompliziert, aber in ihren großen Zügen
ist sie seit den Ursprüngen so festgelegt. Und von ihr aus schreiten in
zwei verschiedenen Richtungen die geochemischen Entwicklungen
fort.

A. DIE WELT KRISTALLISIERT. In einer ersten Richtung, die bei weitem die umfassendere ist, hat die Energie der Erde von allem Anfang
an danach gestrebt, in Erscheinung zu treten und sich frei zu machen.
Silikat, Wasser, Kohlensäure: diese wesentlichen Sauerstoffverbin-

---

[1]Ausgenommen – in sehr flüchtiger Form – in der Atmosphäre jener Planeten,
die dem unsern am nächsten sind.

dungen formten sich (allein oder gemeinsam mit anderen Grund-
stoffen) durch Verbrennen oder Neutralisieren der Affinitäten ihrer
Elemente. Nach diesem Schema und seiner Erweiterung wird Schritt
für Schritt die reiche Mannigfaltigkeit der «Welt der Gesteine» geboren.

Die Welt der Gesteine.

Eine Welt, die viel geschmeidiger und beweglicher ist, als die
Wissenschaft von gestern vermuten konnte: wir wissen heute, daß
die Mineralarten selbst in den festesten Gesteinen in einer beständigen
Umwandlung begriffen sind, ein ungefähres Gegenbild zur Metamorphose der Lebewesen.

Doch eine in ihren Verbindungen verhältnismäßig arme Welt (wir
kennen auf Grund der letzten Zählungen alles in allem nur einige
hundert Silikate in der Natur), weil sie im inneren Aufbau ihrer
Elemente eng begrenzte Möglichkeiten hat.

Das sozusagen «biologische» Merkmal der Mineralarten besteht
wie bei so vielen unheilbar fixierten Organismen darin, einen Weg
eingeschlagen zu haben, der sie zu früh in sich selbst einschloß. Ihrer
ursprünglichen Natur gemäß sind solche Moleküle unfähig zu wachsen. Wollen sie also größer werden und sich ausbreiten, dann müssen
sie irgendwie aus sich selbst herausgehen und als Ausweg rein äußerliche Verbindungen suchen: sie fügen und ketten Atom an Atom, doch
ohne ineinander zu verschmelzen, noch zu einer wahren Einheit zu
werden. Bald bilden sie Adern wie im Nierenstein, bald breite Flächen
wie im Glimmer und bald feste Schachbrettformen wie im Granat.

So entstehen regelmäßige Gruppierungen von oft sehr gehobenen
Verbindungsformen, die aber dennoch keine Einheit mit wirklichem
Mittelpunkt darstellen. Einfache Nebeneinanderstellung von Atomen und verhältnismäßig wenig komplizierten Atomgruppen zu
einem geometrischen Netz. Als ein endloses Mosaik kleiner Bausteine –, so läßt sich jetzt die Struktur des Kristalls dank der Röntgen-
strahlen photographisch wahrnehmen. Und so beschaffen, einfach
und beständig, ist auch der Zustand, den die verdichtete Materie, die
uns umgibt, im großen und ganzen wahrscheinlich von Anfang an
angenommen hat.

In ihrer Hauptmasse betrachtet, hüllt sich die Erde, so weit wir zu-
rückschauen können, in ein geometrisches Gewand. Sie kristallisiert.
Aber nicht ganz und gar.

B. Die Welt polymerisiert. Im Laufe und bereits im Anfangs-
stadium des Weges der Erdelemente zur Kristallisation löste sich eine
Energie beständig ab und wurde frei (genau so, wie dies augenblicklich
rings um uns in der Menschheit unter der Einwirkung der Maschine
geschieht). Diese Energie vermehrte sich um solche, die beständig
durch den Atomzerfall der radioaktiven Stoffe geliefert wurde. Sie
nährte sich auch unaufhörlich von derjenigen, die die Sonnenstrahlen
verbreiten. – Wohin konnte diese Kraft, die nun an der Oberfläche
der jugendlichen Erde verfügbar geworden war, gelangen? Verlor
sie sich einfach um die Erdkugel herum in dunklen Emanationen?

Die Vorgänge, die wir in der gegenwärtigen Welt beobachten,
legen uns eine andere, viel wahrscheinlichere Hypothese nahe. Die
freie Energie der jungen Erde war zwar bereits zu schwach, um in
Glutzustand zu entweichen; wohl aber war sie fähig geworden, durch
eine zentripetale Wendung Synthesen zu erzeugen. Damals wie heute
ging sie unter Wärmeverbrauch in den Aufbau gewisser Kohlen-
stoff-, Stickstoff-, Wasserstoff-Verbindungen oder Hydrate ein.
Diese Verbindungen gleichen jenen, die zu unserer Verwunderung
fähig sind, die Zusammengesetztheit und Labilität ihrer Bausteine
grenzenlos anwachsen zu lassen. Reich der *Polymerisation*[1], wo die
Teilchen, wie bei den Kristallen, theoretisch endlose Geflechte weben,
indem sie sich verketten, gruppieren und auswechseln, *aber diesmal
Molekül für Molekül und so, daß jeweils durch feste Verbindung oder
wenigstens Anlagerung ein immer schwereres und reicheres Molekül entsteht.*

Das ist die Welt der «organischen Verbindungen», von der und in
der wir gebildet sind. Wir haben die Gewohnheit, sie nur in direkter
Beziehung zu dem *bereits vorhandenen* Leben zu betrachten, weil sie

---

[1] Ich glaube entschuldbar zu sein (wie auch später, Seite 104 im Fall der Orthogenese), wenn ich hier den Ausdruck in einem gewiß sehr verallgemeinerten Sinn
verwende: das heißt für den ganzen Vorgang der «additiven Zusammensetzung»,
welche die großen Moleküle entstehen läßt (und nicht nur für die Polymerisation
in streng chemischem Sinn).

diesem vor unseren Augen innigst verbunden ist. Und weil ihr unglaublicher Formenreichtum, der die Mannigfaltigkeit der mineralischen Verbindungen weit hinter sich zurückläßt, nur einen ganz geringen Teil der Erdsubstanz betrifft, neigen wir unwillkürlich dazu, ihr nur eine untergeordnete Stellung und Bedeutung innerhalb der Geochemie zuzusprechen – wie dem Ammoniak und den Oxyden, die den Blitzstrahl einhüllen.

Es scheint mir wesentlich, wenn wir später die Stellung des Menschen in der Natur festlegen wollen, dem Phänomen sein wahres Alter und Gesicht zu geben.

Erscheinungen der mineralischen und der organischen Chemie. Wie groß auch das quantitative Mißverhältnis der Massen sein mag, mit denen jede von diesen beiden Funktionen zu tun hat, so sind sie doch nur die zwei untrennbaren Seiten desselben tellurischen Gesamtwirkens und können nichts anderes sein. Folglich müssen wir von der zweiten ebensogut wie von der ersten annehmen, daß sie sich schon im Frühling der Erde zu entzünden begonnen hat. Und hier ertönt das Leitmotiv dieses ganzen Buches: «Nichts in der Welt könnte über die verschiedenen (wenn auch noch so bedeutsamen) Schwellen der Entwicklung hinweg eines Tages als Endzweck in Erscheinung treten, was nicht schon anfangs dunkel vorhanden gewesen wäre.»

Wenn das Organische nicht vom ersten Augenblick an, wo die Möglichkeit auf Erden bestand, zu existieren begonnen hätte, so hätte es auch später niemals angefangen.

So müssen wir rings um unseren werdenden Planeten außer den ersten Umrissen einer metallischen Barysphäre, einer aus Silikaten bestehenden Lithosphäre, einer Hydro- und Atmosphäre, das Geäder einer besonderen Hülle betrachten, – die zu den vier ersten sozusagen die Antithese bildet: eine gemäßigte Polymerisationszone, wo Wasser, Ammoniak, Kohlensäure bereits vom Licht der Sonnenstrahlen durchflutet dahinschweben. Wer diesen zarten Nebel übersähe, würde das jugendliche Gestirn seines wesentlichsten Schmucks entkleiden. Denn in ihm wird sich bald «das Innere der Erde» stufenweise konzentrieren, wenn wir den Ausblicken trauen dürfen, die ich weiter oben entworfen habe.

II. DAS INNERE

Selbstverständlich will ich hier mit dem Wort «das Innere der Erde»
nicht von den materiellen Tiefen sprechen, in denen sich einige Kilo-
meter unter unseren Füßen eines der aufregendsten Geheimnisse der
Wissenschaft verbirgt: die chemische Beschaffenheit und die exakten
physikalischen Verhältnisse der inneren Schichten des Erdballs. Ich
bezeichne mit diesem Ausdruck, wie im vorhergehenden Kapitel, die
«psychische» Seite jener Menge kosmischen Stoffes, der zu Beginn der
Zeiten von dem engen Umkreis der jugendlichen Erde umschlossen
wurde. In dem eben abgetrennten Lappen sternartigen Stoffes entspricht, ebenso wie überall im Universum, eine innere Welt unvermeidlich und Punkt für Punkt der Außenseite der Dinge. Das haben
wir schon dargelegt. Aber hier sind die Bedingungen verändert. Die
Materie dehnt sich nicht mehr vor unseren Augen in unbegrenzbaren
und weiterzerstreuten Feldern aus. Sie hat sich um sich selbst gerollt
und bildet einen *geschlossenen Raum. Wie reagiert ihre innere Schicht
auf diese Zusammenfaltung?*

Ein erster Punkt ist hier in Erwägung zu ziehen: Seit der Verselbständigung unseres Planeten findet sich eine bestimmte Masse
elementaren Bewußtseins vom Ursprung her in der Erdmasse gefangen. Wissenschaftler glaubten annehmen zu müssen, daß nur
Keime aus dem Sternenraum imstande wären, erkaltete Gestirne zu
befruchten. Diese Hypothese zieht, ohne das geringste zu erklären,
die Größe des Phänomens Leben herab und zugleich auch die seiner
edelsten Krönung, des Phänomens Mensch. Sie ist wirklich völlig
unbrauchbar. Warum sollten wir für unseren Planeten unbegreifliche
Ursprünge von Befruchtung im weiten Raum suchen? Die junge
Erde selbst, in ihrer Totalität, ist dank ihrer chemischen Zusammensetzung von Anfang an der unglaublich komplexe Keim, dessen wir bedürfen. Sie trug, möchte ich sagen, von Geburt an das
Prävitale in sich, und zwar in *bestimmter Menge*. Das ganze Problem
besteht darin, zu erklären, wie aus diesem anfänglichen Quantum,

das seinem Wesen nach elastisch war, alles Weitere hervorgegangen ist.

Um die ersten Phasen dieser Evolution zu begreifen, genügt es, die allgemeinen Gesetze, die wir für die Entwicklung der geistigen Energie feststellen zu können glaubten, und die eben erkannten physikalisch-chemischen Bedingungen der neuen Erde Punkt für Punkt miteinander zu vergleichen. Es gehört zur Natur der geistigen Energie, so sagten wir, daß sie an «radialem» Wert zunimmt, und zwar erfahrungsmäßig, absolut und ohne bestimmbare Grenze nach oben, je nach der wachsenden chemischen Komplexität der Elemente, deren innere Entsprechung sie darstellt. Im vorhergehenden Paragraphen aber haben wir erkannt, daß sich die chemische Komplexität der Erde, in Übereinstimmung mit den Gesetzen der Thermodynamik, in der besonderen Oberflächenzone steigert, wo ihre Elemente polymerisierten. Stellen wir diese beiden Sätze nebeneinander. Sie schneiden sich und erhellen einander eindeutig. Sie stimmen darin überein, daß das Prävitale, kaum von der neugeborenen Erde umschlossen, aus der Erstarrung erwacht, zu der seine Zerstreuung im Raum es zu verteilen schien. Seine bisher schlafenden Wirkkräfte setzen sich in Bewegung, *pari passu* mit dem Erwachen der in der Materie eingeschlossenen synthetischen Kräfte. Und mit einem Schlag beginnt auf der ganzen Oberfläche des neugeformten Erdballs die Spannkraft der inneren Freiheiten zu steigen.

Betrachten wir diese geheimnisvolle Oberfläche mit größerer Aufmerksamkeit!

Ein erstes Merkmal muß dort gleich festgestellt werden: die äußerste Kleinheit und die unberechenbare Zahl der Teilchen, aus denen sie sich aufbaut. Auf Kilometerbreite bedecken im Wasser, in der Luft, in den abgelagerten Schlammassen ultramikroskopische Proteinteilchen dichtgedrängt die Oberfläche der Erde. Unsere Einbildungskraft schaudert vor der Idee zurück, die Flocken dieses Schnees zu zählen. Doch wenn wir verstanden haben, daß das Prävitale bereits im Atom auftaucht, mußten wir dann nicht mit diesen Myriaden schwerer Moleküle rechnen? . . .

Aber wir müssen noch etwas anderes in Betracht ziehen:

In gewissem Sinn noch bemerkenswerter und für das Verständnis der künftigen Entwicklung genau so wichtig wie diese Vielheit ist die Einheit, welche den uranfänglichen Staub von Bewußtseinsteilchen schon von ihrer Entstehung an zusammenfaßt. Was die elementaren Freiheiten wachsen läßt, ist, ich wiederhole, wesentlich das synthetische Wachstum der Moleküle, mit dem diese Freiheiten sich Raum schaffen. Aber diese Synthese selbst, wiederhole ich gleichfalls, könnte sich nicht vollziehen, wenn nicht der Erdball in seiner Gesamtheit im Innern einer geschlossenen Oberfläche die Schichten seiner Substanz zusammenfalten würde.

So vollzieht sich das Wachstum des Innern, wie wir es auch betrachten mögen, nur dank *einer doppelten Bewegung der Zusammenrollung*. Beide Bewegungen sind miteinander verbunden. Die eine ist die Zusammenrollung des Moleküls, die andere die des Planeten.[1] Das Anfangsquantum von Bewußtsein, das in unserer irdischen Welt enthalten ist, ist nicht einfach von einem Aggregat von Teilchen geformt, die zufällig in dasselbe Netz gerieten. Es stellt vielmehr eine solidarische Masse von infinitesimalen Zentren dar, die durch ihre Ursprungsbedingungen und ihre Entwicklung strukturell miteinander verbunden sind.

Hier erscheint von neuem die Grundform, die bereits die Urmaterie kennzeichnete: Einheit in der Vielheit. Aber diesmal enthüllt sie sich auf einem deutlicher umschriebenen Gebiet und mit Bezug auf eine neue Ordnung. Die Erde verdankt ihre Geburt vermutlich einem glücklichen Zufall. Doch in Übereinstimmung mit einem der allgemeinsten Gesetze der Evolution wurde dieser glückliche Zufall, kaum zustande gekommen, sogleich ausgenutzt und in einen naturgelenkten Ablauf hineinverschmolzen. Schon durch den Vorgang ihres Entstehens tritt die feine Hülle, in der sich das Innere der Erde konzentriert und vertieft, als organisches Ganzes in Erscheinung, wo man fortan kein Element mehr von den anderen Elementen, die es umgeben, trennen kann. Ein neues Unteilbares ersteht im Herzen des Großen Unteilbaren, welches das Universum darstellt. Wahrhaft eine *Prä-Biosphäre*.

---

[1] Genau dieselben Vorgänge, denen wir in einer viel späteren Phase der Evolution wiederbegegnen werden, wo sie die «Noosphäre» heraufführen.

Mit dieser Hülle werden wir uns von nun an beschäftigen, – einzig und allein mit ihr.

Immer noch über die Abgründe der Vergangenheit gebeugt, beobachten wir ihre Farbe, wie sie sich ändert.

Zeitalter um Zeitalter nimmt kräftigere Färbung an. Etwas wird durchbrechen auf der jugendlichen Erde.

Das Leben! Es ist das Leben!

II

DAS LEBEN

ERSTES KAPITEL

DAS LEBEN ERSCHEINT

Nach den vorstehenden Bemerkungen über die Keimkräfte der jugendlichen Erde könnte es scheinen – und ließe sich auch dem Titel dieses neuen Kapitels entgegenhalten –, daß in der Natur nichts mehr verbleibt, um den Beginn des Lebens zu kennzeichnen. Welt der Gesteine und Welt der belebten Wesen: zwei gegensätzliche Schöpfungen, wenn wir sie grob und in ihren extremen Formen nach den mittleren Maßen unseres menschlichen Organismus beurteilen; aber einheitliche Masse, die stufenweise mit sich verschmilzt, wenn wir uns zwingen, durch räumliche Analyse oder (was auf dasselbe hinausläuft) durch Zurückverfolgen in der Zeit bis zum Maß des Mikroskopischen oder noch tiefer bis zum unendlich Kleinen hinabzusteigen.

Verschwimmen nicht alle Unterschiede in diesen Tiefen? – Keine scharf gezogene Grenze mehr zwischen dem Tier und der Pflanze auf der Stufe der einzelligen Wesen (wir wußten es bereits seit langem). Und (wir werden weiter unten darauf zurückkommen) immer und immer weniger eine sichere Schranke zwischen dem «lebenden» Protoplasma und den «toten» Proteïnen auf der Stufe der großen molekularen Anhäufungen. «Tot» nennt man noch immer diese nicht klassifizierten Substanzen . . . Doch: haben wir nicht erkannt, daß sie unverständlich wären, wenn sie nicht bereits tief im Innersten irgendwelche Ansätze einer Psyche besäßen?

In *einem* Sinn ist es also wahr: für das Leben sowenig wie für irgendeine andere Erfahrungswirklichkeit können wir von nun an, wie wir zuvor glaubten, einen absoluten zeitlichen Nullpunkt festsetzen. Für ein gegebenes Universum und für jedes seiner Elemente gibt es erfahrungs- und erscheinungsmäßig nur eine und dieselbe mögliche Dauer, und zwar ohne ein Ufer hinter sich. So verlängert jedes Ding seine Struktur durch das, was sein tiefstes Wesen ausmacht, und treibt seine Wurzeln in eine immer fernere Vergangenheit. In irgendeiner sehr abgeschwächten Form hat alles mit den Uranfängen begonnen. Gegen diese Grunderkenntnis läßt sich direkt nichts einwenden.

Wenn man aber verstehen und ein für allemal zugeben muß, daß jedes neue Wesen notwendig eine kosmische Embryogenese hat, so besagt das gar nichts gegen die Tatsache einer *Geburt in der Zeit*.

Auf jedem Gebiet verändert eine Größe, wenn sie genügend gewachsen ist, jäh ihr Aussehen, ihren Zustand oder ihre Natur: Die Kurve ändert ihre Richtung, die Fläche zieht sich zu einem Punkt zusammen, der feste Körper stürzt ein, der flüssige kocht, das Ei spaltet sich, über den zusammengetragenen Tatsachen flammt die Einsicht auf . . . Kritische Punkte, Zustandsänderungen, Stufen am Abhang, – alle Arten von jähem Umsprung *im Lauf* der Entwicklung: für die Wissenschaft von nun an die *einzige* Weise, aber auch die *richtige*, sich einen «ersten Augenblick» vorzustellen und ihn zu erhaschen.

Gerade und besonders nach dem, was wir über das Prävitale gesagt haben, wollen wir jetzt, in diesem erarbeiteten und neuen Sinn, den Beginn des Lebens betrachten und zu bestimmen suchen.

Während unbestimmbarer, aber sicher unermeßlich langer Dauer wäre die Erde einem mit den modernsten wissenschaftlichen Instrumenten ausgerüsteten Beobachter öde und unbelebt erschienen. Sie war bereits genug erkaltet, um an ihrer Oberfläche die Bildung und das Bestehen von Kohlenstoff enthaltenden Molekülketten zu ermöglichen, vermutlich von einer Wasserschicht umhüllt, aus der gerade die ersten Spitzen der künftigen Kontinente auftauchten. Hätte man ihre Wasser in dieser Epoche geschöpft, sie hätten kein einziges bewegungsfähiges Teilchen selbst in unseren feinsten Filtern zurückgelassen. Sie hätten im Blickfeld unserer stärksten Vergrößerungen nur unbewegte Aggregate sehen lassen.

Später aber, nach genügend langer Zeit, in einem bestimmten Augenblick, begannen gewiß diese selben Wasser stellenweise von winzigen Wesen zu wimmeln. Und aus diesem ersten Überfluß ist

die erstaunliche Masse organisierter Materie hervorgegangen, deren
dichte Verfilzung heute die zuletzt erschienene (oder vielmehr vor-
letzte) Hülle unseres Planeten bildet: die Biosphäre.

Wir werden vermutlich niemals den Vorgang kennen (es sei denn,
daß es der Wissenschaft von morgen durch einen glücklichen Zufall
gelingt, ihn im Laboratorium zu wiederholen), – die geschichtliche
Forschung allein wird keinesfalls direkt die materiellen Spuren finden,
um dieses Auftauchen des Mikroskopischen aus dem Molekularen,
des Organischen aus dem Chemischen, des Lebenden aus dem Prävitalen aufzuzeigen. Aber eines ist sicher: eine derartige Metamorphose
erklärt sich nicht durch ein einfaches, gleichförmig fortschreitendes
Geschehen. In Analogie mit allem, was das vergleichende Studium
der natürlichen Entwicklungen uns lehrt, müssen wir in diesem besonderen Augenblick der Erdevolution eine Reifung, eine Häutung,
eine Schwelle, eine Krise erster Größe ansetzen: den Beginn einer
neuen Ordnung.

Wir wollen versuchen zu bestimmen, wie einerseits die Natur und
andererseits die räumlichen und zeitlichen Umstände dieses Übergangs gewesen sein mögen, um zugleich den vermutlichen Bedingungen der jugendlichen Erde wie den Verhältnissen der modernen Erde
gerecht zu werden.

I. DIE «SCHWELLE» DES LEBENS

Wenn wir es körperlich und von außen sehen, ist noch das Richtigste,
was sich in diesem Augenblick darüber sagen läßt, daß das eigentliche
Leben *mit der Zelle beginnt*. Je mehr die Wissenschaft seit einem Jahr-
hundert diese chemisch und strukturell überkomplexe Einheit zum
Mittelpunkt ihrer Arbeiten macht, um so deutlicher wird es, daß sich
hier das Geheimnis verbirgt, dessen Kenntnis die geahnte, aber noch
nicht verwirklichte Verbindung zwischen den beiden Welten der
Physik und der Biologie herstellen könnte. Die Zelle ist *natürlicher
Keim des Lebens*, wie das Atom der natürliche Keim der anorganischen
Materie. Sicherlich müssen wir versuchen, zuerst die Zelle zu ver-

stehen, wenn wir ermessen wollen, worin eigentlich die «Schwelle»
des Lebens besteht.

Doch auf welche Weise schauen, um zu verstehen?

Man hat bereits viele Bände über die Zelle geschrieben. Schon genügen ganze Bibliotheken nicht mehr, all das aufzunehmen, was man
über ihr Gewebe, über die Funktionen ihres «Zytoplasmas» und ihres
Kerns, über ihren Teilungsmechanismus, über ihre Zusammenhänge
mit der Vererbung an genauen Beobachtungen gesammelt hat. An
sich jedoch bleibt sie für unseren Blick ebenso rätselhaft, ebenso verschlossen wie zuvor. Es könnte scheinen, daß wir, an einer gewissen
Tiefe der Erklärung angelangt, einen undurchdringlichen Wall um-
kreisen, ohne vorwärtszukommen.

Vermutlich haben die histologischen und physiologischen Methoden der Analyse gegenwärtig bereits alles hergegeben, was man von
ihnen erwarten konnte. Um Fortschritte zu machen, muß der An-
griff wohl in einer neuen Richtung geführt werden.

Aus einleuchtenden Gründen wurde bisher fast die gesamte Zellen-
lehre unter biologische Gesichtspunkte gestellt: man betrachtete die
Zelle als einen Mikroorganismus oder ein Proto-Lebewesen, und es
ging darum, dieses in Beziehung zu seinen höchsten Formen und Verbindungen zu deuten.

Dadurch aber haben wir die Hälfte des Problems ganz einfach im
Dunklen gelassen. Wie ein Planet in seinem ersten Viertel war der
Gegenstand unserer Untersuchungen nur auf der den Höhen des
Lebens zugewandten Seite beleuchtet. Doch in den unteren Schichten
dessen, was wir die Vorstufe des Lebens genannt haben, schwebt er
nach wie vor in der Nacht. Vermutlich ist es dieser Umstand, der,
wissenschaftlich gesprochen, sein Geheimnis für uns länger währen
läßt, als es sein sollte.

Wie alle anderen Dinge dieser Welt kann auch die Zelle, so wunderbar sie uns in ihrer Isolierung unter den anderen Gebilden der
Materie erscheinen mag, nur dann *verstanden* (das heißt, einem zusammenhängenden System des Universums einverleibt) werden,
wenn man ihr auf einer Entwicklungslinie zwischen Zukunft und
Vergangenheit einen Platz einräumt. Wir haben uns viel mit den

Formveränderungen ihrer Entwicklung beschäftigt. Jetzt aber müssen wir unsere Untersuchungen auf ihre Ursprünge lenken, das heißt auf die Wurzeln, mit denen sie in das Anorganische eintaucht, wenn wir auf das wahre Wesen ihrer Neuheit hinweisen wollen.

Im Gegensatz zu dem, was uns die Erfahrung auf allen anderen Gebieten lehrte, haben wir uns zu sehr daran gewöhnt oder damit abgefunden, die Zelle als ein Ding ohne Vorformen aufzufassen. Wir wollen aber versuchen zu sehen, was aus ihr wird, wenn wir sie, wie es notwendig ist, als ein Ding betrachten und behandeln, das *zugleich* lange vorbereitet und doch im tiefsten ursprünglich ist, das heißt: als etwas, das geboren wurde.

A. MIKROORGANISMEN UND MAKROMOLEKÜLE. Zuerst die Vorbereitung. Sobald man sich die Mühe macht, die ersten Lebensformen mehr hinsichtlich dessen, was ihnen vorangeht, als dessen, was ihnen folgt, zu beobachten, erscheint zunächst ein besonderes Merkmal, das seltsamerweise unseren Blick bisher nicht stärker beeindruckt hat: daß nämlich in und durch die Zelle die molekulare Welt «in Person» (wenn ich so sagen darf . . .) an die Oberfläche dringt, hindurchgeht und sich im Schoß der höheren Strukturen des Lebens verliert.

Ich will dies deutlicher machen.

Wenn wir ein Bakterium betrachten, denken wir immer an die Pflanzen und die höhere Tierwelt. Doch eben das blendet uns. Gehen wir anders vor! Schließen wir die Augen vor den fortgeschrittenen Formen der lebendigen Natur. Lassen wir auch, wie es recht und billig ist, die meisten Protozoen beiseite, die in ihren Arten fast ebenso formenreich sind wie die Metazoen. Und vergessen wir auch deren Nerven-, Muskel- und Fortpflanzungszellen, die oft riesig und jedenfalls überspezialisiert sind. Beschränken wir unseren Blick auf jene mehr oder minder unabhängigen, äußerlich amorphen oder polymorphen Elemente, die in den natürlichen Gärungsstoffen in Unzahl vorhanden sind, – die in unseren Adern zirkulieren, – die sich in unseren Organen in Form von Bindegeweben anhäufen. Anders gesagt, verengen wir unser Blickfeld auf die Zelle in ihren einfachsten und daher ursprünglichsten Formen, die wir noch in der gegenwärtigen

Natur beobachten können. Und betrachten wir dann diese Masse von
Körperchen in bezug auf die Materie, die sie bedecken. Und ich frage:
können wir auch nur einen Augenblick zögern, die offenbare Verwandtschaft anzuerkennen, die die Welt der ersten Lebewesen hinsichtlich ihrer Zusammensetzung und ihres Verhaltens mit der physikalisch-chemischen Welt verbindet? ... Diese Einfachheit in der
Zellform! Diese Symmetrie in der Struktur! Die winzigen Ausmaße, diese äußere Übereinstimmung der Merkmale und des Verhaltens in der Vielheit, – sind das nicht unverkennbar die Merkmale
und Eigentümlichkeiten der körnigen Substanz? Das heißt, sind wir
auf jener ersten Stufe des Lebens nicht noch immer, wo nicht im Herzen, so doch wenigstens im Randgebiet der «Materie»?

Ohne zu übertreiben: genau so wie der Mensch nach Ansicht der
Paläontologen anatomisch mit der Masse der ihm vorausgehenden
Säugetiere verschmilzt – so ertrinkt die Zelle qualitativ und quantitativ in der Welt der chemischen Gebilde, wenn man sie *in absteigender Richtung* verfolgt. Unmittelbar nach rückwärts verlängert, kon-
vergiert sie sichtbar mit dem Molekül.

Diese Einsicht aber ist bereits mehr als ein einfacher Gedankenblitz.

Vor einigen Jahren noch wären diese Ausführungen über den allmählichen Übergang der körnigen Struktur der Materie zur körnigen Struktur des Lebens ebenso suggestiv, doch auch ebenso un-
bewiesen erschienen, wie die ersten Ausführungen Darwins oder
Lamarcks zur Entwicklungslehre. Doch heute liegen die Dinge anders. Seit der Zeit Darwins und Lamarcks haben zahlreiche Funde das
Vorhandensein von Übergangsformen festgestellt, welche die Evolutionstheorie postulierte. Gleicherweise beginnen die letzten Fortschritte der biologischen Chemie das wirkliche Bestehen von Molekül-
Aggregaten festzustellen, die den bisher vermuteten, gähnenden Abgrund zwischen dem Protoplasma und der mineralischen Materie
beträchtlich zu verringern und abzugrenzen scheinen. Wenn gewisse
(freilich noch indirekte) Messungen als richtig anerkannt werden,
liegen die Molekulargewichte gewisser natürlicher proteinhaltiger
Substanzen wie etwa die der «Viren», die bei Pflanzen und Tieren so
geheimnisvoll die von Mikroben verursachten Krankheiten begleiten,

vielleicht in der Größenordnung *von Millionen*. Obgleich viel kleiner als alle Bakterien – so klein, daß bisher kein Filter sie zurückbehalten konnte –, sind die Teilchen, die diese Stoffe formen, nichtsdestoweniger kolossal, wenn man sie mit den Molekülen vergleicht, mit denen die Chemie der Kohlenstoffverbindungen es zu tun hat. Und es ist äußerst beeindruckend, festzustellen, daß, auch ohne daß man sie noch einer Zelle gleichsetzen kann, gewisse ihrer Eigenschaften (besonders die Fähigkeit, sich durch Berührung mit einem lebenden Gewebe zu vermehren) bereits die der eigentlichen organischen Wesen[1] ankündigen.

Dank der Entdeckung dieser Riesenmoleküle geht die vorausgesehene Existenz von *Zwischenstufen* zwischen den mikroskopischen Lebewesen und dem unter-mikroskopisch «Unbelebten» in den Bereich direkter Experimente über.

So ist es also nicht nur aus verstandesmäßigem Bedürfnis nach Kontinuität, sondern auf Grund positiver Anzeichen von nun an bereits möglich zu behaupten: übereinstimmend mit unseren theoretischen Vorwegnahmen der Realität des Prävitalen verbindet tatsächlich irgendeine natürliche Funktion das Mikro-Organische mit dem Makromolekularen, und zwar in ihrem aufeinanderfolgenden Erscheinen wie in ihrer gegenwärtigen Existenz.

Diese erste Feststellung führt uns einen Schritt weiter zum besseren Verständnis der Vorbereitungen und daher der Ursprünge des Lebens.

B. EIN VERGESSENER ZEITRAUM. Ich bin nicht imstande, vom mathematischen Gesichtspunkt aus zu beurteilen, inwieweit die Relativitätstheorie auf guten Gründen beruht, noch wo ihre Grenzen liegen. Doch als Naturforscher muß ich gestehen, daß die Annahme eines Ausdehnungsmediums, in dem Raum und Zeit sich organisch verbin-

---

[1] Seit man dank der überaus starken Vergrößerungen des Elektronen-Mikroskops die Viren *gesehen* hat, als dünne Stäbchen, die an ihren beiden Enden unsymmetrische Aktivitäten zeigen, scheint die Meinung vorzuwiegen, man müsse sie eher unter die Bakterien zählen als unter die «Moleküle». Liefert aber das Studium der Enzyme und anderer komplexer chemischer Stoffe nicht gerade einen ersten Beweis, daß die Moleküle eine *Form*, und sogar eine große Menge verschiedener Formen besitzen?

den, das einzige bisher gefundene Mittel darstellt, um die Verteilung
der materiellen und lebenden Substanzen um uns begreiflich zu
machen. Je mehr unsere Kenntnis der Naturgeschichte der Welt fortschreitet, um so deutlicher wird es, daß sich die Verteilung der Objekte und der Formen in einem gegebenen Augenblick nur durch eine
Entwicklung erklären läßt, deren zeitliche Länge in Funktion mit der
räumlichen (oder morphologischen) Verbreitung steht. Jede räumliche Distanz, jede morphologische Abweichung läßt eine «Dauer»
vermuten, und drückt sie zugleich aus.

Nehmen wir den besonders einfachen Fall der augenblicklich lebenden Wirbeltiere. Seit der Zeit Linnés war die Klassifikation dieser
Tiere genügend fortgeschritten, um im ganzen eine bestimmte Gliederung zu zeigen, die sich in Ordnungen, Familien, Gattungen usw.
ausdrückte. Die damaligen Naturforscher sahen jedoch keinen wissenschaftlichen Grund für diese Anordnung. Heute wissen wir, daß
die Linnésche Systematik einfach nur einen Schnitt darstellt, den man
auf der gegenwärtigen Stufe der Evolution durch ein nach verschiedenen Richtungen sich verbreitendes Strahlenbündel von Abstammungslinien (phyla)[1] zieht, die im Lauf der Jahrhunderte, eine nach
der andern, erschienen sind. So bezeugt und mißt die zoologische
Abweichung der verschiedenen vor unseren Augen lebenden Typen
in jedem Fall einen Unterschied des Alters. In der Konstellation der
Arten bringt jedes Dasein, jede Lage eine gewisse Vergangenheit,
eine gewisse Entstehungsgeschichte mit. Wenn aber der Zoologe
auf einen primitiveren Typus stößt als die bisher bekannten (etwa
auf den *Amphioxus*), so bedeutet dies mehr, als daß die Stufenleiter der Tierformen um ein kleines Stück verlängert wird. Eine
solche Entdeckung umfaßt *ipso facto* ein Stadium, eine Verzweigung, einen Jahresring mehr am Stamm der Evolution. So können
wir zum Beispiel den *Amphioxus* nur dann in die gegenwärtige
Natur eingliedern, wenn wir uns in der Vergangenheit unterhalb
der Fische ein ganzes Zeitalter von «proto-wirbeltierischem Leben»
vorstellen.

---

[1] Siehe dazu weiter unten das Kapitel «Der Lebensbaum».

In der Raum-Zeit der Biologen muß die Einführung eines ergänzenden morphologischen Begriffs oder Stadiums sogleich durch eine entsprechende Verlängerung der Achse der Dauer zum Ausdruck kommen.

Machen wir uns dieses Prinzip zu eigen. Und betrachten wir nochmals die riesigen Moleküle, deren Existenz die Wissenschaft vor kurzem entdeckt hat.

Es ist möglich (wenn auch unwahrscheinlich), daß diese enormen Teilchen heute in der Natur nur mehr einen Ausnahmefall und eine verhältnismäßig kleine Gruppe darstellen. Doch selbst wenn man annimmt, daß sie selten sind, selbst wenn man sich vorstellt, daß sie durch sekundäre Verbindungen mit den lebenden Geweben, deren Parasiten sie sind, sehr verändert wurden, so hat man doch keinen Grund, in ihnen monströse oder mißratene Wesen zu sehen. Im Gegenteil: wir können sie mit größter Wahrscheinlichkeit als Vertreter einer besonderen Stufe unter den Gebilden der Erdmaterie betrachten, sei's auch nur als überlebenden Rest.

Damit schiebt sich notwendigerweise eine makro-molekulare Zone zwischen das Molekül und die Zelle, die wir bisher als aneinandergrenzend angenommen hatten. Dadurch enthüllt sich aber auch, wegen der vorhin erkannten Beziehungen zwischen Raum und Dauer, eine *ergänzende* Periode, die sich hinter uns in die Geschichte der Erde einschiebt. Ein Jahresring mehr auf dem Stamm, – und daher eine Zwischenzeit mehr für das Leben des Universums. Die Entdeckung der Viren und anderer ähnlicher Elemente bereichert die Reihe der materiellen Zustände oder Formen nicht nur um einen wichtigen Begriff, sie zwingt uns auch, einen bisher vergessenen Zeitraum (eine Zeit der «Unter-Lebewesen») in die Folge der Zeitalter einzufügen, die der Vergangenheit unseres Planeten als Maß dienen.

Wenn wir die Schwelle des Lebens verlassen und den Weg wieder hinabsteigen, finden wir in recht deutlich bestimmbarer Gestalt den Zustand und das Aussehen der jugendlichen Erde wieder, das wir vorher vermutet hatten, als wir die Hänge der urstofflichen Formenwelt emporstiegen.

Wieviel Zeit es bedurfte, damit sich diese makromolekulare Welt auf der Erde festsetzen konnte, können wir natürlich noch nicht mit

Genauigkeit bestimmen. Doch wenn wir auch nicht daran denken
können, sie zu beziffern, so führen uns doch gewisse Überlegungen zu
einer ungefähren Beurteilung ihrer Größenordnung. Aus drei besonderen Gründen ist dieses Phänomen sicher mit der größten Langsamkeit vor sich gegangen.

Erstens war es bei seinem Erscheinen und in seinen Entwicklungen
aufs engste abhängig von der allgemeinen Umwandlung der chemischen Bedingungen auf der Oberfläche des Planeten und von seinen
Wärmeverhältnissen. Im Gegensatz zum Leben, das sich mit einer
ihm eigenen Geschwindigkeit auszubreiten scheint, und zwar auf
einer materiellen Grundlage von praktisch unveränderlichem Charakter, konnten die Makromoleküle sich nur in dem siderischen (das
heißt unglaublich langsamen) Rhythmus der Erde formen.

Zweitens mußte die Umwandlung, nachdem sie einmal begonnen
war, sich auf eine hinreichend bedeutende und ausgedehnte Stoff-
masse erstrecken, um eine Zone oder Hülle von Erdball-Ausmaßen
zu schaffen. Dann erst konnte sie die für das Auftauchen des Lebens
notwendige Basis bilden. Auch das hat sicher viel Zeit gekostet.

Drittens tragen die Makromoleküle wahrscheinlich die Spur einer
langen Geschichte in sich. Kann man sich denn vorstellen, daß sie sich
wie einfachere Körperchen jäh aufgebaut hätten, um dann ein für
allemal unverändert zu bleiben? Ihre Kompliziertheit und ihre Veränderlichkeit legen vielmehr nahe, daß ungefähr, wie im Fall des
Lebens, ein langer additiver Prozeß notwendig war, der sich in einer
Folge von Wachstumserscheinungen über eine Reihe von Generationen hin fortgesetzt hat.

Im großen und ganzen ergibt sich aus diesem dreifachen Grund:
zur Bildung der Proteïne auf der Erdoberfläche bedurfte es einer
Dauer, die vielleicht länger war als alle geologischen Zeitalter seit
dem Kambrium.

So vertieft sich hinter uns um eine Stufe der Abgrund der Vergangenheit. Eine unüberwindliche Schwäche unseres Vorstellungs-
vermögens verleitet uns, die Abschnitte der Dauer zu eng zusammen-
zupressen, indes die Wissenschaft durch ihre Analysen uns zwingt, sie
immer mehr zu erweitern.

Und so wird unseren folgenden Darstellungen eine notwendige
Basis geliefert.

Ohne eine lange Reifezeit kann sich keine tiefgehende Veränderung
in der Natur vollziehen. Ist hingegen ein solcher Zeitraum gegeben,
dann wird unausbleiblich *ganz Neues* hervorgebracht. Eine irdische
Ära des Makromoleküls ist nicht nur ein ergänzender Begriff, der sich
unserer Perioden-Übersicht anfügt. Es liegt auch die Forderung darin,
und dies vor allen Dingen, einen kritischen Punkt zu finden, der diese
Ära endgültig abschließt. Genau das, was wir benötigen, um die Idee
zu rechtfertigen, daß sich eine Entwicklungskerbe erster Ordnung an
der durch die Erscheinung der ersten Zellen gekennzeichneten Stelle
befindet.

Doch wie sollen wir uns schließlich die Natur dieser Kerbe vorstellen?

C. Die Revolution der Zelle. *1. Äußere Revolution.* Äußerlich betrachtet, wie es in der Biologie üblich ist, scheint die Originalität der
Zelle im wesentlichen darin zu bestehen, daß sie eine neue Methode
gefunden hat, eine größere Masse von Materie zu einer Einheit zusammenzufassen. Erfindung, die durch die schüchternen Versuche,
aus denen allmählich die Makromoleküle hervorgegangen sind,
zweifellos lange vorbereitet war. Aber auch ein Einfall, jäh und re-
volutionär genug, um in der Natur sofort einen unerhörten Erfolg
zu haben.

Wir sind noch weit davon entfernt, das (vermutlich lichtvoll einfache) Prinzip des Zellaufbaus erklären zu können. Immerhin wissen
wir von ihm schon genug, um die außerordentliche Komplexität
seiner Struktur und die nicht minder auffallende Unveränderlichkeit
seines Grundtyps zu ermessen.

Zunächst: *Komplexität.* Auf der Basis des Zellbaus, so lehrt uns die
Chemie, finden sich Eiweißkörper, organische Stickstoffverbindun-
gen («Aminosäuren») von enormem Molekulargewicht (bis zu 10000
und mehr). In Verbindung mit Fetten, Wasser, Phosphaten und aller
Art mineralischen Salzen (Pottasche, Natron, Magnesia, verschiedenen metallischen Verbindungen) bilden diese Eiweißkörper ein

«Protoplasma», ein aus zahllosen Teilchen zusammengesetztes, schwammiges Gebilde, in dem die Kräfte der Viskosität, der Osmose, der Katalyse merklich zu wirken beginnen, die für die Materie charakteristisch sind, sobald diese zu den höheren Graden ihrer Molekulargruppierung gelangt ist. Und das ist noch nicht alles. In der Mitte dieses Gebildes hebt sich meist ein die «Chromosomen» enthaltender Kern vom Hintergrund des «Zytoplasmas» ab, der vermutlich selbst aus Fibern oder Stäbchen («Mitochondrien») besteht. Je mehr die Mikroskope vergrößern, je mehr die Farbstoffe trennen – eine desto größere Anzahl neuer Strukturelemente erscheinen auch in der Höhe oder Tiefe dieses Komplexes. – Ein Triumph der Vielfalt, die sich in einem Raum-Minimum organisch zusammendrängt.

Ferner: *Unveränderlichkeit.* Die Zelle bleibt in allen Fällen wesentlich sich selber gleich – trotz der unendlichen Fülle der möglichen Abwandlungen ihres Grundthemas, – trotz der unerschöpflichen Mannigfaltigkeit ihrer Formen in der Natur. Wir sagten es schon weiter oben. Ihr gegenüber weiß das Denken nicht recht, ob es seine Analogien in der Welt des «Belebten» oder des «Unbelebten» suchen soll. Sind die Zellen nicht den Molekülen ähnlicher als den Tieren? ... Wir betrachten sie mit gutem Grund als die ersten lebenden Formen. Ist es aber nicht ebenso richtig, sie als die Vertreter eines *anderen Zustands* der Materie zu betrachten: als etwas in seiner Art ebenso Einzigartiges wie das Elektron, das Atom, der Kristall oder das Polymerisat? Ein neuer Typus des Materiellen für eine neue Stufe des Universums?

Es ist alles in allem der Stoff des Universums, der in der Zelle, die zugleich so einheitlich, so einförmig und kompliziert ist, mit all seinen Eigenschaften wiedererscheint, – doch diesmal auf einer höheren Stufe der Komplexität, und folglich zugleich (wenn die Hypothese richtig ist, die uns bei diesen Untersuchungen leitet) mit einem höheren Grad von *Innerlichkeit*, das heißt Bewußtsein.

2. Innere Revolution. Mit den Anfängen des organischen Lebens, das heißt mit dem Erscheinen der Zelle, läßt man gewöhnlich auch das seelische Leben in der Welt «beginnen». Wenn ich also einen entscheidenden Schritt in der Entwicklung des Bewußtseins auf Erden mit diesem besonderen Stadium der Evolution verbinde, so schließe ich mich Ansichten und Ausdrucksweisen an, die allgemein verbreitet sind.

Doch da ich für die ersten Spuren der Immanenz im Herzen der Materie einen viel älteren, ja sogar einen uranfänglichen Ursprung zugelassen habe, ist nun meine Aufgabe, zu erklären, worin wohl die spezifische Veränderung innerer («radialer») Energie besteht, die dem äußeren («tangentialen») Erscheinen der Zelleinheit entspricht. Da wir die dunklen und fernen Ursprünge einer elementaren freien Aktivität bereits in die lange Kette der Atome, dann der Moleküle, dann der Makromoleküle verlegt haben, kann sich die Revolution der Zelle nicht durch einen völligen Neubeginn des Psychischen, sondern sie muß sich durch seine *Metamorphose* ausdrücken. Doch welche Vorstellung sollen wir uns machen von dem Sprung (wenn es da überhaupt einen Sprung geben kann) des in der Vorstufe des Lebens eingeschlossenen Vorbewußten zu einem wenn auch noch so elementaren Bewußten, wie dem des ersten wirklichen Lebewesens? Kann denn ein Wesen auf mehrere Arten ein Innen besitzen?

Ich gestehe: an diesem Punkt angelangt, ist es schwierig, klar zu sein. Später, wenn es sich um das Denken handelt, wird eine psychische Definition des «für den Menschen entscheidenden Punktes» sofort möglich erscheinen, weil der Schritt zur Reflexion etwas Definitives hat, und auch weil wir, um ihn zu ermessen, in unserer eigenen Tiefe lesen können. Wenn wir hingegen die Zelle mit den Wesen vergleichen, die ihr vorhergehen, kann uns diese Introspektion nur mittels fernliegender Analogien Schritt für Schritt weiterhelfen. Was wissen wir von der «Seele» der Tiere, selbst derjenigen, die uns am nächsten sind? Bei so großen Abständen unter und hinter uns müssen wir uns mit Unsicherheiten in unseren Spekulationen abfinden.

Angesichts solcher Dunkelheit und eines so weiten Annäherungsspielraums bleiben immerhin drei Feststellungen möglich – und sie genügen, um auf nützliche und zusammenhängende Weise den Punkt des *Erwachens der Zelle* in der Folge der psychischen Umwandlungen festzuhalten, die das Erscheinen des Phänomens Mensch auf der Erde vorbereiten. *Selbst,* und ich möchte hinzufügen, *besonders* unter den

hier gemachten Voraussetzungen, daß nämlich eine Art rudimentären Bewußtseins dem Aufblühen des Lebens vorhergeht, hat ein
solches Erwachen, ein solcher Sprung 1. sich ereignen *können*, 2. sogar
müssen; daraus ergibt sich 3. eine teilweise Erklärung für eine der
außerordentlichsten Neuerungen, die das Antlitz der Erde in seiner
Geschichte erfahren hat.

Zunächst einmal ist es durchaus denkbar, daß ein wesentlicher
Sprung zwischen zwei selbst niederen Bewußtseinsstufen oder -for-
men möglich ist. Um den oben ausgedrückten Zweifel mit denselben
Worten wieder aufzunehmen und ins Positive zu wenden: ja, ich
möchte sagen, es gibt tatsächlich viele verschiedene Arten, auf die ein
Wesen ein Innen haben kann. Eine *geschlossene* und zunächst unregel-
mäßige Fläche kann nach der Mitte ausgerichtet werden. Ein Kreis
kann den Rang seiner Symmetrie erhöhen, indem er zu einer Kugel
wird. Nichts kann verhindern, daß der Grad der Innerlichkeit, der
einem kosmischen Element eigen ist, sich durch Neuordnung seiner
Teile oder den Gewinn einer neuen Dimension dermaßen ändert, daß
es sich plötzlich auf eine neue Stufe erheben kann.

Aus dem oben gefundenen Gesetz, das die gegenseitigen Beziehungen des Innen und des Außen der Dinge regelt, ergibt sich unmittelbar, daß eine entsprechende psychische Mutation die Entdeckung begleiten mußte, durch welche sich die Zelle zusammenfügt. Anwachsen des synthetischen Zustands der Materie: daher, auf Gegenseitig-
keit beruhend, wie wir sagten, Vermehrung des Bewußtseins für das
synthetische Medium. *Entscheidende* Umwandlung der inneren Anordnung der Elemente, müssen wir nun hinzufügen: daher, *ipso facto*,
Veränderung des Wesens des Bewußtseinszustandes der Teilchen des
Universums.

Betrachten wir im Licht dieser Prinzipien von neuem das erstaunliche Schauspiel, das uns das endgültige Erblühen des Lebens auf der
Oberfläche der jugendlichen Erde bietet. Dieses spontane Vorwärts-
stürmen! Dieser überschwengliche Feuereifer im Hervorbringen der
unglaublichsten Gebilde! Diese zügellose Expansion! Dieser Sprung
ins Unwahrscheinliche . . . Ist das nicht genau das Ereignis, das wir
auf Grund unserer Theorie erwarten konnten? Die Explosion innerer

Energie als Folge und proportionierter Ausdruck einer bis auf den Grund gehenden Über-Organisation der Materie?

Äußere Verwirklichung eines wesentlich neuen Typs korpuskularer Gruppierung, der eine geschmeidigere und besser zentrierte Organisation einer unbegrenzten Zahl von Stoffen erlaubt, die allen molekularen Größengraden entnommen sind; und zugleich inneres Erscheinen eines neues Typs bewußten Handelns und bewußter Bestimmtheit: diese doppelte und radikale Metamorphose erklärt uns auf einleuchtende Weise das spezifisch Originale im entscheidenden Übergang vom Molekül zur Zelle – den «Sprung» zum Leben.

Bevor wir uns mit den Folgerungen für die weitere Evolution befassen, müssen wir noch die Bedingungen der geschichtlichen Verwirklichung dieses Sprungs etwas näher studieren: zunächst im Raum, dann in der Zeit.

Dies ist der Gegenstand der beiden folgenden Paragraphen.

II. DAS ERSTE ERSCHEINEN DES LEBENS

Da das Erscheinen der Zelle ein Ereignis ist, das sich an den Grenzen des unendlich Kleinen abgespielt hat, – da es an überaus zarte Stoffe gebunden war, die heute in längst transformierten Ablagerungen aufgelöst sind, haben wir keine Aussicht, wie ich schon sagte, jemals seine Spuren wiederzufinden. So stoßen wir schon zu Beginn auf jene Grundbedingung der Erfahrung, derzufolge die Anfänge aller Dinge dazu neigen, materiell unfaßbar zu werden; es ist das Gesetz, das wir allenthalben in der Geschichte des Lebens antreffen und das wir später die «automatische Unterdrückung der Entwicklungsansätze» nennen werden.

Glücklicherweise gibt es für unseren Geist mehrere und verschiedene Weisen, das Wirkliche zu erfassen. Wenn etwas der Anschauung unserer Sinne entgeht, bleibt uns immer noch der Ausweg, es einzukreisen und durch eine Reihe indirekter Schritte annähernd zu bestimmen. Wollen wir auf diesem uns allein offenstehenden Umweg uns einer möglichen Vorstellung des neugeborenen Lebens nähern? Dann können wir auf folgende Weise und nach folgenden Etappen vorgehen:

DAS MILIEU. Wir müssen zunächst, indem wir uns fast tausend Jahrmillionen zurückversetzen, die meisten der Bodenerhebungen hinwegdenken, die heute der Erdoberfläche ihr eigentümliches Antlitz geben. Die Geologen sind weit davon entfernt, sich über das Aussehen unseres Planeten in jenen längst vergangenen Epochen zu einigen. Persönlich stelle ich ihn mir gern vor wie von einem uferlosen Ozean eingehüllt (zeigt unser Stiller Ozean davon vielleicht die letzten Spuren?), aus dem an einigen vereinzelten Punkten die Protuberanzen des Festlandes als Folge zahlreicher vulkanischer Ergüsse gerade emportauchten. Diese Wasser waren gewiß wärmer als heute, – sie enthielten auch in noch größerer Anzahl all die freien Stoffe, die in späteren Zeiten immer mehr absorbiert und gebunden wurden. In einer solchen gehaltvollen und aktiven Flüssigkeit – sicherlich jedenfalls in einem flüssigen Medium – mußten sich die ersten Zellen formen. Wir wollen versuchen, sie zu unterscheiden.

Auf solche Entfernung hin erscheint uns ihre Form nur verschwommen. Protoplasmaformen mit oder ohne individuellen Kern, in Analogie mit dem, was in der heutigen Natur diese Spuren am wenigsten verändert aufzuweisen scheint, das ist alles, was wir finden können, um uns die Züge dieser Ur-Generation vorzustellen. Doch wenn auch die Umrisse und der individuelle Bau unleserlich bleiben, so machen sich gewisse Kennzeichen anderer Art sehr genau bemerkbar, die, wenngleich quantitativ, dennoch nicht weniger wichtig sind: sie sind unglaublich klein und infolgedessen natürlich auch in verwirrend großer Zahl vorhanden.

KLEINHEIT UND VIELZAHL. An diesem Punkt angelangt, müssen wir uns mit einer jener «Bemühungen zu sehen» vertraut machen, von denen ich in meinem Vorwort sprach. Wir können Jahre hindurch den Sternenhimmel betrachten, ohne zu versuchen, sei's auch nur ein einziges Mal, uns die Entfernung und folglich die Riesengröße der

Sterne wahrhaft vorzustellen. Wenn auch unsere Augen mit dem Blickfeld eines Mikroskops vertraut sind, geschieht es kaum, daß wir uns den nicht weniger bestürzenden Unterschied der Maßstäbe «wirklich» vorstellen, der die Welt der Menschheit von der eines Wassertropfens trennt. Wir sprechen mit Genauigkeit von Wesen, die nach Hundertsteln von Millimetern gemessen werden. Doch haben wir jemals versucht, sie nach ihrem Maße in den Rahmen unseres Lebens hineinzustellen? Dieses Bemühen, zu sehen, ist jedoch unbedingt nötig, wenn wir in die Geheimnisse oder einfach in den «Raum» des neugeborenen Lebens eindringen wollen, – das sicher nur ein *Leben kleinster Teilchen* sein konnte.

Ohne Zweifel waren die ersten Zellen winzig. So verlangt es ihr Ursprung aus den Makromolekülen. Und unmittelbar erweist dies auch die Beobachtung der einfachsten Wesen, denen wir noch in der Welt des Lebens begegneten. Die Bakterien, die sich unserem Blick entziehen, sind nur mehr 0,2 tausendstel Millimeter lang!

Im Universum scheint aber tatsächlich eine naturgegebene Beziehung zwischen der Körpergröße und der Zahl zu bestehen. Sei's, weil sich ein verhältnismäßig größerer Raum vor ihnen öffnet, sei's, weil sie ihrem Schwund entgegenzuwirken suchen, jedes nach Maß seines Vermögens, – die Wesen erstehen in um so größeren Mengen, je kleiner sie sind. Die ersten Zellen, meßbar in *Mikrons*, haben sich auf Myriaden belaufen müssen ... So nahe auch immer wir das Leben an seinem Ausgangspunkt untersuchen, es zeigt sich uns *zugleich mikroskopisch* und *unzählbar*.

Dieser doppelte Charakter hat an sich nichts Überraschendes für uns. Ist es nicht natürlich, daß sich uns das Leben im Augenblick, wo es aus der Materie auftaucht, noch *wie ein Geriesel von ehemaligen Molekularformen darstellt?* – Doch schon genügt es uns nicht mehr, nur nach rückwärts zu schauen.

Nun wollen wir das Wirken und die Zukunft der organischen Welt verstehen. Am Ursprung dieses Fortschritts begegnen wir der großen Zahl, – einer ungeheuren Zahl. Wie sollen wir uns die Formen des geschichtlichen Werdens und die entwicklungsmäßige Struktur dieser anfänglichen Vielheit vorstellen?

URSPRUNG DER VIELZAHL. Kaum geboren, erscheint das Leben (von unserem fernen Standpunkt aus gesehen) schon als ein Gewimmel. Zur Erklärung einer solchen Vielzahl gleich am Beginn der Entwicklung der Lebewesen und zur genauen Bestimmung ihrer Natur stehen uns zwei Gedankengänge offen.

Wir können zunächst vermuten, daß die ersten Zellen zwar nur an einem oder wenigen Punkten erschienen sind, sich aber doch fast augenblicklich vervielfältigen, so wie die Kristallisation in übersättigter Lösung vor sich geht. War die jugendliche Erde nicht in einem Zustand biologischer Hochspannung?

Wenn wir andererseits von diesem Mangel an Stabilität ausgehen, können wir auf Grund eben dieser anfänglich gegebenen Bedingungen uns auch vorstellen, der Übergang der Makromoleküle zur Zelle habe sich fast gleichzeitig an einer sehr großen Anzahl von Punkten abgespielt. Vollziehen sich nicht sogar noch in der Menschheit die großen Entdeckungen auf eben diese Weise?

«Einstämmig» oder «vielstämmig»? Ursprüngliche Begrenztheit und Einfachheit, aber äußerst rasche Entfaltung? Oder im Gegenteil, verhältnismäßig weit verbreitet und zusammengesetzt von Anfang an, dann aber Verbreitung mit nur mittlerer Geschwindigkeit? Wie wird man sich das Bündel der Lebewesen an seinem Ausgangspunkt am besten vorstellen?

Überall in der Geschichte der irdischen Organismen, am Ursprung jeder zoologischen Gruppe, findet man im Grund dasselbe Problem: Einzigartigkeit eines Stammes? Oder Bündel von parallelen Linien? Und eben weil die Anfänge fast immer unserer direkten Schau entgehen, ergibt sich für uns ständig dieselbe Schwierigkeit einer Wahl zwischen zwei fast gleichermaßen annehmbaren Hypothesen.

Dieser Zweifel plagt und beunruhigt uns.

Aber sind wir denn, zumindest hier, wirklich gezwungen zu wählen? Stellt man sich die erste Wurzel des irdischen Lebens noch so dünn vor, so umfaßte sie doch eine bedeutende Anzahl von Fibern, die in eine enorme molekulare Welt tauchten. Mag man umgekehrt ihren Querschnitt so breit annehmen, wie man will, so besaß sie doch sicherlich wie jede physische Neubildung eine außerordentliche Fähigkeit, sich zu neuen Formen zu entfalten. Im Grund unterscheiden sich diese beiden Anschauungen nur durch die relative Bedeutung, die man dem einen oder dem anderen der beiden Faktoren zubilligt («anfängliche Komplexität» oder «Ausweitungsfähigkeit»), die in beiden Fällen die gleichen sind. Andererseits schließen beide eine entwicklungsbedingte *enge Verwandtschaft* unter ersten Lebewesen im Schoß der jugendlichen Erde ein.

Wir wollen hier ihre sekundären Gegensätze außer acht lassen und unsere Aufmerksamkeit nur auf die wesentliche Tatsache konzentrieren, die sie gemeinsam erhellen. Diese Tatsache kann, meiner Ansicht nach, folgendermaßen ausgedrückt werden:

«Ob man sie von dieser oder jener Seite betrachtet, enthüllt sich die Welt der Zellen schon bei ihrer *Entstehung* als unendlich komplex. Sei es infolge der Menge ihrer Ursprungs-Stellen, oder der raschen Veränderung der von einigen Ausstrahlungsherden aus sich verbreitenden Formen, oder auch, muß man hinzufügen, aus Gründen gebietsbedingter (klimatischer oder chemischer) Verschiedenheiten in der wäßrigen Hülle der Erde, müssen wir das Leben in seinem frühzelligen Stadium als ein ungeheures Bündel vielgestaltiger Fibern verstehen. Sogar schon in diesen Tiefen verlangt die gründliche Behandlung des Phänomens Leben, daß es als Problem der Organisation beweglicher Massen angesehen wird.»

Organisches Problem der Massen oder Mengen, wohlgemerkt; und nicht ein einfaches statistisches Problem der großen Zahlen. Was bedeutet dieser Unterschied?

DIE BINDUNGEN UND DIE GESTALT. Die Schwelle, welche die beiden Welten Physik und Biologie voneinander scheidet, erscheint hier wiederum auf der Stufe des Kollektivs. Solange wir nur mit Molekülen und Atomen arbeiteten, konnten wir uns der numerischen Gesetze der Wahrscheinlichkeit bedienen. Sie konnten genügen, um dem Verhalten der Materie gerecht zu werden. Vom Augenblick an, wo die Monade die Ausmaße und die höhere Eigenbeweglichkeit der Zelle erreicht und im Schoß einer Gruppe von Einzelwesen sich zu individualisieren strebt, zeichnet sich eine kompliziertere Anordnung im Stoff des Universums ab. Aus zwei Gründen zumindest wäre es unzureichend und falsch, das Leben, selbst im Stadium der Urzellen, als ein zufälliges und formloses Gewimmel aufzufassen.

Erstens waren die Urmassen der Zellen offenbar seit dem ersten Augenblick in ihrem Innersten einer Art gegenseitiger Abhängigkeit unterworfen, die nicht mehr ein einfaches, mechanisches Anpassen war, sondern der Beginn einer «Symbiose» oder eines Gemeinschaftslebens. Mag der erste Schleier organischer Materie, der sich über die Erde breitete, noch so fein gewesen sein, er hätte nicht entstehen noch sich behaupten können ohne irgendein Netz von Einflüssen und Austausch, das aus ihm eine biologisch *gebundene* Gesamtheit machte. Von Anfang an hat deshalb der Sternnebel der Zellen, trotz seiner inneren Vielheit, notwendigerweise eine diffuse Art von höherer Organisation dargestellt. Nicht nur ein *Schaum von Einzelleben*, sondern bis zu einem gewissen Grad *ein lebendes Gewebe*. Schließlich ist dies nur in höherer Form und höherer Ordnung ein Wiedererscheinen viel älterer Gesetzmäßigkeiten, die bereits, wie wir gesehen haben, die Entstehung und das Gleichgewicht der ersten polymerisierten Stoffe auf der jugendlichen Erde bestimmten. Es ist dies aber auch nur ein Vorspiel zu einer die Entwicklung begleitenden, weit fortgeschritteneren Solidarität. Ihr Vorhandensein bei den höheren Lebewesen ist so deutlich, daß wir uns immer mehr gezwungen sehen werden, den Bindungen, die sie im Schoß der *Biosphäre* zu einem Ganzen zusammenschließen, einen rein organischen Charakter zuzusprechen.

Zweitens (und das ist noch überraschender) scheinen die unzähligen Elemente, aus denen sich am Anfang die lebende dünne Haut der Erde zusammensetzt, weder restlos noch vom Zufall erfaßt oder gesammelt zu sein. Ihre Aufnahme in diese ursprüngliche Hülle erweckt vielmehr den Eindruck, als wäre sie von einer geheimnisvollen Auswahl geleitet, oder als sei ihr eine Zweiteilung vorangegangen. Die Biologen haben darauf aufmerksam gemacht: alle der belebten Materie einverleibten Moleküle sind, je nach der chemischen Gruppe, der sie angehören, in derselben Weise asymmetrisch, – das heißt: wenn ein Bündel polarisierten Lichtes sie durchquert, so bewirken sie alle eine Drehung der Polarisationsebene dieses Bündels *in derselben Richtung;* sie sind alle, je nachdem, rechtsdrehend oder linksdrehend. Und was noch auffälliger ist: alle Lebewesen, von den niedersten Bakterien bis zum Menschen, enthalten (unter so vielen chemisch möglichen Formen) dieselben komplizierten Typen der Vitamine und Enzyme. So sind auch alle höheren Säugetiere «trituberkulär». Oder alle Wirbeltiere, die laufen, «Tetrapoden». Läßt eine solche Ähnlichkeit der Substanz des Lebens in Einrichtungen, die nicht notwendig erscheinen, nicht eine ursprüngliche Wahl oder Scheidung vermuten? In dieser chemischen Gleichförmigkeit der Protoplasmen in Nebensächlichkeiten hat man den Beweis für eine gemeinsame Abstammung der gegenwärtigen Organismen von einer einzigen Urgruppe sehen wollen. (Fall des Kristalls in einer übersättigten Lösung.) Ohne so weit zu gehen, könnte man sagen, daß diese Gleichförmigkeit nur auf eine gewisse ursprüngliche Spaltung – etwa (je nachdem) zwischen rechtsdrehenden und linksdrehenden Molekülen – in der ungeheuren Masse kohlenstoffhaltiger Materie deutet, welche an die Schwelle des Lebens gelangt ist (Fall der Entstehung des Lebens an n Punkten zugleich). Doch kommt es darauf im Grunde nicht an. Interessant ist nur, daß nach beiden Hypothesen das Leben auf der Erde denselben merkwürdigen Anschein einer neu gebildeten Ganzheit gewinnt, die von einer Sondergruppe ihren Ausgang nimmt: welch hohen Grad von Komplexität es in seinem ersten Schwung auch besessen haben mag, so erschöpft es doch nur einen *Teil der Seinsmöglichkeit*! Im ganzen gesehen würde die Biosphäre also nur einen einfachen *Zweig* inmitten oder oberhalb anderer weniger fortschrittlicher oder glücklicher Sprossen des Prävitalen darstellen. Was heißt das aber anderes, als daß in einer zusammenfassenden Schau die Erscheinung der ersten Zellen bereits dieselben Fragen aufwirft wie der Ursprung eines jeden der späteren Zweige, die wir «Phylum» nennen werden. Das Universum hatte bereits *begonnen, sich zu verzweigen*, es verzweigt sich gewiß ins Unendliche und *sogar unterhalb* des Lebensbaums!

Eine bunte Menge mikroskopischer Elemente, eine Menge, groß genug, den Erdball zu umhüllen, und doch auch verwandt und er-

lesen genug, um ein strukturell und genetisch einheitliches Ganzes
zu bilden: so erscheint uns schließlich, aus der Ferne gesehen, das
uranfängliche Leben.

Wie gesagt, diese Bestimmungen beziehen sich ausschließlich auf
allgemeine Züge, auf den Gesamtcharakter. Wir müssen uns damit
abfinden, und wir mußten darauf gefaßt sein. Für alle Dimensionen
des Universums gilt dasselbe Perspektivengesetz. Unerbittlich verwischt es in unserem Blickfeld die Tiefen der Vergangenheit und die
Hintergründe des Raumes. Was sehr weit und sehr klein ist, muß
undeutlich werden. Damit unser Blick tiefer eindringen könnte in
das Geheimnis der Phänomene, welche die Erscheinung des Lebens
begleiten, müßte das Leben irgendwo auf der Erde vor unseren
Augen immer noch hervorquellen.

Nun – wie der letzte Punkt zeigen wird, den wir noch zu betrachten
haben, bevor wir unser Kapitel beenden –: gerade mit diesem Glücksfall können wir nicht rechnen.[1]

III. DIE BLÜTEZEIT DES LEBENS

A priori wäre es durchaus denkbar, daß an den Grenzen des Mikroskopischen und unendlich Kleinen die vor Millionen Jahren begonnene geheimnisvolle Umwandlung der Makromoleküle zu Zellen
noch immer um uns herum fortdauert, ohne daß wir es bemerken.
Wie viele Kräfte glaubten wir für immer in der Natur entschlafen, –
und doch hat eine genauere Prüfung bewiesen, daß sie immer noch
wirksam sind! Immer noch hebt und senkt sich die Erdrinde unter
unseren Füßen. Bergketten erheben sich noch an unserem Horizont.
Das Granitgestein hebt und verbreitet immer noch die Grundfesten
der Kontinente. Auch die organische Welt läßt an den Enden ihrer ungeheuren Verzweigungen unaufhörlich neue Knospen sprießen.
Wenn es durch äußerst große Langsamkeit gelingt, eine Bewegung
unmerklich zu machen, warum sollte dies eine äußerste Kleinheit

---

[1] Bis es (wer weiß?) den Chemikern gelingt, die Wiederholung des Phänomens
im Laboratorium hervorzurufen.

nicht ebensogut vollbringen? An sich wäre es nicht unmöglich, daß die lebende Substanz in infinitesimalen Mengen vor unseren Augen noch in beständigem Werden begriffen wäre.

Doch tatsächlich spricht nichts dafür, – im Gegenteil, alles scheint uns von dem Gedanken, daß dem so sei, abzuwenden.

Wir alle kennen den berühmten Streit, der vor nun bald einem Jahrhundert zwischen den Anhängern und Gegnern der «Urzeugung» entbrannte. Man hat seinerzeit aus den Ergebnissen dieses Kampfes vielleicht zu weitgehende Schlüsse ziehen wollen: als ob die Niederlage Pouchets die Wissenschaft jeder Hoffnung beraubt hätte, eine der Evolutionstheorie entsprechende Erklärung der Ursprünge des Lebens zu finden. Heute ist sich alle Welt darüber einig: aus der Tatsache, daß in einem Medium, aus dem man zuvor alle Keime entfernte, im Laboratorium keine Spur von Leben erscheint, kann man nicht schließen, das Phänomen hätte sich unter anderen Bedingungen und zu anderen Zeiten nicht gezeigt. Das widerspräche mehreren allgemeinen Grundsätzen. Die Versuche Pasteurs konnten und können nichts gegen ein ehemaliges Entstehen von Zellen auf unserem Planeten beweisen. Hingegen scheint ihr Erfolg, der durch den allgemeinen Gebrauch der Sterilisationsmethoden unaufhörlich bestätigt wird, eines zu beweisen: auf dem Feld und innerhalb der Grenzen unserer Forschungen *formt sich das Protoplasma heute nicht mehr unmittelbar aus den unorganischen Substanzen der Erde.*[1]

Und dies verpflichtet uns, zunächst einmal gewisse allzu weitgehende Vorstellungen zu revidieren, die wir über den Wert und die wissenschaftliche Brauchbarkeit von Erklärungen hegen mögen, die sich auf gegenwärtig *«wirkende Ursachen»* stützen.

Gerade habe ich daran erinnert, wie viele Umwandlungen der Erde, von denen wir geschworen hätten, sie seien seit langem in der

---

[1] Gegen die Versuche Pasteurs könnte man außerdem einwenden, daß die Sterilisation infolge ihrer starken Eingriffe nicht nur die lebenden Keime zerstört, die sie vertilgen will, sondern überdies auch noch die «prävitalen» Keime zu zerstören droht, aus denen allein das Leben hervorgehen konnte. Der beste Beweis, daß das Leben nur einmal auf der Erde erschienen ist, scheint mir schließlich durch die tiefgehende strukturelle Einheit des Lebensbaumes geliefert zu werden. (Vgl. weiter unten.)

uns umgebenden Welt zum Stillstand gekommen, noch fortdauern.
Unter dem Einfluß dieser unerwarteten Feststellung, die unserem
natürlichen Hang zu handgreiflichen und vertrauten Formen der
Erfahrung entgegenkommt, neigt unser Geist ganz sachte zu dem
Glauben, es habe in der Vergangenheit niemals etwas völlig Neues
unter der Sonne gegeben, ebensowenig wie das in der Zukunft der Fall
sein werde. Ja, wir sind fast versucht, den Ereignissen der Gegenwart
allein die volle erkenntnismäßige Realität zuzusprechen. Ist schließlich
nicht alles, was außerhalb der Gegenwart liegt, bloße «Vermutung»?

Gegen diese triebmäßige Einschränkung der Rechte und der Domäne der Wissenschaft müssen wir um jeden Preis angehen.

Nein, die Welt könnte den vom Aktuellen auferlegten Bedingungen gar nicht gerecht werden – sie wäre nicht die große Welt der
Mechanik und der Biologie –, wenn wir in ihr nicht verloren wären
wie die Insekten, deren Eintagsdasein nicht von dem weiß, was über
die Grenzen ihrer Zeit hinausgeht. Eben nach den Dimensionen zu
schließen, welche unsere Messungen der Gegenwart im Universum
entdecken, haben sich in ihm wohl allerlei Dinge abgespielt, die den
Menschen nicht zum Zeugen hatten. Lange vor dem Erwachen des
Denkens auf der Erde haben sich bestimmt Äußerungen kosmischer
Energie gezeigt, für die es heute kein Beispiel mehr gibt. Neben der
Gruppe von Erscheinungen, die man unmittelbar feststellen kann,
gibt es für die Wissenschaft eine besondere Klasse von Tatsachen in
der Welt zu bedenken – und zwar die wichtigsten im vorliegenden
Fall, weil es die bedeutungsvollsten und seltensten sind: solche,
welche sich unmittelbar weder von der Beobachtung noch von
Experimenten herleiten, sondern die allein jener durchaus kompe-
tente Zweig der «Physik» enthüllen kann, der sich mit der *Erschließung der Vergangenheit*» befaßt. Und das erste Auftreten der lebenden
Wesen scheint uns gerade eines der außerordentlichsten unter jenen
Ereignissen zu sein. Denn unsere Versuche, seine Entsprechungen in
unserem Umkreis aufzufinden oder es zu reproduzieren, haben zu
wiederholten Mißerfolgen geführt.

Nachdem wir dies festgestellt haben, wollen wir einen Schritt
weiter gehen. Es gibt für ein Ding zwei Möglichkeiten, sich unserem

Blick in der Zeit zu entziehen. Entweder entgeht es uns, weil es sich nur nach so langen Intervallen wiederholt, daß unser ganzes Dasein zwischen zweien seiner Erscheinungen liegt. Oder aber es entgeht uns, weil es nur einmal vorkommt und sich dann überhaupt nicht mehr wiederholt. Langperiodisches zyklisches Phänomen (wie die Astronomie so viele kennt) oder wahrhaft einmaliges Phänomen (wie etwa Sokrates oder Augustus in der Geschichte der Menschheit)? In welche dieser beiden Kategorien des Nicht-Experimentellen (oder vielmehr des Außer-Experimentellen) müssen wir auf Grund der Entdeckungen Pasteurs die Entstehung der Zellen aus der Materie – die Geburt des Lebens – einordnen?

Zugunsten der Idee, daß die organische Materie *periodisch* auf der Erde keimt, fehlt es nicht an Tatsachen, die man beibringen könnte. Ich zeichne später den Lebensbaum und erwähne dann in unserer Welt des Lebens die Koexistenz großer Gruppen (der Protozoen, Pflanzen, Polypen, Insekten, Wirbeltiere . . .), deren Berührungspunkte aber lose sind, was sich durch abweichenden Ursprung recht gut erklären ließe. Etwas wie die nacheinander folgenden Intrusionen, die sich zu verschiedenen Zeiten aus demselben Magma übereinandergelagert haben, dessen verschlungenes Geäder den vulkanischen Komplex ein und desselben Berges darstellt . . . Die Hypothese unabhängiger Pulsschläge des Lebens könnte auf bequeme Weise die morphologische Verschiedenheit der von der Systematik aufgeführten hauptsächlichsten Stämme rechtfertigen. Sie stieße tatsächlich auf keine Schwierigkeiten von seiten der Chronologie. Die Länge der Zeiten, welche zwischen den geschichtlichen Ursprüngen zweier einander folgender Stämme liegen, übertrifft jedenfalls bei weitem diejenige des Alters der Menschheit. Und so ist es nicht erstaunlich, daß wir in der Illusion leben, es ereigne sich nichts mehr. Die Materie scheint tot. Doch könnte sich in Wirklichkeit nicht überall um uns vielleicht der nächste Pulsstoß langsam vorbereiten?

Ich mußte auf die Auffassung von einer stoßweisen Geburt des Lebens hinweisen und diese bis zu einem gewissen Punkt verteidigen. Jedoch nicht um mich auf sie festzulegen. Gegen die These von mehreren einander folgenden und verschiedenartigen Vorstößen des Lebens auf der Erdoberfläche erhebt sich nämlich als entscheidender Einwand die grundlegende Ähnlichkeit der organischen Wesen.

Wir haben in diesem Kapitel bereits die merkwürdige Tatsache erwähnt, daß alle Moleküle der lebenden Substanzen *auf dieselbe Weise* asymmetrisch gebaut sind und genau dieselben Vitamine enthalten. In der Tat, je komplizierter die Organismen werden, desto deutlicher wird ihre geburtgegebene Verwandtschaft. Sie verrät sich in der absoluten Gleichförmigkeit des allgemeinen Zelltyps. Sie erscheint, besonders in der Tierwelt, in den übereinstimmenden Lösungen, die für die verschiedenen Probleme der Wahrnehmung, der Ernährung, der Fortpflanzung gefunden werden: überall Gefäß- und Nerven-Systeme, überall irgendwelche Blutart, überall Keimdrüsen, überall Augen ... Sie setzt sich in der Ähnlichkeit der Methoden fort, welche die Einzelwesen anwenden, um sich zu höheren Organismen zu vereinen oder Gemeinschaften zu bilden. Und schließlich offenbart sie sich in den allgemeinen Entwicklungsgesetzen («Ontogenese» und «Phylogenese»), die der Gesamtheit der lebenden Welt den Zusammenhang eines einheitlichen Hervorsprießens verleihen.

Gewiß, die eine oder andere dieser mannigfaltigen Analogien mag sich erklären durch die Anpassung eines und desselben «prävitalen Magmas» an identische Bedingungen irdischen Daseins; doch kann das zusammengefaßte Bündel wohl nicht als Ausdruck eines einfachen Parallelismus oder einer einfachen «Konvergenz» betrachtet werden. Selbst wenn das physikalische und physiologische Problem des Lebens auf der Erde nur eine einzige allgemeine Lösung zuläßt, so muß eine solche Einheitslösung eine Menge zufälliger, besonderer Bestimmungen dahingestellt sein lassen, von denen es undenkbar ist, daß einunddieselben *zweimal* gefunden worden wären. Nun gleichen sich aber die Lebewesen insgesamt, sogar bei einander sehr fernstehenden Gruppen, bis in diese nebensächlichen Gestaltungsformen. Von daher verlieren die Gegensätze zwischen zoologischen Stämmen, die man heute beobachten kann, viel von ihrem Gewicht. (Ergeben sie sich nicht einfach aus dem Standpunkt des heutigen Betrachters, und daraus, daß sich die lebenden Phylen zunehmend isolieren?) So wächst bei dem Naturforscher immer mehr die Überzeugung, daß das Erblühen des Lebens auf der Erde der Kategorie der absolut *einmaligen* Ereignisse angehört, die, einmal verwirklicht, sich nie mehr wiederholen. Eine Hypothese, die weniger unwahrscheinlich ist, als es zunächst erscheinen könnte – sofern man sich nur eine annehmbare Idee machen will von dem, was sich hinter der Geschichte unseres Planeten verbirgt.

In der Geologie und in der Geophysik ist es heute Mode, den periodischen Phänomenen eine überwiegende Bedeutung zuzuschreiben. Die Meere, die vorstoßen und sich zurückziehen. Die Plattformen der Kontinente, die steigen und fallen. Die Gebirge, die wachsen und an Höhe verlieren. Die Eismassen, die vordringen und zurückweichen. Die radioaktive Wärme, die sich in der Tiefe anhäuft und sich dann an der Oberfläche ausbreitet . . . In den Werken, welche die Umwälzungen der Erde beschreiben, ist von nichts anderem mehr die Rede als von diesem majestätischen «Kommen und Gehen».

Diese Vorliebe für die Rhythmik des Geschehens ist eine Parallelerscheinung zu der Bevorzugung des Aktuellen im Ursachenzusammenhang. Wie diese erklärt sie sich aus bestimmten verstandesmäßigen Bedürfnissen. Was sich wiederholt, bleibt, zumindest der Möglichkeit nach, der Beobachtung zugänglich. Wir können es zum Gegenstand eines Gesetzes machen. Wir finden darin Orientierungspunkte, um die Zeit zu messen. – Ich bin gerne bereit, diesen Vorteilen wissenschaftliche Bedeutung zuzumessen. Aber ich kann auch nicht umhin, zu denken, daß die ausschließliche Untersuchung der von der Erdrinde oder von den Bewegungen des Lebens aufgewiesenen Schwingungen den Hauptgegenstand der Erdgeschichte gerade außerhalb ihrer Forschungen läßt.

Denn schließlich ist die Erde nicht mehr nur eine Art großer Leib, der atmet. Sie hebt und senkt sich . . . Aber, was wichtiger ist, sie hat gewiß in einem bestimmten Augenblick begonnen; sie geht durch eine Folge bewegter Gleichgewichtszustände hindurch; sie strebt vermutlich nach einem Endzustand. Sie hat eine Geburt, eine Entwicklung und zweifellos vor sich den Tod. So muß wohl rund um uns, tiefer als jede in geologischen Zeitaltern ausdrückbare Pulsation, ein

Gesamtprozeß ablaufen, der nicht periodisch ist und die *ganze* Entwicklung des Planeten bestimmt: etwas, das chemisch komplizierter ist und der Materie inniger zugehört als die «Erkaltung», von der man vordem sprach; aber auch etwas, das nicht mehr umkehrbar und stetig ist. Eine Kurve, die sich nicht mehr zurückneigt und deren Transformationsstufen sich folglich nicht wiederholen. Eine einzige, im Rhythmus der Zeiten steigende Flut ... Auf einer solchen bedeutsamen Kurve, mit Beziehung auf eine solche aus dem Grund aufsteigende Flut, muß wohl, glaube ich, das Phänomen des Lebens angesetzt werden.

Wenn sich das Leben eines Tages im urweltlichen Ozean herausbilden konnte, so befand sich die Erde damals zweifellos (und das machte eben ihre Jugendlichkeit aus) durch die Verteilung wie durch die globale Zusammensetzung ihrer Elemente in einem bevorzugten Allgemeinzustand, der den Aufbau der Protoplasmen erlaubte und förderte.

Und wenn sich dann das Leben heute nicht mehr direkt aus den in der Lithosphäre oder Hydrosphäre enthaltenen Elementen bildet, so hat offenbar das Erscheinen einer Biosphäre den anfänglich vorhandenen chemischen Gehalt auf unserem Bruchstück des Universums dermaßen umgeordnet, ärmer und kraftloser gemacht, daß sich das Phänomen niemals mehr (außer vielleicht auf künstliche Weise) wiederholen kann.

Unter diesem Gesichtspunkt, der mir der richtige zu sein scheint, enthüllt und verkörpert die «Revolution der Zelle» einen auf der Kurve der Erdevolution gelegenen entscheidungsvollen und einzigartigen *Keim*punkt, – einen Augenblick, der seinesgleichen nicht hat. Es war ein einmaliges Ereignis auf der Erde des Protoplasmas, wie ein einmaliges Ereignis im Kosmos der Atomkerne und Elektronen.

Diese Hypothese hat den Vorteil, eine Erklärung für die tiefgehende, organische Ähnlichkeit zu liefern, die von dem Bakterium bis zum Menschen alle lebenden Wesen kennzeichnet. Zugleich erklärt sie auch, weshalb wir nirgends und niemals, außer auf dem Wege der Zeugung, auf die geringste Bildung eines Lebenskeimes stoßen. Und eben das war das Problem.

Sie hat aber außerdem für die Wissenschaft noch zwei andere bemerkenswerte Folgen.

Indem sie erstens das Phänomen des Lebens von der Menge der anderen periodischen und sekundären irdischen Ereignisse scheidet, um es zu einem der hauptsächlichsten Orientierungspunkte (oder Parameter) der siderischen Entwicklung des Erdballs zu machen, verbessert sie unseren Sinn für Verhältnisse und Werte und erneuert so unsere Schau der Welt.

Indem sie weiterhin den Ursprung der organischen Körper an eine chemische Umwandlung knüpft, der in der Erdgeschichte etwas Ähnliches weder vorangeht noch folgt, führt sie uns zu einer Betrachtungsweise der in der lebenden Schicht unseres Planeten enthaltenen Energie, als entwickle sich diese von Anfang an innerhalb einer Art geschlossenen «Quantums», das durch die Schwingungswelle dieser ursprünglichen Emission bestimmt ist.

Das Leben ist geboren und breitet sich auf der Erde aus, als ob es abgesondert für sich pulsierte. Uns geht es nun darum, der Verbreitung dieser einen Welle zu folgen, – bis zum Menschen hin, und wenn möglich über den Menschen hinaus.

ZWEITES KAPITEL

DAS LEBEN BREITET SICH AUS

Wenn ein Physiker studieren will, wie sich eine Wellenbewegung fortpflanzt, beginnt er damit, daß er die Pulsation eines einzigen Partikels der Berechnung zugrunde legt. Dann prüft er das Schwingungsmedium auf seine charakteristischen Kennzeichen und hauptsächlichsten Elastizitätsrichtungen und verallgemeinert in dem entsprechenden Maßstab die am Element gefundenen Ergebnisse. So erhält er ein Grundmodell, das der zu bestimmenden Gesamtbewegung so nahe wie möglich kommt.

Vor die Aufgabe gestellt, den Aufstieg des Lebens zu beschreiben, sieht sich der Biologe genötigt, mit den ihm eigenen Mitteln eine ähnliche Methode zu befolgen. Unmöglich, in dieses ungeheure und vielgestaltige Phänomen Ordnung zu bringen, ohne zuvor zu analysieren, welches Verfahren das Leben ersonnen hat, um in seinen Elementen, jedes einzeln genommen, vorwärts zu kommen. Und unmöglich, herauszuarbeiten, welchen allgemeinen Verlauf die Menge der vielfältigen individuellen Fortschritte genommen hat, wenn man nicht die ausdrucksvollsten und klarsten Züge ihrer Resultante erfaßt.

Eine vereinfachte, aber den Aufbau wiedergebende Darstellung des in Entwicklung begriffenen Lebens der Erde. Eine Schau, die ihre Wahrheit klar erweist durch den unwiderstehlichen Eindruck ihrer Einheitlichkeit und Folgerichtigkeit. Keine nebensächlichen Einzelheiten, keine Streitfragen. Immer wieder eine Sicht, die man aufnehmen und sich zu eigen machen – oder ablehnen mag. Das ist, was ich in den folgenden Paragraphen zu entwickeln beabsichtige.

Drei Gegenstände enthalten und bestimmen im wesentlichen, was ich sagen will:

1. Die elementaren Bewegungen des Lebens,
2. die spontane Verzweigung der lebenden Masse,
3. der Lebensbaum.

Das alles zunächst von außen und an der Oberfläche betrachtet. Erst im folgenden Kapitel werden wir ins Innere der Dinge zu gelangen suchen.

I. DIE ELEMENTAREN BEWEGUNGEN DES LEBENS

A. REPRODUKTION. An der Basis des Gesamtprozesses, durch den die Erde sich mit dem Gewebe der Biosphäre umhüllt, erscheint der typisch vitale Mechanismus der Reproduktion. In einem bestimmten Augenblick spaltet sich jede Zelle durch Scissiparation (Knospung) oder Karyokinese (Kernteilung) und läßt eine neue, ihr ähnliche Zelle entstehen. Zuvor gab es nur ein einziges Zentrum: jetzt sind es zwei. Alles in den weiteren Bewegungen des Lebens leitet sich von diesem elementaren und mächtigen Phänomen ab.

An sich scheint die Zellteilung durch die einfache Notwendigkeit hervorgerufen, in die sich die lebende Partikel versetzt sieht, der Vergänglichkeit ihrer Moleküle und den Struktur-Schwierigkeiten, die sich durch ihr fortdauerndes Wachstum ergeben, Abhilfe zu schaffen. Verjüngung und Erleichterung. Die beschränkten Atomgruppierungen, die kleinen Moleküle, haben eine fast unendliche Langlebigkeit, aber dafür auch Starrheit. Die Zelle hingegen, die beständig an ihrer Assimilierung arbeitet, muß eine Zweiteilung vornehmen, um fortbestehen zu können. Demgemäß erscheint die Reproduktion ursprünglich als ein einfacher Vorgang, der von der Natur ersonnen ist, um die Dauer des Unbeständigen im Fall der großen Molekulargebäude zu sichern.

Aber – und das ereignet sich in der Welt immer wieder – was zu Beginn nur ein glücklicher Zufall oder ein Mittel für das Fortbestehen war, findet sich unmittelbar in ein Werkzeug des Fortschritts und der Eroberung verwandelt und als solches gebraucht. In seinen Anfängen scheint sich das Leben nur reproduziert zu haben, um sich zu verteidigen. Doch eben durch diese Handlungsweise leitete es seine Ausbreitung ein.

B. VERMEHRUNG. Sobald nämlich das Prinzip der Verdoppelung der lebenden Partikel in den Stoff des Universums eingegangen ist, kennt es keine anderen Grenzen als die, die ihm die Menge der Materie setzt, die sich seinem Wirken darbietet. Man hat berechnet, daß ein einziges Infusorium in einigen Generationen die Erde bedecken könnte, einfach dadurch, daß es selbst und seine Nachkommen sich teilen. Kein Volumen ist so groß, daß es den Wirkungen einer geometrischen Progression widerstünde. Und dies ist nicht nur theoretische Extrapolation. Durch die einfache Tatsache, daß sich das Leben verdoppelt, und daß nichts es hindern kann, sich beständig zu verdoppeln, besitzt es eine Expansionskraft, die ebenso unwiderstehlich ist wie die eines sich ausdehnenden oder verdampfenden Körpers. Doch während im Fall der sogenannten trägen Materie die Zunahme des Volumens bald den Gleichgewichtspunkt findet, scheint im Fall der lebenden Substanz kein Nachlassen einzutreten. Je mehr das Phänomen der Zellspaltung sich ausbreitet, um so heftiger wird seine Virulenz. Hat das Spiel der Scissiparation einmal begonnen, so kann im Innern nichts mehr diesem zeugenden und verzehrenden Feuer Halt gebieten, denn es ist eine spontane Kraft. Und so erklärt sich, daß auch außen nichts groß genug ist, um es zu stillen und zu löschen.

C. ERNEUERUNG. Doch dies ist im Verlauf des Geschehens nur ein erstes Ergebnis und die quantitative Seite. Die Reproduktion verdoppelt die Mutterzelle. Und so *vermehrt sie*, durch einen Mechanismus, der das Gegenteil einer chemischen Zersetzung darstellt, *ohne zu zerstreuen*. Aber zugleich verwandelt sie, was sie zunächst nur dauerhafter machen wollte. In sich selbst eingeschlossen erreicht das lebende Elementarteilchen mehr oder minder rasch einen Zustand von Unbeweglichkeit. Es bleibt in seiner Entwicklung stecken und erstarrt. Im Augenblick der Reproduktion und durch ihren Vollzug gewinnt es wieder die Fähigkeit einer inneren Anpassung und kann hernach eine neue Gestalt, eine neue Orientierung annehmen. Vermehrung der Form ebensogut wie der Zahl. Die Grundwelle des Lebens, die jedem Einzelwesen entquillt, verbreitet sich nicht wie ein einförmiger, aus lauter gleichartigen Individuen gebildeter Kreis. Sie bricht sich und schillert in einer unendlichen Stufenleiter von Schattierungen. – Zentrum einer unwiderstehlichen Vermehrung, wird das Belebte gerade dadurch zum nicht minder unwiderstehlichen Ausstrahlungsherd verschiedenartiger Gestaltung.

D. KONJUGATION. Es könnte scheinen, daß dies der Augenblick war, wo das Leben das wunderbare Verfahren der Konjugation entdeckt hat, um die Bresche zu erweitern, die schon seine erste Woge in das Gemäuer des Unbelebten geschlagen hatte. Es bedürfte eines ganzen Buches, um die Größe und Erhabenheit der Zweiheit der Geschlechter in ihrer Entwicklung von der Zelle bis zum Menschen zu beschreiben und zu bewundern. Zu Beginn, da wo wir das Phänomen jetzt betrachten, zeigt es sich vor allem als ein Mittel zur Beschleunigung und Verstärkung jenes doppelten Effektes der Vervielfachung und Differenzierung, der zunächst durch ungeschlechtliche Fortpflanzung erzielt wird, die ja immer noch bei so vielen niederen Organismen und schließlich in jeder Zelle unseres eigenen Körpers am Werk ist. Durch die erste geschlechtliche Verbindung zweier Elemente (mag, was sie als männlich und weiblich unterscheidet, noch so gering gewesen sein) hat sich das Tor zu jenen Zeugungsarten geöffnet, durch die ein einziges Wesen sich in eine Myriade von Keimen zerstäuben kann. Und zugleich war ein endloses Spiel begonnen: die Kombination der «Charaktere», deren Analyse von der modernen Vererbungswissenschaft mit größter Genauigkeit betrieben wird. Statt einfach von jedem Ausgangspunkt durch Spaltung auszustrahlen, begannen die Strahlen des Lebens durch Anastomose miteinander zu verwachsen – wobei sie fortan ihren Reichtum austauschten und variierten. Über diese wunderbare Erfindung staunen wir sowenig wie über das Feuer, das Brot oder die Schrift. Und doch, – wieviel Zufälle, wieviel Versuche, wieviel Zeit brauchte es bis zur Reife dieser grundlegenden Entdeckung, der wir unser Dasein verdanken! Und wieviel Zeit, bis sie endlich ihre natürliche Vollendung und Vervollkommnung in einer nicht minder revolutionären Neuerung fand – in der Assoziation!

E. Assoziation. Bei einer ersten Untersuchung, ohne daß wir vorab über tiefere Gründe urteilen, ergibt sich als eine fast unvermeidliche Folge der Vervielfältigung der lebenden Partikel, daß sie sich zu Gruppen komplexer Organismen vereinen. Die Zellen haben den Drang, sich zusammenzuballen, weil sie sich aneinanderdrücken oder sogar in Traubenform entstehen. Aber aus dieser rein mechanischen Zweckmäßigkeit oder Notwendigkeit einer Annäherung hat sich schließlich eine bestimmte Methode biologischer Vervollkommnung ergeben und ausgebildet.

Alle Stadien dieses *noch nicht beendeten Strebens* nach Vereinigung oder Synthese der unaufhörlich sich vermehrenden Produkte der Reproduktion des Lebendigen scheinen unter unseren Augen in der Natur fortzudauern. Zuunterst das einfache *Aggregat*, wie es sich bei den Bakterien oder den niederen Pilzen findet. Auf der nächsthöheren Stufe die Bildung zusammengewachsener Kolonien mit ihren Elementen, die schon verschiedenartig spezialisiert, aber noch nicht zentralisiert sind: so die höheren Pflanzen, die Bryozoen oder die Polypen. Noch höher erscheint das Metazoon, wahrhaft eine Zelle der Zellen, bei der sich durch einen wunderbaren Typ entscheidender Umwandlung, wie durch ein überaus heftiges Zusammendrängen, ein autonomes Zentrum in der Gruppe lebender Partikel bildet. Und schließlich noch darüber, an der augenblicklichen Grenze unserer Erfahrung und der Experimente des Lebens, *die Gesellschaft*, jene geheimnisvollen Vereinigungen freier Metazoen, in deren Mitte auf Bahnen von ungleichem Erfolg sich die Bildung von hyperkomplexen Einheiten durch «Übersynthese» anzukündigen scheint.

Der letzte Teil dieses Buches beschäftigt sich besonders mit dem Studium dieser endgültigen und höchsten Form der Vereinigung, in der das Streben der Materie nach Organisation im Bewußt-Sozialen vermutlich seinen Gipfel erreicht. Beschränken wir uns hier auf die Bemerkung, daß bei den Lebewesen die Vereinigung auf allen ihren Stufen keine vereinzelte oder zufällige Erscheinung ist. Sie stellt, im

Gegenteil, eines der allgemeinsten, der beständigsten und folglich der bezeichnendsten Mittel dar, deren sich das Leben zu seiner Verbreitung bedient. Zwei von ihren Vorteilen sind unmittelbar einleuchtend. Ihr ist es zu verdanken, daß es erstens der lebenden Substanz gelingt, sich in genügend voluminösen Massen zu konstituieren, um den unzähligen Unbilden der Außenwelt (Kapillar-Adhäsion, osmotischer Druck, chemische Veränderung des Millieus usw.) zu entgehen, die das mikroskopische Wesen schädigen. In der Biologie, genau so wie in der Schiffahrt, bedarf es naturnotwendig eines bestimmten Größenmaßes, um gewisse Bewegungen ausführen zu können ... Zweitens ermöglicht sie aber auch (ebenfalls durch die Umfangsvermehrung, die sie gestattet), daß der Organismus in seinem Innern den notwendigen Platz bietet, um zusätzlich das vielfältige Räderwerk unterzubringen, das aus seiner Differenzierung nach und nach entstanden ist.

F. PLANMÄSSIGE ADDITIVITÄT. Reproduktion, Konjugation, Assoziation ... Mögen diese verschiedenen Verhaltensweisen der Zelle auch noch so weittragend sein, so bewirken sie von sich aus doch nur eine oberflächliche Entfaltung der Organismen. Wäre das Leben auf sie allein angewiesen, so würde es sich immer auf derselben Ebene ausbreiten und verändern. Es gliche einem Flugzeug, das auf dem Boden läuft, ohne «loskommen» zu können. Es hätte keine Hubkraft.

Hier greift das Phänomen der *Additivität* ein, das die Rolle der vertikalen Komponente spielt.

Im Verlauf der biologischen Evolution fehlt es gewiß nicht an Beispielen für Umwandlungen, die sich in horizontalem Sinn, durch einfache Kreuzung der Merkmale, vollziehen. So die «Mendelschen» Mutationen. Doch in einem allgemeineren und tieferen Sinn leisten die durch jede Reproduktion ermöglichten Neuerungen etwas Besseres, als nur einander zu substituieren: indem sich die einen zu den anderen fügen, wächst ihre Summe *in einer ganz bestimmten Richtung*. Fähigkeiten, die schärfer hervortreten, oder Organe, die sich anpassen oder anfügen. Hier größere Mannigfaltigkeit, dort größere Spezialisierung der Endprodukte von ein und derselben genealogischen Folge. Anders ausgedrückt, Erscheinung der *Abstammungslinie* als vom Individuum verschiedene, natürliche Einheit. Orthogenese[1] nennt die Biologie dieses Gesetz planmäßiger Komplikation; in ihr reift der Prozeß, demzufolge aus den kleinen die großen Moleküle, und aus diesen die ersten Zellen entsprungen sind.

Orthogenese, dynamische und einzig vollständige Form der Vererbung. Welche Wirklichkeit, welche Triebkräfte von kosmischer Weite bergen sich hinter diesem Wort? Wir werden es allmählich entdecken. Doch bereits in diesem Stadium unserer Untersuchung zeigt sich mit Klarheit ein erster Punkt. Mit dem additiven Vermögen, das die lebende Substanz charakterisiert, trägt sie (im Gegensatz zu der Materie der Physiker) den «Ballast» der Komplikation und des Unbestands mit sich. Sie fällt, oder vielmehr sie erhebt sich zu immer unwahrscheinlicheren Formen.

Ohne Orthogenese gäbe es nur Ausbreitung; mit Orthogenese gibt es unwiderstehlich einen Aufstieg des Lebens.

G. EINE FOLGEERSCHEINUNG: DIE VERHALTENSWEISEN DES LEBENS. Halten wir einen Augenblick inne. Und bevor wir prüfen, wohin, auf die Gesamtheit des Lebens bezogen, die verschiedenen Gesetze führen, die, wie wir vorhin erkannt haben, die Bewegungen des Einzel-Teilchens regeln, suchen wir, eben auf Grund dieser elementaren Gesetze, das Gehaben oder die allgemeinen Verhaltensweisen herauszuheben, die auf allen Stufen und unter allen Umständen das Leben in seiner Bewegung charakterisieren.

Diese Grundhaltungen oder Verhaltensweisen können auf drei zurückgeführt werden: Verschwendung, Erfindungsgeist und (von unserem individuellen Standpunkt aus) Gleichgültigkeit.

---

[1] Unter dem Vorwand, der Ausdruck «Orthogenese» sei in verschiedenen strittigen oder einschränkenden Bedeutungen angewandt worden, oder aber er habe einen metaphysischen Beigeschmack, möchten ihn gewisse Biologen einfach unterdrücken. – Meine feste Überzeugung ist hingegen, daß das Wort wesentlich und unersetzlich ist, um zu kennzeichnen und zu bestätigen, daß die lebende Materie offensichtlich die Eigenschaft hat, ein System zu bilden, «in dem nach aller Erfahrung die erreichten Formen im Sinne ständig steigender zentro-komplexer Werte *aufeinander folgen*».

a) Zunächst *Verschwendung*. – Sie ergibt sich aus dem unbeschränkten Vermehrungsprozeß.

Das Leben geht durch Massenwirkung vor sich und schleudert, wie es scheinen könnte, regellos Menge um Menge aus sich heraus. Milliarden Keime und Millionen ausgewachsener Individuen stoßen einander, räumen einander aus dem Weg, verschlingen einander; jeder will den meisten und den besten Platz. Die ganze offensichtliche Vergeudung und die ganze Härte, das ganze Mysterium und das Ärgernis, doch zugleich auch, um gerecht zu urteilen, die ganze biologische Wirksamkeit des *Kampfes um das Dasein*. Im Laufe des erbarmungslosen Spiels, das die in unwiderstehlicher Ausdehnung begriffenen Massen lebender Substanz einander gegenüberstellt und die einen in die andern hineindrängt, wird das Einzelwesen sicherlich bis an die Grenzen seiner Möglichkeiten und seiner Kraft getrieben. Emporkommen des Geeignetsten, natürliche Zuchtwahl: das sind nicht leere Worte, vorausgesetzt, daß man mit ihnen weder ein Endziel noch eine letzte Erklärung verbindet.

Doch das Individuum scheint in diesem Phänomen nicht die Hauptsache zu sein. Tiefere Bedeutung als eine Reihe von Einzelkämpfen hat der Wettstreit von Erfolgsmöglichkeiten, der sich im Kampf ums Dasein abspielt. Indem sich das Leben verschwenderisch reproduziert, wappnet es sich gegen die Schicksalsschläge. Es vergrößert die Chancen für sein Überleben. Und zugleich vermehrt es auch die Chancen seines Fortschritts.

Und hier zeigt sich, auf der Stufe der belebten Teilchen, die Fortsetzung und das Wiedererscheinen der fundamentalen Technik des *Tastens*, diese spezifische und unbesiegbare Waffe jeder sich ausbreitenden Vielzahl. Das Tasten, merkwürdige Kombination der blinden Phantasie der großen Zahlen und der genauen Richtung nach einem angestrebten Ziel. Das Tasten, das nicht ein bloßer Zufall ist, dem man es gleichsetzen wollte, sondern ein *geplanter Zufall*. Alles ausfüllen, um alles zu versuchen. Alles versuchen, um alles zu finden. Ist die Möglichkeit, dieses Verfahren zu entwickeln – immer unermeßlicher und immer kostspieliger, je mehr es sich verbreitet – im Grunde nicht vielleicht, wenn man so sagen darf, das, was die Natur mit der Verschwendung bezweckt?

b) Zweitens: *Erfindungsgeist*. Er ist die unerläßliche Bedingung, oder genauer, die konstruktive Seite der Additivität.

Um die Eigentümlichkeiten zu häufen und in beständigen Gebilden zusammenzuhalten, entfaltet das Leben eine wunderbare Geschicklichkeit. Es muß ein Räderwerk für ein Mindestmaß von Raum ersinnen und zusammensetzen. Wie ein Ingenieur muß es handliche und einfache Maschinerien einrichten. Damit ergibt sich aber von selbst für den Bau der Organismen (je höher diese sind!) eine Eigenschaft, die man nie aus den Augen verlieren darf.

Was sich zusammensetzt, läßt sich auch zerlegen.

In einem ersten Stadium ihrer Entdeckungen war die Biologie davon überrascht und fasziniert, daß sie feststellen konnte, daß sich unter ihren Händen die Lebewesen immer wieder in eine endlose Kette von geschlossenen Mechanismen auflösen ließen, so vollkommen oder sogar je vollkommener ihre Spontaneität auch sein mochte. Sie glaubte damals auf einen universellen Materialismus schließen zu dürfen. Dabei vergaß sie aber den wesentlichen Unterschied, der zwischen einem natürlichen Ganzen und den Ergebnissen seiner Analyse besteht.

Konstruktiv ist freilich jeder beliebige Organismus immer und notwendigerweise in zusammengehörige Stücke zerlegbar. Jedoch aus diesem Umstand folgt keineswegs, daß die Summierung dieser Stücke selbst automatisch vor sich gehe, noch daß aus ihrer Summe kein spezifisch neuer Wert auftauchen könne. Daß das «Freie» sogar noch beim Menschen gänzlich in Determinismen auflösbar erscheint, ist kein Beweis, daß die Welt nicht (wie wir hier festhalten) die Freiheit zur Grundlage habe. Von seiten des Lebens ist dies einfach Resultat und Triumph seines Erfindungsgeistes.

c) Schließlich: *Gleichgültigkeit* gegenüber den Individuen.

Wie oft hat nicht die Kunst, die Poesie und sogar die Philosophie die Natur als eine Frau mit verbundenen Augen geschildert, die zermalmte Existenzen mit ihren Füßen zu Staub tritt ... Eine erste Spur dieser scheinbaren Härte drückt sich schon in der Verschwendung aus.

Wie die Heuschrecken Tolstois schreitet das Leben über eine Brücke von angehäuften Leichen. Und dies ist eine direkte Wirkung seiner Vermehrung. Aber «unmenschlich» im selben Sinn wirken auch auf ihre Weise Orthogenese und Assoziation.

Durch das Phänomen der Assoziation wird die lebende Partikel sich selbst entrissen. Von einer Gesamtheit ergriffen, die weiter reicht als sie selbst, wird sie zum Teil deren Sklave. Sie ist sich nicht mehr zu eigen.

Und was die organische oder soziale Einverleibung bewirkt, indem sie die Partikel über ihr räumliches Maß hinausdehnt, das vollzieht ihr Teilhaben an einer Abstammungslinie nicht minder unerbittlich in der Zeit. Kraft der Orthogenese findet sich das Individuum eingereiht. Aus einem Mittelpunkt wird es ein Zwischenglied, ein Kettenring. Es *ist* nicht mehr – es übermittelt. *Das* Leben ist wichtiger als *die* Leben, hat man sagen können.

Hier das Sich-Verlieren in der Zahl. Dort die Zerstückelung im Kollektiv. Schließlich, in einer dritten Richtung, das Sich-Strecken ins Werden. Dramatischer und dauernder Gegensatz, der die Evolution begleitet, zwischen dem Element, das aus der Vielheit entstand, und der Vielheit, die ständig aus dem Element entspringt.

In dem Maße, wie die allgemeine Bewegung des Lebens sich reguliert, sucht der Konflikt, trotz periodisch wiederkehrender Kämpfe, sich zu lösen. Doch bis ans Ende macht er sich grausam kenntlich. Erst auf dem Gebiet des Geistes, wo die Antinomie ihren Paroxysmus erreicht, der auch als solcher empfunden wird, hellt diese Antinomie sich auf; und die Gleichgültigkeit der Welt für ihre Elemente wandelt sich in der Sphäre der Person zu unbegrenzter Fürsorge.

Doch sind wir noch nicht so weit.

Tastende Verschwendung; konstruktiver Erfindungsgeist; Gleichgültigkeit gegenüber allem, was nicht Zukunft hat und nicht Gesamtheit ist. Unter diesen drei Zeichen nimmt das Leben kraft seiner elementaren Mechanismen seinen Aufstieg. Und auch noch unter einem vierten, das alle anderen umfaßt: dem der *globalen Einheit*.

Dieser letzten Bedingung sind wir schon bei der Urmaterie begegnet; dann auf der jugendlichen Erde; dann beim Auftauchen der ersten Zellen. Hier zeigt es sich mit erhöhter Evidenz noch einmal. So weitverzweigt, so vielförmig die Vermehrungsweisen der belebten Materie auch sein mögen, niemals verbreitet sich all dies Wachstum anders als *solidarisch*. Ein beständiges Zurechtformen paßt es dabei dem Außen an. Ein tiefes Gleichgewicht hält es im Innern in der Waage. Als Ganzes genommen zeigt die auf der Erde verbreitete lebende Substanz seit den ersten Stadien ihrer Entwicklung die Züge eines einzigen, riesigen Organismus.

Wie einen Kehrreim wiederhole ich am Ende aller Etappen, die uns zum Menschen führen, ständig dasselbe. Weil man nämlich, wenn man es vergißt, nichts mehr versteht.

Will man hinter der wesenseigentümlichen Vielgestaltigkeit und Rivalität der individuellen Existenzen das Leben wahrnehmen, so darf man die Einheit der Biosphäre nie aus dem Blick verlieren. An den Anfängen noch ungeordnete Einheit. Einheit des Ursprungs, des Rahmens, der aufgespaltenen Schwungkraft eher als geordnete Gruppierung. Doch eine Einheit, die in dem Maße, als das Leben aufsteigt, fürderhin nicht mehr aufhört Form zu gewinnen, sich in sich selbst zu sammeln und schließlich vor unseren Augen einen Mittelpunkt zu finden.

II. DIE VERZWEIGUNGEN DER LEBENDEN MASSE

Untersuchen wir jetzt auf der Gesamtfläche der belebten Erde die verschiedenen Bewegungen, deren Form wir bei den Zellen oder den isolierten Zellgruppierungen studiert haben. Bei solchen Ausmaßen, könnte man sich vorstellen, werde ihre Menge sich verwirren und nur ein hoffnungsloses Durcheinander hervorrufen. Oder man könnte umgekehrt erwarten, daß ihre Summe sich harmonisch zusammenschließe und dadurch eine Art stetiger Welle hervorbringe, gleich jener, die sich auf ruhigem Wasser verbreitet, in das ein Stein gefallen ist. Doch was tatsächlich geschieht, ist ein Drittes. Beobachtet man die Front des im Aufstieg begriffenen Lebens in der Gestalt, in der es in diesem Moment vor unseren Augen erscheint, so ist sie weder verworren noch kontinuierlich. Sie erscheint vielmehr als eine Summe von Fragmenten, die zugleich divergieren und sich stufenförmig übereinander aufbauen: Klassen, Ordnungen, Familien, Gattungen, Arten. – Die ganze Stufenleiter der Gruppen, deren Verschiedenheit, Größenordnung und Verkettungen die moderne Systematik durch ihre Nomenklatur auszudrücken versucht.

Im ganzen gesehen bildet das fortschreitende Leben Abschnitte. Von selbst bricht es sich bei seiner Ausweitung in breite, natürliche, nach Rangordnungen gegliederte Einheiten. Es verzweigt sich. Darin besteht das besondere Phänomen, das für die großen Massen des Lebens ebenso wesentlich ist wie die «Karyokinese» für die Zellen. Der Augenblick ist gekommen, uns damit zu beschäftigen.

Viele verschiedene Faktoren tragen, jeder zu seinem Teil, dazu bei, die Verzweigung des Lebens sichtbar zu machen oder zu verstärken. Ich möchte sie wiederum auf drei zurückführen, und zwar auf folgende:

a) Die Wachstumsaggregationen, aus denen die «Phyla» entstehen.

b) Die Entfaltungen (oder Aufteilungen) des Reifestadiums, wodurch periodenweise die «Formenbüschel» hervorgebracht werden.

c) Die Effekte der Zeitferne, welche die Entwicklungsansätze unkenntlich machen.

A. DIE WACHSTUMSAGGREGATIONEN. Kehren wir zum lebenden Element zurück, das auf dem Wege ist, sich zu reproduzieren und zu vervielfältigen. Von diesem Element als Mittelpunkt strahlen, wie wir gesehen haben, kraft der Orthogenese verschiedene Fortpflanzungslinien aus, deren jede an der Betonung gewisser Merkmale erkennbar ist. Entwicklungsgemäß weichen diese Linien voneinander ab und suchen sich zu trennen. Nichts jedoch läßt noch voraussehen, ob sie nicht bei der Begegnung mit Linien, die von benachbarten Elementen ausgehen, sich vermischen und infolge ihrer Vereinigung ein undurchdringliches Gespinst bilden werden.

Als «Wachstumsaggregation» bezeichne ich die neue und unerwartete Tatsache, daß eine Ausbreitung *einfachen Typs* sich gerade da vollzieht, wo das Spiel der Möglichkeiten eine komplizierte Verfilzung am meisten befürchten ließe. Breitet sich eine Wasserfläche auf dem Boden aus, so wird sie unverzüglich in einem Rinnsal und dann in richtigen Bächen abfließen. In gleicher Weise suchen die Fibern einer in Umwandlungsprozessen begriffenen lebenden Masse unter dem Einfluß mehrerer Ursachen (ursprünglicher Parallelismus der elementaren Orthogenesen, gegenseitige Anziehung und Anpassung der Abstammungslinien, selektive Wirkung des Milieus . . .) sich in Richtung einer kleinen Zahl vorherrschender Strömungen einander zu nähern, sich zu gruppieren, sich aneinanderzuheften. Zu Beginn ist diese Formkonzentration um einige bevorzugte Achsen undeutlich und verschwommen: in gewissen Abschnitten ein einfaches Anwachsen der Zahl oder der Dichte der Fortpflanzungslinien. Dann wird die Bewegung allmählich deutlicher. So zeichnen sich richtige Äderungen ab, aber noch ohne die Randzeichnung des Blattes, auf dem sie erschienen sind, zu verwischen. In diesem Augenblick gelingt es den Fibern noch teilweise, dem Netz, das sie umschlingen will, zu entgehen. Von Äderung zu Äderung können sie sich noch zusammenfinden, durch Anastomose zusammenwachsen und sich kreuzen. Die Gruppenbildung, sagt der Zoologe, bleibt noch im Bereich der Rasse. Nun erst ergeben sich zugleich, je nach Betrachtungsweise, die Aggregation oder die endgültige Abspaltung. An einem bestimmten Grad gegenseitiger Bindung angelangt, lösen und vereinigen sich die Fortpflanzungslinien zu einer geschlossenen Garbe, die von nun an für die benachbarten Garben undurchdringlich ist. In ihrer Verbundenheit werden sie sich in Zukunft wie ein autonomes Wesen für sich selbst entwickeln. Die Spezies hat sich individualisiert. Das Phylum ist entstanden.

Das Phylum. Das lebende Büschel. Der Stamm der Stämme. Noch wollen viele Augen diese Masche des in Entwicklung begriffenen Lebens nicht sehen oder sie nicht als eine Wirklichkeit betrachten. Das kommt daher, daß sie ihren Blick nicht einzustellen wissen, noch zu schauen vermögen, wie man soll.

Das Phylum ist zunächst eine kollektive Wirklichkeit. Um es gut zu unterscheiden, ist es daher wesentlich, einen genügend hohen und genügend fernen Standpunkt zu wählen. Aus zu großer Nähe betrachtet, zerbröckelt es in verworrene Unregelmäßigkeiten. Man sieht den Wald vor lauter Bäumen nicht.

Das Phylum ist ferner etwas Vielgestaltiges und Elastisches. Hierin dem Molekül ähnlich, das alle Größen und alle Grade der Zusammensetzung erreicht, kann es so beschränkt sein wie eine einzelne Art oder so umfassend wie ein Stamm. Es gibt einfache Phylen und Phylen der Phylen. Die Einheit des Phylums ist weniger quantitativ als strukturell bestimmt. Man muß daher imstande sein, sie in jeder beliebigen Größenordnung wiederzuerkennen.

Das Phylum ist schließlich eine Wirklichkeit dynamischer Natur. Daher ist es nur in einer gewissen Tiefe der Dauer, das heißt in der Bewegung, gut sichtbar. Nimmt man es unbeweglich in der Zeit, so verliert es seine Physiognomie und sozusagen seine Seele. Die Geste erstarrt in einer Augenblickshaltung.

Ohne solche Behutsamkeit betrachtet, scheint das Phylum nur eine künstliche Wesenheit mehr zu sein, die für die Bedürfnisse der Klassifikation aus dem lebenden Kontinuum herausgeschnitten ist. Sieht man es unter der nötigen Vergrößerung und im richtigen Licht, so enthüllt es sich dagegen als eine klar umrissene strukturelle Wirklichkeit.

Was das Phylum in erster Linie bestimmt, ist sein «anfänglicher Divergenzwinkel», das heißt, die besondere Richtung, in der es sich zusammenschließt und entwickelt, wenn es sich von den Nachbarformen loslöst.

Was es in zweiter Linie bestimmt, ist die anfängliche Masse, mit der es sich abtrennt. Was diesen Punkt anbelangt (den wir schon gelegentlich der ersten Zellen berührt haben, und der im Fall des Menschen von so großer Wichtigkeit sein wird), haben wir fast noch alles zu lernen. Eines zumindest ist bereits sicher. Ebenso wie Wasser sich erst von einer bestimmten Menge an sichtbar zu einem Tropfen kondensieren kann, ebenso wie eine chemische Verwandlung sich erst zu zeigen beginnt, sobald eine bestimmte Menge von Materie eingesetzt wird, so könnte auch das Phylum in biologischer Hinsicht seinen Platz nicht einnehmen, wenn es nicht von Anfang an eine genügend hohe Zahl von Möglichkeiten, und zwar von recht verschiedenen Möglichkeiten, in sich vereinigte. Niemals – dies sehen wir jetzt –

könnte es einem neuen Zweig gelingen, sich zu individualisieren, wenn er nicht schon von allem Anfang an genügend Konsistenz und Reichtum aufwiese (oder auch, wenn er sich von seiner Ausgangsform nicht genügend stark loslösen würde). Die Regel ist klar. Aber wie soll man sich das konkrete Funktionieren und Anschaulichwerden der Regel vorstellen? Diffuse Absonderung einer Masse im Innern einer Masse? Effekt einer Ansteckung, die sich rund um ein eng begrenztes Mutationsfeld verbreitet? Wie sollen wir uns das Erscheinen einer Art *der Oberfläche nach* vorstellen? Wir zögern noch; und die Frage läßt vielleicht verschiedene Antworten zu. Doch hat man ein Problem nicht schon beinahe gelöst, wenn man imstande ist, es klar zu formulieren?

Was schließlich das Phylum nicht nur endgültig bestimmt, sondern überdies unzweideutig in die Kategorie der *natürlichen Einheiten* der Welt einordnet, ist «seine Fähigkeit und sein besonderes Gesetz autonomer Entwicklung». Es verhält sich, wenngleich auf seine Weise – nicht nur bildlich gemeint – wie etwas Lebendes: es wächst und entfaltet sich.

B. Entfaltungen der Reifezeit. Auf Grund von Analogien, die – wir werden es später sehen – einem tiefen natürlichen Zusammenhang entsprechen, läuft die Entwicklung eines Phylums merkwürdig parallel den aufeinander folgenden Stadien einer menschlichen Erfindung. Diese Stadien kennen wir gut, da wir sie ein Jahrhundert lang ständig um uns beobachtet haben. Zuerst verkörpert sich die Idee annäherungsweise in einer Theorie oder einem provisorischen Mechanismus. Dann folgt eine Periode rascher Abänderungen: beständige Verbesserungen und Anpassungen des Entwurfs bis zur mehr oder weniger endgültigen Festlegung. Zu dieser Vervollkommnung gelangt, tritt die Neuschöpfung in ihre Ausbreitungs- und Gleichgewichtsphase ein. Qualitativ ändert sie sich nur mehr in einigen nebensächlichen Kleinigkeiten: sie hat «den Plafond erreicht». Quantitativ hingegen verbreitet sie sich und gewinnt ihre volle Bedeutung. So verläuft die Geschichte aller modernen Erfindungen vom Fahrrad bis zum Flugzeug, von der Photographie bis zum Kino und Radio.

Genau so zeichnet sich vor den Augen des Naturforschers die von
den lebenden Zweigen eingeschlagene Wachstumskurve ab. Am Ausgangspunkt entspricht das Phylum der ertasteten «Erfindung» eines
neuen, lebensfähigen und vorteilhaften organischen Typus. Doch
dieser Typus erreicht im ersten Anlauf weder seine ökonomischste
noch seine bestangepaßte Form. Während einer mehr oder minder
langen Zeit verwendet er sozusagen noch seine ganze Kraft, um an
sich selbst herumzutasten. Die Versuche folgen einander, werden
jedoch noch nicht endgültig gutgeheißen. Schließlich rückt die
Vollendung näher. Von diesem Augenblick an verlangsamt sich
der Rhythmus der Veränderungen; die neue Erfindung ist an die
Grenze dessen, was sie geben kann, gelangt und tritt in die Phase
ihrer Eroberungen ein. Stärker als ihre weniger vervollkomm-
neten Nachbarn verbreitet sich die neugeborene Gruppe und fixiert
sich zugleich. Sie vermehrt sich, doch sie variiert nicht mehr. Zu
gleicher Zeit erreicht sie das Höchstmaß ihres Wuchses und ihrer
Stabilität.

Entfaltung des Phylums durch *einfache Dehnung* oder durch einfache Verdickung seines ursprünglichen Stammes. Außer bei einem
Zweig, der an die Grenzen seiner Entwicklungsmöglichkeit gelangt
ist, findet sich dieser einfache Fall niemals streng verwirklicht. So
entscheidend, so siegreich die Lösung auch sein mag, welche die neue
Form den vom Dasein gestellten Problemen gibt, so läßt diese Lösung doch eine gewisse Zahl von Varianten zu; diese haben weder
Ursache noch Möglichkeit, sich gegenseitig auszuschließen, da jede
von ihnen ihre eigenen Vorteile aufweist. So erklärt sich die Tatsache, daß das Phylum in dem Maße, wie es zunimmt, sich in sekundäre Phylen zu trennen sucht, deren jedes einer Variante oder einem
Nebenton des Grund-Typus entspricht. Es bricht sich gewissermaßen
in der ganzen Ausdehnung seiner Verbreitungsfront. Es unterteilt
sich qualitativ und zugleich entfaltet es sich quantitativ. Und so beginnt die Trennung von neuem. Bald scheinen die neuen Unter-
abteilungen nur oberflächlichen Veränderungen zu entsprechen –
Wirkungen des Zufalls oder einer ausschweifenden Phantasie. Bald
zeigen sie, im Gegenteil, genaue Angleichungen des allgemeinen

Typus an besondere Bedürfnisse oder Orte. So erscheinen die Strahlen («Ausstrahlungen»), wie sie im Fall der Wirbeltiere, wie wir sehen werden, so deutlich ausgeprägt sind. Natürlich sucht der Mechanismus im Innern jedes Strahls auf schwächere Weise neuerlich zu wirken. Daher zeigen diese ihrerseits bald die Anzeichen einer neuen fächerförmigen Aufteilung. Und theoretisch ist der Prozeß endlos. In der Praxis aber lehrt die Erfahrung, daß sich das Phänomen bald abschwächt. Recht bald kommt die Fächerbildung zum Stillstand; und die endgültige Ausweitung der Zweige vollzieht sich ohne weitere nennenswerte Abspaltung.

Der allgemeinste Aspekt eines voll entfalteten Phylums ist schließlich der eines *Büschels konsolidierter Formen*.

Und nun wird im Innern jedes Zweiges des Büschels eine eingewurzelte Neigung zur Gesellschaftsbildung erkennbar, als letzte Abrundung des Gesamtphänomens. Ich muß hier, die Sozialisation betreffend, wiederholen, was ich oben im allgemeinen von der Lebensmacht der Assoziation sagte. Da in der Natur feste Zusammenschlüsse von Individuen oder organisierte und differenzierte Gesamtheiten verhältnismäßig selten sind (Termiten, Hymenopteren, Menschen . . .), sehen wir in ihnen leicht nur eine Ausnahmeerscheinung der Evolution. Im Gegensatz zu diesem ersten Eindruck wird eine aufmerksamere Beobachtung bald erweisen, daß sie eines der wesentlichsten Gesetze der organischen Materie verraten. – Ist es die letzte Ausflucht der lebenden Gruppe, daß sie durch Zusammenhalt ihren Widerstand gegen die Gefahr der Vernichtung und ihre eigene Eroberungskraft zu stärken sucht? Oder ist es vor allem ein von ihr ersonnener nützlicher Weg, ihren innerlichen Reichtum durch Gemeinsamkeit der Mittel zu vervielfältigen? . . . Was auch der tiefere Grund sei, die Tatsache ist nun einmal gegeben. Haben die Elemente eines Phylums erst einmal an der Spitze jedes Strahls des Büschels ihre endgültige Form erreicht, so streben sie ebenso gewiß danach, sich zu nähern und gesellig zu werden, wie die Atome eines festen Körpers zu kristallisieren.

Ist dieser letzte Fortschritt einmal mit der Kräftigung und der Verselbständigung der äußeren Glieder des Fächers verwirklicht, so kann man sagen, das Phylum habe seine volle Reife erlangt. Von diesem Augenblick an wird es Bestand haben, bis es durch innere Schwächung oder äußeren Lebenskampf dezimiert wird und schließlich ausgeschieden ist. Mit Ausnahme des zufälligen Überlebens einiger für immer fixierter Linien ist dann seine Geschichte abgeschlossen, – es sei denn, daß es durch ein Phänomen von Selbstbefruchtung an dem einen oder anderen seiner Punkte einen neuen Trieb sprossen läßt.

Um den Vorgang dieses Wiederauflebens zu verstehen, muß man immer wieder auf die Idee oder das Bild des Tastens zurückkommen. Die Bildung eines Büschels, haben wir gesagt, erklärt sich zunächst durch die Notwendigkeit für das Phylum, sich zu vervielfältigen, um den verschiedenen Nöten oder Möglichkeiten gewachsen zu sein. Aber schon durch die Tatsache, daß die Zahl der Strahlen zunimmt und daß jeder Strahl, der sich ausbreitet, außerdem die Zahl der Individuen vergrößert, vermehren sich auch die «Versuche» und die «Erfahrungen». Ein Fächer als Ausläufer des Phylums ist ein Wald von suchenden Fühlern. Begegnet einer dieser Fühler durch einen Glücksfall dem Spalt, der Formel, die den Zugang zu einem neuen Abschnitt des Lebens gewährt, dann gewinnt der Zweig, statt in einförmigen Abwandlungen Genüge zu finden oder zu erstarren, an diesem Punkt nochmals seine ganze Beweglichkeit. *Er beginnt eine Mutation.* Auf dem eröffneten Weg erneuert sich der Pulsschlag des Lebens, der bald von den beiden Mächten der Anhäufung und der Spaltung dahin geführt wird, sich wiederum zu verzweigen. Ein neues Phylum erscheint, wächst, und ohne notwendigerweise das Wachstum des Stammes, aus dem es entsprungen ist, zu ersticken oder zu erschöpfen, entfaltet es sich über ihm. Mit der Zeit sproßt vielleicht aus ihm selbst ein dritter und dann ein vierter Zweig, – vorausgesetzt, daß die Richtung gut ist und daß das allgemeine Gleichgewicht der Biosphäre es erlaubt.

C. Effekte der Zeitferne. Schon durch den Rhythmus ihrer Entwicklung wechselt also jede Lebenslinie zwischen Verengung und Erweiterung. Eine Perlenschnur mit «Knoten» und «Ausbauchun-

gen» – eine Folge dünner Stiele und breiten Laubwerks –, so ist ihre
Gestalt.

Doch dieses Schema entspricht nur einer theoretischen Vorstellung
des Vorgangs. Er könnte auf diese Weise nur *gesehen* werden, wenn
ein irdischer Zeuge der ganzen Dauer gleichzeitig beiwohnen würde;
und ein solcher Beobachter ist eine Ungeheuerlichkeit der Einbildungskraft. In der objektiven Wirklichkeit kann der Aufstieg des Lebens uns erst seit einem sehr kurzen Augenblick sichtbar werden, das
heißt durch eine außerordentliche Dichte *verflossener* Zeit hindurch.
Was unserer Erfahrung gegeben ist, was folglich «das Phänomen»
ausmacht, ist daher nicht die Entwicklungsbewegung an sich: es ist
diese Bewegung modifiziert durch Einflüsse, die auf *Ferneffekten* be-
ruhen. Wie wird sich diese Veränderung ausdrücken? – Einfach
durch eine (mit dem Abstand rasch zunehmende) Betonung der
fächerförmigen, aus den phyletischen Strahlungen des Lebens ent-
standenen Struktur; das geht übrigens auf zwei verschiedene Weisen
vor sich: zunächst durch Übertreibung der in die Augen fallenden
Teilung der Phyla, – und dann durch Unterdrückung ihrer Entwicklungsansätze.

Übertreibung der in die Augen fallenden Teilung der Phyla. Dieses
erste, allen Blicken wahrnehmbare Spiel der Perspektive hängt mit
der Vergreisung zusammen und mit der «Dezimierung» der lebenden
Zweige infolge des Alters. In der gegenwärtigen Natur ist für uns
sichtbar nur noch eine ganz kleine Zahl von Organismen, die dem
Stamm des Lebens nacheinander entsprossen sind. Und trotz des
Eifers der Paläontologie werden uns viele erloschene Formen immer
unbekannt bleiben. Infolge dieser Zerstörung bilden sich beständig
Lücken im Laubgewirr der pflanzlichen und tierischen Formen. Und
diese Leere wird um so gähnender, je mehr wir zu den Ursprüngenl
hinabsteigen. Trockene Zweige, die brechen. Blätterfall. Jedesma-
morphologische Zwischenglieder, die verschwinden und deren Abs
wesenheit so oft den überlebenden Nachkommen das Aussehen det
Laubes beraubter, einsamer Stämme gibt. Dieselbe «Dauer», die mit
einer Hand ihre Schöpfungen vor sich vermehrt, vermindert sie mit
der anderen Hand ebenso unerbittlich hinter sich. Sie trennt sie damit

voneinander, isoliert sie immer mehr vor unseren Augen – während sie durch einen anderen, noch subtileren Vorgang den Eindruck erweckt, als sähen wir sie ohne Wurzeln wie Wolken über dem Abgrund vergangener Zeitalter dahintreiben. –

Unterdrückung der Entwicklungsansätze. Seit den heroischen Zeiten Lamarcks und Darwins war die bevorzugte Taktik, die man stets gegen die Transformisten anwandte, daß man sie an die Unmöglichkeit erinnerte, die *Entstehung* einer Art auf Grund *materieller Spuren* zu beweisen. «Gewiß», sagte man ihnen, «zeigt ihr uns in der Vergangenheit die Aufeinanderfolge verschiedener Formen – und sogar, wir wollen es zugeben, in gewissen Grenzen die Umwandlung dieser Formen. Doch euer erstes Säugetier, sei es auch noch so primitiv, ist bereits ein Säugetier, euer erster Equide ist bereits ein Pferd, und so weiter. Daher gibt es vielleicht eine Evolution innerhalb des Typus. Aber es gibt kein Erscheinen des Typus auf Grund einer Evolution.» So sprechen die immer selteneren Vertreter der fixistischen Lehre auch heute noch.

Unabhängig von allen Argumenten, die man, wie wir noch sehen werden, aus der unablässigen Häufung paläontologischer Beweise schöpfen kann, gibt es noch eine radikalere Entgegnung (oder vielmehr eine endgültige kategorische Absage), nämlich schon die Voraussetzung der Anti-Transformisten zu verneinen. Im Grunde verlangen diese, man möge ihnen den «Ansatz» eines Phylums zeigen. Eine solche Forderung ist nun aber ebenso unvernünftig wie unnütz. Um ihr gerecht zu werden, müßte man die Weltordnung und die Bedingungen unserer Wahrnehmung ändern.

Nichts ist von Natur aus so zart und flüchtig wie ein Beginn. Solange eine zoologische Gruppe jung ist, bleiben ihre Merkmale unbestimmt. Ihr Bau ist noch nicht fest. Ihre Ausmaße sind schwach. Sie besteht aus verhältnismäßig wenigen Individuen, die überdies rasch wechseln. Sowohl im Raum als in der Dauer hat der Stiel (oder, was auf dasselbe herauskommt, der Sproß) eines lebenden Zweiges ein Minimum von Differenzierung, Ausdehnung und Widerstand. Wie wird demnach die Zeit auf diese schwache Zone wirken?

Sie wird unvermeidlich ihre Spuren zerstören.

Ärgerliche, aber wesentliche Gebrechlichkeit allen Ursprungs!
Alle, die sich mit Geschichte befassen, sollten vom Gefühl dafür tief
durchdrungen sein.

Auf keinem Gebiet unterscheiden wir das wirklich Neue, das um
uns zu keimen beginnt, – einfach deshalb, weil wir schon seine künftige Entfaltung kennen müßten, um es in seinen Anfängen zu bemerken. Ist es aber einmal groß geworden und blicken wir zurück, um
seinen Keim und seine ersten Ansätze wiederzufinden, dann verbergen sich gerade diese ersten Stadien, weil sie der Zerstörung oder Ver-
gessenheit anheimfielen. Wo sind, wiewohl uns so nahe, die ersten
Griechen und die ersten Lateiner? Wo sind die ersten Weberschiff-
chen, die ersten Wagen, die ersten Herde? Wo (schon jetzt) die ersten
Modelle der Automobile, der Flugzeuge, des Kinos? – In der Biologie,
in der Kulturgeschichte, in der Sprachforschung, überall: wie der
Gummi in den Händen eines Künstlers wischt die Zeit jede feine Linie
in den Zeichnungen des Lebens aus. Infolge eines Prozesses, dessen
Einzelheiten in jedem Fall vermeidbar und zufällig scheinen, dessen
Allgemeinheit jedoch beweist, daß er eine Grundbedingung unseres
Erkennens darstellt, verschwinden immer mehr, je weiter wir zu-
rückblicken, Embryonen, Ansätze, Anfangsphasen jeglichen Wachstums. Außerhalb der fixierten Maxima, außerhalb der konsoli-
dierten Endformen bleibt nichts von dem, was vor uns war, bestehen
(weder in Form von «Zeugen» noch als bloße Spur). Oder anders
ausgedrückt: nur die letzten Verlängerungen des Fächers erstrecken
sich mit ihren Überlebenden oder ihren Fossilien bis in die Gegenwart.

So ist es nicht erstaunlich, daß es uns in der Rückschau scheint, die
Dinge tauchten *völlig fertig* auf.[1]

Die selektive Absorption durch die Zeitalter läßt die Bewegung
automatisch aus unserer Sicht verschwinden, um sie im ganzen Be-

---

[1] Wenn unsere Apparate (Autos, Flugzeuge usw.) durch irgendein Kataklysma
verschüttet und «fossiliert» würden, so hätten bei ihrer Entdeckung die künftigen
Geologen denselben Eindruck wie wir bei einem Pterodactylus: nur durch ihre
letzten Marken vertreten, würden ihnen diese Produkte unserer Erfindungskraft
ohne evolutive Tastphase geschaffen scheinen, – wie auf den ersten Schlag vollendet und festgelegt.

reich des Phänomens in eine unzusammenhängende Folge von Stufen und standfähigen Gebilden aufzulösen.[1]

So legt sich die zerstörende Wirkung der Vergangenheit über die Aufbauwirkung des Wachstums, um schließlich vor dem Blick der Wissenschaft den Lebensbaum mit seinen Verzweigungen hervortreten und Form gewinnen zu lassen.

Versuchen wir, ihn in seiner konkreten Wirklichkeit zu sehen und diese Wirklichkeit zu ermessen.

III. DER LEBENSBAUM

A. DIE GROSSEN LINIEN. a) *Ein Teilstück der Evolution: die Familie der Säugetiere.* Aus den vorhergehenden Beobachtungen erhellt unmittelbar, daß man, um den Lebensbaum gut wahrzunehmen, damit beginnen muß, die Augen an jenem Teil seines Geästes zu «schulen», an dem sich die zerstörende Wirkung der Zeit nur mäßig geäußert hat. Weder die Nähe darf zu groß sein, um nicht durch die Blätter zu behindern, noch die Ferne, damit noch genügend dichte Zweige erfaßt werden können.

Wo findet man im Schoß der gegenwärtigen Natur dieses bevorzugte Gebiet? Sicherlich in der großen Familie der Säugetiere.

Aus der Geologie wissen wir es positiv, und eine einfache Prüfung der inneren Struktur könnte es hinreichend beweisen: wenn – im großen und ganzen – die Menschheit eine noch «unausgereifte» Gruppe darstellt, so bilden ihr gegenüber die Säugetiere eine schon großjährige, aber doch noch *frische* Gruppe. Erst im Laufe des Tertiärs voll entfaltet, läßt sie noch eine beträchtliche Zahl feinster Ansätze erkennen. Deshalb war sie von Anbeginn und bleibt sie ein

---

[1] Wie ich weiter unten (Seite 188 Anmerkung 1) hinsichtlich der «Monogenie» bemerke, ist es uns, nicht zufällig, unmöglich (aus jedesmal zufälligen Gründen – vgl. Cournot), eine bestimmte Genauigkeitsgrenze (oder «Scheidelinie») in unserer Wahrnehmung der fernsten Vergangenheit zu überschreiten. – Nach allen Richtungen (nach dem sehr Alten und dem sehr Kleinen, aber auch nach dem sehr Großen und dem sehr Langsamen) stumpft sich unser Blick ab; und jenseits einer gewissen Grenze unterscheiden wir nichts mehr.

bevorzugtes Versuchsfeld für die Evolutionstheorien, im Stadium ihrer Entstehung wie ihrer Weiterentwicklung.

Betrachten wir sie hier in ihren großen Linien (Abb. 1) – wobei wir jedoch zunächst das Feld unserer Untersuchungen auf ihren jüngsten und fortgeschrittensten Teil beschränken: auf die placentalen Säugetiere.[1]

Entwicklungsgeschichtlich (man könnte sogar sagen «physiologisch») betrachtet, bilden die placentalen Säugetiere, als Gesamtheit genommen, das, was ich hier übereinkunftsgemäß einen *Biot* nennen möchte. Darunter verstehe ich eine büschelförmige Gruppenbildung, deren Glieder nicht nur von Geburt aus verwandt sind, sondern sich überdies im Kampf um die Fortpflanzung und Verbreitung des Lebens wechselseitig unterstützen und ergänzen.

Um sich dem Verständnis dieses wichtigen Punktes zu öffnen, der besonders von den amerikanischen Paläontologen erhellt wurde, genügt es, die Verteilung der uns allen vertrautesten Tierformen ins richtige Licht zu stellen. Hier die Herbivoren (Pflanzenfresser) und die Nagetiere, die ihre Nahrung direkt auf dem pflanzlichen Zweig des Lebens finden, und dort die Insectivoren, die sich als ähnliche Parasiten vom Zweig der «Arthropoden» (Gliederfüßler) ernähren. Hier noch die Carnivoren (Fleischfresser), die sich durch die eine und die andere Tierart erhalten – und dort die Omnivoren, die unterschiedslos an allen Tischen speisen. Das sind die vier Haupt-*Strahlungen*, die im wesentlichen mit der allgemein gebräuchlichen Einteilung der Phylen zusammenfallen.

Betrachten wir nun getrennt diese vier Strahlen oder Sektoren, einen nach dem anderen. Jeder wird sich mit vollkommener Leichtigkeit in untergeordnete Einheiten unterteilen oder spalten. Nehmen wir zum Beispiel den für unseren gegenwärtigen Gesichtskreis reichsten unter ihnen: den der Herbivoren. Je nach der Wahl unter den zwei Möglichkeiten, die Enden der Glieder in Lauffüße umzuwandeln (durch Überentwicklung von zwei Fingern oder aber des Mittel-

---

[1] So nennt man im Gegensatz zu den Aplacentaliern (oder Marsupialiern [Beuteltieren]) die Säugetiere, deren Embryo geschützt und genährt durch eine besondere Haut, *Placenta* genannt, bis zur völligen Reife im Mutterleib bleiben kann.

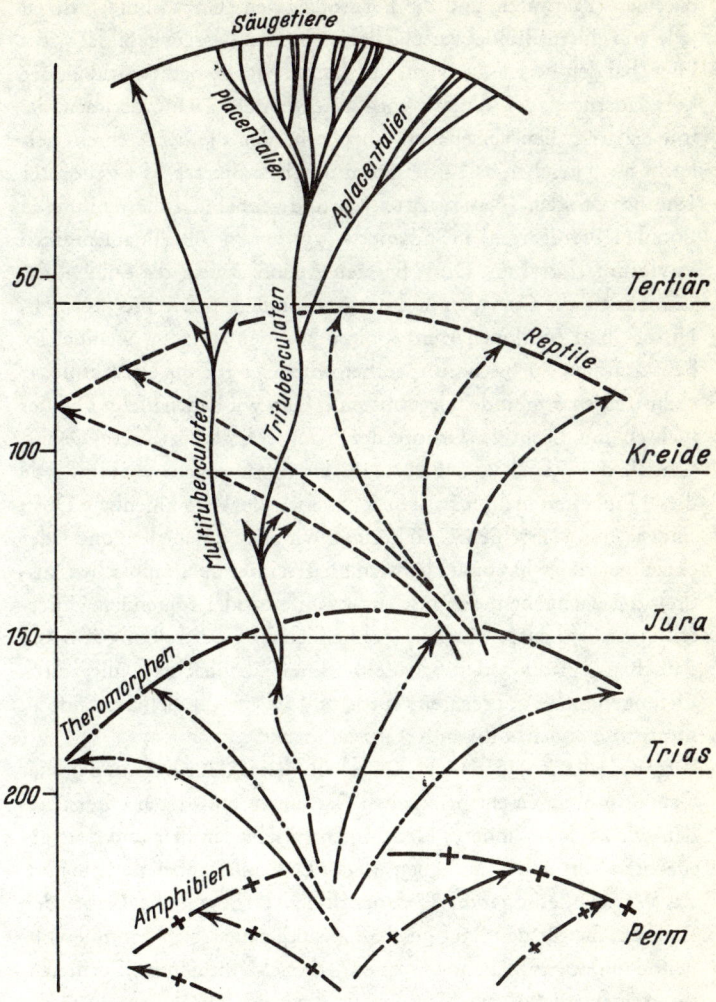

Abb. 1. Das Schema symbolisiert die schichtenweise Entwicklung der Tetrapoden (mit Ausnahme der Vögel). Die Ziffern links bedeuten Jahrmillionen. Einzelheiten siehe im Text.

fingers allein), sehen wir zwei große Familien erscheinen, die Artiodactylen (Paarhufer) und die Perissodactylen (Unpaarhufer), deren
jede von einem Bündel verschiedener, breiter Zweige gebildet wird.
Hier, bei den Perissodactylen, die dunkle Menge der Tapiriden, der
kurzdauernde, aber so merkwürdige Zweig der Titanotheriiden, die
mit Scharrkrallen versehenen Chalicotherien, die der Mensch vielleicht noch gesehen hat, – der Stamm unbewaffneter oder gehörnter
Rhinocerotoiden (Nashornarten) – und schließlich die einhufigen
Equiden (Pferdearten), in Südamerika von einem völlig unabhängigen
Phylum nachgeahmt. Dort, bei den Artiodactylen, die Suiden, die
Cameliden, die Cerviden und die Antilopiden (Schweine-, Kamel-,
Hirsch- und Antilopenarten) – ohne von den anderen, weniger lebenskräftigen Sprossen zu sprechen, die aber für die Paläontologie
ebenso eigenartig und interessant sind. Und wir haben nichts von der
dichten und mächtigen Gruppe der Proboscidier (Rüsseltiere) gesagt.
Gemäß der Regel vom Schwund der Ansätze verschwimmt jede
dieser Einheiten an ihrer Basis in den Nebeln der Vergangenheit. Doch
sind sie einmal erschienen, so können wir auch ihnen allen und jeder
einzelnen in den hauptsächlichsten Phasen ihrer geographischen Ausbreitung nachgehen, den fast endlos aufeinander folgenden Unter-
teilungen in kleinere Büschel, – schließlich die Übertreibung gewisser
Knochen-, Zahn- oder Schädelmerkmale beobachten, die durch
Orthogenese hervorgerufen wurde und sie gewöhnlich am Ende zu
monströsen oder hilflosen Kreaturen macht.

Ist das alles? – Noch nicht. Oberhalb dieser Fülle der aus den vier
Grundstrahlungen entsprungenen Gattungen und Arten unterscheiden wir noch ein anderes Netz. Es entspricht den hier und dort gemachten Versuchen, das Leben auf der Erde aufzugeben und die Luft,
das Wasser oder sogar die Tiefe des Bodens zu bewohnen. Neben den
Formen, die für den Lauf geschaffen sind, zeigen sich baumbewoh-
nende und sogar fliegende Formen, – die schwimmenden Formen, –
die grabenden Formen. Die einen: Cetaceen (Wale) und Sirenier
(Seekühe) mit überraschender Schnelligkeit offenbar von den Fleisch-
und den Pflanzenfressern abgeleitet. Die anderen: Chiropteren (Fle-
dermäuse), Maulwürfe und Blindmäuse vor allem von den ältesten

Vertretern der Placentaliergruppe geliefert: Insektenfresser und Nager, zwei Gruppen, von denen sowohl die eine wie die andere so alt sind wie das Ende der Sekundärformation.

Betrachtet man diese funktionelle, so elegant ausgewogene Gesamtheit nur an sich, so kann man sich der Einsicht, sie stelle eine organische und natürliche Gruppe *sui generis* dar, nicht entziehen. Diese Überzeugung wächst noch, sobald man erkennt, daß sie nicht einen vereinzelten Ausnahmefall darstellt, sondern daß ähnliche Einheiten im Laufe der Geschichte des Lebens periodisch erschienen sind. Wir wollen nur zwei Beispiele dafür bringen, ohne noch die Säugetiere zu verlassen.

Während des Tertiärs, lehrt die Geologie, fand sich ein Fragment des placentalen Biots, der damals in voller Entwicklung war, durch das Meer abgetrennt und in der südlichen Hälfte des amerikanischen Festlandes gefangen. Wie reagierte dieser Steckling auf seine Isolierung? Genau wie eine Pflanze, – das heißt, indem er in kleinerem Maßstab das Bild des Stammes, von dem er sich getrennt fand, wiedergab. Er hat seine Pseudo-Rüsseltiere, seine Pseudo-Nager, seine Pseudo-Pferde, seine Pseudeo-Affen (die Platyrrhinier) hervorsprießen lassen. Ein ganzer Biot in Verkleinerung (ein Unter-Biot) innerhalb des ersten!

Und nun das zweite Beispiel: Es wird uns von den Marsupialiern (Beuteltieren) geliefert.

Urteilt man nach der relativ primitiven Weise ihrer Fortpflanzung und auch nach ihrer gegenwärtigen geographischen Verteilung, die deutlich zusammenhangslos ist und aus Resten besteht, so stellen die Marsupialier (oder Aplacentalier) ein Stockwerk für sich auf der Basis der Säugetiere dar. Sie sind vermutlich früher als die Placentalier zur Entfaltung gelangt und haben vor diesen ihren eigenen Biot geformt. Im allgemeinen ist dieser marsupiale Biot spurlos verschwunden, – mit Ausnahme einiger merkwürdiger Typen (wie etwa der Pseudo-Machairodus, kürzlich als Fossil in Patagonien gefunden).[1]

---

[1] Machairodus oder «Säbelzahntiger». Dieses große katzenartige Raubtier, das am Ende des Tertiärs und zu Beginn des Quartärs sehr verbreitet war, wurde in erstaunlicher Weise von dem marsupialen Raubtier aus dem südamerikanischen Pliozän nachgeahmt.

Einer seiner Unterbiote hingegen, der gleichfalls durch Isolierung noch vor dem Tertiär in Australien entwickelt wurde und zufällig erhalten blieb, setzt noch heute wegen der Klarheit seiner Umrisse und seiner Vollkommenheit die Naturforscher in Erstaunen. Als Australien von den Europäern entdeckt wurde, war es bekanntlich nur von Marsupialiern bewohnt,[1] aber von Marsupialiern jeder Größe, jeder Wohnweise, jeder Gestalt: pflanzenfressende und laufende Marsupialier, fleischfressende Marsupialier, insektenfressende Marsupialier, Marsupialier-Ratten, Marsupialier-Maulwürfe usw. Man könnte sich für die jedem Phylum innewohnende Kraft, sich zu einer Art von geschlossenem, physiologisch vollständigem Organismus zu differenzieren, kein packenderes Beispiel vorstellen.

Nachdem wir dies gut gesehen haben, blicken wir von einem höheren Standpunkt auf das umfangreiche geschlossene System, das von den beiden Bioten, dem placentalen und dem aplacentalen, zusammen gebildet wird. Sehr bald haben die Zoologen bemerkt, daß bei allen Formen, aus denen diese beiden Gruppen sich zusammensetzen, die Mahlzähne wesentlich aus drei Höckern bestehen, die von einem Kiefer zum anderen, von oben nach unten, ineinander eingreifen. An sich ein unbedeutender Zug, der aber seiner Stetigkeit wegen um so erstaunlicher ist. Wie soll man die Allgemeinheit eines so zufälligen Merkmals begründen? Den Schlüssel des Rätsels erhielt man durch einen Fund in einer gewissen der Juraformation angehörigen Gesteinsschicht Englands. Im mittleren Jura nehmen wir blitzartig eine erste Welle von Säugetieren wahr, – eine Welt kleiner Tiere, nicht größer als Ratten oder Spitzmäuse. Nun, bei diesen winzigen Geschöpfen, die bereits äußerst verschiedenartig sind, ist der Zahntypus noch nicht feststehend wie in der heutigen Natur. Man erkennt unter ihnen bereits den dreihöckerigen Typus. Aber daneben beobachtet man allerhand andere, verschiedenartige Kombinationen in der Entwicklung der Höcker und in der Weise, wie sie sich den Mahlzähnen entgegenstellen. Und diese anderen Kombinationen sind seit geraumer Zeit ausgeschieden! Daraus ergibt sich ein zwingender Schluß.

---

[1] Außer einer Gruppe von Nagetieren und den letzten Ankömmlingen, dem Menschen und seinem Hund.

Außer vielleicht dem Ornithorhynchus (Schnabeltier) und dem Echidna (Ameisenigel) (paradoxe, ovipare Formen, in denen man eine Fortsetzung der «Multituberculaten» zu finden glaubte) kommen alle lebenden Säugetiere von einem einzigen enggedrängten Bündel her. Alle zusammen stellen sie (im Zustand der Entfaltung) nur *einen einzigen der vielen Strahlen* dar, in die sich die Säugetiere der Juraformation verzweigten: die *Trituberculaten*.[1]

An diesem Punkt haben wir beinahe die Grenzen dessen erreicht, was die dunkle Masse der Vergangenheit durchscheinen läßt. Noch tiefer verliert sich die Geschichte der Säugetiere in der Nacht – abgesehen von der wahrscheinlichen Existenz noch eines anderen Büschels, ganz am Ende der Trias, an das sich vermutlich die Multituberculaten knüpfen.

Doch hebt sich die Säugetier-Gruppe, auf natürliche Weise durch den Bruch ihres Stieles isoliert, wenigstens rundherum und in der Höhe mit genügender Deutlichkeit und Individualität ab, so daß wir sie als *praktische Einheit* «entwicklungsfähiger Masse» betrachten können.

Nennen wir diese Einheit eine *Schicht*. Wir werden gleich damit zu tun haben.

b) *Eine Mutterschicht: die Tetrapoden.* Wenn es sich darum handelt, die Entfernung der Sternnebel zu messen, verwenden die Astronomen Lichtjahre. Wenn wir unsererseits über die Säugetiere hinaus unser Bild vom Lebensbaum nach der Tiefe ausweiten und verlängern wollen, so müssen wir nach Schichten rechnen.

Zunächst die der Reptilien des Mesozoikums.

Wenn wir den Zweig der Säugetiere unterhalb der Juraformation aus den Augen verlieren, so geht er nicht sozusagen im Leeren unter, sondern dichtes, lebendes Gezweig von ganz anderem Aussehen umhüllt und verdeckt ihn: Dinosaurier, Pterosaurier, Ichthyosaurier, Krokodilarten und noch so viele andere Ungeheuer, die den in die Paläontologie nicht Eingeweihten weniger vertraut sind. Innerhalb

---

[1] Die man auch die «Septem-Vertebraten» nennen könnte, weil sie alle infolge eines ebenso unerwarteten wie bedeutungsvollen Zusammentreffens sieben Halswirbel haben, wie lang auch immer ihr Hals sein mag.

dieser Gesamtheit sind die zoologischen Distanzen zwischen den Formen entschieden größer als zwischen Säugetierordnungen. Drei
Merkmale jedoch sind augenfällig. Erstens haben wir es mit einem
verzweigten System zu tun. Zweitens zeigen sich in diesem System
die Zweige in einem bereits fortgeschrittenen oder sogar endgültigen
Entfaltungsstadium. Und schließlich stellt, im großen genommen, die
ganze Gruppe nichts anderes dar als einen ungeheuren und vielleicht
erweiterten Biot. Hier die oft riesigen Herbivoren. Dort ihre Traban-
ten und ihre Tyrannen, die plumpen oder springenden Carnivoren.
Dort noch die Segler mit ihren Fledermaushäuten oder ihren Vogel-
federn. Und schließlich die Schwimmer, so langgestreckt wie Del-
phine.

Auf die Entfernung hin erscheint uns diese Welt der Reptilien
komprimierter als die der Säugetiere, doch muß ihre Langlebigkeit,
gemessen an ihrer schließlichen Ausbreitung und Zusammensetzung,
zumindest gleichgroß vorgestellt werden. Jedenfalls verliert sie sich
auf gleiche Weise in der Tiefe. Um die Mitte der Trias lassen sich die
Dinosaurier noch erkennen. Doch sie tauchen eben erst aus einer
anderen Schicht auf, – die ihrerseits fast an ihrem Ende angelangt ist:
diejenige der Reptilien der Permformation, die besonders durch die
Theromorphen charakterisiert ist.

Die Theromorphen, plump und ungefüge, auch in unseren Museen
nur selten zu sehen, sind viel weniger bekannt als der *Diplodocus* und
die Iguanodontiden. Das hindert nicht, daß sie am Horizont der Zoologie eine immer größere Bedeutung gewinnen. Man sah sie zunächst als seltsame und mißratene Wesen an, die bloß auf Südafrika
beschränkt gewesen seien. Doch heute hat man endgültig erkannt,
daß sie für sich allein ein vollständiges und besonderes Stadium des
Lebens der Festland-Wirbeltiere darstellen. Sie sind es, die zu einem
bestimmten Zeitpunkt, vor den Dinosauriern, vor den Säugetieren,
alles Land besetzt und besessen haben, soweit das Meer es nicht be-
deckte. Schon stützen sie sich gut auf ihre stark entwickelten Glieder,
oft sind sie mit einer Art von Mahlzähnen versehen, und so kann man
wohl sagen, daß sie die ersten Vierfüßler sind, die sich auf dem trockenen Land fest angesiedelt haben. Im Augenblick, wo wir ihr Dasein

bemerken, weisen sie schon eine Unzahl seltsamer Formen auf – Bewaffnung mit Hörnern, mit Kämmen, mit Stoßzähnen –, was (wie immer!) anzeigt, daß die Gruppe am Ende ihrer Entwicklung angelangt ist. Wahrlich, hinter ihren oberflächlichen Sonderbarkeiten eine ziemlich monotone Gruppe, wo man folglich das Geäder eines wirklichen Biot noch nicht unterscheidet. Nichtsdestoweniger, eine durch ihre Ausbreitung und die Kräfte ihrer Verzweigung faszinierende Gruppe. Einerseits die unwandelbaren Schildkröten. Und, am anderen Ende, Typen, die in ihrer Beweglichkeit und ihrem Schädelbau äußerst fortschrittlich sind. Aus diesen heraus entsprang, wie wir mit gutem Grund vermuten, aus langer Ruhe der Stamm der Säugetiere.

Und dann von neuem ein «Tunnel». Auf diese Entfernungen hin und unter dem Gewicht der Vergangenheit verkürzen sich die Abschnitte der Zeitdauer gar rasch. Wenn wir an der Basis und unterhalb der Permformation eine andere Schicht der bewohnten Erde feststellen, ist diese nur mehr von Amphibien bevölkert, die im Schlamm herumkriechen. Die Amphibien: ein Gewimmel stämmiger oder schlangenförmiger Körper, unter denen es oft schwierig ist, die erwachsenen Tiere von den Larvenformen zu unterscheiden; nackte oder gepanzerte Haut; röhrenförmige Wirbel, oder ein Mosaik von Knöchelchen . . . Auch hier gelingt es uns nur, der allgemeinen Regel zufolge, eine schon höchst differenzierte Welt zu erfassen, – mit der es beinahe zu Ende geht. Wieviel Schichten werden in diesem Gewimmel von uns vielleicht noch miteinander vermischt, unter Ablagerungen, deren Mächtigkeit und unermeßliche Geschichte wir bisher nur schlecht abschätzen? Eines zumindest ist sicher: wir überraschen in diesem Abschnitt eine Tiergruppe, die gerade aus den nährenden Gewässern auftaucht, worin sie sich geformt hat.

An diesem äußersten Anfang ihres Lebens an der Luft zeigen sich uns die Wirbeltiere nun mit einem überraschenden Merkmal, das uns zum Nachdenken zwingt. Bei allen ist das Schema des Skeletts das gleiche und (wenn wir die wunderbaren Übereinstimmungen des Schädels beiseite lassen) ganz besonders übereinstimmend in der Zahl und in dem Plan der Glieder, die zur Fortbewegung dienen. Wo findet man einen Grund für diese Ähnlichkeit?

Daß alle Amphibien, Reptilien und Säugetiere vier Beine und nur vier Beine haben, ließe sich, wenn man durchaus will, durch bloße Konvergenz zu einer besonders einfachen Weise der Fortbewegung hin erklären (die Insekten jedoch haben niemals weniger als sechs Beine). Aber wie will man einzig aus diesem mechanischen Grund die völlig gleiche Struktur dieser vier Gliedmaßen rechtfertigen? Vorn der alleinige Oberarmknochen, dann die beiden Knochen des Unterarms, dann die fünf Strahlen der Hand? Ist das nicht abermals eine jener zufälligen Kombinationen, die nur *einmal* gefunden und verwirklicht werden konnten? So ergibt sich hier von neuem jener Schluß, der bereits im Fall der Säugetiere auf Grund ihrer Zahn-Dreihöckrigkeit unserem Geist aufgezwungen wurde. Trotz ihrer außerordentlichen Verschiedenheit zeigen die lungenatmenden Landtiere nur Abwandlungen, die auf einer ganz eigentümlichen Lösung des Lebens ausgebildet sind.

Verfolgt man also den ungeheuren und vielfältigen Fächer der gehenden Wirbeltiere bis zu seinen Ursprüngen, so faltet er sich zusammen und schließt sich zu einem einzigen Strahl.

Ein einziger Stiel: dieses Bild charakterisiert schließlich am tiefsten eine *Schicht der Schichten: die Welt der Tetrapodie.*

c) *Der Stamm der Wirbeltiere.* Im Fall der Säugetiere konnten wir das Büschel fassen, aus dem sich die «dreihöckerige» Abzweigung herausgelöst und emporgeschwungen hat. In der Frage nach dem Ursprung der Amphibien ist die Wissenschaft weniger fortgeschritten. Doch über das Gebiet des Lebens, wo sich, neben anderen versuchten Kombinationen, die Tetrapodie allein formen konnte, ist kein Zweifel mehr möglich. Sie hat irgendwo keimen müssen im Bereich der Fische mit lappigen und «gliedartigen» Flossen, deren einst lebenskräftige Schicht heute nur mehr in einigen lebenden Fossilien weiterbesteht: den Dipnoern (oder Lungenfischen) und – das ist die neueste Überraschung – einem «Crossopterygier», der kürzlich in den südlichen Meeren gefischt wurde.

Durch mechanische Anpassung an das Schwimmen nur oberflächlich «gleichartig gemacht», sind die Fische (oder besser gesagt die Piscesformen) in ihrem Gemisch von einer ungeheuerlichen Vielfalt.

Wieviel Schichten sind gerade hier unter derselben Bezeichnung zusammengefaßt und vermengt! Verhältnismäßig junge Schichten, in den Ozeanen bis zu eben der Epoche entwickelt, da sich auf den Kontinenten die Schicht der Tetrapoden ausbreitete. Und noch viel zahlreichere alte Schichten, die in sehr tiefer Vergangenheit, etwa im Silur, in einem letzten Büschel enden, aus dem, soviel wir sehen können, zwei Hauptstrahlen auslaufen: die Piscesformen ohne Kiefer mit einem einzigen Nasenloch, die in der gegenwärtigen Natur nur mehr durch die Lamprete vertreten sind, und die Piscesformen mit Kiefern und zwei Nasenlöchern, *von denen alle übrigen herkommen.*

Nach meinen obigen Ausführungen über die Festlandsformen und ihre Verkettung will ich nicht versuchen, diese andere Welt aufzugreifen und zu zergliedern. Ich möchte vielmehr auf eine Tatsache ganz anderer Art aufmerksam machen, der wir hier zum erstenmal begegnen. Die ältesten uns bekannten Fische sind meist stark, ja sogar anomal stark, gepanzert.[1] Aber hinter diesem ersten Versuch einer Festigung nach außen, der offenbar ziemlich fruchtlos blieb, verbarg sich ein noch ganz knorpeliges Skelett. Je mehr wir den Wirbeltieren in absteigender Linie folgen, um so weniger knochig zeigen sie sich im Innern. Dies erklärt, weshalb wir selbst in Ablagerungen, die im Lauf der Zeiten unberührt geblieben sind, ihre Spur völlig verloren haben. Wir begegnen aber in diesem besonderen Fall einem allgemeinen Phänomen von höchster Bedeutung. Welche Lebensgruppe wir betrachten, sie wird schließlich zutiefst untertauchen in der Domäne *des Weichen.* Unfehlbare Art, ihren Entwicklungsbeginn verschwinden zu lassen . . .

Unterhalb des Devon treten die Piscesformen in eine Art Foetus- oder Larven-Phase ein – und können nicht fossil werden. Gäbe es nicht das zufällige Überleben des seltsamen *Amphioxus* (Lanzettfisch), so hätten wir keine Idee von den vielfältigen Stufen, in denen der Typ der Chordaten sich aufgebaut haben muß, bis er sich in der Lage fand, die Gewässer zu füllen, um sich später über das Festland zu verbreiten.

---

[1] Ohne diese knochige Hülle wäre ja nichts von ihnen übriggeblieben und wir würden sie nicht kennen.

Mit einer großen Leere endet und begrenzt sich so an der Basis das gewaltige Gebäude aller Vierfüßler und aller Fische – *der Stamm der Wirbeltiere.*

d) *Der Rest des Lebens.* Im *Stamm* haben wir den umfassendsten Einteilungsbegriff, der bisher durch systematisches Eindringen in die Biosphäre gefunden wurde. Zwei weitere Stämme, und nur zwei, tragen neben den Wirbeltieren die Hauptentwicklungsformen des Lebens: der Stamm der Würmer und Arthropoden (Gliederfüßler), und der der Pflanzen. Der eine ist durch Chitin oder Kalk gehärtet, der andere durch Zellulose gefestigt; so ist es ihnen gelungen, sich aus den Gewässern zu befreien und sich mächtig in der Atmosphäre zu verbreiten. Und so kommt es, daß in der gegenwärtigen Natur Pflanzen und Insekten sich unter die knochigen Tiere mischen und mit ihnen um den größeren Anteil an der Welt kämpfen.

Für jeden dieser beiden anderen Stämme wäre es möglich, die Untersuchung, die ich in den vorhergehenden Abschnitten für die Wirbeltiere vorgenommen habe, nochmals durchzuführen, – doch darf ich mich davon entbinden. In der Höhe: frische Gruppen, reich an noch unabgegrenzten Verzweigungen. Tiefer: Schichten mit deutlicherer Verzweigung, doch weniger dicht. Am Grund das Verlöschen in einer Welt chemisch unbeständiger Formen. Dasselbe Allgemeinbild der Entwicklung. Aber, weil in diesem Fall die Stämme offenbar noch älter sind, noch größere Komplikationen; und bei den Insekten extreme Formen von Gesellschaftsbildung.

Es scheint nicht zweifelhaft, daß diese verschiedenen Linien in den Abgründen der Zeit in irgendeinen gemeinsamen Zerstreuungsherd zusammenlaufen. Doch lange bevor Chordaten, Anneliden (Ringelwürmer) und Pflanzen einander treffen (die beiden ersten Stämme, wahrscheinlich im Stadium der Metazoen, – diese und die Pflanzen erst auf dem Niveau der einzelligen Wesen), verschwinden ihre jeweiligen Stümpfe in einer Vielfalt von gewiß sonderbaren Formen: Spongien (Schwämme), Echinodermen (Stachelhäuter), Polypen . . . jede der Versuch einer Antwort auf die Probleme des Lebens. Ein Gestrüpp nicht zur Reife gelangter Zweige.

Dies alles taucht sicherlich aus einer anderen Welt auf, die unwahrscheinlich alt und vielförmig ist (doch wir können nicht sagen, wie – infolge der Zeitdauer ist der Abgrund zu tief geworden). Infusorien, verschiedene Protozoen, Bakterien, – freie, nackte oder gepanzerte Zellen, in denen die Reiche des Lebens ineinandergehen und wo die Systematik sich nicht mehr zurechtfindet. Tiere oder Pflanzen? Diese Worte haben keinen Sinn mehr. Häufung von Schichten und Stämmen – oder «Myzel» verworrener Fasern, wie bei den Pilzen? Wir wissen es nicht mehr. Und ebensowenig könnten wir sagen, worauf das alles gekeimt hat. Vom Präkambrium an verlieren auch die einzelligen Wesen jedes Kiesel- oder Kalkskelett. Und der Lebensbaum verliert sich mit seinen Wurzeln schließlich für unseren Blick auf immer, *pari passu*, in der Weichheit der Gewebe und in der Metamorphose des Urschlamms.

B. Die Grössenverhältnisse. Und damit haben wir, wenngleich in großer Verkürzung, das Bild des Aufbaus der seit Aristoteles und Linné durch den beharrlichen Fleiß der Naturforscher gesammelten und etikettierten Formen. Schon im Laufe der Beschreibung haben wir uns bemüht, ein Gefühl für die ungeheure Komplexität der Welt zu wecken, die wir versuchten wiedererstehen zu lassen. Doch müssen wir uns diese ungeheuren Größenverhältnisse noch durch eine letzte Anstrengung, zu schauen, genauer zu Bewußtsein bringen – und zwar im Hinblick auf das Ganze. Es ist eine ständige, natürliche Neigung unseres Geistes, die von ihm begriffene Wirklichkeit nicht nur zu klären (was ja seine Aufgabe ist), sondern sie auch zusammenzudrängen und zu verkürzen. Ermüdet beugt er sich unter dem Gewicht der Entfernungen und der Massen. Nachdem wir, mit welchem Erfolg auch immer, die Entwicklung des Lebens gezeichnet haben, müssen wir die Elemente unseres Schemas auf ihre wahren Größen zurückführen: ebensowohl hinsichtlich der Zahl, wie des Umfangs und der Dauer.

Versuchen wir's.

Zunächst: *die Zahl.* Der Einfachheit halber mußten wir unsere Skizze der belebten Welt mittels breiter Kollektiv-Schnitte anfertigen: Familien, Ordnungen, Biote, Schichten, Stämme ... Ahnten wir bei diesen verschiedenen Einteilungen die Mengen, mit denen wir es da wirklich zu tun hatten? – Wenn jemand versuchen will, die Evolution zu denken oder zu beschreiben, möge er vorher in einem jener großen Museen herumgehen, von denen es in der Welt vier oder fünf gibt, wo es einer Legion von Forschungsreisenden gelungen ist, in einigen Sälen das ganze Spektrum des Lebens zusammenzubringen. (Sie haben es mit Mühen bezahlt, deren Heldentum und geistigen Rang man eines Tages endlich anerkennen wird.) Hier angelangt, möge er schauen, ohne sich um die Namen zu kümmern, – gerade nur um sich beeindrucken zu lassen von dem, was ihn umgibt. Hier das Universum der Insekten, wo die «echten» Arten nach Zehntausenden zählen. Dort die Mollusken, andere Tausende, unerschöpflich verschieden in der Art, wie sie gefleckt und eingerollt sind. Und dann die Fische, so überraschend, so kapriziös und bunt wie die Schmetterlinge. Und dann die Vögel, kaum weniger phantastisch – alle erdenklichen Gestalten, Schnäbel, Farben. Dann die Antilopen mit allem möglichen Fell, Wuchs und Stirnschmuck. Und so weiter, und so weiter. Hinter jedem dieser Worte, die in unserer Vorstellung nur ein Dutzend wohlbekannter Gestalten hervorriefen, welche Vielfalt, welcher Ansturm, welches Gewirr! Und bei alledem haben wir nur die Überlebenden vor Augen. Was wäre erst, wenn wir auch den Rest sehen könnten! ... In allen Epochen der Erde, auf allen Stufen der Evolution hätten andere Museen dasselbe Gewimmel, dasselbe Wuchern registrieren können. Aneinandergereiht stellen die Hunderttausende von Namen, die in unseren systematischen Katalogen eingetragen sind, nicht einmal ein Millionstel der Blätter dar, die bis heute am Lebensbaum gewachsen sind.

Und nun: *der Umfang.* Wie steht es, will ich damit sagen, quantitativ mit der Bedeutung der verschiedenen zoologischen und botanischen Gruppen in ihrem Verhältnis zueinander in der Natur? Welcher substanzielle Anteil gebührt jeder von ihnen innerhalb der Gesamtheit der organischen Wesen?

Um von diesem Verhältnis eine summarische Idee zu geben, reproduziere ich hier *(Abb. 2)* die eindrucksvolle Zeichnung, mit der

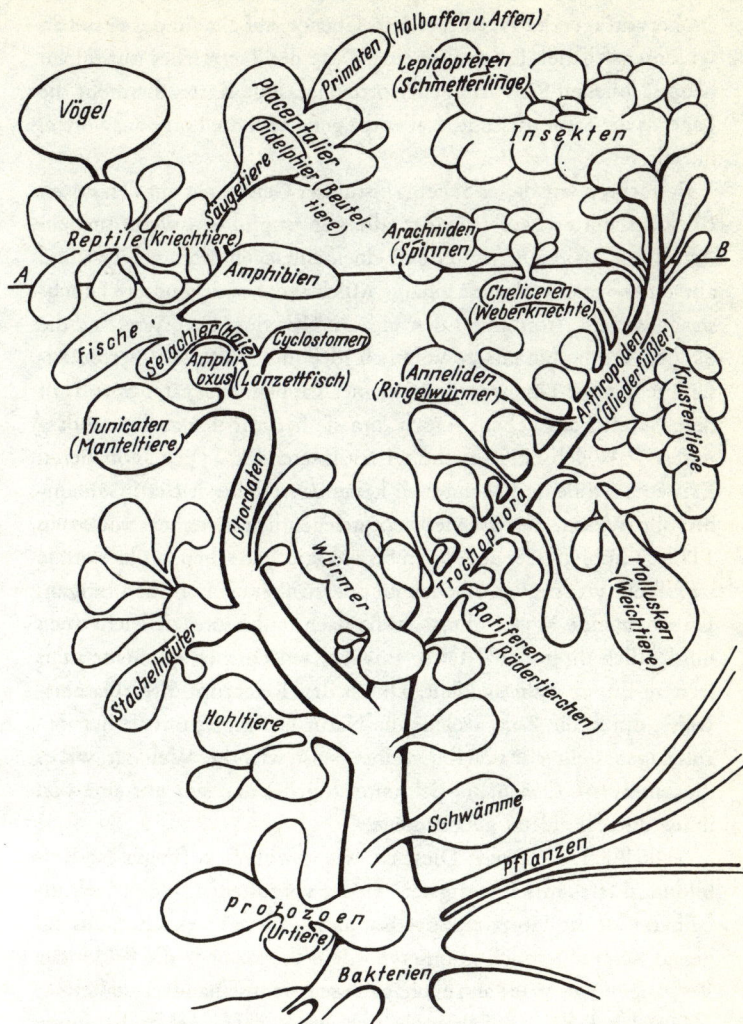

Abb. 2. Der «Lebensbaum» nach Cuénot. In dieser symbolischen Figur bedeutet jeder Hauptlappen (jede Traube) eine (morphologisch und quantitativ) mindestens ebenso wichtige «Schicht» wie die der Gesamtheit der Säugetiere. – Unterhalb der Linie AB: Formen, die im Wasser, – darüber: solche, die an der Luft leben.

ein hervorragender Naturforscher, Cuénot, auf Grund der neuesten
wissenschaftlichen Ergebnisse eine Karte des Tierreiches mit seinen
hauptsächlichen Provinzen entworfen hat. Eine Karte, die mehr die
Lage als die Struktur angibt, aber die genau auf die Frage antwortet,
die ich stelle.

Betrachten wir dieses Schema! Ist unser Geist nicht auf den ersten
Blick erschüttert, auf jene Art, die wir empfinden, wenn uns ein
Astronom das Sonnensystem als einen einfachen Stern zeigt, – und
alle unsere Sterne als eine einzige Milchstraße, – und unsere Milchstraße wie ein Atom unter den anderen Galaxien? . . . . Was sind die
Säugetiere, die für uns gewöhnlich Idee und Bild des «Tieres» zusammenfassen? Ein armseliger, kleiner Lappen, ein später Sproß auf
dem Stamm des Lebens. Doch, um sie herum? neben ihnen? darunter? – Welch ein Gewimmel rivalisierender Typen, von deren
Existenz, Größe und Menge wir keine Vorstellung hatten! Geheimnisvolle Wesen, die wir vielleicht gelegentlich zwischen trockenen
Blättern hüpfen oder auf einem Strand kriechen sahen, – ohne uns je
zu fragen, was sie wohl bedeuten oder woher sie kommen mögen.
Unbedeutende Wesen ihrer Größe nach und heute vielleicht auch
hinsichtlich ihrer Zahl! Diese mißachteten Formen erscheinen uns
jetzt in ihrem wahren Licht. Durch den Reichtum ihrer Daseins-
weise, durch die Zeit, welche die Natur benötigte, um sie hervorzubringen, stellt jede von ihnen eine ebenso wichtige Welt dar, wie es
die unsere ist. *Quantitativ* (ich unterstreiche) sind wir nur eine von
ihnen und die zuletzt gekommene.

Schließlich: *die Dauer*. Diese ist, wie gewöhnlich, für unsere Einbildungskraft am schwierigsten wieder vorzustellen. Noch viel un-
faßbarer als die Horizonte des Raumes – ich habe es schon einmal
gesagt – verengen sich in unseren «Zeit-Teleskopen» die Felder der
Vergangenheit. Wie kann es uns gelingen, sie auseinanderzuhalten?

Um den Tiefen des Lebens ihr richtiges Relief zu geben, beginnen
wir am besten mit dem, was ich weiter oben die Schicht der Säugetiere nannte. Da diese Schicht verhältnismäßig jung ist, haben wir
eine Vorstellung von der zu ihrer Entwicklung benötigten Zeit, von
dem Augenblick an, wo sie am Ende der Kreidezeit unverkennbar

oberhalb der Reptilien auftaucht. Das ganze Tertiär und noch etwas darüber; das heißt, an die 80 Millionen Jahre. *Nehmen wir nun an,* daß sich die Schichten an der Achse desselben zoologischen Stammes periodenweise formen, wie die Zweige am Stamm eines Nadelbaumes, so daß die höchsten Stufen ihrer Entfaltung (die allein deutlich sichtbar sind) bei den Wirbeltieren in einem Abstand von 80 Millionen Jahren einander folgen. Um eine Größenordnung für die Dauer eines zoologischen Intervalls zu erhalten, würde es genügen, die Zahl der im betreffenden Intervall beobachteten Schichten mit 80 Millionen Jahren zu multiplizieren: z. B. zumindest drei Schichten zwischen den Säugetieren und der untersten Stufe der Tetrapoden. Die Ziffern werden eindrucksvoll. Doch sie entsprechen ziemlich genau den Vorstellungen, die die Geologie sich macht von der Unermeßlichkeit der Trias-, Perm- und Karbonformationen.

Noch approximativer kann man versuchen, von Stamm zu Stamm nach einer anderen Methode vorzugehen. Innerhalb derselben Schicht (nehmen wir nochmals die Säugetiere) sind wir imstande, den mittleren Abstand der Formen voneinander ungefähr abzuschätzen, ihre Verbreitung – wir wiederholen es – erforderte ungefähr 80 Millionen Jahre. Daraufhin vergleichen wir die Säugetiere, Insekten und höheren Pflanzen miteinander. Abgesehen von dem (immerhin möglichen) Fall, daß die drei Stämme, an deren Wipfel diese drei Gruppen blühen, nicht genau derselben Wurzel entwuchsen, sondern getrennt auf demselben «Mycelium» keimten –, welche Dauer war nötig, welche Häufung der Perioden, um von einem Typus zum anderen diese riesigen Einschnitte zu schaffen! – Hier scheinen die Zahlen der Zoologie die von der Geologie gelieferten Tatsachen übertrumpfen zu wollen. «Nur fünfzehnhundert Millionen Jahre seit den ältesten Kohle-Spuren in den Ablagerungen», entscheiden die Physiker nach der Messung des Bleiprozentsatzes in einem radiumhaltigen Mineral des Präkambrium. Sind aber die ersten Organismen nicht noch älter als diese ersten Spuren? Auf welchen der beiden Chronometer werden wir uns im Streitfall verlassen, um die Erdjahre zu zählen? Auf die Langsamkeit des Radiumzerfalls? Oder auf die Langsamkeit der Aggregation der lebenden Materie?

Wenn eine einfache *Sequoia* (Mammutbaum) fünftausend Jahre
benötigt, um zur Wachstumsfülle zu gelangen (und niemand hat
noch eine Sequoia ihres natürlichen Todes sterben sehen), wie hoch
mag sich dann das Gesamtalter des Lebensbaumes belaufen . . .

C. Die Evidenz. Und nun steht dieser Baum da und erhebt sich vor
uns. Zweifellos ein seltsamer Baum. Das Negativ eines Baumes
könnte man sagen, da im Gegensatz zu den Riesen unserer Wälder
seine Zweige, sein Stamm nur als Lücken von wachsendem Durchmesser unseren Augen sichtbar werden. Scheinbar auch ein erstarrter
Baum: so lang scheint es uns zu währen, bis Knospen, die wir nur
halb offen kennen, sich entfalten. Nichtsdestoweniger ein klar ge-
zeichneter Baum, mit seinem gestaffelten Blätterwerk sichtbarer Arten. In seinen Hauptlinien, in seiner Größe erhebt er sich vor unseren
Augen und bedeckt die Erde. Betrachten wir ihn gut, bevor wir in das
Geheimnis seines Lebens einzudringen suchen. Denn in der einfachen
Betrachtung seiner äußeren Formen finden wir eine Lehre und eine
Kraft: *das Gefühl für seine Wirklichkeit.*

Hier und da in der Welt gibt es noch einige Köpfe, die bezüglich
der Evolution mißtrauisch oder skeptisch geblieben sind. Sie kennen
die Natur und die Naturforscher nur aus Büchern und glauben, daß
der Kampf um die Entwicklungslehre noch immer wie zur Zeit
Darwins weitergeht. Und weil die Biologie fortfährt, über die Art
und Weise zu diskutieren, auf die die Arten sich haben bilden können,
meinen sie, sie zweifle, ja sie könne noch, ohne Selbstmord zu begehen, an der Tatsache und der Wirklichkeit einer solchen Entwicklung zweifeln.

Die Situation ist bereits ganz anders.

Im Verlauf dieses Kapitels, das der Verkettung der organischen Welt
gewidmet ist, hat man sich vielleicht gewundert, daß ich die noch
immer lebhaften Streitfragen über die Unterscheidung von «Soma»
(Leib) und «Germen» (Keim), über Existenz und Funktion der Gene,
über Vererbung oder Nichtvererbung erworbener Eigenschaften
nicht erwähnt habe. – Ich gestehe, daß diese Fragen mich an diesem
Punkt meiner Untersuchung nicht unmittelbar interessieren. Um der

Anthropogenese einen natürlichen Rahmen und dem Menschen eine Wiege zu bereiten – ich will sagen, um die objektive Wirklichkeit einer Evolution zu garantieren – ist praktisch nur eines notwendig und auch ausreichend: daß nämlich eine allgemeine Phylogenese des Lebens (wie auch im übrigen ihr Prozeß und ihre Triebkraft sei) uns ebenso klar erkennbar werde wie die individuelle Orthogenese, die wir, ohne uns zu wundern, jedes Lebewesen durchlaufen sehen.

Von diesem globalen Wachstum der Biosphäre erhalten wir einen sozusagen praktischen Beweis, an dem nicht zu deuteln ist, durch den Grundplan, auf den wir unvermeidlich kommen, wann immer wir aufs neue die Umrisse und das Geäder der organischen Welt Punkt für Punkt festzuhalten trachten.

Niemandem könnte es einfallen, am wirbeligen Ursprung der Spiralnebel zu zweifeln, – oder an der allmählichen Aggregation der Teilchen im Innern eines Kristalls oder eines Stalagmiten – oder am Verwachsen der holzigen Faserbündel rings um einen Stamm. Gewisse geometrische Anordnungen, die uns durchaus fest erscheinen, sind die Spur und das unwiderlegliche Zeichen einer Bewegung. Wie könnten wir auch nur einen Augenblick an den entwicklungsmäßigen Ursprüngen der lebenden Schicht der Erde zweifeln?

Dank unseren Anstrengungen, das Leben zu analysieren, blättert es sich vor uns auf. Es zerlegt sich bis ins Unendliche in ein anatomisch und physiologisch zusammenhängendes System ineinandergeschachtelter Fächer.[1] Kaum angedeutete Mikrofächer, Unterarten und Rassen. Schon breitere Fächer der Arten und Gattungen. Immer unermeßlichere Fächer der Bioten und dann der Schichten und Stämme. Und schließlich die gesamte Tier- und Pflanzenwelt, die durch Ver-

---

[1] In dieser Kombination von Fächern wäre es natürlich möglich, die Zusammenhänge anders zu zeichnen, als ich es getan habe, zumal wenn man den Parallelismus und der Konvergenz mehr Raum gibt. So könnten zum Beispiel die Tetrapoden als ein Bündel aufgefaßt werden, das aus mehreren Strahlen zusammengesetzt ist, die, verschiedenen Ursprungs, dennoch in gleicher Weise endgültig zu der Vierfußformel gelangen. Dieses polyphyletische Schema wird, meines Erachtens, den Tatsachen weniger gerecht. Doch es würde in keiner Weise meine Grundthese ändern: nämlich, daß sich das Leben als eine organisch gegliederte Gesamtheit darstellt, worin sich deutlich ein Wachstumsphänomen verrät.

gesellschaftung nur einen einzigen riesigen Biot bildet und vielleicht
wie ein einfacher Strahl in irgendeinem auf dem Grund der makromolekularen Welt versunkenen Büschel verwurzelt ist. Das Leben ein
einfacher Zweig auf etwas anderem . . .

Von oben nach unten, vom Größten bis zum Kleinsten ist eine und
dieselbe Struktur sichtbar, deren Züge, durch die Verteilung der
Schatten und leeren Stellen nur verstärkt, sich (ohne jede Hypothese!)
verdeutlichen und vervollständigen. Denn sozusagen spontan ordnen
sich unvorhergesehene Elemente ein, die jeder Tag beiträgt. Jede neu-
entdeckte Form findet ihren natürlichen Platz, – in Wirklichkeit ist
keine in dem vorgezeichneten Rahmen absolut «neu». Was braucht
es noch, um uns zu überzeugen, daß das alles *geboren wurde* – daß das
alles *gewachsen ist*?

Danach können wir noch jahrelang über die Entstehungsweise
dieses ungeheuren Organismus weiterstreiten. Ein Schwindel ergreift
uns, je deutlicher die bestürzende Vielfalt seines Räderwerks vor uns
steht. Wie läßt sich dieses beständige Wachstum mit dem Determinismus der Moleküle in Einklang bringen, mit dem blinden Spiel der
Chromosomen, mit der anscheinenden Unfähigkeit, das, was individuell erworben wurde, durch Fortpflanzung zu übertragen? Anders
gesagt, wie kann man die äußere «finalistische» Entwicklung der
Phänotypen mit der inneren mechanistischen Entwicklung der *Geno-
typen* in Einklang bringen? – Je mehr wir diese Maschine zerlegen,
desto weniger begreifen wir, wie sie weiterlaufen kann. Zugegeben.
Doch einstweilen steht sie vor uns – und sie läuft. Können wir, weil
sich die Chemie über die Entstehungsweise der Granitgesteine noch
nicht klar äußern kann, bestreiten, daß die Granitbildung in den
Kontinenten immer weiter fortschreitet?

Wie alles in einem Universum, in dem die Zeit als *vierte Dimension*
definitiv eingeführt ist (ich werde darauf noch zurückkommen),
ist auch das Leben nur eine Naturgröße mit entwicklungsgemäßen
Dimensionen – und kann nichts anderes sein. Physikalisch und ge-
schichtlich entspricht es einer Funktion X, die im Raum, in der
Dauer und in der Form den Ort eines jeden Lebewesens bestimmt.
Das ist die Grundtatsache, die einer Erklärung bedarf, doch deren

Evidenz von nun an über jeden Wahrheitsbeweis erhaben wie auch gegen jede spätere Berichtigung durch Erfahrung geschützt ist.

Man kann sagen, daß in diesem Grad von Allgemeinheit das Problem des «Transformismus» nicht mehr existiert. Es ist definitiv gelöst. Wollte man künftig unsere Überzeugung von der Tatsache einer Biogenese erschüttern, so müßte man die Gesamtstruktur der Welt untergraben und den Lebensbaum entwurzeln.[1]

---

[1] Soweit der Evolutionismus nur die Unmöglichkeit ausdrückt, ein Wesen (ob lebend oder nicht) in der Erfahrung anders wahrzunehmen als in einer zeiträumlichen Reihe, ist er seit langem keine Hypothese mehr, sondern eine (dimensionale) Bedingung, der künftig alle Hypothesen der Physik und Biologie gerecht werden müssen. – Augenblicklich streiten Biologen und Paläontologen noch über die Formen – und vor allem über den Mechanismus der Umwandlungen des Lebens: (neu-darwinistisch) Vorwalten des Zufalls, oder (neu-lamarckistisch) Spiel der Erfindung beim Auftreten neuer Merkmale. Doch in bezug auf die allgemeine Grundtatsache, daß es sowohl organische Evolution gibt im Fall des Lebens als Gesamtheit, wie in dem eines beliebigen Einzelwesens, hinsichtlich dieses Punktes, sage ich, stimmen heute alle Gelehrten überein. Und zwar aus gutem Grund: wenn sie anders dächten, könnten sie nicht wissenschaftlich arbeiten. Was man hier (nicht ohne Verwunderung) bedauern kann, ist der Umstand, daß trotz der Klarheit der Tatsachen die Übereinstimmung noch nicht bis zur Erkenntnis fortgeschritten ist, daß die «Galaxie» der lebenden Formen (wie wir auf diesen Seiten annehmen) einen umfassenden, auf «Orthogenese» beruhenden Einrollungsprozeß darstellt, der zu immer mehr Komplexität und Bewußtsein führt – (siehe das Schlußwort).

DRITTES KAPITEL

DEMETER

Demeter! Mutter Erde! Eine Frucht? Welche Frucht? . . . Strebt sie, geboren zu werden am Baum des Lebens?

Im vorhergehenden Kapitel haben wir ständig vom Wachstum gesprochen, um das Gehaben des Lebens auszudrücken. Bis zu einem gewissen Maß konnten wir sogar das Prinzip dieses Dranges erkennen, da es uns an das Phänomen der *planmäßigen Additivität* gebunden schien. Durch fortgesetzte Akkumulation von Eigenschaften (wie immer dieser Mechanismus der Erblichkeit genau beschaffen sein möge) wächst das Leben wie ein «Schneeball». Es häuft in seinem Protoplasma Eigenschaft auf Eigenschaft. Es kompliziert sich mehr und mehr. Aber was bedeutet im ganzen diese Expansionsbewegung? Ausbrüche, die eine bestimmte Arbeit leisten, wie in einem Motor? Oder ungeordnete Entspannung nach allen Richtungen, wie bei einer Explosion?

Die allgemeine Tatsache, daß es *eine* Evolution gibt, wird, wie ich sagte, von allen Forschern anerkannt. Anders steht es um die Frage der *Planmäßigkeit* dieser Evolution. Fragt man heute Biologen, ob sie annehmen, daß das Leben im Verlauf seiner Umwandlungen *irgendwohin* gehe, so werden neun von zehn – und sogar leidenschaftlich – mit «Nein» antworten. «Daß sich die organische Materie in beständiger Metamorphose befinde», werden sie sagen, «und sogar, daß diese Metamorphose sie mit der Zeit in immer unwahrscheinlichere Formen gleiten lasse, – das ist durchaus augenfällig. Doch welcher Maßstab ließe sich finden, um den absoluten oder auch nur den relativen Wert dieser gebrechlichen Gebilde zu schätzen? Mit welchem Recht kann man zum Beispiel sagen, daß das Säugetier – und sei's sogar der Mensch – fortgeschrittener und vollkommener sei als die

Biene oder die Rose? . . . Wir können die Lebewesen einigermaßen auf Kreisen anordnen, die, bei der Urzelle beginnend, je nach ihrem Zeitabstand von dieser immer größer werden. Aber von einem bestimmten Differenzierungsgrad an können wir zwischen den unermüdlich erzeugten Naturprodukten wissenschaftlich keinerlei Vorrang feststellen. Verschiedene, aber gleichwertige Lösungen. Rings um den Mittelpunkt sind alle Radien in allen Azimuten der Kugelschale gleich gut. Denn nichts scheint zu *nichts* zu führen.»

Die Wissenschaft in ihrem Aufstieg – und sogar, wie ich noch zeigen werde, die Menschheit auf ihrem Weg – kommt im gegenwärtigen Augenblick nicht von der Stelle, weil die Geister zögern anzuerkennen, daß es *eine bestimmte Orientierung* und eine bevorzugte *Achse* der Evolution gibt. Geschwächt durch diesen fundamentalen Zweifel, zersplittern sich die Forschungen, und die Willenskräfte entschließen sich nicht zum Aufbau der Erde.

Ich möchte hier Verständnis dafür wecken, warum ich – ohne jeden Anthropozentrismus und Anthropomorphismus – zu sehen glaube, daß es für das Leben eine Richtung und eine Linie des Fortschritts gibt. – Eine Richtung und Linie, die sich so deutlich abzeichnen, daß die Wissenschaft von morgen – davon bin ich überzeugt – ihre Wirklichkeit allgemein anerkennen wird.

I. DER ARIADNEFADEN

Da es sich hier um Grade der organischen Kompliziertheit handelt, versuchen wir zu Beginn ein Ordnungsprinzip für die Komplexität zu finden.

Betrachtet man ohne irgendwelchen Leitfaden die Welt der lebenden Wesen, so muß man zugeben, daß sie qualitativ ein unentwirrbares Labyrinth bildet. Was ereignet sich, wohin gehen wir in dieser einförmigen Aufeinanderfolge von Fächern? Gewiß, im Laufe der Perioden vervielfältigen die Wesen die Zahl und die Empfindlichkeit ihrer Organe. Doch sie vermindern sie auch durch Spezialisierung. Und was ist schließlich die wahre Bedeutung des Ausdrucks «Kom-

pliziertheit»? Es gibt für ein Tier so viele Möglichkeiten, weniger
einfach zu werden. Differenzierung der Glieder? der Körperbedeck-
kung? der Gewebe? der Sinnesorgane? – Je nachdem, wohin wir
blicken, sind alle Möglichkeiten verteilt. Ist unter diesen vielfältigen
Kombinationen wirklich eine, die *richtiger* wäre als die anderen, – das
heißt, die die Gesamtheit der Lebewesen in einen befriedigenderen
Zusammenhang stellte, – sei's in bezug auf sie selbst, sei's in bezug
auf die Welt, in deren Schoß das Leben sich abspielt?

Um diese Frage zu beantworten, müssen wir wohl nach rückwärts
gehen und die Betrachtungen wieder aufnehmen, in denen ich weiter
oben versuchte, die wechselseitigen Beziehungen zwischen dem
Außen und dem Innen der Dinge festzulegen. Die Essenz des Realen,
sagte ich dort, ließe sich gut in dem erkennen, was das Universum in
einem gegebenen Augenblick an «Innerlichkeit» enthält; und die
Entwicklung wäre in diesem Fall schließlich nichts anderes als das
beständige Anwachsen dieser «psychischen» oder «radialen» Energie
im Laufe der Dauer, hinter der «mechanischen» oder «tangentialen»
Energie, die gemäß unserer Beobachtung praktisch konstant bleibt
(Seite 52 f.). Und welche besondere Wirkungskraft, fügte ich hinzu,
verbindet *erfahrungsgemäß* in ihren jeweiligen Entwicklungen die
beiden Energien der Welt, die radiale und die tangentiale? Offensichtlich die *Anordnung:* die Anordnung, deren allmähliche Fortschritte, wie wir feststellen können, innerlich beständig von einem
Wachstum und einer Vertiefung des Bewußtseins begleitet werden.

Kehren wir diesen Satz jetzt um (ohne circulus vitiosus, vielmehr
durch einfache Anpassung der Blickrichtung). Wir wissen nicht
recht, wie wir innerhalb der unzähligen Komplikationen, welche die
aufschäumende organische Materie erleidet, diejenigen, die nur Ober-
flächenveränderungen sind, von denjenigen unterscheiden sollen, die
(wenn es sie gibt!) einer Erneuerung der Weltstoffgruppierung entsprechen. Versuchen wir nur zu erkennen, ob nicht unter allen vom
Leben versuchten Kombinationen gewisse vielleicht organisch verbunden sind mit einer positiven Veränderung des Psychischen bei den
betroffenen Wesen. – Wenn dem so ist, und wenn meine Hypothese
richtig ist, so sind es zweifellos diese Veränderungen, die in der viel-

deutigen Masse allgemeiner Veränderungen die vorzüglichen Komplikationen, die wesentlichen Metamorphosen darstellen, – ergreifen wir sie und folgen wir ihnen! Sie werden uns höchstwahrscheinlich irgendwohin führen.

So gefaßt, ist das Problem sofort gelöst. Freilich gibt es in den lebenden Organismen ein spezielles Getriebe für das Spiel des Bewußtseins. Ein Blick in uns selbst genügt, um es wahrzunehmen: es ist das Nervensystem. Positiv erfassen wir direkt nur eine einzige Innerlichkeit in der Welt: die unsere; aber zugleich, infolge einer unmittelbaren Äquivalenz, dank der Sprache, die der anderen Menschen. Doch wir haben alle Ursache, anzunehmen, daß es auch bei den Tieren ein gewisses Innen gibt, das an der Vollkommenheit ihres Gehirns annähernd zu messen ist. Suchen wir also die Lebewesen nach dem Grad der «Hirnbildung» aufzuteilen! Was geschieht? Eine Ordnung, eben die Ordnung, die wir wünschten, ergibt sich – und zwar automatisch.

Nehmen wir zunächst am Lebensbaum noch einmal den Teil, den wir am besten kennen, weil er auch heute noch besonders lebendig ist, und weil wir ihm angehören: den Stamm der «Chordaten». In dieser Gruppe findet sich ein erstes Merkmal, das seit langem von der Paläontologie erhellt ist: daß sich nämlich das Nervensystem in auffallenden Sprüngen *von Schicht zu Schicht* weiterentwickelt und konzentriert. Wer kennt nicht das Beispiel jener enormen Dinosaurier, bei denen die lächerlich kleine Gehirnmasse nur eine winzige Reihe von Läppchen bildete, deren Durchmesser weit kleiner war als der des Markes der Lendengegend? Wir finden dieselben Verhältnisse auf der Stufe unter ihnen, bei den Amphibien und den Fischen. Wenn wir aber zur nächsten Stufe, zu den Säugetieren, aufsteigen, welche Veränderung!

Bei den Säugetieren, also diesmal im *Innern ein- und derselben Schicht*, ist das Hirn durchschnittlich viel umfangreicher und gefalteter als bei jeder anderen Gruppe der Wirbeltiere. Und doch, wieviel Ungleichheit findet sich noch, wenn man genauer zusieht – und vor allem, welche Regelmäßigkeit in der Verteilung der Unterschiede! Zunächst die Abstufung nach der Lage der Biote: in der heutigen Natur stehen die Placentalier hinsichtlich des Gehirns über den Marsupialiern. Dann: Abstufung nach dem Alter innerhalb desselben Biots. Man kann sagen, daß im Früh-Tertiär die Hirne der Placentalier (mit Ausnahme einiger Primaten) immer relativ kleiner und unkomplizierter sind als seit dem Neogen. Dies steht entschieden fest für die erloschenen Phyla, wie die Dinoceratiden, gehörnte Ungeheuer, deren Schädelmaß und Abstand der Gehirnlappen das von den Reptilien des Sekundärs erreichte Stadium kaum übertrifft. Aber das gilt auch noch für die Condylarthren. Wir können es sogar innerhalb derselben Stammlinie beobachten. So ist zum Beispiel bei den Fleischfressern des Eozän das noch im Marsupial-Stadium befindliche Hirn glatt und deutlich vom Kleinhirn getrennt. Leicht könnte man diese Liste verlängern. Im allgemeinen kann man sagen: Welches auch der aus einem beliebigen Büschel gewählte Strahl sei, so können wir, wenn er nur lang genug ist, fast immer beobachten, daß er mit der Zeit zu Formen mit «immer mehr Hirn» gelangt.

Machen wir jetzt einen Sprung zu einem anderen Stamm, dem der Arthropoden und der Insekten. Dasselbe Phänomen. Wir haben es hier mit einem anderen Bewußtseinstypus zu tun, und daher ist die Abschätzung der Werte weniger leicht. Doch der Faden, der uns leitet, scheint noch verläßlich. Von Gruppe zu Gruppe, von Zeitabschnitt zu Zeitabschnitt unterliegen diese psychologisch uns so fernen Formen dem Einfluß der Hirnbildung, wie wir. Die Nervenganglien ziehen sich zusammen. Sie lokalisieren und verdicken sich vorne im Kopf. Und zugleich komplizieren sich die Instinkte, und es zeigen sich (wir kommen noch darauf zurück) außerordentliche Erscheinungen von Gesellschaftsbildung.

Man könnte diese Untersuchung endlos weiterführen. Ich habe genug gesagt, um verständlich zu machen, wie leicht die Strähne sich entwirrt, wenn man einmal das richtige Ende ergriffen hat. Zweifellos neigen die Naturforscher aus Gründen der Bequemlichkeit dazu, der Klassifizierung der organischen Formen gewisse Schmuck-Variationen oder auch gewisse funktionelle Modifikationen des Knochenapparates zugrunde zu legen. Geleitet von Orthogenesen, welche die Färbung und die Äderung der Flügel betreffen, oder die Anordnung der Glieder, oder die Form der Zähne, sondert ihre Klassifikation in der lebenden Welt Fragmente aus oder allenfalls das Skelett einer Struktur. Aber weil die so gezogenen Linien nur sekundäre Züge der Entwicklung ausdrücken, nimmt das Gesamtsystem weder Gestalt noch Bewegung an. Mit dem Augenblick hingegen, wo in der Ausbildung des Nervensystems das Maß (oder der Parameter) des Entwicklungsphänomens gesucht wird, kommt nicht nur die Menge der Gattungen und der Arten in eine Ordnung, sondern das ganze Geflecht ihrer Wirtel, ihrer Schichten, ihrer Zweige kann gehoben werden wie eine zitternde Garbe. Eine Aufteilung der Tierformen nach dem Grad ihrer Hirnbildung entspricht nicht nur genau den von der Systematik geforderten Grundzügen, sondern sie verleiht auch dem Lebensbaum ein Relief, eine Physiognomie, einen Schwung, die es unmöglich machen, in ihnen die Zeichen der Wahrheit zu verkennen. Soviel Zusammenhang – und, fügen wir hinzu: soviel Leichtigkeit, uneingeschränkte Folgerichtigkeit und beschwörende Kraft in diesem Zusammenhang – können nicht Wirkung des Zufalls sein.

Unter den zahllosen Abwandlungen, in die sich das komplexer werdende Leben zerteilt, hebt sich die Differenzierung der Nervensubstanz als eine bezeichnende Umformung ab – wie die Theorie es voraussehen ließ. *Sie gibt eine Richtung – und beweist dadurch, daß die Evolution eine Richtung hat.*

Dies ist meine erste Schlußfolgerung.

Dieser Satz zieht nun auch seinen Folgesatz nach. Bei den Lebewesen (dies war unser Ausgangspunkt) ist das Gehirn Zeichen und Maß des Bewußtseins. Bei den Lebewesen, fügten wir eben hinzu, erweist sich, daß das Gehirn mit der Zeit ständig vollkommener wird, so daß eine gewisse Hirnbeschaffenheit wesentlich an eine gewisse Phase der «Dauer» gebunden scheint.

Der endgültige Schluß ergibt sich von selbst – ein Schluß, der zugleich unsere Grundanschauungen bestätigt und unsere weiteren Ausführungen bestimmt. Von außen gesehen zeigt die Naturgeschichte der lebenden Wesen, sofern sie in ihrer Totalität betrachtet wird, und jeder Zweig von Anfang bis Ende, die stufenweise Ausbildung eines unermeßlichen Systems von Nerven; von innen gesehen entspricht dem etwas Seelisches, das sich einrichtet und ausdehnt bis auf das Größenmaß der Erde. An der Oberfläche die Fibern und die Ganglien. In der Tiefe das Bewußtsein. Wir suchten nur eine einfache Regel, um den Wirrwarr der Erscheinungen zu ordnen. Und nun finden wir (durchaus übereinstimmend mit unseren anfänglichen Vorwegnahmen über die letztlich psychische Natur der Evolution) eine variable Grundgröße, die der wahren Kurve des Phänomens in die Vergangenheit zu folgen und sie vielleicht sogar für die Zukunft festzulegen vermag.

Ist das Problem damit gelöst?

Ja, beinahe. Aber, das ist klar, nur unter einer Bedingung, die gegenüber gewissen Vorurteilen der Wissenschaft recht hart erscheinen wird, daß wir nämlich durch einen Wechsel oder eine Umkehrung unserer Untersuchungsebene das Außen verlassen, um uns ins Innere der Dinge zu begeben.

II. DER AUFSTIEG DES BEWUSSTSEINS

Betrachten wir also wieder die «Ausbreitungs»-Bewegung des Lebens, wie sie uns in ihren großen Zügen erschienen ist. Doch statt uns diesmal im Labyrinth der die «tangentialen» Ordnungen angehenden Welt-Energien zu verirren, versuchen wir, dem «radialen» Weg ihrer inneren Energien zu folgen.

Und alles wird endgültig klar – in seinem Wert, in seinem Ablauf und als Hoffnung . . .

a) Dank dieser einfachen Änderung der Variablen enthüllt sich zunächst *der Platz, den die Entwicklung des Lebens in der allgemeinen Geschichte unseres Planeten einnimmt.*

Als wir weiter oben den Ursprung der ersten Zellen erörterten, nahmen wir an, ihr spontanes Entstehen habe sich deshalb im Laufe der Zeit nur ein einziges Mal ereignet, weil die erstmalige Bildung des Protoplasmas offenbar an einen Zustand gebunden war, den die allgemeine chemische Entwicklung der Erde nur ein einziges Mal durchlief. Die Erde, so sagten wir, muß als der Sitz einer gewissen globalen, unumkehrbaren Entwicklung betrachtet werden, deren Studium für die Wissenschaft wichtiger ist als jede Oszillation auf ihrer Oberfläche; und das erste Auftauchen der organischen Materie bezeichnet einen Punkt (einen markanten Punkt!) in der Kurve dieser Entwicklung.

Danach schien sich das Phänomen in einem Gewimmel von Verzweigungen zu verlieren. Fast hätten wir es vergessen. Und nun taucht es plötzlich von neuem auf. Mit und in der (von den Nervensystemen entsprechend registrierten) Flut, welche die Woge des Lebens zu immer höherem Bewußtsein emporträgt, sehen wir die große ursprüngliche Bewegung wiedererscheinen und fassen ihre Folge.

Ganz wie der Geologe, der sich mit der Aufzählung der Überflutungen und der Auffaltungen beschäftigt, ist auch der Paläontologe, der den Tierformen ihren zeitlichen Ort zuweist, in Gefahr, in der Vergangenheit nur eine Reihe einförmiger, in sich gleichartiger Pulsationen zu erblicken. In diesen Übersichtstafeln folgen die Säugetiere den Reptilien und die Reptilien den Amphibien, wie die Alpen den kimmerischen Gebirgsketten und diese den hercynischen Bergen. – Diese Betrachtungsweise ohne Tiefe können und müssen wir künftig meiden. Keine am Boden dahinkriechende Sinuskurve mehr, sondern eine Spirale, die sich kühn in die Höhe schraubt! Von einer zoologischen Schicht zur anderen *gibt es ein Werden und sprunghaftes Wachsen, das rastlos in dieselbe Richtung drängt.* Dies ist auf dem Gestirn, das uns trägt, das wirklich Wesentliche. Die Entwicklung der Elemente auf radioaktivem Wege – Absonderung der Granitmassen der Kontinente – vielleicht Scheidung der inneren Hüllen des Erdballs voneinander: gewiß geben noch viele andere Veränderungen als die Bewegung des Lebens den Rhythmen der Erde fortlaufend eine Note. Seit das Leben sich im Schoß der Materie abgesondert hat, haben diese verschiedenen Vorgänge den Vorrang an Wichtigkeit unter den Ereignissen verloren. Mit dem ersten Erscheinen der Eiweißkörper hat das Wesentliche des Phänomens Erde entschieden seinen Sitz gewechselt – es hat sich in der scheinbar so unwichtigen dünnen Hülle der Biosphäre konzentriert. Die Achse der Geogenese geht von nun an durch die der Biogenese und verlängert sich durch sie. Und diese stellt sich schließlich als eine Psychogenese dar.

Von innen her gesehen – eine Betrachtungsweise, die sich dadurch rechtfertigt, daß sich bei ihr die Dinge immer harmonischer ordnen –, sind die verschiedenen Objekte unserer Wissenschaft, in der Reihenfolge der Bedeutung, die sie für uns haben, und des objektiven Grades ihrer Wichtigkeit, diese: zuhöchst das Leben – mit dem ganzen, ihm untergeordneten Physischen. Und im Herzen des Lebens, seinen Fortschritt erklärend, die Triebfeder eines aufsteigenden Bewußtseins.

b) *Die Triebfeder des Lebens* – eine unter Naturforschern heiß umstrittene Frage, seit sich die Kenntnis der Natur auf das Verständnis der Entwicklung zurückgeführt sieht. Ihren analytischen und deterministischen Methoden getreu, will die Biologie nach wie vor in den äußeren oder statistisch erfaßbaren Stimulantien das Prinzip der Entwicklung des Lebens erkennen. Kampf ums Dasein, natürliche Zuchtwahl. So betrachtet würde sich die belebte Welt nur erheben (soweit sie sich wirklich erhebt!) durch die automatisch geregelte Summe ihrer Versuche, zu bleiben, was sie ist.

Nichts liegt mir ferner, ich will es hier nochmals wiederholen, als der Gedanke, dem Spiel der materiellen Abläufe seinen geschichtlichen Anteil – einen wichtigen und sogar wesentlichen Anteil – zu versagen. Fühlen wir es nicht alle in uns, einfach weil wir leben? Um das Individuum seiner natürlichen Trägheit, seinen erworbenen Routinen zu entreißen – und auch, um periodisch den Rahmen der Gemeinschaft, der es gefangenhält, zu sprengen –, muß es unbedingt von außen gedrängt und gestoßen werden. Was täten wir ohne unsere Feinde? Das Leben ist nicht nur imstande, im Innern der organischen Körper die blinde Bewegung der Moleküle schmiegsam zu regeln, es gelingt ihm auch anscheinend, für seine schöpferischen Kombinationen die weitreichenden Reaktionen nutzbar zu machen, die in der Welt zufällig zwischen materiellen Vorgängen und belebten Massen entstehen. Mit Kollektivitäten und Ereignissen scheint es ebenso geschickt zu spielen wie mit den Atomen. Doch was vermöchten diese Erfindungsgabe und ihre Reizmittel einer fundamentalen Regungslosigkeit gegenüber? Was wären übrigens die mechanischen

Energien selbst, hätten sie nicht, wie gesagt, ein Innen, von dem sie sich nähren? ... Hinter dem «Tangentialen» das «Radiale». Der «Impetus» der Welt, wie er sich in dem großen Bewußtseinsdrang verrät, hat seine letzte Quelle und findet eine Erklärung für seinen Weg, der eindeutig nach immer höheren psychischen Formen strebt, einzig und allein in der Existenz eines innerlichen Prinzips in der Bewegung.

Wie kann das Leben bei einem Außen, dessen Determiniertheit es so willig respektiert, frei mit dem Innen schalten? Das werden wir eines Tages vielleicht besser verstehen.

Inzwischen nimmt das Phänomen des Lebens, sobald man nur die Wirklichkeit eines aus der Tiefe wirkenden Aufschwungs zugibt, in seinen großen Linien natürliche und mögliche Gestalt an. Ja noch mehr: sogar seine Mikrostruktur wird klar. Denn wir finden jetzt eine neue Erklärungsweise nicht nur für den allgemeinen Ablauf der biologischen Evolution, sondern überdies auch für den Weg und die besondere Ordnung seiner verschiedenen Phylen.[1]

Festzustellen, daß in der Folge derselben tierischen Abstammungslinie die Beine einhufig werden oder die Zähne raubtierartig – und

[1] Von verschiedenen Seiten wird man voraussichtlich in den folgenden Erklärungen eine zu sehr von Lamarck beeinflußte Auffassung feststellen (übertriebener Einfluß des «Innen» auf die organische Gestaltung der Körper). Doch man darf nicht vergessen, daß im «morphogenetischen» Wirken des Instinkts, wie ich es hier auffasse, dem (darwinistischen) Spiel der äußeren Kräfte und des Zufalls ein wesentlicher Anteil eingeräumt ist. In Wirklichkeit schreitet das Leben nur dank glücklicher Zufälle fort; aber glückliche Zufälle, die erkannt und ergriffen, – das heißt psychisch gewählt sind. Der «Anti-Zufall» der Neo-Lamarckianer ist, voll verstanden, nicht eine einfache Leugnung des Darwinschen Zufalls, sondern erweist sich im Gegenteil als seine Anwendung. Zwischen den beiden Faktoren besteht das Verhältnis einer funktionellen Ergänzung, – man könnte sagen eine «Symbiose».

Räumt man des weiteren einer wesentlichen, bisher freilich noch wenig beachteten Unterscheidung zwischen einer Biologie der kleinen und einer Biologie der großen Komplexe den Platz ein (wie es eine Physik des unendlich Kleinen und eine des unendlich Großen gibt), so bemerkt man bald, daß es angemessen wäre, zwei Hauptzonen in der Einheit der organischen Welt zu trennen und sie verschieden zu behandeln: a) einerseits die (Lamarcksche) Zone der sehr großen Komplexe (vor allem des Menschen), wo der Anti-Zufall sichtlich vorherrscht, und b) andererseits die (Darwinsche) Zone der kleinen Komplexe (tieferstehende Lebewesen), wo derselbe Anti-Zufall hinter dem Schleier des Zufalls nur mehr durch eine Folgerung oder eine Vermutung, das heißt indirekt, erfaßt werden kann. (Vgl. unten *Zusammenfassung oder Nachwort*, Seite 311.)

erraten, wie sie dahin gebracht werden konnten – ist zweierlei. Dort
wo der Strahl entspringt, – eine Mutation. Gut. Und was weiter? ...
Die späteren Modifikationen im Laufe der Entwicklung des Phylums
sind gewöhnlich so abgestuft, – das Organ, das sie betreffen (die Zähne
zum Beispiel) ist manchmal seit dem Embryonalzustand so unverändert, daß wir wirklich davon absehen müssen, in allen diesen Fällen
einfach vom Überleben des Geeignetsten zu sprechen oder von
mechanischer Anpassung an die Umgebung und den Gebrauch. –
Aber was dann?

Je häufiger ich Gelegenheit hatte, diesem Problem zu begegnen
und es zu bedenken, um so entschiedener hat sich mir die Idee auf-
gedrängt, daß wir hier einer Wirkung gegenüberstehen, die nicht auf
äußere Kräfte, sondern auf seelische zurückgeht. Gemäß unserer heutigen Ausdrucksweise würde ein Tier seine Raubtierinstinkte entwickeln, *weil* seine Mahlzähne schneidend werden und seine Pfoten
krallig.

Muß man den Satz nicht eher umkehren? Anders gesagt: Wenn der
Tiger seine Fangzähne verlängert und seine Klauen zugespitzt hat,
geschah das nicht gerade deshalb, weil er infolge seiner Abstammung eine «Raubtierseele» empfing, entwickelte und vererbte? Und
das gleiche gilt von den furchtsamen Lauftieren, den Schwimmtieren,
den Wühlern, den Seglern ... Entwicklung der Charaktere, sehr
wohl, sofern dieses Wort im Sinn vom «Temperament» aufgefaßt
wird. Auf den ersten Blick läßt diese Erklärung an die «Kräfte» der
Scholastik denken. Denkt man aber weiter darüber nach, so wird
ihre Wahrscheinlichkeit immer größer. Vorzüge und Fehler entwickeln sich im Individuum mit dem Alter. Warum – oder vielmehr
wie – sollten sie nicht auch *stammesgeschichtlich* immer stärker hervortreten? Warum sollten sie in dieser Dimension nicht auf den Organismus wirken, um ihn nach ihrem Bild zu formen? Schließlich gelingt
es ja auch den Ameisen und den Termiten, ihre Krieger oder ihre
Arbeiterinnen mit einem Äußeren zu versehen, das ihrem Instinkt
angemessen ist. Und kennen wir nicht Gewaltmenschen?

c) Gibt man dies zu, so weiten sich vor der Biologie unerwartete
Horizonte. Aus offenbar praktischen Gründen sind wir darauf an-

gewiesen, für d₅ s Studium der Verbundenheit der Lebewesen die Variationen derjenigen Teile, die fossil werden können, auszuwerten. Aber diese faktische Notwendigkeit sollte uns das Unvollkommene und Oberflächliche dieser Methode nicht verbergen. Zahl der Knochen, Form der Zähne, Schmuck der Hüllen, alle diese «Phäno-Charaktere» sind in Wahrheit nur das Gewand, in dem der verborgene Träger sich ausformt. Im Grunde spielt sich ein einziges Ereignis ab: die große Orthogenese alles Lebenden mit immer reicherer immanenter Spontaneität. In zweiter Linie entsteht, durch periodische Aufsplitterung dieses Schwungs, das Büschel der kleinen Orthogenesen, wobei die Grundströmung sich teilt, um die innere und wahre Achse jeder «Strahlung» auszubilden. Über alledem formt sich schließlich wie eine einfache Hülle der Schleier der Gewebe und die Architektur der Glieder. So steht die Sache.

Um die Naturgeschichte der Welt unverfälscht darzustellen, müßte man ihr also von innen her folgen können: nicht mehr wie einer zusammenhängenden Folge struktureller Typen, die einander ablösen, sondern wie dem Steigen innerer Säfte, die sich zu einem Wald fester Instinkte entfalten. In ihrem tiefsten Innern besteht die lebende Welt aus Bewußtsein, das von Fleisch und Knochen umkleidet ist. Von der Biosphäre bis zur Art ist alles nur eine ungeheure Verzweigung von Seelenleben, das durch alle Formen hindurch sich sucht. Dahin führt uns der Ariadnefaden, wenn wir ihm bis ans Ende folgen.

Gewiß, bei dem gegenwärtigen Stand unserer Kenntnisse können wir nicht daran denken, den Mechanismus der Entwicklung in dieser verinnerlichten, «radialen» Form auszudrücken. Soviel wird uns aber klar: Wenn dies auch der tiefere Sinn des Transformismus ist, konnte das Leben doch, besonders soweit es einem gesteuerten Prozeß entspricht, seine ursprüngliche Richtung nur unter der Bedingung fortsetzen, daß es sich in einem bestimmten Moment einer tiefergehenden Neuanpassung unterzog.

Es handelt sich hier um ein allgemeines Gesetz. Keine Größe in der Welt (wir erinnerten schon daran, als wir von der Geburt des Lebens sprachen) vermag zu wachsen, ohne schließlich an einen kritischen Punkt, das heißt zu einer Zustandsänderung zu gelangen. Es gibt ein

Höchstmaß an Schnelligkeit und an Temperatur, das nicht überschritten werden kann. Vermehrt man ständig die Beschleunigung eines Körpers, bis man sich der Lichtgeschwindigkeit nähert, so wächst seine Masse bis zum Übermaß und er wird unendlich träge. Erhitzt man ihn, so schmilzt er und verdunstet zuletzt. Und so verhält es sich mit allen bekannten physikalischen Eigenschaften.

Solange die Evolution sich uns nur als der einfache Weg nach dem komplexen Zustand darstellte, konnten wir denken, sie werde sich unbegrenzt sich selber gleich fortentwickeln: die bloße Vervielfältigung kennt in der Tat keine obere Grenze. Nun hat sich uns aber gezeigt, daß mit der Verwicklung der Formen und Organe, die im Lauf der Geschichte immer mehr zugenommen hat, die Gehirne gewachsen sind, nicht nur quantitativ, sondern auch *qualitativ* (und demzufolge auch die Bewußtheit), in einem unumkehrbaren Prozeß; das stößt uns darauf hin, daß ein neuartiges Ereignis, eine *Metamorphose* unausweichlich geworden war, deren Bestimmung es war, diese lange Aufbauperiode durch die geologischen Zeiten hindurch abzuschließen.

Wir wollen jetzt darangehen, die ersten Anzeichen dieses großen irdischen Phänomens aufzuzeigen, das beim Menschen endet.

III. DAS NAHEN DER ZEITEN

Kehren wir zur bewegten Woge des Lebens zurück, da, wo wir sie, gelassen haben, das heißt, bei der Ausbreitung der Säugetiere. Oder versetzen wir uns in Gedanken – um in eine konkrete Phase der Zeitdauer zu kommen – in die Welt, wie wir sie uns am Ende des Tertiärs vorstellen können.

In diesem Augenblick scheint auf der Oberfläche der Erde eine große Ruhe zu herrschen. Von Südafrika bis nach Südamerika, in Europa und Asien üppige Steppen und dichte Wälder. Und weitere Steppen und weitere Wälder. Und in diesem grenzenlosen Grün Myriaden von Antilopen und Zebrapferden, mannigfache Scharen von Rüsseltieren, Hirsche jeglichen Geweihs, Tiger, Wölfe, Füchse, Dachse, die völlig den heutigen gleichen. Eine Landschaft, die im großen und ganzen so ziemlich dem nahekommt, was wir in unseren Nationalparks am Sambesi, am Kongo oder in Arizona stückweise zu bewahren suchen. Von einigen verspäteten archaischen Formen abgesehen eine Natur, die uns so vertraut ist, daß es uns Mühe kostet, uns davon zu überzeugen, daß *nirgends* der Rauch eines Lagers oder eines Dorfes aufsteigt.

Periode ruhigen Überflusses. Die Schicht der Säugetiere ist ausgebreitet. – Doch die Entwicklung kann noch nicht zu Ende sein . . . Irgendwo häuft sich ganz gewiß irgend etwas an, das sich bereiten will zu einem neuen Sprung nach vorwärts. – Was? Und wo?

Um aufzuspüren, was in diesem Augenblick im Schoß der All-Mutter heranreift, wollen wir uns des Zeigers bedienen, den wir von nun an in Händen halten. Das Leben hat an Bewußtsein zugenommen, so haben wir erkannt. Wenn es noch weiterschreitet, muß sich wohl heimlich unter dem Mantel einer blühenden Erde an gewissen Punkten die innere Energie erheben. Zweifellos steigt hier oder dort die psychische Spannung in der Tiefe der Nervensysteme. Wie ein Physiker oder Arzt ein empfindliches Instrument an die Körper legt, so bewegen auch wir unser Bewußtseins-«Thermometer» auf dieser schlummernden Natur. In welchem Gebiet der Biosphäre ist die Temperatur im Pliozän im Begriff zu steigen?

Wir müssen natürlich an den Spitzen suchen.

Außer den Pflanzen, die selbstverständlich nicht zählen,[1] ragen die Wipfel von zwei Stämmen, und nur zwei, vor uns in die Luft, in das Licht und in den Bereich der Spontaneität. Auf der Seite der Arthropoden *die Insekten* – und die *Säugetiere* auf Seite der Vertebraten. Auf welcher Seite ist Zukunft – und die Wahrheit?

a) *Die Insekten.* Bei den höheren Insekten geht die Konzentration der Nervenganglien im Kopf mit außerordentlichem Reichtum und

---

[1] Insofern als wir bei ihnen keine Möglichkeit haben, auf der Spur eines Nervensystems die Entwicklung eines offenbar diffus gebliebenen Seelenlebens feststellen zu können. Ob dieses Seelenleben nicht existiert, oder ob es auf eigene Weise wächst, sind andere Fragen. Wir hüten uns, es zu verneinen. Um nur ein Beispiel unter tausend anzuführen: Genügt es nicht, die von gewissen Pflanzen errichteten Insektenfallen anzuschauen, um sicher zu sein, daß der Stamm der Pflanzen ebenso wie die beiden anderen Stämme, wenn auch von fern, dem Bewußtseinsaufstieg gehorcht?

besonderer Präzision der Verhaltensweisen parallel. Wir werden nachdenklich, wenn wir diese Welt, die zugleich so wundervoll angepaßt und uns so fürchterlich fern ist, um uns leben sehen. Rivalen? Vielleicht Nachfolger? . . . Oder vielmehr eine Masse, die tragisch gebunden und in einer Sackgasse einen aussichtslosen Kampf führt?

Die Hypothese, die Insekten stellten das Endergebnis der Entwicklung dar – oder auch nur, sie seien *ein* Endergebnis –, scheint tatsächlich durch den Umstand ausgeschlossen, daß sie, wiewohl nach der Zeit ihrer Ausbreitung bei weitem älter als die höheren Wirbeltiere, jetzt wohl unwiderruflich ihren «Plafond» erreicht haben. Vielleicht schon seit geologischen Perioden komplizieren sie sich endlos, wie chinesische Schriftzeichen, und doch scheint es ihnen nicht zu gelingen, ihre Lebensebene zu verändern: als ob ihr Elan oder ihre endgültige Metamorphose aufgehalten worden wären. Und wenn wir nachdenken, so erkennen wir gewisse Gründe für dieses Nicht-von-der-Stelle-Kommen.

Erstens sind sie zu klein. Für die quantitative Entwicklung der Organe ist ein äußeres Chitinskelett eine schlechte Lösung. Trotz wiederholtem Hüllenwechsel engt der Panzer ein; immer wenn das Innere zunimmt, muß er sogleich nachgeben. Das Insekt kann nicht mehr als einige Zentimeter wachsen, ohne gefährlich zerbrechlich zu werden. Wenn wir auch manchmal mit Unrecht etwas verächtlich betrachten, was nur eine «Größenfrage» ist, so steht doch fest, daß sich gewisse Eigenschaften nur bei bestimmten Körpermaßen zeigen können, *eben weil sie an eine materielle Synthese gebunden sind.* Höhere psychische Fähigkeiten verlangen als physische Entsprechung große Gehirne.

Zweitens lassen die Insekten – und vielleicht gerade aus Gründen der Körpergröße – eine seltsame psychische Minderwertigkeit eben dort sichtbar werden, wo wir versucht wären, ihre Überlegenheit anzusetzen. Bei aller unserer Geschicklichkeit stehen wir betroffen vor der Exaktheit ihrer Bewegungen und ihrer Bauten. Doch seien wir auf unserer Hut. Sieht man näher zu, so läuft schließlich diese Vollkommenheit allein auf die außerordentliche Schnelligkeit hinaus, mit der sich ihre Psyche verhärtet und mechanisiert. Dem Insekt –

man hat es deutlich gezeigt – steht für seinen Wirkungskreis ein beträchtlicher Saum von Unbestimmtheit und Wahl zur Verfügung. Doch kaum hat es seine Unternehmungen begonnen, so scheinen sich diese mit Gewohnheit zu beschweren und sich bald in organisch festgefügte Reflexe zu übersetzen. Man könnte sagen, sein Bewußtsein veräußerliche sich selbsttätig und stetig, um allmählich zu erstarren, und zwar zuerst in seinen Verhaltensweisen, welche durch aufeinanderfolgende, sofort registrierte Verbesserungen ständig präziser werden, und dann im Lauf der Zeit in einer Bildung des Körpers, in der die Besonderheiten des Individuums verschwinden, weil sie von der Funktion absorbiert werden. Daher die Anpassungen der Organe und Handlungen, die mit gutem Grund das Entzücken Fabres hervorriefen. Und daher auch die einfach wundervollen Einrichtungen, die das Gewimmel in einem Bienenstock oder Termitenbau regeln wie in einer lebenden Maschine.

Ein Bewußtseinsparoxysmus, wenn man will: aber er fließt von innen nach außen, um sich in starren Regelungen zu materialisieren. Diese Bewegung ist das genaue Gegenteil von Konzentration!

b) *Die Säugetiere.* Lassen wir also die Insekten und kehren wir zu den Säugetieren zurück.

Hier fühlen wir uns sogleich wohl; dermaßen wohl, daß diese Erleichterung einer «anthropozentrischen» Einstellung zugeschrieben werden könnte. Wenn wir aufatmen, sobald wir aus den Bienenstöcken und Ameisenhaufen herauskommen, geschieht dies nicht ganz einfach, weil wir unter den höheren Wirbeltieren «zu Hause» sind? Oh diese Relativität, die ständig als Gefahr über unserm Geiste schwebt!

Und dennoch, nein – wir können uns nicht irren. In diesem Fall zumindest ist es kein trügerischer Eindruck, sondern wahrhaft unser Verstand, der urteilt, mit der ihm eigenen Fähigkeit gewisse absolute Werte gebührend zu schätzen. Nein, wenn ein behaarter Vierfüßler im Vergleich mit einer Ameise uns so «beseelt», so wahrhaft lebendig erscheint, so liegt der Grund nicht nur darin, daß wir uns mit ihm zoologisch in derselben Familie zusammenfinden. Im Gehaben einer Katze, eines Hundes, eines Delphins, welche Geschmeidigkeit! Was

für Überraschungen! Welch große Rolle spielen Lebenslust und Neugier! Hier ist der Instinkt nicht mehr, wie bei der Spinne oder bei der
Biene, in einer einzigen Funktion eng kanalisiert und erstarrt. Beim
einzelnen Tier wie in der Gruppe bleibt er schmiegsam. Er interessiert
sich, er tändelt, er genießt. Ja, das ist eine ganz andere Form des Instinkts; er weiß nichts von den *Grenzen, die dem Werkzeug gezogen*
sind, sobald es das Höchstmaß seiner Präzision erreicht hat. Zum Unterschied vom Insekt ist das Säugetier nicht mehr das sklavisch abhängige
Glied des Phylums, mit dem es erschienen ist. Um es herum beginnt
eine «Aura» von Freiheit, ein Schimmer von Persönlichkeit zu
schweben. So zeigen sich von dieser Seite Entwicklungsmöglich-
keiten – unabgeschlossen und im voraus nicht begrenzbar.

Aber wer wird schließlich nach jenen offenen Horizonten vor-
stürmen?

Betrachten wir neuerlich und mehr im einzelnen die große Horde
der Tiere des Pliozän: die Glieder auf der höchsten Stufe der Einfachheit und Vollendung, Wälder von Waidsprossen auf dem Haupt der
Hirsche, spiralige Lyren auf der gefleckten oder gestreiften Stirn der
Antilopen, wuchtige Stoßzähne an der Schnauze der Rüsseltiere,
Fang- und Schneidezähne im Maul der großen Raubtiere . . . Macht
so viel Überfluß, so viel Vollkommenheit nicht eben die Zukunft
dieser prächtigen Geschöpfe unmöglich? Zeigen sie nicht, gefangen in
einer morphologischen Sackgasse, verkeilte Formen, die zu nahem
Tod bestimmt sind, mag ihr Seelenleben auch noch so viel Lebenskraft haben? Ist das alles nicht eher Ende als Beginn?

Ohne Zweifel! Aber neben der Polycladiden, den Strepsiceren,
den Elefanten, den Säbelzahntigern und soviel anderen *gibt es noch*
die Primaten!

c) *Die Primaten.* Den Namen der Primaten habe ich bisher nur ein-
oder zweimal beiläufig erwähnt. Ich habe diesen Formen, die uns so
nahestehen, keinen Platz angewiesen, als ich vom Lebensbaum sprach.
Diese Unterlassung war gewollt. An dem Punkt, an dem sich meine
Darstellung noch befand, machte sich ihre Wichtigkeit noch nicht
bemerkbar: sie konnten nicht verstanden werden. Jetzt hingegen,
nach unserer Entdeckung der geheimen Triebfeder, welche die zoo-

logische Entwicklung in Gang hält, können und müssen wir sie, und
zwar in jenem schicksalsschweren Augenblick des zu Ende gehenden
Tertiärs, in Szene treten lassen. Ihre Stunde ist gekommen.

Morphologisch bilden die Primaten in ihrer Gesamtheit, wie alle
anderen Tiergruppen, eine Reihe von ineinandergeschachtelten Fächern oder Büscheln – deutlich an der Außenlinie, verwischt in der
Gegend ihrer Entwicklungsansätze *(Abb. 3)*. Oben die eigentlichen
Affen mit ihren beiden großen, geographisch getrennten Zweigen:

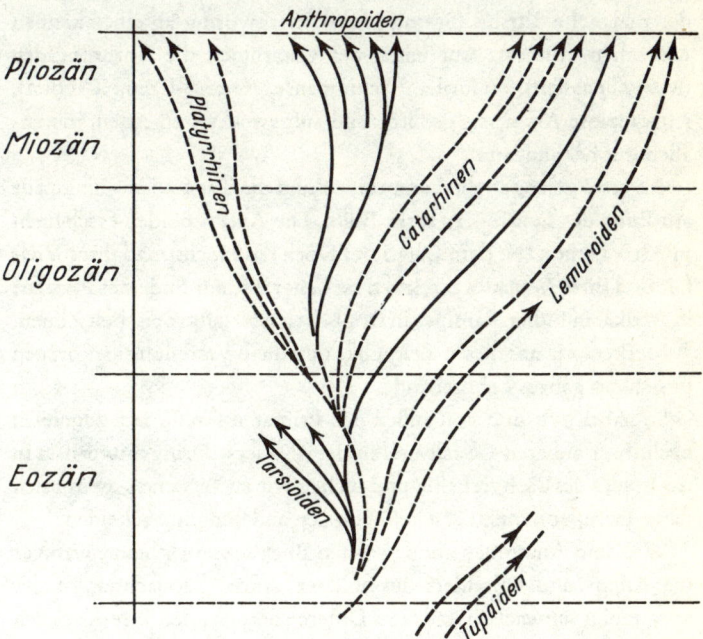

Abb. 3. Symbolisches Schema der Entwicklung der Primaten.

die echten Affen, Catarhinen (Schmalnasen) der Alten Welt mit
32 Zähnen – und die Platyrhinen (Breitnasen) Südamerikas mit breit-
gedrückter Schnauze, alle mit 36 Zähnen. Unterhalb von diesen die
Lemuroiden, mit gewöhnlich langgestreckter Schnauze und oft vor-

stehenden Schneidezähnen. Ganz an der Basis scheinen sich diese
beiden übereinandergestuften Gruppen zu Beginn des Tertiärs von
einem «insektenfressenden» Fächer loszulösen, den Tupaïden, von
denen sie vielleicht einen einfachen Zweig in vollerblühtem Zustand
darstellen. Das ist nicht alles. Im Herzen eines jeden der beiden Büschel
unterscheiden wir eine zentrale Untergruppe mit Formen von besonderer Hirnausbildung. Auf seiten der Lemuroiden die Tarsioiden,
winzige, hüpfende Tiere mit rundem, übergroßem Schädel, über-
mäßigen Augen, deren einziger, gegenwärtig überlebender Vertreter,
der malaische Tarsius (Spring-Maki), merkwürdig an einen kleinen
Menschen erinnert. Auf seiten der Catarhinen die Anthropoiden
(Menschenaffen), (Gorilla, Schimpanse, Orang-Utan, Gibbon),
schwanzlose Affen, die größten und aufgewecktesten Affen, die uns
allen gut bekannt sind.

Als erste gelangen die Lemuroiden und die Tarsioiden – ungefähr
am Ende des Eozän – zu ihrer Blüte. Die Anthropoiden erscheinen
in Afrika schon seit dem Oligozän. Doch das Höchstmaß ihrer Vielfalt und ihres Wuchses erreichen sie sicher erst am Ende des Pliozän;
in Afrika, in Indien – immer in tropischen oder subtropischen Zonen.

Merken wir uns diesen Zeitpunkt und diese Verteilung: sie bergen
in sich ein ganzes Lehrgebäude.

So haben wir nun von außen den Primaten ihren Platz zugeteilt:
nach ihrer äußeren Gestalt und in der «Dauer». Dringen wir nun in
das Innere des Sachverhaltes und suchen wir zu verstehen, worin sich
diese Tiere, von innen gesehen, von den anderen unterscheiden.

Was dem Anatomen auf den ersten Blick seltsam scheint, wenn er
die Affen (und besonders die höheren Affen) beobachtet, ist der
erstaunlich schwache Grad von Differenzierung, den ihre Knochen
aufweisen. Der Fassungsraum des Schädels ist bei ihnen relativ viel
größer als bei jedem anderen Säugetier. Aber wie steht es mit dem
übrigen? – Die Zähne? Ein einzelner Mahlzahn eines Dryopithecus
oder eines Schimpansen läßt sich leicht mit dem Zahn eines Omnivoren aus dem Eozän, etwa eines Condylarthren, verwechseln. Die
Glieder? Mit ihren unveränderten Grundformen halten sie sich genau
an den Plan und die Maßverhältnisse, die sie bei den ersten Tetrapoden

des Paläozoikums hatten. Im Lauf des Tertiärs haben die Huftiere die Anpassung ihrer Beine radikal verändert, die Raubtiere haben ihr Gebiß verringert und geschärft, die Wale haben sich wieder spindelförmig gemacht wie Fische, die Rüsseltiere haben ihre Schneide- und Mahlzähne furchtbar überentwickelt. . . . Und während dieser Zeit haben die Primaten ihren Ellenbogenknochen und ihr Wadenbein zur Gänze bewahrt, sie haben mit ängstlicher Sorgfalt ihre fünf Finger beibehalten, sie sind typische Trituberkulaten geblieben. – Sind sie vielleicht die Konservativen unter den Säugetieren? Die Konservativsten von allen?

Nein. Doch sie haben sich als die Klügsten erwiesen.

An sich, wenn wir den günstigsten Fall annehmen, ist die Differenzierung eines Organs ein unmittelbarer Faktor von Überlegenheit. Doch sie kann nicht rückgängig gemacht werden, und deshalb treibt sie auch das Tier, an dem sie sich vollzieht, in einen Engpaß, an dessen Ende, von der Orthogenese weitergeschoben, es Gefahr läuft, ein Monstrum oder ein leicht verletzliches Geschöpf zu werden. Die Spezialisierung lähmt und die Überspezialisierung tötet. Die Paläontologie verdankt ihr Bestehen solchen Katastrophen. – Weil die Primaten bis zum Pliozän, was ihre Glieder betrifft, die «primitivsten» unter den Säugetieren geblieben sind, sind sie auch die *freiesten* geblieben. – Und was haben sie mit dieser Freiheit gemacht? Sie haben sie verwendet, um sich in aufeinanderfolgenden Sprünge 1 bis an die Grenze der Intelligenz zu erheben.

Und so finden wir zugleich mit der richtigen Definition des Primaten die Antwort auf das Problem, das uns zur Betrachtung der Primaten geführt hat: «In welcher Richtung wird das Leben nach den Säugetieren am Ende des Tertiärs weitergehen können?»

Der biologische Wert der Primaten und ihr Interesse für uns besteht, wie wir zunächst sehen, darin, daß sie *ein Phylum reiner und geradliniger Gehirnausbildung* darstellen. Gewiß, auch bei den anderen Säugetieren nehmen Nervensystem und Instinkt stufenweise zu. Aber bei ihnen wurde diese innere Arbeit durch minder wichtige Differenzierungen zersplittert, begrenzt und schließlich zum Stillstand gebracht. Das Pferd, der Hirsch, der Tiger sind wie das Insekt zugleich

mit dem Wachsen ihrer psychischen Fähigkeiten zum Teil Gefangene
der Lauf- und Raubinstrumente geworden, *in die ihre Gliedmaßen
übergegangen sind.* Bei den Primaten hingegen hat die Evolution direkt
am Hirn gearbeitet, hat alles übrige vernachlässigt und daher bildsam
gelassen. Und so kommt es, daß im Aufstieg zum höheren Bewußtsein gerade sie an der Spitze sind. *In diesem bevorzugten und einzigartigen Fall deckt sich die besondere Orthogenese des Phylums genau mit
der Haupt-Orthogenese des Lebens selbst.* Nach einem Ausdruck, den
ich Osborn entlehne und dessen Sinn ich ändere, ist sie «Aristogenese»
– und deshalb unbegrenzt.

Daher ein erster Schluß : wenn die Säugetiere am Baum des Lebens
einen Hauptzweig bilden, *den* Hauptzweig, so sind die Primaten, das
heißt die Hirn- und Handwesen, die Spitze dieses Zweiges – und die
Anthropoiden die Knospe zuhöchst auf dieser Spitze.

Infolgedessen, fügen wir nun hinzu, entscheiden wir leicht, auf
welche Stelle der Biosphäre sich in Erwartung des Kommenden unsere Augen heften sollen. Wir wußten bereits, daß die aktiven Linien
der Phyla überall an ihrem Gipfelpunkt sich durch Bewußtsein er-
hitzen. Aber in einem genau bestimmten Bereich, im Zentrum der
Säugetiere, dort wo die mächtigsten Gehirne entstehen, die je von der
Natur geformt wurden, gehen sie in Rotglut über. Und schon entzündet sich im Herzen dieser Zone sogar ein weißglühender Punkt.

Verlieren wir diese vom Morgenrot in Purpur getauchte Linie
nicht aus den Augen!

Seit Jahrtausenden hebt sich eine Flamme unterhalb des Horizontes
empor und wird nun an einem genau lokalisierten Punkt auflodern.

– Das Denken ist da!

III

DAS DENKEN

DIE GEBURT DES DENKENS

VORBEMERKUNG

Das Paradox des Menschen. Rein positivistisch betrachtet ist der Mensch das geheimnisvollste und verwirrendste unter den Objekten, dem die Wissenschaft begegnet ist. So müssen wir auch gestehen, daß die Wissenschaft in ihren Vorstellungen vom Universum noch keinen Platz für ihn gefunden hat. Der Physik ist es gelungen, die Welt des Atoms vorläufig zu umschreiben. Die Biologie hat es erreicht, die Gestalten des Lebens in eine gewisse Ordnung zu bringen. Auf Physik und Biologie gestützt, erklärt dann die Anthropologie, so gut sie kann, die Struktur des menschlichen Körpers und gewisse Mechanismen seiner Physiologie. Doch setzt man auch alle diese Züge zusammen, so entspricht das Bild keineswegs der Wirklichkeit. Der Mensch, soweit es der heutigen Wissenschaft gelingt, ihn zu erfassen, ist ein Tier unter anderen – durch seine Anatomie so wenig von den Anthropoiden zu trennen, daß die modernen zoologischen Klassifikationen auf die Stellungnahme Linnés zurückkommen und ihn mit jenen in die gemeinsame Oberfamilie der Hominiden miteinschließen. Doch ist er nicht gerade etwas völlig anderes, sofern man nach den biologischen Folgen seines Auftretens urteilt?

Morphologisch kaum merklicher Sprung und zugleich unglaubliche Erschütterung der Lebenssphären: das ganze Paradox des Menschen! Und damit auch der volle Beweis, daß die Wissenschaft in ihrem gegenwärtigen Weltbild einen wesentlichen Faktor oder, besser gesagt, eine ganze Dimension des Universums vernachlässigt.

Der Grundhypothese folgend, die uns von der ersten Seite an zu einer zusammenstimmenden und eindrucksvollen Deutung der ge-

genwärtigen Erscheinungsformen der Erde geführt hat, möchte ich
in diesem neuen, dem Denken gewidmeten Teil sichtbar machen, daß
es notwendig ist, aber auch genügt, das Innere zugleich mit dem
Äußeren der Dinge in Betracht zu ziehen, um dem Menschen seine
natürliche Stellung in der Erfahrungswelt einzuräumen. Diese Methode hat uns schon erlaubt, die Größe und den Sinn der Lebens-
bewegung zu würdigen. Sie wird darüber hinaus – indem sie eine
harmonische Beziehung zum Leben und zur Materie herstellt – die
Bedeutungslosigkeit wie die äußerste Wichtigkeit des Phänomens
Mensch zum sichtbaren Ausgleich bringen.

Was ist zwischen den letzten Schichten des Pliozän, in dem der
Mensch fehlt, und der folgenden Stufe vor sich gegangen, bei der der
Geologe betroffen staunen sollte, wenn er die ersten behauenen
Quarzite entdeckt? Und worin besteht die wahre Größe dieses
Sprungs?

Es geht uns darum, dies zu erraten und zu ermessen – bevor wir der
Menschheit auf ihrem Weg Strecke um Strecke folgen, bis zu der
entscheidenden Durchgangsstelle, durch die sie nun hindurch muß.

I. DIE SCHWELLE DER REFLEXION

A. DIE ELEMENTARE STUFE. DIE MENSCHWERDUNG DES INDIVIDUUMS.
a) *Wesen.* Wie unter den Biologen immer noch über das Vorhandensein einer bestimmten Richtung und *a fortiori* einer bestimmten Achse
der Evolution Ungewißheit herrscht – ebenso und aus einem damit
zusammenhängenden Grund zeigt sich unter Psychologen die größte
Meinungsverschiedenheit, wenn es darum geht, zu entscheiden, ob
sich die Psyche des Menschen spezifisch (von «Natur» aus) von derjenigen der vor ihm erschienenen Wesen unterscheide. Tatsächlich
dürfte die Mehrheit der «Gelehrten» die Berechtigung zu einer solchen Trennung bestreiten. Was hat man nicht alles gesagt – was sagt
man nicht noch – über die Intelligenz der Tiere!

Für die Lösung des Problems der «Überlegenheit» des Menschen
über die Tiere (dessen Entscheidung für die Ethik des Lebens ebenso

notwendig ist wie für die reine Erkenntnis) sehe ich nur ein einziges Mittel: aus der Gruppe der Formen innerer menschlicher Verhaltensweisen alle zweitrangigen und doppelsinnigen Manifestationen mit aller Entschiedenheit auszuschalten und das Zentralphänomen des *Ichbewußtseins* ins Auge zu fassen.

Vom Standpunkt der Erfahrung – dem unseren – ist das Ichbewußtsein, seinem Wortsinn entsprechend, die von einem Bewußtsein erworbene Fähigkeit, sich auf sich selbst zurückzuziehen und von sich selbst Besitz zu nehmen, *wie von einem Objekt*, das eigenen Bestand und Wert hat: nicht mehr nur kennen, sondern *sich* kennen; nicht mehr nur wissen, sondern wissen, daß man weiß. Durch diese Individualisierung seiner selbst auf dem Grund von sich selbst findet sich das lebende Element, das sich bisher in einem weitläufigen Kreis von Wahrnehmungen und Tätigkeiten zerstreute und verteilte, zum erstenmal als punktförmiges *Zentrum*, in dem sich alle Vorstellungen und Erfahrungen verknoten und in einer bewußten Gesamtorganisation festigen.

Was sind nun die Folgen einer solchen Umbildung? – Sie sind unermeßlich und wir lesen sie in der Natur ebenso deutlich wie jede beliebige von der Physik oder Astronomie registrierte Tatsache. Das reflektierende Wesen, eben weil es sich auf sich selbst zurückziehen kann, wird plötzlich fähig, sich in einer neuen Sphäre zu entwickeln. In Wirklichkeit vollzieht sich die Geburt einer anderen Welt. Abstraktion, Logik, überlegte Wahl und Erfindung, Mathematik, Kunst, berechnete Wahrnehmung des Raumes und der Dauer, Liebeszweifel und Liebestraum ... alle diese Tätigkeiten des *Innenlebens* sind nichts anderes als Gärungen des neugeformten Zentrums, das aus sich explodiert.

Und danach frage ich: wenn, wie aus dem Vorhergehenden folgt, die Tatsache, sich «reflektierend» zu finden, das wirklich «intelligente» Wesen ausmacht, können wir ernsthaft daran zweifeln, daß die Intelligenz entwicklungsgeschichtlich dem Menschen *allein* zu eigen wurde? Und können wir folglich – aus ich weiß nicht welcher falschen Bescheidenheit – noch daran zweifeln, daß der Besitz dieser Intelligenz für den Menschen einen radikalen Fortschritt gegenüber allem vorausgegangenen Leben darstellt? Ganz gewiß, das Tier weiß. Aber sicher *weiß es nicht, daß es weiß.* Sonst hätte es Erfindungen seit langem gehäuft und einen systematischen geistigen Aufbau vollbracht, der unserer Beobachtung nicht entgehen könnte. Ein Gebiet der Wirklichkeit bleibt ihm demnach verschlossen, in dem wohl wir uns bewegen, in das es jedoch seinerseits nicht eindringen kann. Ein Graben – oder eine Schwelle – trennen uns von ihm, die es nicht überschreiten kann. Wenn wir uns mit ihm vergleichen, so sind wir, als ichbewußte Wesen, nicht nur von ihm verschieden, sondern etwas ganz anderes. Nicht einfacher Stufenwechsel, sondern ein Naturwechsel, der aus einem Zustandswechsel hervorgeht.

Und damit befinden wir uns dem Gegenstand unserer Erwartung genau gegenüber. Das Leben (diese Erwartung äußerten wir am Ende des Kapitels «Demeter»), das Leben ist aus Bewußtsein aufgebaut und konnte daher nicht unbegrenzt in seiner Richtung weiter fortschreiten, ohne sich in der Tiefe umzubilden. Es mußte, sagten wir, wie jede wachsende Größe auf der Welt, verschieden werden, um es selbst zu bleiben. Deutlicher bestimmbar als im Augenblick, da wir das psychische Dunkel der ersten Zellen prüften, enthüllt sich im Aufstieg zum Vermögen der Reflexion die besondere und entscheidende Form der Umwandlung, in der für das Leben diese Neu-Schöpfung oder diese Wieder-Geburt bestand. Und zugleich erscheint in diesem einzigartigen Punkt die ganze Kurve der Biogenese wieder, faßt sich zusammen und wird klar.

b) *Theoretischer Ablauf.* Über das Seelenleben der Tiere haben Naturforscher und Philosophen von jeher die entgegengesetztesten Anschauungen vertreten. Für die Scholastiker der alten Schule ist der Instinkt eine Art einheitliche und unveränderliche Unter-Intelligenz, die eine der ontologischen und logischen Stufen bezeichnet, auf welchen das Sein vom reinen Geist zur reinen Materie hinabsteigt, indem es sich im Universum «degradiert», man ist versucht zu sagen «irisiert». Für die Cartesianer existiert nur das Denken; und das Tier, dem keinerlei Innen zugestanden wird, ist ein bloßer Automat. Für die meisten modernen Biologen schließlich, ich habe vorhin schon darauf hingewiesen, gibt es zwischen Instinkt und Denken keine reine Trennungslinie, da nach ihrer Meinung beide nicht viel mehr sind als eine Art von Leuchtkraft, womit sich das determinierte Spiel der Materie, das allein wesentlich ist, umgibt.

An allen diesen verschiedenen Ansichten wird der Anteil der Wahrheit zugleich mit der Ursache des Irrtums deutlich, sobald man sich den auf diesen Seiten eingenommenen Standpunkt zu eigen macht und sich vor allem entschließt anzuerkennen: 1. daß der Instinkt nicht nur kein Epiphänomen ist, sondern vielmehr durch seine verschiedenen Ausdrucksformen das Lebensphänomen an sich darstellt, und 2. daß er folglich eine *veränderliche* Größe bildet.

Was geschieht tatsächlich, wenn wir die Natur unter diesem Gesichtswinkel betrachten?

Zunächst erfassen wir mit unserem Geiste deutlicher die Tatsache und den Grund der *Verschiedenheit* der Verhaltensweisen der Tiere. Wenn die Evolution eine in erster Linie psychische Umbildung ist, gibt es in der Natur nicht nur *einen* Instinkt, sondern eine Menge von Instinktformen, deren jede einer besonderen Lösung des Lebensproblems entspricht. Das Seelenleben eines Insekts ist nicht das eines Wirbeltieres (und kann es nicht sein), ebensowenig gleicht der Instinkt eines Eichhörnchens dem einer Katze oder eines Elefanten. Und dies eben auf Grund der Stellung eines jeden von ihnen auf dem Lebensbaum.

Tatsächlich beginnen wir in dieser Mannigfaltigkeit mit Recht Höhenunterschiede und eine Stufung wahrzunehmen, die sich abzeichnet. Ist der Instinkt eine veränderliche Größe, so sind *die* Instinkte nicht einfach bloß verschieden: sie bilden ein System wachsender Komplexität; sie stellen in ihrer Gesamtheit eine Art Fächer dar, dessen Gliederenden daran zu erkennen sind, daß sie jeweils einen größeren Ausschnitt von Wahlmöglichkeiten haben und sich auf ein deutlicheres Koordinations- und Bewußtseinszentrum stützen. Und das ist es eben, was wir beobachten. Das Seelenleben eines Hundes ist, man sage was man will, absolut höher als das eines Maulwurfs oder eines Fisches.[1]

---

[1] Unter diesem Gesichtspunkt könnte man sagen, daß jede Instinktform auf ihre Weise danach strebt, «Intelligenz» zu werden, daß aber diese Operation (aus

Nach diesen Feststellungen, in denen ich nur unter einem andern Winkel zeige, was uns das Studium des Lebens bereits enthüllt hat, können sich die Spiritualisten beruhigen, wenn sie bei den höheren Tieren (besonders bei den großen Affen) ein Verhalten bemerken – oder wenn man sie nötigt, es zu sehen – ein Verhalten und Reaktionen, die ganz merkwürdig an diejenigen erinnern, die sie selbst zeigen, wenn sie die Natur erklären und im Menschen das Vorhandensein einer «vernünftigen Seele» fordern. Wenn die Geschichte des Lebens, wie wir sagten, nur eine von Morphologie verschleierte Bewußtseinsbewegung ist, dann müssen die Psychen unvermeidlich auf dem Gipfel der Entwicklungsreihe, in der Nachbarschaft des Menschen, *an die Intelligenz rühren* und ihr nahe scheinen. Und eben das trifft zu.

Damit klärt sich das «Paradox des Menschen» selbst auf. Wir sind betroffen, wenn wir feststellen, wie wenig sich «Anthropos» – bei allen unbestreitbaren geistigen Vorzügen – in anatomischer Hinsicht von den anderen Anthropoiden unterscheidet; so betroffen, daß wir, zumindest nach dem Ursprung blickend, fast darauf verzichten, sie auseinanderzuhalten. Ist aber diese außerordentliche Ähnlichkeit nicht eben ein notwendiges Ergebnis?

Wenn Wasser unter normalem Druck bis zu 100 Grad gelangt ist und noch weiter erhitzt wird, so ergibt sich zunächst – ohne Temperaturänderung – die ungestüme Ausdehnung der frei gewordenen, verdampfenden Moleküle. – Wenn man einen Kegel senkrecht zur Achse durchschneidet und diese Schnitte in Richtung auf die Kegelspitze zu fortgesetzt wiederholt, so daß die Schnittflächen immer kleiner werden, so kommt der Moment, wo ein unendlich kleines Vorrücken genügt, um die Fläche ganz zum Verschwinden zu bringen, da sie zum Punkt geworden ist. – Nur auf Grund von so fernliegenden Vergleichen können wir uns vorstellen, wie es zu dem entscheidenden Sprung ins Ichbewußtsein kommen konnte.

äußeren oder inneren Gründen) nur auf der menschlichen Linie endgültig gelungen ist. So wäre der zum Ichbewußtsein gelangte Mensch nur eine Lösung unter den zahllosen Bewußtseinsweisen, die das Leben in der Tierwelt versucht hat. Jede von diesen ist eine psychische Welt für sich, in die einzudringen recht schwierig ist, nicht nur weil das Erkennen dort verworrener ist, sondern auch weil es anders funktioniert als bei uns.

Am Ende des Tertiärs war in der Welt der Zellen die psychische Temperatur seit mehr als 500 Millionen Jahren gestiegen. Von Zweig zu Zweig, von Schicht zu Schicht haben sich, wie wir sahen, die Nervensysteme *pari passu* kompliziert und konzentriert. Schließlich hatte sich bei den Primaten ein so außerordentlich geschmeidiges und reiches Instrument ausgebildet, daß der unmittelbar folgende Schritt nicht geschehen konnte, ohne daß das ganze tierische Seelenleben sozusagen umgeschmolzen wurde und sich selbst gefestigt fand. Doch die Bewegung war nicht zum Stillstand gekommen: nichts in der Struktur des Organismus hinderte sie in ihrem Fortgang. Dem Anthropoiden, der «geistig» auf 100 Grad erhitzt war, wurden noch einige Wärmeeinheiten hinzugefügt. Der Anthropoide, der fast auf der Kegelspitze angekommen war, machte noch eine letzte Anstrengung in Richtung der Kegelachse. Mehr brauchte es nicht, um das ganze innere Gleichgewicht umzustürzen. Was bloß erst zentrierte Oberfläche war, wurde wirkliches Zentrum. Infolge eines winzig kleinen «tangentialen» Anwachsens vollzog das «Radiale» eine Umkehrung und stieß sozusagen ins Unendliche vor. In den Organen ist scheinbar fast nichts geändert. Doch in der Tiefe geht eine große Revolution vor sich: das Bewußtsein quillt und sprudelt zwischen überempfindlichen Beziehungen und Vorstellungen; und zugleich ist es imstande, sich selbst in aller Einfalt wahrzunehmen – all das zum erstenmal.[1]

Die Spiritualisten haben recht, wenn sie ein gewisses Hinausragen der Menschen über die übrige Natur mit solcher Hartnäckigkeit ver-

---

[1] Muß ich nochmals wiederholen, daß ich mich hier auf das Phänomen beschränke, das heißt auf die erfahrungsmäßigen Beziehungen zwischen Bewußtsein und Komplexität, ohne einem Urteil über das Wirken der tieferen Ursachen, die das ganze Spiel leiten, vorzugreifen? Infolge der Schranken, die unserer sinnlichen Erkenntnis durch Raum und Zeit auferlegt sind, können wir, wie es scheint, nur *unter dem Bild* eines kritischen Punktes den vermenschlichenden (und vergeistigenden) Sprung ins Ichbewußtsein erfahrungswissenschaftlich erfassen. – Doch dies, einmal festgestellt, hindert nicht den spiritualistischen Denker, – aus Gründen höherer Ordnung und an einem späteren Punkt seiner Dialektik – unter dem *Schleier* des *Phänomens* einer revolutionären Umbildung jedes beliebige «schöpferische» Wirken oder «besondere Eingreifen» anzusetzen. (Vergl. Vorbemerkung.) – Ist es nicht ein vom christlichen Denken in einer theologischen Deutung der Wirklichkeit allgemein anerkanntes Prinzip, daß es für unseren Geist verschiedene und einander zeitlich folgende Erkenntnisebenen gibt?

teidigen. Aber auch die Materialisten haben nicht unrecht, wenn sie behaupten, der Mensch sei nur ein Endergebnis mehr in der Reihe der Tierarten. In diesem Fall, wie in so vielen anderen, löst sich die Antithese der beiden Überzeugungen in einer einzigen Bewegung auf – vorausgesetzt, daß in dieser Bewegung dem so überaus natürlichen Phänomen der «Zustandsänderung» ein wesentlicher Anteil zugebilligt wird. Gewiß, von der Zelle bis zum denkenden Lebewesen, wie vom Atom zur Zelle, setzt sich derselbe Prozeß ununterbrochen und immer in derselben Richtung fort (Erhitzung oder Konzentration des Psychischen). Doch eben auf Grund der Beständigkeit dieses Geschehens ist es physikalisch gesehen unvermeidlich, daß gewisse Sprünge das dieser Wirkung ausgesetzte Subjekt jäh verwandeln.

c) *Verwirklichung*. Diskontinuität in der Kontinuität. So bestimmt sich, so zeigt sich uns in der Theorie ihres Ablaufs die Geburt des Denkens ganz wie die erste Erscheinung des Lebens.

Wie ist dieser Mechanismus nun in seiner konkreten Wirklichkeit abgelaufen? Was hätte ein Beobachter, den wir uns als Zeugen der Krise vorstellen, von außen von der Metamorphose wahrnehmen können?

Wie ich bei Behandlung der ersten Spuren des Menschen bald ausführen werde, wird diese Vergegenwärtigung, an der uns so viel gelegen ist, unserem Geist vermutlich immer so unmöglich sein wie die vom Ursprung des Lebens selbst – und aus denselben Gründen. Wir haben, um uns im vorliegenden Fall leiten zu lassen, höchstens den Ausweg, an das Erwachen der kindlichen Intelligenz im Lauf der Ontogenese zu denken. – Doch hier scheinen mir zwei Bemerkungen angemessen, deren eine das Geheimnis umschreibt, in das sich für unsere Vorstellungskraft dieses einzigartige Ereignis hüllt, wogegen die andere es noch vertieft.

Erstens hat das Leben, um dem Menschen den Sprung in das Denken zu ermöglichen, von langer Hand und zur gleichen Zeit eine Menge von Faktoren vorbereiten müssen, deren «providentielle» Vereinigung auf den ersten Blick durch nichts vorauszusehen war.

Schließlich läßt sich ja organisch gesehen die ganze Menschwerdungs-Metamorphose auf die Frage des besseren Gehirns zurück-

führen. Aber wie hätte diese Vervollkommnung des Gehirns statt-
gefunden – wie hätte sie funktionieren können –, wenn sich nicht
eine Reihe anderer Bedingungen zu eben derselben Zeit zusammen
verwirklicht gefunden hätten? Wenn das Wesen, von dem der
Mensch herstammt, nicht zweibeinig gewesen wäre, so wären seine
Hände zur rechten Zeit nicht frei gewesen, um die Kinnbacken von
ihrer Greiffunktion zu entlasten, und folglich hätte sich das breite
Band der Kiefermuskeln, das den Schädel einschnürte, nicht gelok-
kert. Dank der Zweibeinigkeit, welche die Hände frei machte, konnte
das Gehirn größer werden; ihr ist auch zu verdanken, daß sich zugleich auch die Augen auf der verkleinerten Gesichtsfläche einander
nähern und nun beginnen konnten zu konvergieren und zu fixieren,
was die Hände ergriffen, annäherten und von allen Seiten vorzeigten:
das Nachdenken selbst in eine äußere Geste übersetzt! ... Diese
wunderbare Begegnung wird uns an sich nicht überraschen. Ist die
Entstehung selbst des geringfügigsten Dinges auf der Welt nicht
immer eine solche Frucht eines unerhörten Zusammentreffens, ein
Knoten von Fibern, die seit jeher aus allen Enden des Raumes kommen? Das Leben arbeitet nicht nach einem einzigen Leitfaden, noch
durch Wiederholungen. Es bringt sein ganzes Geflecht auf einmal
nach vorn. So formt sich der Embryo im Schoß, der ihn trägt. Wir
sollten es schon wissen. Doch wir empfinden eine besondere Befriedi-
gung durch die Erkenntnis, daß der Mensch unter demselben mütter-
lichen Gesetz geboren ist. Die Annahme, die Geburt der Intelligenz
entspreche einer Rückwendung zu sich selbst, und zwar nicht nur des
Nervensystems, sondern des ganzen Wesens, befriedigt uns. Hingegen
fühlen wir sofort einen Schrecken bei der Feststellung, die Verwirklichung dieses Schrittes habe sich *auf einen Schlag* vollziehen müssen.

Denn das eben ist der Inhalt meiner zweiten Bemerkung – einer
Bemerkung, die ich nicht vermeiden kann. Im Fall der individuellen
Entwicklung eines Menschen können wir über das Problem hinweg-
gleiten, in welchem Augenblick man vom Neugeborenen sagen kann,
er habe die Intelligenz erlangt, er sei ein denkendes Wesen geworden.
Eine Reihe von *Zuständen* folgen einander ununterbrochen in demselben Individuum, vom Ei bis zur vollen Reife. Was kümmert uns

also der Ort oder auch nur das Vorhandensein einer Scheidelinie? Ganz anders ist es im Fall einer stammesgeschichtlichen Embryogenese, wo jedes Stadium, jeder Zustand von *verschiedenen Wesen* dargestellt wird. Da gibt es keine Möglichkeit (zumindest bei unseren augenblicklichen Denkformen), dem Problem der Diskontinuität zu entgehen. Wenn der Übergang zum reflektierenden Bewußtsein wirklich – wie der Sachverhalt es zu fordern scheint und wie wir angenommen haben – eine kritische Umbildung ist, eine Mutation vom Nichts zum All, dann können wir uns gerade auf dieser Stufe unmöglich ein Individuum als Übergangsform vorstellen. Dieses Wesen muß entweder noch unter – oder schon über der Zustandsverwandlung sein. Man wende das Problem, wie man will. Entweder man macht das Denken undenkbar, indem man leugnet, daß es den Instinkt transzendiert, oder man muß sich entschließen anzunehmen, sein Erscheinen habe sich *zwischen* zwei Individuen abgespielt.

So ausgedrückt ist dieser Satz gewiß verblüffend – aber sein bizarrer Sinn schwächt sich ab und wird harmlos, sobald man bemerkt, daß uns bei aller wissenschaftlichen Strenge nichts hindert anzunehmen, die Intelligenz habe in ihren stammesgeschichtlichen Ursprüngen äußerlich ebensowenig in die Augen fallen können (oder gar müssen), wie sie es auf der Stufe der Einzelentwicklung bei jedem Neugeborenen noch heute tut. In diesem Fall entschwindet jedes greifbare Objekt für eine Auseinandersetzung zwischen Beobachter und Theoretiker.

Dabei gehen wir gar nicht darauf ein (zweiter Grund der «Unfaßbarkeit» – vergleiche unten Seite 188 Anmerkung 1), daß heute jede wissenschaftliche Auseinandersetzung über die Erscheinungsformen unmöglich geworden ist, die das Ichbewußtsein bei seinem ersten Auftauchen auf Erden vermutlich zeigte (selbst wenn man annimmt, sie seien für einen zeitgenössischen Zuschauer wahrnehmbar gewesen). Denn, wenn je, finden wir uns hier vor einem jener *Anfänge* («unendlich kleine Entwicklungseinheiten»), die unserem Blick durch eine zu mächtige Schicht von Vergangenheit (vgl. weiter oben Seite 118 f.) automatisch und unwiderruflich entzogen sind.

Halten wir also nur fest, ohne uns das Unvorstellbare vorstellen zu wollen, daß der Zutritt zum Denken eine Schwelle darstellt,

die auf einmal überschritten werden muß. – Intervall, das «uner-
fahrbar» ist, über das wir wissenschaftlich nichts aussagen können,
jenseits dessen wir uns aber auf eine biologisch völlig neue Stufe
erhoben finden.

d) *Auswirkung.* Hier erst enthüllt sich völlig die Natur des Sprunges
ins reflektierende Bewußtsein. Zunächst Zustandsänderung. Doch
dann, infolge der Tatsache selbst, Beginn einer anderen Art von Leben – eben jenes inneren Lebens, das ich weiter oben erwähnt habe.
Vor einem Augenblick verglichen wir die Einfachheit des denkenden
Geistes mit der eines geometrischen Punktes. Wir hätten eher von
einer Linie oder Achse sprechen sollen. «Eingesetzt sein» bedeutet für
die Intelligenz durchaus nicht «vollendet sein». Kaum geboren muß
das Kind atmen – sonst stirbt es. Ebenso bleibt das reflektierende
seelische Zentrum, sobald es sich einmal auf sich selbst zusammen-
zieht, nur dank einer doppelten Bewegung bestehen, die eigentlich
eine ist: nämlich indem es durch Eindringen in einen neuen Raum
sich immer tiefer auf sich selbst zentriert, zugleich aber die übrige
Welt rings um sich zentriert, indem es eine Perspektive bildet, die
immer zusammenhängender wird und mit der Umwelt immer besser
verwächst. Kein unbeweglich fester Brennpunkt, nein, ein Strudel,
der das Fluidum, in dessen Schoß er geboren ist, an sich zieht und so
immer tiefer wird. Das «Ich», das seinen Halt nur findet, indem es
immer mehr es selbst wird, in dem Maße als es alles Übrige in sich aufnimmt. *Die Persönlichkeit in und durch die Personalisierung.*

Es ist klar, daß sich unter der Wirkung einer derartigen Umwandlung die gesamte Struktur des Lebens verändert. Bis jetzt fand sich das
belebte Element so unbedingt dem Phylum unterworfen, daß seine
eigene Individualität nebensächlich und aufgeopfert scheinen konnte.
Empfangen, behaupten und, wenn möglich, erwerben; sich fort-
pflanzen und weitergeben. Und so fort, ohne Rast, unbegrenzt. . . .
Das Lebewesen, in der Generationenfolge verkettet, schien keinerlei
Recht auf sein Leben zu haben, es hatte scheinbar für sich selbst keinen
Wert. Ein flüchtiger Stützpunkt für einen Lauf, der über es hinweg-
ging, ohne es zu kennen. Abermals das Leben, das mehr Wirklichkeit
besitzt als die Lebenden.

Mit der Erscheinung des reflexiven Bewußtseins – dieser (am Anfang zumindest!) wesentlich das Einzelwesen betreffenden Eigenschaft – ändert sich alles; und wir bemerken, neben der auffälligeren Tatsache kollektiver Umwandlungen, einen geheimen parallelen Weg, der zur Individualisierung führte. Je mehr das jeweilige Phylum sich mit Psychischem belud, um so mehr strebte es nach der «Granulierung». Das Lebewesen, in seinem Verhältnis zur Art, nimmt an Wert zu. Beim Menschen angelangt, überstürzt sich das Phänomen schließlich und gewinnt seine endgültige Gestalt. Mit der «Persönlichkeit», die durch die «Personalisation» mit unbegrenzten Möglichkeiten individueller Entwicklung begabt wurde, hört der Zweig in seiner anonymen Gesamtheit auf, ausschließlicher Träger der Versprechungen für die Zukunft zu sein. Die Zelle ist «jemand» geworden. So ist nach dem Korn *(grain)* der Materie, nach dem Korn des Lebens, nun auch das *Korn des Denkens* gebildet.

Heißt das, das Phylum verliere von nun an seine Funktion und verflüchtige sich wie jene Wesen, die sich im Staub der Keime verlieren, die sie sterbend gebären? Wendet sich oberhalb des Punktes «Ichbewußtsein» das ganze Interesse der Evolution so völlig um, daß es nun vom Leben auf eine Vielheit isolierter Lebewesen übergeht?

Keineswegs. Jedoch von diesem entscheidenden Moment an gewinnt die Gesamtströmung, ohne im mindesten stillzustehen, einen besonderen Grad, eine neue Ordnung von Komplexität. Nein, weil das Phylum von nun an denkende Zentren trägt, zerbricht es nicht wie ein dünner Strahl, es zerbröckelt nicht in seine psychischen Elemente – im Gegenteil: es verstärkt sich, denn es verdoppelt seine innere Ausrüstung. Bisher genügte es, in der Natur eine einfache, umfassende Schwingung zu erkennen: den Aufstieg *des* Bewußtseins. Nun geht es darum, einen Aufstieg *der* bewußten Psychen ins Auge zu fassen und dessen Regeln in Übereinstimmung zu bringen (ein weit heikleres Phänomen!). Ein Fortschritt, von anderen, ebenso dauerhaften Fortschritten erzeugt. Eine Bewegung von Bewegungen.

Suchen wir hoch genug zu steigen, um das Problem zu überschauen. Vergessen wir in dieser Absicht eine Zeitlang das besondere Geschick der von der allgemeinen Umbildung erfaßten geistigen Elemente.

Nur auf Grund der Tatsachen, indem wir dem Aufstieg und der Ausbreitung der Gesamtheit in ihren Hauptlinien folgen, können wir auf einem langen Umweg zur Bestimmung des Anteils gelangen, der innerhalb des Gesamterfolges den individuellen Hoffnungen vorbehalten ist.

Zum Persönlichwerden des Individuums durch die Vermenschlichung der ganzen Gruppe!

B. DIE STAMMESGESCHICHTLICHE STUFE. DIE MENSCHENWERDUNG DER ART. Durch den Sprung in die Intelligenz, deren Natur und Wirkungsweise im denkenden Teilchen wir eben untersucht haben, setzt also das Leben seine Ausbreitung fort, gewissermaßen als ob nichts vorgefallen wäre. Es ist völlig deutlich, daß sowohl hinter wie vor der Schwelle des Denkens die Fortpflanzung, Verbreitung, Verzweigung beim Menschen wie bei den Tieren ihren gewohnten Gang nehmen. Nichts – ist man versucht zu sagen – hat sich in der Strömung geändert. Doch schon sind die Wasser nicht mehr dieselben. Wie die Wellen eines Flusses sich durch die Berührung mit einer lehmigen Ebene bereichern, so hat sich der Lebensstrom mit neuen Prinzipien beladen, als er die Schwellen des Ichbewußtseins überflutete. Infolgedessen wird er eine neue Aktivität entfalten. Was die Säfte der Entwicklung künftig im Stamm des Lebens weitertreiben und weitertragen, sind nicht mehr nur belebte Teilchen, sondern, wie wir sagten, denkende Teilchen. Welche Erscheinungen zeigen sich infolge dieses Einflusses in der Farbe oder der Form der Blätter, der Blüten und der Früchte?

Ich könnte, ohne spätere Auseinandersetzungen vorwegzunehmen, auf diese Frage nicht sofort eine ins einzelne und auf den Grund gehende Antwort geben. Doch ohne länger zu warten ist es angemessen, hier drei Besonderheiten aufzuzeigen, die seit dem ersten Schritt des Denkens in allen wie immer gearteten Leistungen oder Erzeugnissen der Gattung aufscheinen werden. Die erste dieser Besonderheiten betrifft die Zusammensetzung neuer Zweige; die zweite die allgemeine Richtung ihres Wachstums; die letzte schließlich die Gesamtheit ihrer Beziehungen oder Gegensätze zu dem, was vor ihnen auf dem Baum des Lebens erblüht war.

a) *Die Zusammensetzung der menschlichen Zweige.* Welche Idee man sich auch von den inneren Wirkungsmitteln der Evolution machen mag, sicher ist, daß sich jede zoologische Gruppe mit einer bestimmten psychischen Hülle umgibt. Wir sagten schon weiter oben (Seite 167), daß jeder Typus von Insekten, Vögeln oder Säugetieren seine eigenen Instinkte habe. Bisher wurde noch kein Versuch gemacht, den somatischen und den psychischen Charakter einer Art systematisch miteinander zu verbinden. Es gibt Naturforscher, welche die Formen beschreiben und klassifizieren. Andere spezialisieren sich auf das Studium der Verhaltensweisen. Man kann in der Tat die Aufteilung der Arten unterhalb des Menschen in ganz ausreichender Weise mittels rein morphologischer Kriterien durchführen. Vom Menschen an ergeben sich dagegen Schwierigkeiten. Äußerste Verwirrung herrscht noch – wir fühlen es – hinsichtlich der Bedeutung und Einordnung der so sehr verschiedenen Gruppen, in die vor unseren Augen die Masse der Menschen zerfällt: Rassen, Nationen, Staaten, Vaterländer, Kulturen usw. ... Unter diesen mannigfaltigen und veränderlichen Kategorien will man gewöhnlich nichts als heterogene Einheiten sehen, von denen die einen natürlich sind (etwa die Rasse), die anderen künstlich (die Nationen), die sich aber alle auf den verschiedenen Ebenen regellos überschneiden.

Eine unschöne und unnütze Regellosigkeit, die sogleich verschwindet, wenn man dem Innen ebensowohl wie dem Außen der Dinge seinen Platz gibt!

Nein – von diesem einleuchtenderen Standpunkt aus ist die Zusammensetzung der menschlichen Gattung und ihrer Zweige, so gemischt sie auch scheinen mag, nicht unvereinbar mit den allgemeinen Regeln der Biologie. Jedoch durch Betonung einer Variablen, die bei den Tieren vernachlässigt bleiben konnte, läßt sie einfach das wesentlich doppelte Gewebe dieser Regeln erscheinen, um nicht zu sagen (falls Soma selbst von Psyche gewebt ist) ihre tiefe Einheit. Kein Ausnahmefall, sondern allgemeine Regel. Unmöglich, daran zu zweifeln. In der menschlich gewordenen Welt setzt sich die zoologische Verzweigung unbeschadet des äußeren Anscheins und der neugewonnenen Komplexität immer noch fort und wirkt in der Art des früheren Mechanismus. Nur daß das Denken eine Menge innerer Energie frei macht mit der Wirkung, daß sie aus den leiblichen Organen auftaucht, um sich *auch* oder sogar *vor allem* im Geist auszudrücken. Das spontan Seelische ist nicht mehr bloße Aureole des Körperlichen. Es wird ein bedeutungsvoller, ja sogar der hauptsächliche Teil des Phänomens. Und weil seelische Verschiedenheiten viel reicher und nüancierter sind als die oft kaum merklichen organischen Veränderungen, die sie begleiten, ist es leicht verständlich, daß eine bloße Untersuchung der Knochen und der Körperhüllen nicht mehr ausreicht, dem Fortschritt der ganzen zoologischen Differenzierung zu folgen, ihn zu erklären und zu verzeichnen. So ist die Situation – aber wir kennen auch das Mittel, das man anwenden muß, um die Struktur eines denkenden Phylums klarzulegen: die Anatomie allein genügt nicht mehr; künftig muß sie von Psychologie begleitet sein.

Gewiß eine mühselige Komplikation: denn wie wir sehen, läßt sich keine zufriedenstellende Klassifizierung der «Gattung Mensch» durchführen, es sei denn durch das kombinierte Spiel der beiden teilweise unabhängigen Variablen. Aber es ist aus zwei verschiedenen Gründen eine fruchtbare Komplikation:

Einerseits verdanken wir dieser Schwierigkeit, daß Ordnung und Einheitlichkeit, das heißt Wahrheit, in unsere Vorstellung vom Leben kommen, soweit sie sich auf den Menschen erstreckt; und weil uns der organische Wert jeder sozialen Einrichtung in bezug auf uns selbst fühlbar wird, sind wir schon geneigter, sie zum Objekt der Wissenschaft zu machen und dementsprechend zu schätzen.

Andererseits: Auf Grund der Tatsache, daß sich die Fibern des menschlichen Phylums von ihrer seelischen Hülle umgeben zeigen, beginnen wir zu begreifen, welche außerordentliche Fähigkeit sie haben, sich aneinanderzuheften und miteinander zu verwachsen. Und zugleich befinden wir uns auf der Spur einer fundamentalen Entdeckung, in der unser Studium des Phänomens Mensch seinen Höhepunkt finden wird: der Konvergenz des Geistes.

b) *Der allgemeine Sinn des Wachstums.* Solange sich unsere Vorstellung von der psychischen Seite der zoologischen Evolution nur auf die Prüfung der Tier-Stammbäume und ihres Nervensystems stützte, blieb der Sinn dieser Entwicklung für unsere Erkenntnis natürlich ebenso undeutlich wie die Seele dieser fernen Brüder selbst. Das Bewußtsein steigt in den Lebewesen: das ist alles, was wir sagen konnten. Dagegen können wir von dem Augenblick an, in dem das Leben die Schwelle des Denkens überschritten hat und nicht nur bis zu der Stufe gelangt ist, auf der wir uns selbst befinden, sondern mit seiner freien Aktivität ungehemmt die Kanäle zu überfluten beginnt, in denen die physiologischen Notwendigkeiten es bisher hielten, seine Fortschritte leichter entziffern. Die Botschaft ist besser geschrieben und wir können sie besser lesen, weil wir uns darin wiedererkennen. – Weiter oben, bei der Betrachtung des Lebensbaumes, bemerkten wir als Grundzug, daß die Gehirne längs eines jeden zoologischen Zweiges zunehmen und sich differenzieren. Um festzulegen, wie dieses Gesetz oberhalb der Schwelle des Ichbewußtseins seine Fortwirkung und seine Äquivalenz findet, wird uns künftig der Satz genügen: «In jeder anthropologischen Linie ist es das Menschliche, das sich zu verwirklichen sucht und zunimmt.»

Soeben haben wir beiläufig das Bild der menschlichen Gruppe in seiner unerhörten Zusammengesetztheit erwähnt: die Rassen, die Nationen, die Staaten, deren Verfilzung den Scharfsinn von Anatomen und Ethnologen herausfordert. Die Unzahl der Linien im Spektrum entmutigt unsere Analyse. . . . Suchen wir lieber zu durchschauen, was diese Vielfalt im ganzen genommen bedeutet. Dann werden wir in ihrem verwirrenden Gefüge nicht mehr als eine Anhäufung von Flitterblättchen sehen, die sich durch Rückstrahlung dasselbe Licht zuwerfen. Hunderte, Tausende von Facetten – doch jede drückt unter einem anderen Winkel eine Wirklichkeit aus, die in einer Welt von tastenden Formen sich sucht. Wir wundern uns nicht (weil es an *uns* geschieht), wenn wir sehen, wie sich von Jahr zu Jahr in allen Menschen um uns der Funken des Denkens entwickelt. Ebenso sind wir uns, zumindest verworren, bewußt, daß im Lauf der Geschichte sich in unserer Atmosphäre *etwas* ändert. Wie ist es möglich– wenn wir diese beiden Beobachtungen miteinander verbinden und zugleich gewisse übertriebene Vorstellungen von der rein «keimhaften» und passiven Natur der Vererbung richtigstellen–, daß wir selbst dann nicht hellsichtiger sind für die Gegenwart von etwas Größerem als wir, das sich in unserem Innern seinen Weg bahnt?

Bis zur Stufe des Denkens konnte eine Frage an die Naturwissenschaft gestellt bleiben: diejenige, die den Wert und die entwicklungsmäßige Übermittlung erworbener Eigenschaften betrifft. In dieser Frage neigte die Biologie, wie wir wissen – und neigt sie noch immer – zu Ausflüchten und Skepsis. Und für die vom Körperlichen bestimmten Zonen, auf die sie sich im Grunde beschränken möchte, hat sie schließlich vielleicht recht. Doch was geschieht, wenn wir dem Psychischen in der Ganzheit des organischen Lebens seinen gebührenden Platz geben? Sogleich gewinnt über die angebliche Unabhängigkeit der germinalen Stammesentwicklung die individuelle Wirksamkeit des «Soma» wieder ihr Recht. Schon bei den Insekten zum Beispiel, oder beim Biber, muß uns in die Augen springen, daß sich unter dem Spiel der tierischen Spontaneitäten Instinkte herangebildet haben, die erblich, ja sogar starr wurden. Vom Erscheinen des Denkens an wird die Wirklichkeit dieses Mechanismus nicht nur offenkundig, sondern vorherrschend. Dank dem freien und erfinderischen Bemühen der Verstandeswesen, die einander folgen, häuft sich ganz klar und unumstößlich *etwas* an (selbst wenn man keine meßbare Veränderung des Schädels oder des Gehirns feststellt), das sich zumindest kollektiv, auf dem Weg der Erziehung, durch die Jahrhunderte überliefert. Wir werden darauf zurückkommen. Ob dieses «etwas» nun in stofflicher oder ästhetischer Gestaltung bestehe, in Denksystemen oder Handlungsweisen, es drückt sich schließlich immer in einer Bewußtseinsmehrung aus. Denn das Bewußtsein ist – wir wissen es nun – nichts weniger als die Substanz und das Blut des in Entwicklung begriffenen Lebens.

Was besagt das anderes, als daß die Wissenschaft oberhalb des Teil-Phänomens, das sich im Erlangen des individuellen Denkvermögens ausdrückt, noch ein anderes Bewußtseinsphänomen anzuerkennen hat, das sich aber diesmal auf das Gesamtmenschliche erstreckt. Hier wie anderswo im Universum zeigt sich das Ganze größer als die bloße Summe der Teile, die es zusammensetzen. Nein, das menschliche Individuum erschöpft nicht in sich die möglichen Lebensformen seiner Art. Über jedem Reis, das die Anthropologie und die Soziologie unterscheiden, bildet sich und pflanzt sich eine Strömung erblicher und kollektiver Denktätigkeit fort: die Menschheit erscheint durch die Menschen hindurch; der Zweig Mensch taucht in der menschlichen Phylogenese auf.

c) *Zusammenhänge und Verschiedenheiten*. Dies haben wir nun gesehen und zugegeben. In welcher Form werden wir also den Zweig Mensch aufsprießen sehen? Wird dieser Zweig, weil er Denkfähigkeit besitzt, die Fibern zerreißen, die ihn an die Vergangenheit binden, und sich auf dem Wipfel des Stammes der Wirbeltiere mit neuen Elementen und nach einem völlig neuen Plan – wie ein Neoplasma – weiterentwickeln? – Die Annahme eines solchen Risses hieße das, was unsere «Größe» ausmacht, und zugleich auch die organische Einheit der Welt und die Methoden der Evolution wieder einmal verkennen und unterschätzen. Die Bestandteile eines Blumenkelches, die Kelchblätter, die Blumenblätter, die Staubgefäße, der Stempel sind keine Blätter. Sie sind wahrscheinlich niemals Blätter gewesen. Doch in den Ansatzstellen und in ihrem Gewebe weisen sie unverkennbar alles auf, was ein Blatt ergeben hätte, hätten sie sich nicht unter einem neuen Einfluß und im Sinne einer neuen Bestimmung geformt. Gleicherweise finden sich im Aufblühen des Menschen, umgewandelt oder in Umwandlung begriffen, die Gefäße, das Gefüge und sogar der Saft des Stieles wieder, auf dem sich dieses Aufblühen vollzieht: nicht nur die besondere Struktur der Organe und die Verzweigungen innerhalb der Art, sondern sogar die Tendenzen ihrer «Seele» und deren Äußerungen.

Im Menschen, als zoologische Gruppe betrachtet, bestehen miteinander fort: die sexuelle Anziehungskraft und die Gesetze der Fortpflanzung, der Drang zum Lebenskampf und jedem Wettbewerb, das Nahrungsbedürfnis und die Lust am Fangen und Fressen, die Neugier des Schauens und das Vergnügen des Aufspürens, die Anziehungskraft, um miteinander zu leben. Jede dieser Fibern geht durch jeden von uns hindurch, kommt aus Tiefen unter uns und steigt auf zu Höhen über uns. Für jede von ihnen ließe sich eine (sehr wahrscheinliche) Geschichte der ganzen Entwicklung geben: Entwicklungsgeschichte der Liebe, des Krieges, der Forschung, des Gemeinschaftsgefühls. Doch jede, eben weil sie entwicklungsfähig ist, verwandelt sich, sobald sie in Bewußtheit übergeht. Durch neue Möglichkeiten, Färbungen und Fruchtbarkeiten bereichert, wählt sie von nun an einen anderen Weg. In einem gewissen Sinn dasselbe, aber doch auch etwas anderes. Die Gestalt, die sich wandelt, indem sie Raum und Dimensionen wechselt. Abermals die Diskontinuität in der Kontinuität. Die Mutation in der Evolution.

Muß man nicht in dieser schmiegsamen Wendung, in dieser harmonischen Umschmelzung, die das ganze äußere und innere Bündel der vorhergehenden Lebensäußerungen umgestaltet, eine wertvolle Bestätigung alles dessen finden, was wir bereits vermutet haben? Wenn ein Ding in irgendeinem zu ihm gehörigen Bestandteil zu wachsen beginnt, so verliert es sein Gleichgewicht und wird unförmig. Um symmetrisch und schön zu bleiben, muß sich ein Körper auf einmal im ganzen umbilden, indem er sich in der Richtung einer seiner Hauptachsen verändert. Das Denkvermögen bewahrt dem Phylum, an dem es sich ansetzt, alle Linien, obwohl es sie umordnet. Folglich erweist es sich nicht als zufälliger Auswuchs einer parasitischen Energie. Nur indem der Mensch von Zeitalter zu Zeitalter langsam die Essenz und die Totalität eines in ihm angelegten Universums ausarbeitet, gelingt ihm der Fortschritt.

Eben dieser große Sublimierungsprozeß verdient im vollsten Sinn die Bezeichnung *Menschwerdung*. Die Menschwerdung, die zunächst sozusagen der individuelle, augenblickliche Sprung des Instinkts zum Denken ist. Doch die Menschwerdung ist in einem umfassenderen Sinn auch die stammesgeschichtliche, fortschreitende Vergeistigung aller im Animalischen enthaltenen Kräfte zu menschlicher Zivilisation.

Dies führt uns nun, nachdem wir das Einzelwesen betrachtet, die Gattung ins Auge gefaßt haben, zur Schau der Erde in ihrer Gesamtheit.

C. Die planetarisch-irdische Stufe. Die Noosphäre. Mit der Gesamtheit aller lebenden Gruppen verglichen, ist das menschliche Phylum anders als die anderen. Doch weil die spezifische Orthogenese der Primaten (die sie zum Wachstum des Gehirns hindrängt) mit der

aufsteigenden Orthogenese der organischen Materie zusammenfällt
(die alle Lebewesen zu höherem Bewußtsein treibt), entfaltet sich der
Mensch nach seinem Erscheinen inmitten der Primaten an der Spitze
der zoologischen Evolution. In dieser Feststellung gipfelten, wie wir
uns erinnern, unsere Betrachtungen über den Zustand der Welt des
Pliozän.

Welchen bevorzugten Wert verleiht diese einzigartige Situation
dem Sprunge in das Ichbewußtsein?

Das ist leicht zu erkennen.

«Die Veränderung des biologischen Zustands, dessen Ergebnis das
Erwachen des Denkens ist, entspricht nicht einfach dem Weg des
Individuums, oder auch der Art, durch einen kritischen Punkt hindurch. Sie reicht viel weiter und betrifft das Leben selbst in seiner
organischen Totalität, – bezeichnet folglich eine Umwandlung, die
den Zustand des ganzen Planeten angeht.»

Diese Einsicht entsteht aus allen anderen Einsichten, die wir im
Lauf unserer Untersuchung allmählich aneinandergefügt und verbunden haben, und sie drängt sich unwiderstehlich unserer Logik und
unserer Beobachtung auf.

Von den verschwimmenden Umrissen der jugendlichen Erde an
folgen wir unablässig dem Nacheinander der Stadien einer und derselben großen Begebenheit. Hinter den Pulsationen der Geochemie,
der Geotektonik, der Geobiologie erkennt man immer wieder einen
und denselben Grundvorgang: eben den, der sich in den ersten Zellen
verkörperte und sich dann im Aufbau der Nervensysteme fortsetzte.
Die Geogenese, sagten wir, geht in Biogenese über, die schließlich
nichts anderes ist als Psychogenese.

Mit und in der Krise des Selbstbewußtseins vollzieht sich nichts
weniger als das Sichtbarwerden des folgenden Gliedes der Reihe. Die
Psychogenese hat uns bis zum Menschen geführt. Nun aber tritt sie
zurück, denn eine höhere Funktion löst sie ab oder absorbiert sie:
zunächst die Geburtswehen und darüber hinaus alle Entwicklungs-
formen des Geistes – die *Noogenese*. Als sich der Instinkt eines Lebewesens zum erstenmal im Spiegel seines Selbst erblickte, machte die
ganze Welt einen Schritt vorwärts.

Unermeßlich sind die Folgen dieser Entdeckung für unsere Wahl und die Verantwortlichkeit unseres Handelns. Wir werden darauf zurückkommen. Für unser Verständnis der Erde sind sie entscheidend.

Seit langem stimmen die Geologen in der Meinung überein, unser Planet setze sich aus Zonen zusammen. Wir haben bereits die metallische, zentrale Barysphäre erwähnt – umgeben von der felsigen Lithosphäre –, die selbst von den flüssigen Schichten der Hydrosphäre und von der Atmosphäre überdeckt ist. Seit Suess hat die Wissenschaft die gut begründete Gewohnheit, diesen vier aufeinandergefügten Oberflächen die lebende Hülle hinzuzufügen, die durch die pflanzlich-tierische Verfilzung des Erdballs gebildet wird: die Biosphäre, die ich hier so oft erwähnt habe; – die Biosphäre ist eine ebenso universelle Hülle wie die anderen «Sphären» und sogar viel deutlicher individualisiert als diese, da sie, wie aus einem einzigen Stück gemacht, anstatt eine mehr oder minder lockere Häufung darzustellen, eben das Gewebe genetischer Beziehungen bildet, das entfaltet und aufgerichtet den Baum des Lebens bildet.

Nachdem wir in der Geschichte der Evolution die neue Ära einer Noogenese erkannten und herausstellten, müssen wir eine dem entsprechende Unterscheidung auch in dem majestätischen Gefüge tellurischer Schichten treffen, um unserer Theorie eine angemessene Bestätigung zu geben. Wir stellen eine weitere Hülle fest. Rings um die Funken der ersten selbstbewußten Seelen das Anwachsen eines Feuerkreises. Der glühende Punkt hat sich erweitert. Das Feuer breitet sich immer mehr aus. Schließlich bedeckt die Glut den ganzen Planeten. Eine einzige Erklärung, ein einziger Name werden diesem großen Phänomen gerecht. Ebenso ausgedehnt, doch, wie wir sehen werden, noch mehr kohärent als alle vorausgehenden Schichten, ist es wirklich eine neue Schicht, die «denkende Schicht», die sich seit ihrer ersten Blüte am Ende des Tertiärs oberhalb der Welt der Pflanzen und Tiere ausbreitet: außer und über der Biosphäre eine *Noosphäre*.

Hier wird die Disproportion deutlich, die jede Klassifikation der Welt des Lebens fälscht (und indirekt jede Konstruktion der physischen Welt), in der der Mensch in der Ordnung der Begriffe nur als eine neue Gattung oder Familie auftritt. Irrtum in der Perspektive, der das Gesamtphänomen verzerrt und entwertet! Um dem Menschen in der Natur seinen wahren Platz anzuweisen, genügt es nicht, eine Abteilung mehr in den Gefächern der Systematik zu eröffnen – auch nicht eine neue Ordnung, selbst nicht ein neuer Stamm. Trotz der nur unbedeutenden anatomischen Umwandlung beginnt mit der Menschwerdung ein neues Zeitalter. Die Erde «kleidet sich neu». Besser noch, sie findet ihre Seele.

In ihrer wahren Tragweite für das Geschehen erscheint folglich die entwicklungsgeschichtliche Schwelle der Reflexion viel wichtiger als jeder andere zoologische Einschnitt, wäre es auch der, welcher den Ursprung der Tetrapoden oder sogar den der Metazoen bezeichnet. Unter den Stufen, die die Evolution nacheinander durchschritten hat, folgt die Geburt des Denkens im Range unmittelbar auf die Kondensation der chemischen Stoffe der Erde oder die Erscheinung des Lebens, und ist in ihrer Bedeutung nur mit diesen vergleichbar. Das menschliche Paradox löst sich, indem es über das Meßbare hinauswächst.

Diese Perspektive verleiht den Dingen zwar Fülle und Harmonie, verwirrt uns aber doch zunächst, denn sie widerspricht der Befangenheit und den Gewohnheiten, die uns geneigt machen, die Ereignisse an ihrer materiellen Seite zu messen. Auch scheint sie uns maßlos, denn da wir selbst im Menschlichen schwimmen wie ein Fisch im Meer, haben wir Mühe, mit Hilfe des Geistes daraus aufzutauchen, um seine Eigenart und seine Weite abzuschätzen. Doch sehen wir uns nur ein wenig besser um: dieses plötzliche Überschwellen der Gehirnfunktion, dieser biologische Vorsturm eines neuen lebenden Typus, der nach und nach jede andere Lebensform als die menschliche ausscheidet oder sich dienstbar macht, diese unaufhaltbare Flut von Feldern und Fabriken, dieser ungeheure, immer höhere Bau von Materie und Ideen. . . . Verkünden nicht alle diese Zeichen, die wir tagaus, tagein sehen, ohne zu versuchen, sie zu verstehen, daß sich auf der Erde etwas «planetarisch» geändert hat?

Ja, wenn wir uns einen Geologen vorstellen, der in weit späteren Zeiten unseren fossil gewordenen Erdball zu untersuchen trachtet, so würde er die erstaunlichste aller von der Erde erlittenen Umgestaltungen eindeutig zu Beginn jener Epoche ansetzen, die man sehr richtig die *psychozoische* genannt hat. Und sogar im gegenwärtigen Augenblick wäre für einen Marsbewohner, der die siderischen Strahlungen ebenso nach der psychischen wie nach der physikalischen Seite zu analysieren vermöchte, das erste charakteristische Zeichen, unter dem ihm unser Planet erschiene, weder das Blau seiner Meere noch das Grün seiner Wälder – sondern sicher das Phosphoreszieren seiner Denkkraft.

Die Erkenntnis, daß aller Wert, alle Aktivität, aller Fortschritt, die ursprünglich in dem kosmischen Fetzen enthalten waren, aus dem unsere Welt entstanden ist, sich jetzt in der «Krone» einer Noosphäre konzentriert finden, ist für unsere moderne Wissenschaft eine überaus wichtige Klarstellung.

Das aufschlußreichste Moment im Ursprung dieser Noosphäre ist (wenn wir sehen können) die Feststellung, daß das ungeheure Ereignis ihrer Geburt sich, infolge einer universellen und langen Vorbereitung, auf ganz *unmerkliche* Weise vollzogen hat.

Ganz still ist der Mensch in die Welt eingetreten.

II. DIE URFORMEN

Ganz still ist der Mensch in Szene getreten. . . .

Seit einem Jahrhundert ungefähr befaßt man sich mit dem wissenschaftlichen Problem der Ursprünge des Menschen, seit einem Jahrhundert leistet eine immer größere Arbeitsgemeinschaft von Forschern eine zähe Wühlarbeit, um den historischen Anfangspunkt der Menschwerdung zu finden; und ich kann keine ausdrucksvollere Formel finden als die obige, um die Entdeckungen der Vorgeschichte kurz zusammenzufassen. Je mehr sich die Funde menschlicher Fossile häufen, je klarer ihre anatomischen Charaktere und ihre geologische Aufeinanderfolge hervortreten – um so eindeutiger erkennt man dank einer unaufhörlichen Konvergenz aller Indizien und aller Proben, daß die «Spezies» Mensch, sei sie auch noch so einzigartig durch die Seinsstufe, auf die das Denken sie gehoben hat, dennoch im Augenblick ihres Erscheinens nichts in der Natur erschütterte. Ob wir sie nun in ihrer Umgebung ansehen, ob wir die Morphologie ihres Entwicklungsstammes betrachten, ob wir sie innerhalb der Gesamtstruktur ihrer Gruppe untersuchen, phyletisch taucht sie vor unseren Augen genau wie *jede beliebige* andere Gattung auf.

Zunächst: *In ihrer Umgebung.* Eine animalische Form, lehrt die Paläontologie, erscheint niemals allein. Sie bildet sich vielmehr im Innern eines Bündels benachbarter Formen, unter welchen sie gleichsam tastend Gestalt gewinnt. Dies gilt auch vom Menschen. In der gegenwärtigen Natur spielt der Mensch in zoologischer Hinsicht fast die Rolle einer isolierten Form. An seiner Wiege war er dichter umgeben. Heute können wir nicht mehr daran zweifeln: auf einer deutlich begrenzten, aber ungeheuren Fläche, die von Südafrika bis nach Südchina und dem Malaiischen Archipel reicht, waren am Ende des Tertiärs die Anthropoiden auf den Felsen und in den Wäldern viel zahlreicher als ihr heutiger Rest. Außer dem Gorilla, dem Schimpansen und dem Orang-Utan, jetzt in ihre letzten Unterschlüpfe zurückgedrängt – wie heute auch die Australier und die Negrillos – lebte damals eine Menge anderer großer Primaten. Und unter diesen Formen scheinen gewisse Typen, zum Beispiel der Australopithecus africanus, mehr hominoid gewesen zu sein als alles, was wir an Lebendem kennen.

Zweitens: *Die Morphologie des Stammes.* Außer an der Vielfalt der «Schwesterformen» errät der Naturforscher den Ursprung eines lebenden Zweiges an einer gewissen Konvergenz der Achse dieses Zweiges mit den Achsen der benachbarten Zweige. In der Nähe eines Knotens stehen die Blätter dichter beisammen. Erfaßt man eine Art im Werdezustand, so bildet sie nicht nur einen Strauß mit mehreren andern, sondern sie verrät auch ihre zoologische Verwandtschaft mit diesen viel deutlicher als auf der Reifestufe. Je weiter man einem Tierstammbaum in die Vergangenheit folgt, um so zahlreicher und deutlicher erscheinen an ihm die «primitiven» Züge. Auch hier folgt der Mensch im ganzen genau dem üblichen Ablauf der Phyletik. Es genügt der Versuch, vom heute lebenden Menschen abwärts den

Pithecanthropus und den Sinanthropus nach den Neandertaloiden anzusetzen. Der Paläontologie gelingt es nicht oft, eine so zufriedenstellende Aufeinanderfolge aufzuzeichnen.

Schließlich: *In der Struktur ihrer Gruppe.* Mag ein Phylum durch seine Merkmale auch noch so genau bestimmt sein, niemals läßt es sich wie ein reiner Strahl als etwas gänzlich Einfaches überraschen. So weit wir ihm auch bis in seine Tiefe folgen, verrät es eine innere Neigung, sich zu spalten und zu teilen. Kaum geboren, ja sogar im Augenblick der Geburt, zerbröckelt die Art bereits in Ab- oder Unterarten. Dies ist allen Naturforschern bekannt. Haben wir das gut gesehen, so wenden wir uns ein letztes Mal dem Menschen zu, dem Menschen, dessen angeborene Anlage, sich zu verzweigen, schon die Prähistorie, sogar die älteste, herausgefunden und bewiesen hat. Kann man bestreiten, daß er sich im Fächer der Anthropoiden absonderte, hierin den Gesetzen jeder belebten Materie unterworfen, und selbst eine Art Fächer bildete?

Nein, ich habe nicht übertrieben. Je genauer die Wissenschaft die Vergangenheit der Menschheit prüft, um so deutlicher wird deren Übereinstimmung *als Art* mit den Regeln und Rhythmen, die vor ihr jedes neue Knospen auf dem Baum des Lebens kennzeichneten. Aber wir müssen hier auch logischerweise bis ans Ende gehen – einen letzten Schritt machen. Da die Art «Mensch» bei ihrer Geburt allen anderen Phylen so ähnlich ist, haben wir keinen Grund, uns zu verwundern, daß unserer Wissenschaft bei ihr wie bei den übrigen Lebensformen die unfaßbaren Geheimnisse ihrer ersten Ursprünge entgehen. Hüten wir uns deshalb, durch schlecht gestellte Fragen diese natürliche Lage zu vergewaltigen und zu verfälschen.

Ganz still ist der Mensch in die Welt getreten, sagte ich. Ja, er ist so leise aufgetreten, daß erst seine unzerstörbaren Steinwerkzeuge, Spuren seiner vielfältigen Gegenwart, ihn bezeugen; und wir fangen erst an, ihn wahrzunehmen, da er schon vom Kap der guten Hoffnung bis Peking die alte Welt besiedelt. Gewiß spricht er schon und lebt er gruppenweise. Schon macht er Feuer an. Ist dies schließlich nicht genau das, was wir erwarten mußten? Wissen wir nicht, daß jede neue lebende Form, die sich vor unseren Augen aus den Tiefen der

Geschichte erhebt, schon völlig fertig vor uns hintritt und daß dann
ihre Zahl bereits Legion ist?

In den Augen der Wissenschaft, die – aus der Ferne – nur Gesamtheiten erfaßt, ist der «erste Mensch» *eine Menge* und kann nichts
anderes sein. Und seine Jugend zählt Tausende und Tausende von
Jahren.[1]

Diese Situation – daran ist nichts zu ändern – enttäuscht uns und
läßt unsere Neugier unbefriedigt. Interessieren wir uns nicht gerade
am meisten für die Ereignisse, die sich im Lauf dieser ersten tausend
Jahre abspielen konnten? Und noch viel mehr für das Besondere des
ersten Augenblicks? – Gern würden wir wissen, wie unsere ersten
Eltern aussahen, als das Ichbewußtsein den trennenden Graben eben
erst übersprungen hatte. Der Sprung, das habe ich schon merken
lassen, muß auf einmal geschehen sein. Stellen wir uns die Vergangenheit von Abschnitt zu Abschnitt photographiert vor: was würde
unser Film, wenn wir ihn entwickeln, von diesem entscheidenden
ersten Augenblick der Menschwerdung vor uns abrollen lassen?

Wenn wir verstanden haben, daß den Vergrößerungen des Instrumentes, mit dessen Hilfe wir den Himmel der Vergangenheit erfor-
schen, von der Natur Grenzen gesetzt sind, so werden wir auf diese
unnützen Wünsche verzichten. Wir werden sehen, weshalb. Keine
Photographie ist imstande, am menschlichen Phylum diesen Übergang zum Ichbewußtsein festzuhalten, der uns mit gutem Recht innerlich so sehr beschäftigt. Einfach, weil das Phänomen sich im
Innern dessen abgespielt hat, was einem rekonstituierten Phylum
immer mangelt: im Ansatzpunkt seiner Urformen.

Wenn es nun wahr ist, daß uns an diesem Ansatz die greifbaren
Formen entgehen, können wir wenigstens indirekt seine Zusammensetzung und ursprüngliche Struktur mutmaßen? Darüber hat die

---

[1] Deshalb scheint das Problem der *Monogenie* im engen Sinn (ich sage nicht:
Monophylie, vgl. unten) der Wissenschaft als solcher schon wegen seiner Natur
zu *entgehen*. – In den Tiefen der Zeiten, dort, wo wir die Menschwerdung ansetzen,
sind das Dasein und die Bewegungen eines einzigen Paares in keiner Vergrößerung
exakt erfaßbar und daher für unsere direkte Schau unentdeckbar. So könnte man
sagen, daß in *dieser Zwischenzeit* alles Platz hätte, was eine Erkenntnisquelle jenseits
wissenschaftlicher Erfahrung verlangen könnte.

Paläanthropologie noch keine feste Meinung. Aber man kann versuchen, zu einer Meinung zu gelangen.[1]

Mehrere Anthropologen, und nicht die geringsten, meinen, der Entwicklungsansatz unserer Rasse hätte sich aus mehreren verwandten, aber unterschiedlichen Bündeln zusammensetzen müssen. Wie aus dem Milieu des menschlichen Intellekts, wenn es zu einem bestimmten Grad der Vorbereitung und Spannung gelangt ist, dieselbe Idee an verschiedenen Orten zugleich auftauchen kann, so mußte nach ihrer Ansicht (und dies sollte tatsächlich dem allgemeinen Lebensablauf entsprechen) der Mensch oberhalb der «anthropoiden Schicht» des Pliozän in verschiedenen Gegenden zu gleicher Zeit beginnen. Keine eigentliche «Polyphylie», da sich ja die verschiedenen Keimpunkte auf derselben zoologischen Schicht befänden, sondern extensive Mutation dieser ganzen Schicht. «Hologenese» und daher Polyzentrie. Eine ganze Reihe von Menschwerdungspunkten längs einer subtropischen Zone der Erde verstreut. Und folglich verschiedene menschliche Entwicklungslinien, die genetisch irgendwo *unterhalb* des Ichbewußtseins miteinander verschmelzen. Nicht ein Herd, sondern «eine Front» der Evolution.

Ohne den Wert und die wissenschaftliche Wahrscheinlichkeit dieser Auffassung zu bestreiten, fühle ich mich persönlich zu einer etwas abweichenden Hypothese hingezogen. Mehrmals bereits wies ich nachdrücklich auf die sonderbare Eigentümlichkeit der zoologischen Zweige hin, daß sie Züge von offenbar besonderem und zufälligem Ursprung an sich tragen, als wären es wesentliche Merkmale: die dreihöckerigen Zähne und die sieben Halswirbel der höheren Säugetiere, die Vierfüßigkeit der Wirbeltiere, die laufen, die Eigenschaft der organischen Substanzen, entweder linksdrehend oder rechtsdre-

---

[1] Eine Idee davon, wie der Übergang zum Menschen in zoologischer Hinsicht vor sich ging, wird uns vielleicht im Fall des obenerwähnten Australopithecus vermittelt. In dieser Familie südafrikanischer Anthropomorphen aus dem Pliozän (offenbar eine Gruppe im Zustand aktiver Mutation) erscheinen eine ganze Reihe hominoider Merkmale auf einem Grund verstreut, der noch deutlich einer Affenart angehört. Hier erfassen wir vielleicht ein Bild oder gar ein schwaches Echo von den Vorgängen, die sich in einer anderen Gruppe von Anthropoiden zur selben Epoche oder sogar in unmittelbarer Nähe abgespielt haben und zu einer wirklichen Menschwerdung führten.

hend zu sein. Eben weil diese Züge sekundär und zufällig sind, sagte
ich, erklärt sich ihr allgemeines Vorkommen, in manchmal ungeheuren Gruppen, nur durch die Entfaltung dieser Gruppen aus einer
überaus eigenartigen und daher ganz vereinzelten Knospe. Zu Beginn findet sich vielleicht nichts als ein einfacher Strahl in einem Büschel als Träger einer Schicht oder sogar eines Stammes oder sogar
des ganzen Lebens. Oder wenn irgendeine Konvergenz mitgespielt
hat, so war dies nur unter äußerst eng benachbarten Fibern möglich.

Auf Grund dieser Überlegungen und angesichts der Homogenität
und Spezialisiertheit der Gruppe, die uns hier beschäftigt, möchte
ich die Einflüsse des Parallelismus für die Anfangsbildung des menschlichen Zweiges möglichst einschränken. Es scheint mir, daß er im
Geäst der höheren Primaten seine Fibern nicht hier und dort zusam-
menlesen mußte, Faser um Faser, ein wenig auf allen Strahlen. Nein,
ich glaube, daß er auf noch eindeutigere Weise als jede andere Art
und aufs beste die Ausbreitung und den Erfolg eines einzigen Zweiges
unter allen Zweigen darstellt. Dieser Zweig muß übrigens der mit-
telste des Büschels gewesen sein, denn er war der lebendigste und
abgesehen vom Gehirn der am wenigsten spezialisierte. In diesem
Fall würden sich alle menschlichen Entwicklungslinien, genetisch
nach unten verfolgt, in dem einen Punkt vereinen, wo das Ichbewußtsein entstand.[1]

Wenn wir nun annehmen, daß es an den Ursprüngen des Menschen
nur einen einzigen solchen Entwicklungsansatz gab, können wir
(immer noch ohne die Ebene des reinen Phänomens zu verlassen) über
seine Länge und seine vermutliche Breite etwas weiteres aussagen?
Muß man sich, wie Osborn, vorstellen, er habe sich tief unten, im
Eozän oder im Oligozän, in einen Fächer präanthropoider Formen
gespalten? Oder ist es vorteilhafter, mit K. W. Gregory in ihm einen
Strahl zu sehen, der erst im Pliozän aus dem anthropoiden Bündel
hervorging?

---

[1] Das heißt mit anderen Worten, daß die Wissenschaft vom Menschen für oder
gegen die Monogenie (ein einziges Paar am Anfang, vergl. Seite 188) direkt nichts
behaupten kann. Hingegen spricht sie sich, wie es scheint, entschieden zugunsten
einer Monophylie aus (ein einziges Phylum).

Noch eine andere und doch immer dieselbe Frage, immer noch vom Boden der reinen Erfahrung aus: Welchen *geringsten* Durchmesser an biologischen Möglichkeiten dürfen wir für diesen Strahl (ob er nun tief gehe oder nicht) vermuten, wenn wir ihn am Anfangspunkt der Menschwerdung betrachten? Wieviel Individuen mindestens (der Zahl nach) mußten zugleich die Metamorphose zum Denken erfahren, damit er «mutieren», widerstehen und leben konnte? Mag man die Gattung auch noch so monophyletisch vermuten, macht sie sich nicht immer nur durch Massenwirkung bemerkbar – wie eine diffuse Strömung im Innern eines Flusses? Oder aber geht sie von einzelnen Teilchen aus wie die Kristallisation, und pflanzt sich von Einheit zu Einheit fort? Ich habe schon davon gesprochen, als ich die allgemeine Theorie der Phylen skizzierte. Die beiden Bilder (deren jedes vielleicht zu seinem Teil richtig ist) stehen in unserm Geist vorläufig miteinander im Wettstreit mit dem, was sie jeweils vorteilhaft und anziehend macht. Warten wir geduldig auf das Zustandekommen ihrer Synthese.

Warten wir geduldig. Und erinnern wir uns, um uns in Geduld zu fassen, an folgende zwei Überlegungen.

Erstens: es entspricht jeder beliebigen Hypothese, daß der Mensch, und sei er auch noch so isoliert erschienen, aus einer allgemeinen Tastbewegung der Erde hervorgegangen ist. Er entstammt in direkter Linie einer Totalanstrengung des Lebens. Hierin liegt die überragende Würde und der richtungweisende Wert unserer Art. Wir haben für unseren Verstand und für unser Tun im Grunde nicht nötig, noch mehr zu wissen.

Zweitens: das Problem der Ursprünge ist gewiß faszinierend; doch wäre es auch im einzelnen gelöst, es würde doch das Problem des Menschen nicht lösen. Mit gutem Recht betrachten wir die Entdeckung der fossilen Menschen als einen der erhellendsten und entscheidendsten Züge der modernen Forschung. Dennoch dürfen wir uns über die Grenzen, denen die Erforschungsweise der Embryogenese auf allen Gebieten begegnet, keine Illusionen machen. Der Embryo eines jeden Wesens ist schon in seinem Aufbau gebrechlich, rasch veränderlich und folglich in der Vergangenheit praktisch unfaßbar;

doch um wieviel unbestimmter und unlesbarer sind erst seine Ge-
sichtszüge! Die Wesen enthüllen sich nicht in ihren Keimen, sondern
in ihrer Reife. An der Quelle sind auch die größten Flüsse nur
schmale Bächlein.

Um die wahrhaft kosmische Weite des Phänomens Mensch zu erfassen, mußten wir seinen Wurzeln durch das Leben hindurch folgen,
bis zu den tiefsten Schichten, die die Erde um sich gebildet hat. Doch
wenn wir die spezifische Natur des Menschen verstehen und sein Geheimnis erraten wollen, gibt es keine andere Methode als zu betrachten, was das Denkvermögen bereits für Ergebnisse erzielt hat und
welche es *für die Zukunft* ankündigt.

ZWEITES KAPITEL

DIE ENTFALTUNG DER NOOSPHÄRE

Nur in dichten Massen schreitet das Leben fort, denn nur so kann es die zu seinen Tastversuchen notwendigen Kontakte vervielfältigen und seine vielgestaltigen Reichtümer aufstapeln. Zumal wenn sein Lauf aus den engen Schluchten hervorbricht, in denen eine Mutation es sozusagen erdrückte. Denn je enger die Klamm, der es sich entwindet, je weiter die Fläche, die es mit seiner Flut bedecken soll – mit um so größerer Notwendigkeit muß es sich in Mengen wiederherstellen.

So müht sich die Menschheit also unter dem Antrieb eines dunklen Instinkts, rings um das enge Gebiet ihres Auftauchens über die Ufer zu treten und die Erde zu überschwemmen. Das Denken vervielfacht sich, um über alle anderen Lebensformen emporgehoben jeden bewohnbaren Raum zu erobern. Der Geist, anders gesagt, webt den Teppich der Noosphäre und breitet ihn aus. Diese Anstrengung der Vermehrung und Ausbreitung schließt für den, der zu sehen weiß, letzten Endes die ganze Vorgeschichte und die ganze Geschichte des Menschen von den Anfängen bis in unsere Zeit in sich und macht sie verständlich.

Versuchen wir, in einigen Strichen die Phasen oder Wogen dieses Vordringens in ihrer Aufeinanderfolge darzustellen *(Abb. 4)*.

I. DIE VERZWEIGTE PHASE DER PRÄHOMINIDEN

Unmittelbar vor dem Ende des Pliozän[1] scheint eine weitreichende Aufstiegsbewegung, ein Ruck nach oben die kontinentalen Massen

---

[1] Genauer gesagt, am Ende der Villafranca-Epoche. Viele Geologen setzen diese letzte Stufe bereits außerhalb des Pliozän an und machen daraus das wahre Frühquartär: das ist schließlich nur eine Frage der Einteilung.

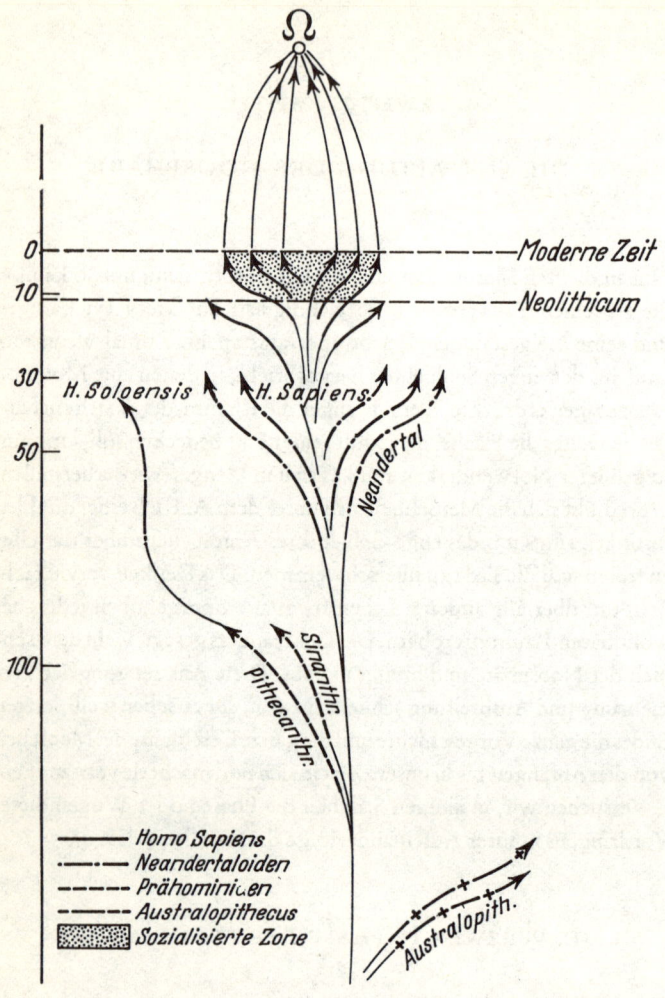

Abb. 4. Schematisch-symbolische Darstellung der Entwicklung der menschlichen Schicht. Die Ziffern links zählen die Jahrtausende. Sie stellen ein
Minimum dar und müßten sicher mindestens verdoppelt werden. Die
hypothetische Konvergenzzone, die sich nach Omega hin erstreckt, ist
natürlich nicht maßstäblich erfaßbar. Nach Analogie mit den anderen
lebenden Schichten müßte man ihre Dauer nach Jahrmillionen berechnen.

der Alten Welt vom Atlantischen bis zum Pazifischen Ozean ergriffen zu haben. In dieser Epoche leeren sich fast überall die Becken, die Schluchten furchen sich und zähe angeschwemmte Massen verbreiten sich in den Ebenen. Vor diesem großen Wechsel ist noch nirgends eine sichere Menschenspur identifiziert worden. Kaum ist er beendet, so finden sich behauene Steine unter den Kieseln fast aller Erderhöhungen Afrikas, Westeuropas und Südasiens.

Vom frühquartären Menschen, dem Zeitgenossen und Urheber dieser ersten Werkzeuge, kennen wir bis jetzt nur zwei fossile Vertreter, aber wir kennen sie gut: den Pithecanthropus aus Java – lange nur durch eine Schädeldecke vertreten, wurden von ihm kürzlich viel befriedigendere Teilstücke gefunden – und den Sinanthropus aus China, der im Lauf der letzten zehn Jahre in zahlreichen Exemplaren entdeckt wurde. Zwei so eng verwandte Wesen, daß die Natur eines jeden der beiden im Ungewissen bliebe, wenn wir sie nicht glücklicherweise miteinander vergleichen könnten, um sie zu verstehen.[1]

Was lehren uns diese ehrwürdigen Reste, die zumindest ihre hundert- oder zweihunderttausend Jahre alt sind?

In einem Punkt stimmen die Anthropologen heute überein: bei dem Pithecanthropus ebenso wie bei dem Sinanthropus haben wir es mit Formen zu tun, die *ihrer Anatomie nach* bereits durchaus den Hominiden angehören. Legt man ihre Schädel in eine Reihe zwischen die der größten Affen und die der gegenwärtigen Menschen, so erscheint unleugbar eine morphologische Trennungslinie, eine Leere zwischen ihnen und den Anthropoiden, wogegen sie mit der Gruppe der Menschen ein natürliches Ganzes bilden. Relativ kurzes Gesicht, relativ geräumige Hirnschale: beim Menschen von Trinil sinkt der Fassungsraum des Gehirns kaum unter 800 ccm, und beim Menschen von Peking steigt er bei den größten männlichen Vertretern[2] bis zu 1100. Der Unterkiefer ist vorn an der Knochenfuge wesentlich nach dem anthropischen Typ gebaut. Schließlich und vor allem: freie

[1] Der Einfachheit halber sage ich hier nichts über den Homo Heidelbergensis. Sein Kinnbacken ist zwar alt und interessant, aber wir kennen ihn nicht gut genug, um ihm in anthropologischer Hinsicht seinen gebührenden Platz anzuweisen.

[2] Bei den großen heute lebenden Anthropoiden steigt der Fassungsraum des Gehirns nicht über 600 ccm.

Vorderglieder und aufrechte Haltung auf zwei Beinen. Nach diesen Zeichen ist es klar, daß wir uns ganz entschieden auf der Aufstiegslinie zum Menschen befinden.

Und doch, obgleich Hominiden, waren Pithecanthropus und Sinanthropus, nach ihrer Physiognomie zu schließen, noch fremdartige Geschöpfe, wie seit langem keine mehr auf Erden existieren. Ein länglicher Schädel, stark eingeschnürt hinter den mächtigen Augenwülsten. Ein flacher Schädel, dessen Querschnitt nicht eiförmig oder fünfeckig ist wie bei uns, sondern einen in Ohrenhöhe weit geöffneten Bogen beschreibt. Ein Schädel mit äußerst dicken Dachknochen, bei dem die Hirnschale keinen hinteren Höcker bildet, sondern rückwärts von einem dicken Hinterhauptwulst umschlossen wird. Schließlich ein mit vorstehenden Kiefern versehener Schädel, an dem die Kieferbogen vorspringen, und zwar innerhalb einer Unterkiefer-Symphyse, die nicht nur des Kinns entbehrt, sondern sogar zurückspringt.

Und dann, um das Bild zu vollenden, ein äußerst bezeichnender sexueller Dimorphismus: die weiblichen Formen klein, mit eher zarten Zähnen und Kinnbacken, die männlichen stämmig, mit kräftigen Mahl- und Eckzähnen. Kann man nach diesen verschiedenen Merkmalen, die keineswegs Mißgeburten anzeigen, sondern einen gut angelegten und gut ausgeglichenen Körperbau zum Ausdruck bringen, die anatomische Konvergenz verkennen, die nach unten zur «Affenwelt» weist?

Alles in allem können wir in bezug auf den Menschen von Trinil und den Menschen von Peking bereits mit wissenschaftlichem Nachdruck sagen, daß wir dank diesem Doppelfund im Innern der Menschheit einen morphologischen Einschnitt, ein Entwicklungsstadium und eine zoologische Gruppe mehr kennen.

Einen morphologischen Einschnitt: denn auf der Strecke, die zum Beispiel einen Weißen von einem Schimpansen trennt, befinden sie sich mit ihren Schädelformen beinahe genau auf der Mitte des Weges.

Und auch ein Entwicklungsstadium: denn – ob sie nun in der heutigen Welt direkte Nachkommen haben oder nicht – sie stellen wahrscheinlich einen Typus dar, durch den der moderne Mensch in einem bestimmten Zeitpunkt im Lauf seiner Phylogenese hindurch mußte.

Schließlich eine zoologische Gruppe: denn wenn diese auch auf den äußersten Rand Ostasiens beschränkt war, so gehörte sie offenbar doch zu einer viel umfassenderen Gesamtheit, auf deren Natur und Struktur ich ein wenig später zurückkommen werde.

So sind der Pithecanthropus und der Sinanthropus weit mehr als zwei interessante anthropologische Typen. Hinter ihnen ahnen wir eine ganze Menschheitswoge.

Die Paläontologen haben also abermals ihren Sinn für die natürlichen Perspektiven des Lebens bewiesen, indem sie diese sehr alte und sehr primitive Menschenschicht als besondere natürliche Einheit abgrenzten. Sie haben für sie sogar den Namen «Prähominiden» geschaffen. Eindrucksvolle und richtige Bezeichnung, wenn man an den anatomischen Fortschritt der Formen denkt. Aber eine Bezeichnung, welche die psychische Diskontinuität, in der wir das Entscheidende der Menschwerdung erblicken mußten, gefährlich verschleiert oder verkennt. – Bezeichnet man den Pithecanthropus und den Sinanthropus als Prähominiden, so könnte man damit sagen wollen, sie seien noch nicht völlige Menschen – was in meiner Ausdrucksweise bedeuten würde, sie hätten die Schwelle zum Ichbewußtsein noch nicht überschritten. Mir hingegen scheint es viel wahrscheinlicher, daß sowohl der eine wie der andere im vollen Sinn des Wortes bereits intelligente Wesen waren, wenn sie auch auf dieser Ebene bei weitem noch nicht die Stufe erreicht hatten, auf der wir uns befinden.

Daß sie dies waren, scheint mir zunächst eine Forderung des allgemeinen Ablaufes der Phylogenese. Eine so grundlegende Mutation wie das Denken, die der ganzen menschlichen Gruppe ihren spezifischen Auftrieb gibt, kann meiner Ansicht nach nicht mitten auf dem Weg, auf halber Höhe ihres Wachstums, aufgetaucht sein. Der ganze Bau hängt von ihr ab. Ihr Platz ist daher *unterhalb* jedes erkennbaren Büschels in den unerreichbaren Tiefen des Stiels – und daher unterhalb von Wesen, die, wenn sie auch nach ihrer Schädelbildung Prähominiden sind, doch bereits mit Bestimmtheit *oberhalb* des Ursprungspunktes und Entfaltungsbeginns unserer Menschheit stehen.

Es läßt sich sogar noch mehr dazu sagen.

Wir kennen noch keine Spur von Handarbeit, die mit den Resten des Pithecanthropus in direkter Verbindung stünde. Das liegt an der Bodenbeschaffenheit: in der Umgebung von Trinil finden sich die Fossilien als von Flüssen in einen See fortgeschwemmte Knochenreste. Bei Peking hingegen, wo der Sinanthropus in einer verschütteten Höhle am Ort seines Unterschlupfs überrascht wurde, gibt es, mit verbrannten Knochen vermengt, Steinwerkzeuge in Menge. Soll man in diesen Erzeugnissen (die manchmal, wie ich zugeben muß, von erstaunlicher Qualität sind) nach einer Anregung Boules Spuren eines anderen, unbekannten Menschen sehen, dem der Sinanthropus, der also nicht selbst «faber» war, zur Jagdbeute gedient hätte? Solange von diesem hypothetischen Menschen kein Knochen gefunden ist, scheint mir die Idee unbeweisbar und letzten Endes unwissenschaftlich. Der Sinanthropus hat bereits Steine zugehauen und Feuer gemacht. Bis zum Beweis des Gegenteils gehören diese beiden Fähigkeiten, ebensogut wie das Ichbewußtsein, zu den unerläßlichen integrierenden Eigenschaften des «Stiels». Diese drei Elemente, untrennbar miteinander verbunden, finden sich überall zugleich mit der Menschheit. So ist, objektiv betrachtet, die Situation.

Wenn dem so ist, dann sehen wir, daß die Prähominiden, wenngleich ihre osteologischen Merkmale so sehr an die der Anthropoiden anklingen, in psychischer Hinsicht uns viel näher waren – und folglich in phyletischer Hinsicht viel weniger jung und primitiv, als wir dachten. Denn schließlich hat ja die Entdeckung des Feuers und die Kunst, ein schneidendes Werkzeug zu bilden, Zeit gekostet. So daß hinter ihnen noch genügend Platz bliebe für mindestens eine andere menschliche Gruppe, die wir am Ende vielleicht in der Villafranca-Epoche finden werden.

Zur selben Zeit wie der Pithecanthropus und der Sinanthropus lebten gewiß, wie wir oben sagten, noch andere Homininen, die zum selben Stadium ihrer Entwicklung gelangt waren. Von diesen besitzen wir bisher leider nur unzureichende Reste: der berühmte Kinnbacken von Mauer in Deutschland gehört vielleicht hierher und in Ostafrika der schlecht erhaltene Schädel des Africanthropus. Das genügt nicht, um die allgemeine Physiognomie der Gruppe zu bestimmen. Immerhin kann über das, was wir gerne wissen möchten, eine Beobachtung indirekt zu unserer Aufklärung dienen.

Vom Pithecanthropus kennen wir jetzt zwei Arten: die eine ist relativ klein, die andere viel kräftiger und «brutaler». Dazu kommen noch zwei deutliche Riesenformen: in Java durch ein Kinnbackenfragment vertreten und in Südchina durch einzelne Zähne. Das macht mit dem Sinanthropus (für dieselbe Epoche und auf demselben Festlandssaum) im ganzen fünf verschiedene, sicher verwandte Typen.

Legt diese Vielfalt benachbarter Formen, die sich auf einem schmalen Streifen so eng beisammen finden, und auch diese merkwürdige, gemeinsame Tendenz zur Riesenhaftigkeit nicht die Idee nahe, es handle sich um einen abgetrennten «Strahl» oder eine zoologische Randschicht, die sozusagen auf eigengesetzliche Weise für sich selbst mutiert? Und hatte, was damals in China und im malaiischen Archipel geschah, nicht im selben Augenblick anderswo seine Entsprechung, bei anderen Strahlungen weiter im Westen?

In diesem Fall müßte man sagen, daß die Gruppe Mensch in zoologischer Hinsicht im Frühquartär eine nur wenig zusammenhängende Gesamtheit bildete, in der die bei anderen animalischen Gruppen übliche divergente Struktur noch vorherrschte.

Doch ganz gewiß gruppierten sich schon in den zentraleren Gebieten der Kontinente[1] die Elemente einer neuen, kompakteren menschlichen Woge, die nur darauf wartete, diese altertümliche Welt abzulösen.

II. DIE GRUPPE DER NEANDERTAL-MENSCHEN

Nach dem Frühquartär fällt der Vorhang für die Geologie. Während des Zwischenakts falten sich die Ablagerungen von Trinil. Die roten Erdmassen Chinas bilden Schluchten und erwarten ihren dicken Man-

---

[1] Vielleicht unter den Bevölkerungen (von noch unbekanntem anatomischen Typus!), deren zweiseitig bearbeitete Werkzeuge man im älteren Pleistozän vom Kap bis zur Themse und von Spanien bis Java verfolgen kann.

tel von gelbem Löß. Afrika spaltet sich noch etwas mehr. An anderen
Stellen rücken die Eismassen vor und ziehen sich wieder zurück.
Wenn sich der Vorhang wieder hebt und wir die Bühne sehen können – das ist etwa 60000 Jahre her – sind die Prähominiden verschwunden.

Der Schauplatz der Erde wird jetzt von den Neandertalmenschen
eingenommen.

Von dieser neuen Menschheitsform kennen wir schon viel zahlreichere Fossilien als von der vorhergehenden Epoche. Gewiß infolge
der größeren Nähe. Aber auch infolge der Vermehrung. Allmählich
verbreitet und verdichtet sich das Netz der Denkfähigen. . . .

Zahlenmäßiger Fortschritt. Zugleich auch Fortschritt in der Menschwerdung.

Dem Pithecanthropus und dem Sinanthropus gegenüber konnte
sich die Wissenschaft noch unsicher fühlen und sich fragen, was denn
das für ein Wesen sei, dem sie da begegnete. Für das mittlere Quartär –
mit Ausnahme einer Minute des Zweifels vor dem Schädel von Spy
oder der Schädeldecke vom Neandertal – hat man nie ernstlich in
Frage gestellt, daß wir uns vor Spuren befinden, die Vertreter unserer
Rasse zurückgelassen haben. Weitgehende Gehirnentwicklung,
Werkzeugherstellung in den Höhlen und – zum erstenmal – unleug-
bare Beispiele von Bestattung. Alles, was einen wirklichen Menschen
kennzeichnet und bezeugt.

Also ein wirklicher Mensch – und doch ein Mensch, der uns noch
nicht völlig glich.

Im allgemeinen ein länglicher Schädel. Eine niedere Stirn. Knochige und vorspringende Augenwülste. Noch merklich vorstehende
Kiefer. Keine Eckzahnvertiefungen. Kein Kinn. Klobige Zähne ohne
deutlichen Zahnhals zwischen Krone und Wurzel. . . . Jeder Anthropologe identifiziert nach diesen verschiedenen Merkmalen auf
den ersten Blick die fossilen Reste eines europäischen Neandertalers.
Selbst unter Australiern und Ainus existiert nichts mehr auf Erden,
womit man sie verwechseln könnte. In bezug auf die Menschen von
Trinil und Peking zeigt sich, wie ich sagte, ein offenbarer Fortschritt.
Aber nach der anderen Seite, in bezug auf den modernen Menschen,

ist der Abstand fast ebenso groß. Also ist eine neue morphologische Stufe zu verzeichnen, ein neues Entwicklungsstadium zu unterscheiden. Aber auch unvermeidlich auf Grund der Gesetze der Phylogenese ein neues zoologisches Büschel zu vermuten – dessen Vorhandensein von der Prähistorie im Lauf der vergangenen Jahre auch immer wieder festgestellt wurde.

Als in Westeuropa die ersten Schädel aus der «Mousterien-Kultur» entdeckt wurden und als eindeutig erwiesen war, daß diese Knochenreste weder von Idioten noch von Degenerierten stammten, kam den Anatomen ganz natürlich die Vorstellung, die Erde sei zur Zeit des mittleren Paläolithikums von Menschen bevölkert gewesen, die genau dem Typus des «Neandertalers» entsprachen. So erklärt sich vielleicht eine gewisse Enttäuschung, als man feststellte, daß die inzwischen zahlreicher gewordenen Funde die Einfachheit dieser Hypothese nicht bestätigten. – Tatsächlich ist die immer deutlicher hervortretende Verschiedenheit der Neandertaloiden genau das Phänomen, auf das wir hätten gefaßt sein müssen. Sie ist es, die schließlich – wie wir heute sehen – dieser Gruppe ihr Interesse und ihre wahre Physiognomie sichert.

Nach dem heutigen Stand unserer Wissenschaft kann man unter den sogenannten «neandertaloiden» Formen zwei verschiedene Gruppen erkennen, deren jede ein anderes Stadium phyletischer Entwicklung ausdrückt: eine Gruppe von Endformen und eine Frühgruppe.

a) *Zunächst die Endgruppe.* Hier überleben sich und erlöschen die verschiedenen mehr oder weniger autonomen «Strahlen», die wahrscheinlich, wie wir sagten, das Büschel der Prähominiden bildeten. Auf Java der Mensch vom Solo, ein direkter, kaum veränderter Abkömmling der Menschen von Trinil.[1] In Afrika der äußerst rohe Mensch von Rhodesien. In Europa schließlich, wenn ich nicht irre,

---

[1] Der *Homo soloensis*, den man in großer Zahl in den horizontalen, die gefalteten Schichten von Trinil nivellierenden Terrassen gefunden hat, war scheinbar nichts anderes als ein großer Pithecanthropus mit gewölbterem Schädel. Ein in der Paläontologie fast einzigartiger Fall, denn man kann hier dasselbe Phylum am selben Ort durch die geologische Unterschiedlichkeit hindurch an zwei verschiedenen Stellen seiner Entwicklung erfassen.

eben der Mensch vom Neandertal, der trotz seiner beträchtlichen und nachhaltigen Verbreitung über ganz Westeuropa nur das letzte Blätterwerk eines absterbenden Zweiges darzustellen scheint.

b) Doch zugleich auch eine *Frühgruppe.* Die Pseudo-Neandertaloiden, noch verschwommen wie ein Sternnebel, mit ihren noch immer recht primitiven Zügen, und doch schon entschieden fortgeschrittener oder für den Fortschritt empfänglicher: runderer Kopf, weniger vorspringende Augenwülste, besser kenntliche Eckzahnvertiefungen, manchmal schon beginnende Kinnbildung. So der Mensch von Steinheim. So die Menschen von Palästina. Ohne Frage Neandertaloiden, aber uns schon so viel näher! Ein im Fortschritt begriffener, aber noch schlummernder Zweig, in Erwartung seines baldigen Aufwachens, möchte man sagen.

Stellen wir diese dreifache Verzweigung geographisch und morphologisch in helles Licht. Sogleich bildet sie keinen verwirrenden Komplex mehr, sondern zeichnet eine uns vertraute Anordnung. Blätter, die zum Fallen bereit sind, Blätter, die noch voll entfaltet sind, aber doch schon zu gilben beginnen, Blätter, die noch zusammengerollt sind, aber schon kräftig im Innern der Palme stehen: die volle, fast ideale Gruppierung eines zoologischen Fächers.

III. DER KOMPLEX HOMO SAPIENS

In der Botanik ruft es unser größtes Erstaunen hervor, wenn zu Beginn der Kreidezeit die Welt der Cycadeen und Coniferen plötzlich verschwindet und von einem Wald von Angiospermen überwuchert wird: Platanen und Eichen ... die meisten unserer heutigen Arten verbreiten sich von irgendeiner unbekannten Gegend der Erde her wellenartig über die Flora der Juraformation. Ebenso staunt der Anthropologe, wenn er den Moustier-Menschen und den Menschen des Cro-Magnon oder Aurignac in Höhlen findet, die nur durch einen Stalagmitboden voneinander getrennt und übereinandergelagert sind. Hier liegt tatsächlich keinerlei geologischer Einschnitt vor. Und dennoch haben wir es mit einer grundlegenden Verjüngung der

Menschheit zu tun. Infolge des feindseligen Klimas oder aus Gründen seelischer Unrast kommt es plötzlich nach den Neandertaloiden zur Ausbreitung des *Homo Sapiens.*

Woher kam dieser neue Mensch? Einige Anthropologen wollen in ihm das Endergebnis gewisser, schon in früheren Epochen entdeckter Stammbäume sehen – so zum Beispiel den direkten Abkömmling des Sinanthropus. Aus ganz bestimmten technischen Gründen und mehr noch in Analogie zu der gesamten Entwicklung muß man die Dinge anders betrachten. Ohne Zweifel mußte der Mensch des Spätpaläolithikums irgendwo und *auf seine Weise* durch eine Prähominidenphase und dann durch eine Neandertaloidenphase hindurchgehen. Doch, hierin den Säugetieren, den Trituberculaten und allen anderen Phyla gleich, scheint er während des vielleicht beschleunigten Verlaufs dieser Embryogenese unserer Schau zu entgehen. Eher Überlagerung und Ersetzung als Kontinuität und Verlängerung: *das Gesetz der Ablösung* beherrscht auch hier die Geschichte. Ich neige zu der Vorstellung, der Neuankömmling sei einer autonomen, lange verborgenen, wenn auch heimlich aktiven Entwicklungslinie entsprossen, die eines Tages triumphierend zwischen allen anderen auftauchte – und zwar inmitten jener Pseudo-Neandertaloiden, deren lebenskräftige und vermutlich sehr alte Gruppe wir vorhin erwähnt haben. Was immer man annehmen mag, eines ist sicher und allgemein anerkannt: der Mensch, den wir am Ende des Quartärs auf der Erde wahrnehmen, ist wirklich bereits der heutige Mensch – und zwar in jeder Hinsicht.

Anatomisch zunächst, ganz ohne Zweifel. Eine hohe Stirn, keine Überaugenwülste, höher gewölbte Scheitelbeine; der Hinterkopfkamm ist schwach ausgebildet und unter das darüber gewölbte Gehirn zurückgezogen; der Unterkiefer ist zierlich und hat ein vorspringendes Kinn; alle diese Züge, die man an den letzten Höhlenbewohnern so deutlich wahrnehmen kann, sind ganz bestimmt die unseren. So sehr die unseren, daß sich von nun an der Paläontologe, der gewöhnt ist, nach deutlichen morphologischen Unterschieden zu arbeiten, nicht mehr ganz sicher fühlt, wenn er die Reste des fossilen Menschen voneinander und vom heute lebenden Menschen unterscheiden soll. Dieser heiklen Aufgabe genügen seine Methoden und sein Augenmaß nicht mehr; nunmehr muß er der Technik der umsichtigsten Anthropologie (und ihren kühnen Theorien) das Feld räumen. Es geht nicht mehr darum, die aufsteigenden Horizonte des Lebens in ihren großen Linien zu rekonstruieren. Es geht um die Analyse ineinander verfilzter Nüancen, aus denen sich unser Vordergrund zusammensetzt; er erstreckt sich auf eine Dauer von kaum dreißig Jahrtausenden. Dreißigtausend Jahre. An unserer Lebenszeit gemessen eine lange Periode. Doch eine Sekunde für die Evolution. Während dieses Zeitabschnitts bemerken wir, was den Bereich der Knochenkunde betrifft, keinen nennenswerten Einschnitt in der Entwicklung des menschlichen Phylums, und sogar im Fortschritt der somatischen Verzweigung zeigt sich bis zu einem gewissen Punkt keine *bedeutsame* Veränderung.

Denn hier erreicht unser Staunen seinen Höhepunkt. An sich ist es ja ganz natürlich, wenn der Stamm des *homo sapiens fossilis*, gleich an seinem Ursprung untersucht, durchaus nicht einfach ist und in seiner Zusammensetzung und der Divergenz seiner Fibern die strukturelle Vielfalt eines Fächers aufweist. Wir wissen bereits, daß dies der Anfangszustand jedes am Lebensbaum erscheinenden Phylums ist. Doch wir hätten zumindest in diesen Tiefen mit einem Bündel relativ primitiver und allgemeiner Formen rechnen können: etwas, das in bezug auf die Form als Vorläufer unserer heutigen Rassen gelten könnte. Doch wir stoßen eher auf das Gegenteil. Denn was waren sie tatsächlich (soweit man nach den Knochen Vermutungen über Fleisch und Haut äußern kann), was waren denn zur Zeit des Rentiers die ersten Vertreter des neuen, eben erblühten menschlichen Büschels? Nichts anderes, als was heute noch in ungefähr denselben Gebieten auf Erden lebt. Schwarze, Weiße, Gelbe (höchstens eine Vorstufe der Schwarzen, der Weißen, der Gelben) – und diese verschiedenen Gruppen sind bereits im großen und ganzen vom Süden bis zum Norden und vom Westen bis zum Osten in ihren gegenwärtigen geographischen Zonen angesiedelt. Dieses Bild zeigt uns von Europa bis China die alte Welt am Ende der letzten Eiszeit. – Wenn wir also am Menschen des jüngeren Paläolithikums sei es die wesentlichen Züge seiner Anatomie feststellen, sei es den Hauptlinien seiner Ethnographie folgen, so entdecken wir wahrhaft uns selbst und unsere eigene Kindheit. Nicht nur bereits das Skelett des heutigen Menschen, sondern die Hauptmerkmale der heutigen Menschheit. Wir sehen dieselbe Grundform des Körpers, im Grunde dieselbe Verteilung der Rassen. Dieselbe (zumindest angedeutete) Tendenz der ethnischen Gruppen nach Vereinigung in einem zusammenhängenden Ganzen, über alle Divergenz hinweg. Und (wie sollte dies jetzt nicht notwendig folgen) im wesentlichen dasselbe Streben im Grund der Seelen.

Bei den Neandertaloiden erkannten wir als Ausdruck eines deutlichen psychischen Fortschritts neben anderen Merkmalen die ersten Begräbnisstätten in den Höhlen. Selbst den ausgeprägtesten Neandertalern billigt man einstimmig die Flamme einer wirklichen Intelligenz zu. Immerhin scheint die Aktivität ihres Verstandes weitestgehend von den Sorgen um das Weiterleben und die Fortpflanzung aufgebraucht worden zu sein. Sollten sie mehr besessen haben, so haben wir davon keine Kenntnis oder können dies an nichts erkennen. Was mögen wohl diese entfernten Vettern gedacht haben? Davon haben wir keine Ahnung. Im Zeitalter des Rentiers hingegen, mit dem *Homo sapiens*, erscheint ein endgültig freigewordenes Denken, das sich in voller Ursprünglichkeit an den Wänden der Höhlen zum Ausdruck bringt. Die Neuankömmlinge brachten die Kunst mit sich – eine noch naturalistische Kunst, aber schon erstaunlich vollendet. Und dank der Sprache dieser Kunst können wir zum erstenmal geradewegs in das Bewußtsein der verschwundenen Wesen eindringen, deren Knochen wir zutage fördern. Welch erstaunliche geistige Nähe, bis in die geringste Kleinigkeit! Sind die Riten, die wir in Rot und Schwarz auf den Grottenwänden in Spanien, in den Pyrenäen, im Perigord dargestellt sehen, nicht noch vor unseren Augen in Afrika, in Ozeanien und sogar in Amerika lebendig? Was für ein Unterschied besteht zum Beispiel, wie man richtig bemerkt hat, zwischen einem Zauberer der «Trois-Frères»-Höhle in seiner Hirschfell-Verkleidung und dieser oder jener ozeanischen Gottheit? ... Doch ist das noch nicht das Wichtigste. Wir können uns irren, wenn wir die Hand-

abdrücke, die behexten Bisons, die Fruchtbarkeitssymbole, in denen
sich die Besorgnisse und die religiösen Gefühle eines Aurignac- oder
Magdalenien-Menschen ausdrückten, nach unseren modernen Ansichten deuten. Hingegen können wir uns nicht täuschen, wenn wir
bei den Künstlern dieser fernen Epoche an der Vollkommenheit der
Bewegung und der Gestalten, wie auch am überraschenden Spiel der
ziselierten Ornamente die Gabe der Beobachtung, die Neigung zum
Phantastischen, die Lust am Schaffen wahrnehmen: Blüten eines
Bewußtseins, das nicht nur sich selbst erfaßt, sondern aus sich selbst
überströmt. So hat uns die Untersuchung der Skelette und der Schädel
nicht enttäuscht. Im jüngeren Quartär zeigt sich uns bereits der
heutige Mensch im vollen Sinn des Wortes; zwar noch nicht erwach-
sen, aber doch schon «verständig». Von diesem Augenblick an ist
sein Hirn ebenso vollendet wie das unsere. So sehr, daß sich anscheinend seit dieser Epoche das organische Instrument unserer Denkfähigkeit durch keine meßbare Veränderung weiter vervollkomm-
net hat.

Sollte also mit dem Menschen am Ende des Quartärs die Evolution
zum Stillstand gekommen sein?

Durchaus nicht! Wir wollen unserem Urteil über das, was in der
Verborgenheit unserer Nervensysteme sich unmerklich weiterentwickeln mag, nicht vorgreifen. Aber auf jeden Fall ist die Evolution
seither über die anatomische Formung weit hinausgegangen, um mit
ihrem lebendigsten Teil auf jene Zonen überzugreifen oder sich vielleicht sogar ganz in sie zu verlegen, die, sei es individuell oder kollektiv, der psychischen Spontaneität angehören.

Von nun an wird es unsere Aufgabe sein, sie fast ausschließlich in
dieser Form zu erkennen und zu verfolgen.

IV. DIE METAMORPHOSE DES NEOLITHIKUMS

In der Geschichte der lebenden Phylen, zumindest innerhalb der
höheren Tierwelt, wo die Beobachtung des Vorgangs leichter ist,
zeigt sich die Gemeinschaftsbildung verhältnismäßig spät. Sie voll-

zieht sich bei vollendeter Reife. Aus Gründen, die aufs engste mit der Denkfähigkeit zusammenhängen, ist diese Umwandlung beim Menschen beschleunigt. So weit wir der Vergangenheit unserer Urahnen nachgehen, erscheinen sie uns *in Gruppen*, um ein Feuer.

Doch so deutlich die Anzeichen einer Gemeinschaftsbildung in jenen uralten Epochen auch sein mögen, so kommt das Phänomen doch nur unvollkommen zum Ausdruck. Sogar noch im jüngeren Paläolithikum scheinen die Völkerschaften, die wir unterscheiden können, kaum etwas anderes gebildet zu haben als lose Verbände umherschweifender Jäger. Erst in der Jüngeren Steinzeit beginnen sich die menschlichen Elemente zusammenzuschweißen, ein langer Prozeß, der nicht mehr zum Stillstand kommt. Das Neolithikum ist ein Zeitalter, das die Prähistoriker geringschätzen, weil es zu jung ist, das die Historiker vernachlässigen, weil seine Abschnitte nicht genau datiert werden können, und das doch unter allen Zeitaltern der Vergangenheit das entscheidungsreichste und folgenschwerste ist: das Zeitalter, das die Kultur gebar.

Wie ging diese Geburt vor sich? Wir wissen es nicht, und dies entspricht wiederum den Gesetzen, die unsere Sicht der vergangenen Zeiten bestimmen. Noch vor einigen Jahren sprach man ganz einfach von dem «breiten Graben» zwischen den letzten Schichten mit behauenen Steinen und den ersten mit geschliffenen Steinen und Erzeugnissen der Töpferei. Inzwischen gelang es, dank einer Reihe von besser identifizierten Übergangsstadien, den Abstand allmählich zu verringern. Doch im wesentlichen bleibt ein Einschnitt bestehen. Spielten Wanderungen eine Rolle, oder Einflüsse von Fremden? Jähes Einbrechen einer ethnischen Woge, die sich in der Stille irgendwo in den fruchtbarsten Gebieten der Erde gesammelt hatte, – oder unaufhaltsame Verbreitung erfolgreicher Neuerungen? Völkerwanderung oder Kulturwanderung? – Wir wissen noch nicht recht, was wir sagen sollen. Eines ist sicher: es besteht eine Lücke, die nach geologischen Maßen nicht zählt. Dennoch umfaßt sie die Zeit, die nötig war, um alle Tiere und Pflanzen, von denen wir noch heute leben, auszuwählen und zu zähmen. Danach finden wir an Stelle der Pferde- und Rentierjäger eine seßhafte und organisierte Menschheit.

In zehn oder zwanzig Jahrtausenden hat die Menschheit die Erde unter sich geteilt und in ihr Wurzel gefaßt.

In dieser entscheidenden Periode der Sozialisation scheint eine Gruppe teilweise unabhängiger Faktoren – ganz wie im Augenblick der Entstehung des Ichbewußtseins – geheimnisvoll zusammenzuwirken, um den Vorgang der Menschwerdung zu unterstützen und weiterzutreiben. Versuchen wir in diese Dinge Ordnung zu bringen.

Zunächst die unaufhörlich fortschreitende Vermehrung. Infolge der rasch wachsenden Zahl der Individuen schrumpft der freie Raum zusammen. Die Gruppen bedrängen einander. Damit vermindert sich der freie Spielraum für die Wanderungen, und es stellt sich die Frage, wie die immer beschränkteren Lebensgebiete am besten auszunützen seien. Dem Druck dieser Notwendigkeit entsprang vermutlich die Idee, am Aufenthaltsort selbst zu konservieren und neu zu produzieren, was man früher in der Ferne suchen und verfolgen mußte. So traten Viehzucht und Ackerbau an die Stelle des Sammelns wilder Früchte und der Jagd. Der Hirt und der Bauer erscheinen.

Aus dieser grundlegenden Änderung ergibt sich alles übrige.

Wo die Zusammenballungen wachsen, zeigt sich zuerst eine Vielfalt von Rechten und Pflichten, die zur Erfindung von allerlei Gemeinschaftsformen und Rechtssystemen nötigt, deren Spuren wir noch heute im Schatten der großen Kulturen bei den weniger entwickelten Völkerschaften der Erde wahrnehmen können. In bezug auf Eigentum, Moral, Ehe ist wohl alles versucht worden.

Zur selben Zeit stellt sich in dem stabileren und dichteren Milieu, wie es durch die ersten bäuerlichen Siedlungen geschaffen wurde, das Bedürfnis und die Neigung zum Forschen ein und wird immer lebhafter. Wunderbare Periode des Suchens und Findens, wo das ewige Tasten des Lebens in Form des Denkens und mit der unvergleichlichen Frische eines neuen Anfangs hervorbricht. Alles, was nur irgendwie möglich war, scheint in dieser außerordentlichen Epoche versucht worden zu sein. Auswahl und Verbesserung der Früchte, des Getreides und der Herden auf Grund von Erfahrung. Technik der Töpferei. Weberei. Sehr bald folgen die ersten Elemente einer Bilderschrift – und sehr rasch die ersten Anfänge der Metallbearbeitung.

Und nun, infolge dieser Errungenschaften stärker in sich selbst gefestigt, besser zu weiteren Eroberungen ausgerüstet, kann die Menschheit endlich ihre letzten Wellen aussenden, um die Positionen zu erstürmen, die ihr bisher noch entgangen waren. Von nun an befindet sie sich in voller Ausbreitung. Im Morgendämmern des Neolithikums ist der Mensch über Alaska, das von seinem Eis befreit war, und vielleicht auch noch auf anderen Wegen nach Amerika gedrungen – um dort mit neuen Stoffen und mit neuem Kraftaufwand seine geduldige Arbeit des Sich-Einrichtens und des Domestizierens wieder aufzunehmen. Unter jenen Menschen befinden sich noch viele Jäger und Fischer, bei denen das Leben der älteren Steinzeit fortdauert, trotz Benützung von Tongefäßen und geschliffenen Steinwerkzeugen. Aber neben ihnen auch wahre Ackerbauer – die Mais-Esser. Und offenbar zur selben Zeit beginnt das unglaubliche Abenteuer einer anderen Gruppe, die sich über den Pazifischen Ozean hin verbreitet. Die noch heute sichtbare lange Spur der Bananen- und Mangobäume und Kokospalmen bezeichnet deutlich die Etappen ihrer Wanderung.

Am Ende dieser Metamorphose, deren Wirklichkeit wir, wie gesagt, nur auf Grund ihrer Ergebnisse kennen, ist die ganze Welt tatsächlich von Menschen bevölkert, deren Überreste, geschliffene Steinwerkzeuge, Körnerwalzen, Bruchstücke von Tongefäßen, über den alten Boden der Kontinente ausgesät sind, wo immer man ihn unter jüngeren Erd- und Sandmassen aufdeckt.

Eine gewiß noch recht zerstückelte Menschheit. Um uns von ihr eine Vorstellung zu machen, müssen wir daran denken, was Amerika oder Afrika bei der ersten Ankunft der Weißen waren: ein Mosaik ethnisch und gesellschaftlich höchst verschiedenartiger Gruppen.

Aber doch eine bereits geformte und verbundene Menschheit. Seit dem Rentier-Zeitalter haben die Völker allmählich bis ins einzelnste ihren endgültigen Platz gefunden. Warenaustausch und Übermittlung von Ideen erhöht die gegenseitige Aufnahmefähigkeit. Die Traditionen bilden sich aus. Ein kollektives Gedächtnis entwickelt sich. So dünn und körnig diese erste Haut auch sein mag, die Noosphäre hat von diesem Augenblick an schon begonnen sich zusammenzuschließen und die Erde zu umgeben.

V. FORTDAUER DES NEOLITHIKUMS
UND AUFSTIEG DES WESTENS

Aus der Zeit, da wir noch keine Paläontologie des Menschen kannten, haben wir die Gewohnheit beibehalten, die ungefähr sechstausend Jahre, für die wir geschriebene oder datierte Dokumente besitzen, als einen besonderen Abschnitt zu verselbständigen. Die Geschichte im Gegensatz zur Vorgeschichte. In Wirklichkeit gibt es keine solche Trennung. Je besser wir die Vergangenheit überblicken, um so mehr erkennen wir, daß die sogenannten «historischen» Zeiten (*mit Einschluß* des Beginns der «Neuzeit») nichts anderes sind als die direkten Fortsetzungen der Jüngeren Steinzeit. Immer komplexer und differenzierter – das versteht sich von selbst, und wir werden sogleich davon sprechen. Aber im wesentlichen dieselben Linien und *dieselbe Höhenstufe.*

Wie kann man von dem von uns eingenommenen biologischen Standpunkt aus den Fortschritt der Menschwerdung im Verlauf dieser so kurzen und so wunderbar fruchtbaren Periode charakterisieren und sich klar machen?

Hinter der veränderlichen Vielfalt der Institutionen, der Völker, der Reiche, läßt die Geschichte einen wesentlichen Zug erkennen: die normale Entfaltung des *Homo sapiens* innerhalb einer durch die neolithische Umwandlung geschaffenen sozialen Atmosphäre. Allmähliches Abbröckeln der ältesten Schichten, von denen einzelne, wie etwa die Australier, noch immer der äußersten Peripherie unserer Kultur und unserer Kontinente anhaften. Dagegen Anschwellen und Vordringen gewisser anderer Zweige, die – zentraler und kräftiger – Erde und Licht für sich allein beanspruchen. Hier ein Verschwinden, wodurch das Gezweig schütterer wird, dort aufbrechende Knospen, die es verdichten. Zweige, die vertrocknen, Zweige, die noch schlummern, Zweige, die hervorsprossen, um alles zu überwuchern. Fächer, die sich endlos kreuzen und deren keiner seinen Stiel deutlich sehen läßt, auch wenn er nur zwei Jahrtausende alt ist. . . . Die ganze

Serie von Vorkommnissen, Situationen und Erscheinungen, die wir gewohnt sind, bei jedem in voller Entwicklung befindlichen Phylum anzutreffen.

Aber ist das alles?

Was seit der Jüngeren Steinzeit die besondere Schwierigkeit, aber auch das außerordentliche Interesse an der menschlichen Phylogenese bewirkt, könnte man meinen, sei die Nähe der Tatsachen und die Möglichkeit, dem biologischen Ablauf der Verzweigung der Arten gleichsam mit bloßem Auge zu folgen. Doch tatsächlich geht hier noch etwas mehr vor sich.

Solange die Wissenschaft nur mit «prähistorischen» menschlichen Gruppen zu tun hatte, die mehr oder weniger isoliert waren und sich auch mehr oder weniger im Zustand anthropologischer Formung befanden, konnten die allgemeinen Regeln der animalischen Phylogenese noch ungefähr ihre Anwendung finden. Doch seit der Jüngeren Steinzeit beginnt der Einfluß der psychischen Faktoren eindeutig die Oberhand zu gewinnen über die immer weniger auffälligen Variationen der somatischen Faktoren. Und nun tauchen im Vordergrund die beiden Wirkungsreihen auf, die wir weiter oben ankündigten, als wir den Fortgang der Menschwerdung in seinen großen Zügen beschrieben: 1. Zunächst erscheinen oberhalb der genealogischen Büschel politische und kulturelle Gebilde: eine Skala verwikkelter Verbindungen, die auf den vielfältigen Ebenen der geographischen Verteilung, der ökonomischen Bindungen, der religiösen Anschauungen und der sozialen Institutionen die Fähigkeit zeigen, sich über alle Unterschiede der Rasse hinweg mehr oder weniger zu durchkreuzen. 2. Zugleich zeigen sich zwischen diesen neuartig hervorsprießenden Zweigen Kräfte des Zusammenwachsens (Anastomosen, Zusammenflüsse), die dadurch wirksam werden, daß jeweils eine Anlage – oder genauer ein Zielstreben – psychischer Natur zum Durchbruch kommt. Ein reiches Wechselspiel von Divergenzen und Konvergenzen.

Ich brauche nicht näher auf die mannigfaltigen, beständig neu keimenden Formen menschlichen Zusammenlebens einzugehen, die zumindest die Möglichkeit haben, divergenten Charakter anzunehmen. Geburt, Vermehrung und Entwicklung der Nationen, der Staaten, der Kulturen, – wir haben dieses Schauspiel ständig vor Augen, und seine jähen Umschwünge füllen die Annalen der Völker. Nur eines dürfen wir nicht vergessen, wenn wir seinen dramatischen Gehalt durchdringen und nach Gebühr schätzen wollen: in dieser vernunftgemäßen Form, seien die Ereignisse auch noch so vermenschlicht, setzt die Geschichte in Wirklichkeit auf ihre Weise und auf ihrer Stufe die organischen Bewegungen des Lebens fort. In den Erscheinungen sozialer Verästelung, die sie uns erzählt, ist sie *immer noch* Naturgeschichte.

Viel feiner und reicher an biologischen Möglichkeiten sind die Erscheinungen des Zusammenschlusses. Suchen wir ihnen in ihrem Ablauf und ihren Folgen nachzugehen.

Zwischen nur schwach «psychisierten» animalischen Zweigen oder Phylen beschränken sich die Reaktionen auf Rivalität und allfällige Ausrottung. Der Stärkere räumt den Schwächeren aus dem Weg und erdrückt ihn schließlich. Dieses brutale, fast mechanische Gesetz der Substitution kennt bei den niederen Organismen kaum eine andere Ausnahme als die (hauptsächlich physiologische) Vereinigung der «Symbiose» – oder bei den sozialisierten Insekten die Versklavung einer Gruppe durch eine andere.

Beim Menschen (zumindest unter Menschen nach der Steinzeit) wird die völlige Ausrottung mehr und mehr eine Ausnahme oder doch mindestens eine sekundäre Erscheinung. Mag die Eroberung auch noch so brutal sein, die Unterdrückung ist dennoch stets von einer gewissen Assimilation begleitet. Wird der Besiegte auch teilweise vom Sieger absorbiert, so bewirkt er doch noch dessen Umwandlung. In der Geologie würde man das «Endomorphismus» nennen. Der Vorgang gewinnt an Bedeutung, wenn es sich um eine friedliche kulturelle Eroberung handelt. In verstärktem Grad, wenn Völkerschaften von gleicher Widerstandskraft und gleicher Aktivität sich langsam unter dem Einfluß fortdauernder Spannung durchdringen. – Die Völkerseelen öffnen sich dann einander und lassen sich auf höchst bezeichnende und bemerkenswerte Weise voneinander befruchten. Unter dem doppelten Einfluß, der völkische Traditionen und zugleich die Gene der Gehirne mengt und vereint, formen und befestigen sich echte biologische Verbindungen. Früher sahen wir auf dem Lebensbaum ganz einfach das Ineinanderwachsen der Stämme. Jetzt begegnen wir auf dem gesamten Gebiet des *Homo sapiens* der Synthese.

Aber freilich nicht überall in gleicher Weise.

Infolge der zufälligen Gestaltung der Kontinente gibt es auf der Erde gewisse Gebiete, die mehr als andere der Vereinigung und Mischung der Rassen förderlich sind: ausgedehnte Archipele, engbegrenzte Wegkreuzungen, weite, anbaufähige Ebenen, besonders wenn ein großer Fluß sie bewässert. Seit es ein geregeltes, seßhaftes Leben gibt, werden die Menschenmassen von einem natürlichen Hang getrieben, sich an solchen privilegierten Orten zu konzentrieren, ineinander aufzugehen und ihre Kräfte zu steigern. So erscheint in der Schicht der Jüngeren Steinzeit ein ganz gewiß «angeborener» Hang für gewisse Anziehungs- und Organisationspole: Vorzeichen und Vorspiel für einen höheren und neuen Zustand in der Noosphäre. In einer weiteren oder näheren Vergangenheit lassen sich fünf solcher Brennpunkte erkennen: Zentralamerika mit der Mayakultur; die Meere des Südens mit der polynesischen Kultur; das Becken des Gelben Flusses mit der chinesischen Kultur, die Täler des Ganges und des Indus mit den Kulturen Indiens; schließlich der Nil und Mesopotamien mit Ägypten und den Sumerern. Kulturherde, die vermutlich ungefähr aus derselben Epoche stammen (nur die beiden ersten sind viel später erschienen), doch Herde, die voneinander weitgehend unabhängig sind und deren jeder blindlings an seiner eigenen Ausdehnung und Ausstrahlung arbeitet, als müsse er allein die Erde aufsaugen und verwandeln.

Besteht aber im Grunde das Wesentliche der Geschichte nicht in der Begegnung, im Kampf und schließlich im allmählichen Ausgleich solcher großen somato-psychischen Strömungen?

Tatsächlich hat sich dieses Ringen um den Einfluß bald örtlich begrenzt. Denn es währte nicht lange, so kam der Maya-Brennpunkt zu völligem Erlöschen, indes der polynesische Brennpunkt fortfuhr ins Leere zu strahlen; der erstere war in der Neuen Welt zu stark isoliert, der letztere auf dem einförmigen Gewirr seiner fernen Inseln zu sehr zerstreut. Das Spiel, dessen Einsatz die Zukunft der Welt war, ging also in Asien und Nordafrika vor sich, unter den Bauern der großen Ebenen.

Ein oder zwei Jahrtausende vor unserer Ära hatten die Partner scheinbar dieselben Chancen. Über den Verlauf der Ereignisse aufgeklärt, ist es uns heute freilich möglich zu erkennen, daß es schon damals bei den beiden östlichsten Konkurrenten Spuren von Schwäche gab.

China (ich meine natürlich das *alte* China) ließ es an Neigung und Energie zu tiefgehenden Neuerungen fehlen, sei es aus der ihm eigenen Geisteshaltung, sei es infolge seiner Unermeßlichkeit. – Welch seltsames Schauspiel bot noch vor kurzem dieses riesige Land, wo vor unseren Blicken, kaum verändert, das Fragment einer Welt weiterlebte, wie sie vor zehntausend Jahren ausgesehen haben mochte. Eine Bevölkerung, die nicht nur hauptsächlich Ackerbau trieb, sondern auch wesentlich nach der Hierarchie des Grundbesitzes organisiert war. Der Kaiser war nur der Größte unter den Grundbesitzern. Eine Bevölkerung, die in der Backstein-, Tongefäß- und Bronze-Behandlung überspezialisiert war. Eine Bevölkerung, die das Studium der Bilderschriftzeichen und die Wissenschaft von den Sternbildern bis zum Aberglauben steigerte. Gewiß eine unglaublich verfeinerte Zivilisation – aber, ganz wie ihre Schrift, in der sie sich so unbefangen verrät, eine Zivilisation, die seit den Anfängen die Methoden nie geändert hat. Mitten im 19. Jahrhundert noch immer Steinzeitkultur, nicht verjüngt wie anderswo, sondern einfach und endlos sich selbst komplizierend, nicht nur immer wieder in derselben Richtung, sondern auch auf derselben Ebene – als könne sie sich vom Boden ihrer Entstehung nicht losreißen.

Während China sich in seinem Boden verkrustete, wobei ihm durch tastende Versuche eine Menge von Entdeckungen gelang, ohne daß es sich die Mühe gab, eine Physik auszubauen, erlag Indien völlig den Lockungen der Metaphysik. Indien, auserwähltes Gebiet des philosophischen und religiösen Hochdrucks. Wir können den Anteil an mystischen Einflüssen, die in der Vergangenheit von diesem

Antizyklon in jeden von uns einströmten, nicht hoch genug anschlagen. Doch so wirksam diese Ströme waren, um die menschliche Atmosphäre zu erfrischen und zu erhellen, müssen wir dennoch feststellen, daß sie aus übergroßer Passivität und Ablösung vom Irdischen unfähig waren, die Erde aufzubauen. Die Urseele Indiens ist zu ihrer Stunde wie ein großer Atem aufgestiegen, und wie ein großer Atem ist sie zu ihrer Stunde auch vergangen. Konnte es denn anders sein? Die Phänomene werden für eine Illusion (maya) und ihre Bindungen für eine Kette (karma) gehalten. Was blieb einem solchen Lehrsystem, um die menschliche Entwicklung anzuregen und zu leiten? Es war einem einzigen Irrtum verfallen – aber der entschied alles! – einem Irrtum in der Beurteilung des Geistes und in der Bewertung der Bande, die ihn mit den Sublimationen der Materie verknüpfen.

So finden wir uns schließlich mehr und mehr auf die westlicheren Zonen der Welt verwiesen, – wo am Euphrat, am Nil, am Mittelmeer eine ganz besondere Begegnung von Stätten und Völkern im Lauf von einigen Jahrtausenden die günstige Mischung hervorbringen sollte, bei der die Vernunft mit den Tatsachen, die Religion mit dem Handeln sich verbinden konnte, ohne das geringste an Aufstiegskraft zu verlieren – ganz im Gegenteil! Mesopotamien, Ägypten, die hellenische Welt – bald auch Rom – und über alledem (ich werde am Schluß darauf zurückkommen) das geheimnisvolle jüdisch-christliche Ferment, das Europa seine geistige Form gab!

Der Pessimist hat leichtes Spiel, diese außerordentliche Periode abschätzig zu beurteilen, deren Kulturen, eine nach der anderen, in Brüche gingen. Ist es nicht viel wissenschaftlicher, in diesen einander folgenden Lebensschwingungen die große Spirale wiederzuerkennen, die sich unumkehrbar, der Hauptlinie der Lebensentwicklung folgend, in Etappen in die Höhe hebt? Susa, Memphis, Athen können sterben. Ein immer klareres Bewußtsein vom Universum geht von einem zum anderen und leuchtet in immer hellerem Glanz.

Wenn ich später von der Planetisierung im Entwicklungsverlauf der Noosphäre spreche, werde ich mich bemühen, den übrigen Fragmenten der Menschheit den großen und wesentlichen Anteil zuzuerkennen, der ihnen in der erwarteten Fülle des Erdendaseins vorbehalten ist. An dem augenblicklichen Punkt unserer Untersuchung müßte man die Tatsachen aus Gefühlsgründen fälschen, wollte man nicht anerkennen, daß während der historischen Zeiten die Hauptachse der Anthropogenese durch das Abendland ging. In dieser glühenden Zone des Wachstums und der universellen Umgestaltung wurde alles gefunden, was heute den Menschen ausmacht, oder es *mußte* zumindest *wiedergefunden werden*. Denn selbst was seit langem anderswo bekannt war, hat seinen endgültigen menschlichen Wert erst erlangt, als es sich in das System der europäischen Ideen und Wirkungsbereiche eingliederte. Die Entdeckung Amerikas durch Columbus als ein großes Ereignis zu rühmen, ist nicht einfache Naivität.

Tatsächlich hat seit sechstausend Jahren rings um das Mittelmeer eine neue Menschheit gekeimt, die eben jetzt daran ist, die letzten Spuren des steinzeitlichen Mosaiks aufzuzehren: es bildet sich eine neue Schicht in der Noosphäre, die dichtgedrängteste von allen.

Der beste Beweis dafür ist die unausweichliche Notwendigkeit für alle Völker, von einem Ende der Welt zum andern, die Begriffe zu verwenden, die das Abendland endgültig formuliert hat, wenn sie, um menschlich zu bleiben oder eine noch höhere Stufe der Menschlichkeit zu erlangen, zu den Hoffnungen und Problemen der modernen Erde Stellung nehmen wollen.

DRITTES KAPITEL

DIE MODERNE ERDE

WECHSEL DES ZEITALTERS

Zu allen Zeiten glaubte der Mensch, er befinde sich an einem «Wendepunkt der Geschichte». Bis zu einem gewissen Grad irrte er sich auch nicht, folgte er doch den Windungen einer aufsteigenden Spirale. Doch es gibt Zeiten, in denen sich der Eindruck einer solchen Wandlung verstärkt – und besonders gerechtfertigt findet. Wir übertreiben keineswegs die Bedeutung unserer gegenwärtigen Existenz, wenn wir der Meinung sind, daß sich in ihr eine tiefgreifende Weltwende vollzieht, bis zur Gefahr unserer Zermalmung.

Wann hat diese Wende begonnen? Selbstverständlich können wir das nicht genau bestimmen. Wie ein großes Schiff ändert die Masse der Menschheit nur ganz allmählich ihre Bahn: so daß wir wohl die ersten Erschütterungen, die einen Richtungswechsel anzeigen, sehr früh suchen müssen – zumindest in der Renaissance. Eines wenigstens ist klar: am Ende des 18. Jahrhunderts war im Abendland die Kursänderung deutlich vollzogen. Seitdem sind wir in eine neue Welt eingetreten, obgleich wir manchmal noch hartnäckig behaupten, wir seien dieselben geblieben.

Zunächst: Änderung der Wirtschaft. Trotz ihres Fortschritts war unsere Zivilisation vor nur zweihundert Jahren in ihren wesentlichen Zügen immer noch vom Boden und seiner Verteilung bestimmt. Der Typus des «Gutes», der Zellkern der Familie, der Prototyp des Staates (und sogar des Universums!) war immer noch, wie in den Urzeiten der Gesellschaft, das bebaute Feld, die territoriale Basis. Infolge der «Dynamisierung» des Geldes hat sich aber in der jüngsten Vergangenheit der Besitz allmählich zu etwas Flüssigem und Unpersönlichem verflüchtigt – zu etwas so Beweglichem, daß sogar das Vermögen der Nationen nichts mehr mit ihren Grenzen gemein hat.

Ferner: industrielle Veränderungen. Im 18. Jahrhundert war trotz vieler Vervollkommnungen noch immer eine einzige chemische Energie bekannt: das Feuer, – und immer noch wurde nur eine einzige mechanische Energie benutzt: die – maschinell vergrößerte – menschliche und tierische Muskelkraft. Aber seitdem!

Schließlich, gesellschaftliche Veränderungen. Das Erwachen der Massen....

Die bloße Beobachtung dieser äußeren Zeichen läßt uns schon vermuten, daß die große Verwirrung, in der wir im Westen seit dem Gewitter der Französischen Revolution leben, eine tiefere und edlere Ursache hat als die Schwierigkeiten einer Welt auf der Suche nach irgendwelchem alten verlorenen Gleichgewicht. Ein Schiffbruch? Durchaus nicht! Vielmehr die hohen und stürmischen Wellen eines unbekannten Meeres, dem wir uns nach der Ausfahrt aus dem Kap, hinter dem wir geborgen waren, eben erst anvertraut haben. Wie mir einst Henri Breuil in der ihm eigenen, jäh-intuitiven Weise sagte: «Unsere augenblicklichen intellektuellen, politischen und sogar seelischen Erschütterungen haben eine ganz einfache Ursache. Wir haben eben erst die letzten Anker gelichtet, mit denen wir noch an die Steinzeit gekettet waren.» Paradoxe, aber aufschlußreiche Formel. Je öfter ich seitdem an dieses Wort dachte, um so deutlicher glaubte ich zu sehen, daß Breuil recht hatte.

Wir erleben im Augenblick einen *Wechsel des Zeitalters.*

Zeitalter der Industrie, des Erdöls, der Elektrizität und des Atoms. Maschinenzeitalter. Zeitalter der großen Kollektive und der Wissenschaft.... Die Zukunft wird entscheiden, welcher Name die Ära, in die wir eben eintreten, am besten kennzeichnet. Doch die Bezeichnung ist nicht so wichtig. Bedeutsam hingegen ist die Tatsache, daß wir uns sagen können, um den Preis unserer Leiden vollziehe sich ein neuer Schritt, ein entscheidender Schritt des Lebens in uns und um uns. Nach der langen Reifezeit während der scheinbaren Regungslosigkeit der ackerbautreibenden Jahrhunderte hat endlich die Stunde einer neuen Zustandsänderung geschlagen. Freilich ist sie von unvermeidlichen Ängsten begleitet. Unsere Ursprünge hatten die ersten Menschen zu Zeugen. Auch die großen Endszenen werden sich vor Menschen abspielen. Wir, mit unserer eigenen kurzen Existenz, haben das Glück und die Ehre, Zeitgenossen einer Mutation der Noosphäre zu sein.

So stehen wir in den verworrenen und mit Spannung geladenen Phasen, wo sich Gegenwart und Zukunft mischen, inmitten einer gärenden Welt, der ganzen Größe des Phänomens Mensch gegenüber – einer noch nie erreichten Größe. Hier oder nirgends, jetzt oder nie, an diesem Höchstmaß und bei dieser Nähe können wir vielleicht besser als die Geschlechter vor uns die Tragweite der Menschwerdung ermessen und ihren Sinn bewerten. Öffnen wir die Augen und versuchen wir zu verstehen! Doch dazu wird es nötig sein, sich von den oberflächlichen Aspekten abzuwenden und die besondere Form des Geistes zu entziffern, der dem Schoß der modernen Erde entspringt.

Erde, erfüllt vom Rauch der Fabriken, erbebend von Betriebsamkeit, von hundert neuen Strahlungen zum Schwingen gebracht. Dieser große Organismus lebt schließlich nur für und durch eine neue Seele. Hinter dem Wechsel des Zeitalters eine Änderung des Denkens. Wo sollen wir diese erneuernde und durchdringende Veränderung suchen, welchen Ort sollen wir ihr anweisen, da sie, ohne unsere Körper irgendwie bemerkenswert zu ändern, aus uns neue Wesen gemacht hat? Einzig und allein in einer neuen Schau, welche die Physiognomie des Universums, in dem wir unser Dasein hatten, zur Gänze ändert – mit anderen Worten, in einem Erwachen.

Was uns im Verlauf von vier oder fünf Generationen unseren Vorfahren so unähnlich gemacht hat (mag man dies auch bestreiten) – was uns so sehr mit Ehrgeiz erfüllt und auch mit Angst, ist gewiß nicht nur die Tatsache, daß wir neue Naturkräfte entdeckt und gemeistert haben. Wenn ich nicht irre, so ist es im Grunde der Umstand, daß wir uns der Bewegung, die uns mit sich reißt, bewußt geworden sind – das heißt, daß wir die furchtbaren Probleme bemerken, die sich aus der planmäßigen Ausübung menschlicher Kraftanstrengung ergeben.

I. DIE ENTDECKUNG DER EVOLUTION

A. DIE WAHRNEHMUNG DER RAUM-ZEIT. Niemand entsinnt sich des
Augenblicks, wo er zum erstenmal die Augen öffnete und Licht und
Umwelt kunterbunt auf sich einstürzen sah – alles auf derselben
Ebene. – Nur mit der größten Anstrengung können wir uns die Zeit
vorstellen, in der wir noch nicht lesen konnten – oder uns in die Epoche zurückversetzen, da unsere Welt über die Wände des Hauses und
den Kreis der Familie nicht hinausreichte.

Ebenso unglaublich scheint es, daß Menschen leben konnten, ohne
zu ahnen, daß die Sterne sich in Entfernungen von Hunderten von
Lichtjahren über uns drehen, noch daß die Umrisse des Lebens sich
bereits Jahrmillionen vor unserer Zeit abzeichnen, an den Grenzen
unseres Horizontes.

Doch öffnen wir nur irgendeines jener kaum vergilbten Bücher,
in denen die Autoren des 16. und sogar des 18. Jahrhunderts wohlge-
fällig ihre Meinungen über den Aufbau der Weltkörper auseinander-
setzen, so werden wir zu unserem grenzenlosen Erstaunen feststellen
müssen, daß unsere Ur-Ur-Urgroßväter das Gefühl hatten, in einem
kubischen Raum, in dem die Sterne seit noch nicht einmal sechs
Jahrtausenden rund um die Erde kreisten, aufs beste eingerichtet zu
sein. In einer kosmischen Atmosphäre, in der wir sofort ersticken
würden, in Blickfeldern, in die einzutreten uns physisch unmöglich
ist, atmeten sie ganz unbehindert – wo nicht aus vollen Lungen.

Welches Ereignis trennt sie von uns?

Das biologische Faktum einer Noogenese enthält für mich keinen
ergreifenderen und keinen aufschlußreicheren Vorgang als die Anstrengung des Verstandes, der sich seit den Anfängen bemüht, Schritt
für Schritt die ihn einkreisende Illusion der Nähe zu überwinden.

Im Verlauf dieses Ringens um die Beherrschung der Dimensionen
und der Gestalt des Universums hat sich zuerst der Raum unterworfen: natürlich, denn er war greifbarer. Faktisch war auf diesem Gebiet die erste Runde gewonnen, als, schon vor langer Zeit, ein Mensch

(vermutlich ein Grieche vor Aristoteles) die scheinbare Flachheit der irdischen Welt zusammenbog und die Intuition hatte von Antipoden. Seitdem rollte sich auch das Firmament um die runde Erde. Aber man hatte den Mittelpunkt der Sphären auf einen falschen Platz verlegt. Durch seine Lage lähmte er unrettbar die Elastizität des Systems. Erst zur Zeit Galileis wurde der alte Geozentrismus wirklich gebrochen, und die Himmelsräume fanden sich nun frei für die grenzenlosen Ausmaße, die wir ihnen seitdem zuerkannt haben. Die Erde erschien als ein Körnchen in der Staubwolke der Gestirne. Das unermeßlich Große wurde möglich – und so war, der Symmetrie gehorchend, auch das unermeßlich Kleine plötzlich aufgetaucht.

Die Tiefendimension der Weltalter, für die sichtbare Anhaltspunkte fehlten, bedurfte viel längerer Zeit, um wahrgenommen zu werden. Die Bewegung der Gestirne, die Form der Berge, die chemische Natur der Stoffe: schien nicht die ganze materielle Welt in ihren Ordnungen eine beständige Gegenwart auszudrücken? Der Physik des 17. Jahrhunderts war es unmöglich, einem Pascal das Gefühl für den Abgrund der Vergangenheit einzuflößen. Um das tatsächliche Alter der Erde und dann dasjenige der Elemente zu entdecken, mußte sich der Mensch gelegentlich für ein Objekt von mittlerer Veränderlichkeit interessieren: etwa für das Leben, oder gar für die Vulkane. Durch eine enge Spalte – die eben entstehende «Naturgeschichte» – begann seit dem 18. Jahrhundert das Licht in die großen Tiefen unter unseren Füßen einzudringen. Freilich wurde zur Zeit dieser Anfänge die für die Entstehung der Welt nötige Zeitdauer noch recht bescheiden bemessen. Doch zumindest war ein Anfang gemacht, eine Tür geöffnet worden. Nachdem die Renaissance das Gemäuer des Raumes erschüttert hatte, begann seit Buffon der Boden (und folglich auch die Decke!) der Zeit zu wanken. Unter dem unaufhörlichen Druck der Tatsachen hat sich dieser Prozeß seitdem ständig beschleunigt. Seit bald zweihundert Jahren erweitert sich für uns die Welt, und immer noch können wir die Spiralen ihres Entwicklungswegs nicht ermessen. Immer größer wird die Entfernung zwischen den einzelnen Windungen – und immer neue Windungen erscheinen in noch größerer Tiefe.

Als dem Menschen damals die Unermeßlichkeit des Kosmos aufging, blieben Zeit und Raum, so groß sie auch sein mochten, dennoch in sich homogen und voneinander unabhängig. Zwei getrennte Behälter, die sich gewiß immer mehr erweiterten, in denen sich jedoch die Dinge häuften und sich ohne bestimmte physikalische Ordnung drängten.

Die beiden Abteilungen hatten sich maßlos erweitert. Doch im Innern einer jeden schienen die Objekte in bezug auf ihre Versetzbarkeit so frei wie zuvor. Konnten sie nicht nach Belieben an diesen oder an jenen Platz gesetzt werden? Konnte man sie nicht vorrücken, zurückschieben und sogar ausscheiden, ganz nach Belieben? – Zwar ließ man sich formell auf ein Spiel mit solchen Gedanken nicht ein, aber man hatte noch keinen klaren Begriff davon, in welchem Maß und weshalb es unmöglich war. Dies war einfach eine Frage, die man nicht stellte.

Erst mitten im 19. Jahrhundert und wieder unter dem Einfluß der Biologie begann sich endlich Licht zu verbreiten und man entdeckte den *unverrückbaren Zusammenhang* aller Existenzen. Die Verkettungen des Lebens – und bald danach die Verkettungen der Materie. Das kleinste Kohlenstoffmolekül zeigte sich nun in seiner Natur und in seiner Lage als Funktion des gesamten Gestirnumlaufs – und das kleinste Protozoon strukturell dem Gewebe des Lebens derartig verbunden, daß seine Existenz hypothetisch nicht annulliert werden konnte, ohne daß sich sogleich *ipso facto* das gesamte Netz der Biosphäre aufgelöst hätte. *Die Verteilung, das Nacheinander, die Solidarität der Wesen, die aus ihrem Verwachsensein in gemeinsamer Genese entstehen.* Zeit und Raum, die sich organisch vereinen, um miteinander den Weltstoff zu weben. Dies ist unser Standpunkt – dies ist unsere heutige Ansicht.

Was birgt sich psychologisch hinter dieser Grunderkenntnis?

Wenn nicht die ganze Geschichte bezeugte, daß eine Wahrheit, selbst nur ein einziges Mal, selbst nur von einem einzigen Geist erblickt, sich schließlich dem gesamten menschlichen Bewußtsein aufzwingt, könnte man wohl Mut und Geduld verlieren, wenn man feststellen muß, wie viele intelligente Menschen – und nicht die gering-

sten – sich auch heute noch der Idee der Evolution verschließen. Die
Evolution ist für viele Leute immer nur der Transformismus; und der
Transformismus seinerseits ist nur eine alte Darwinsche Hypothese,
ebenso einseitig und hinfällig wie die Laplacesche Auffassung des
Sonnensystems oder Wegeners Verschiebung der Kontinente. – Man
muß wirklich blind sein, um die Reichweite einer Bewegung nicht
zu sehen, die die Grenzen der Naturwissenschaften bei weitem überschritten und Chemie, Physik, Soziologie, sogar Mathematik und
Religionsgeschichte allmählich gewonnen und überflutet hat. Alle
Gebiete menschlicher Erkenntnis kommen nacheinander in Bewegung, alle miteinander werden, von derselben Grundströmung erfaßt, unter den Gesichtspunkt irgendeiner *Entwicklung* gestellt. Die
Evolution sollte nichts als eine Theorie, ein System, eine Hypothese
sein? Keineswegs! Sie ist viel mehr! Sie ist die allgemeine Bedingung, der künftig alle Theorien, alle Hypothesen, alle Systeme entsprechen und gerecht werden müssen, sofern sie denkbar und richtig
sein wollen. Ein Licht, das alle Tatsachen erleuchtet, eine Kurve, der
alle Linien folgen müssen: das ist die Evolution!

In unserem Geist vollzieht sich allmählich seit eineinhalb Jahrhunderten das vielleicht wunderbarste Ereignis, das seit dem Schritt zum
Ichbewußtsein jemals von der Geschichte verzeichnet wurde: das
Bewußtsein gewinnt für immer Zutritt zu einem Rahmen *neuer
Dimensionen;* damit ersteht ein völlig neues Universum – ohne Änderung einer Linie oder Falte – durch einfache Umformung seiner inneren Anlagen.

Bisher schien die Welt statisch und zerlegbar auf den drei Achsen
ihrer Geometrie zu ruhen. Jetzt aber hält sie aus einem einzigen Guß
zusammen.

Was den «modernen» Menschen ausmacht und weshalb man ihn
als solchen bezeichnen kann (in diesem Sinn sind viele unsere Zeitgenossen noch nicht modern), ist seine Fähigkeit, nicht nur im Raum,
nicht nur in der Zeit, sondern in der «Dauer» zu sehen – oder, was
dasselbe besagt, in der biologischen Raum-Zeit; daraus aber ergibt
sich überdies, daß man nichts mehr auf andere Weise sehen kann –
nichts – *und vor allem nicht sich selbst.*

Mit diesem letzten Schritt treten wir in das Innerste der Umgestaltung ein.

B. Die Verstrickung in die «Dauer». Der Mensch konnte natürlich die Evolution um sich nicht wahrnehmen, ohne sich in einem gewissen Grad von ihr getragen zu fühlen. Darwin hat darauf hingewiesen. Beobachtet man jedoch den Fortschritt der transformistischen Theorien seit dem vorigen Jahrhundert, so stellt man mit Erstaunen fest, mit welcher Naivität Naturforscher und Physiker anfänglich dachten, sie selbst könnten der allgemeinen, eben entdeckten Strömung entgehen. Im Erkenntnisakt streben Subjekt und Objekt fast unheilbar danach, sich voneinander zu trennen. Wir fühlen eine beständige Neigung, uns von den Dingen und Ereignissen um uns zu isolieren, als erblickten wir sie von außen, als befänden wir uns, ihrer Einwirkung entrückt, im Innern eines Observatoriums: Zuschauer und nicht Elemente des Geschehens. So erklärt es sich, daß die Frage nach dem Ursprung des Menschen, nachdem sie einmal durch die Formenketten des Lebens gestellt war, so lange auf ihre somatische, körperliche Seite beschränkt blieb. Wohl konnte eine lange animalische Vererbung unsere Glieder gebildet haben. Unser Geist sollte jedoch nicht dabei im Spiel sein; er war bloßer Beobachter der Vorgänge. Die ersten Evolutionisten neigten zum Materialismus – und doch kam es ihnen nicht in den Sinn, ihre eigene Gelehrtenintelligenz könnte etwas mit der Evolution zu tun haben.

So blieben sie in diesem Stadium auf dem halben Weg zur Wahrheit.

Seit der ersten Seite dieses Buches bemühe ich mich, aufzuzeigen, daß aus unwiderleglichen Gründen der Wesensgleichheit und Kohärenz die Fibern der Kosmogenese in uns fortzudauern streben, tiefer noch als Fleisch und Knochen. Nein, vom Strom des Lebens werden wir nicht nur als materielle Erscheinung hin und her geworfen und mitgerissen. Die Raum-Zeit, in die unsere Körper schon eingebettet sind, dringt vielmehr wie ein feines Fluidum in unsere Seele. Sie füllt sie an. Sie prägt sie. Sie vermischt sich derart mit den Kräften der Seele, daß diese kaum mehr weiß, wie sie jene von ihren eigenen

Bewegungen unterscheiden soll. Dieser Flut, die nur als Wachstum des Bewußtseins zu definieren ist, entgeht nichts, nicht einmal die höchsten Äußerungen unseres Wesens – sofern man zu sehen weiß. Ist nicht sogar der Akt, in dem unser Geist mit seinen feinsten Fühlern ins Absolute dringt, ein *Emergenz*phänomen? Kurz, wenn die Evolution zunächst an einem Punkt der Gegenstandswelt erkannt und dann notwendigerweise auf den ganzen Umfang der unorganischen und organischen Materie ausgedehnt wurde, so ist sie jetzt daran – ob wir wollen oder nicht –, die seelischen Zonen der Welt zu erobern. Sie nötigt uns, zu den geistigen Gebilden, die das Leben erschafft, auch den kosmischen Stoff hinzuzurechnen und diesen die Vorrangstellung im Kosmos einzuräumen, die bisher von der Wissenschaft dem wirbeligen Gemenge des alten «Äther» vorbehalten worden war.

Wie könnte man denn auch das Denken der organischen Flut der Raum-Zeit einverleiben, ohne ihm notwendigerweise darin den ersten Platz zuzubilligen? Wie könnte man sich eine bis auf den Geist ausgedehnte Kosmogenese vorstellen, ohne sich sogleich einer Noogenese gegenüberzusehen?

Das Denken gehört also nicht nur als Anomalie oder Epiphänomen zur Evolution; die Evolution kann vielmehr so ganz auf einen Fortschritt zum Denken zurückgeführt und einem solchen gleichgesetzt werden, daß die Regungen unserer Seele die Fortschritte der Evolution ausdrücken und ihren Maßstab abgeben. Der Mensch entdeckt, nach dem treffenden Wort von Julian Huxley, daß *er nichts anderes ist als die zum Bewußtsein ihrer selbst gelangte Evolution*. – Niemals, scheint mir, wird der moderne Geist Ruhe finden (eben weil und insofern er modern ist), solange er nicht diese Schau zu der seinigen gemacht hat. Denn auf dieser Höhe und nur auf ihr findet er Ruhe und Erleuchtung.

C. Die Erleuchtung. Im Bewußtsein eines jeden von uns nimmt die Evolution sich selber wahr, indem sie sich widerspiegelt.

Ich stelle mir vor, daß diese einfache Ansicht unseren Nachkommen so natürlich und vertraut werden muß wie die Wahrnehmung der dritten Raumdimension einem kleinen Kind. Eine neue Klarheit von

unerschöpflich ordnender Kraft strömt von ihr auf die Welt – und
ihre Strahlen gehen von uns selber aus.

Seit der «Jugendlichen Erde» folgten wir *in aufsteigender Richtung*
Schritt um Schritt der Reihe der Bewußtseinsfortschritte in der sich
organisierenden Materie. Am Gipfel angelangt, können wir uns um-
wenden und mit einem Blick auf den zurückgelegten Weg in einer
Gesamtschau die ganze Bewegung *in absteigender Richtung* umfassen.
Ja, die Gegenprobe ist entscheidend, die Harmonie ist vollkommen.
Von jedem anderen Gesichtspunkt aus ist irgend etwas nicht in Ord-
nung, irgend etwas «stimmt nicht»; denn das menschliche Denken
findet keinen natürlichen Platz – keinen genetischen Platz – in der
Landschaft. Hier hingegen, von oben nach unten, erkennen wir
Entwicklungslinien, die von unserer Seele, diese mit umschließend,
ohne Unterbrechung, ohne Verschlingung sich fortsetzen bzw. zu-
rücklaufen. Von oben nach unten findet eine dreifache Einheit ihre
Fortsetzung und Entwicklung: Einheit der Struktur, Einheit der
Wirkungsweise, Einheit der Bewegung.

a) *Einheit der Struktur.* Das «Büschel», der «Fächer». Auf allen
Stufen begegneten wir dieser Gestalt am Baum des Lebens. Wir fanden sie auch an den Ursprüngen der Menschheit und in den Haupt-
wellen ihrer Ausbreitung. Vor unseren Augen erstreckt sie sich bis in
die Verzweigungen vielseitiger Art, in denen sich heute Nationen und
Rassen mischen. Unserem Auge, das empfindlich geworden ist und
sich besser anpaßt, gelingt es nun, dasselbe Motiv, immer dasselbe,
hinter immer immateriellleren und uns näher angehenden Formen zu
entdecken.

Gewohnheitsgemäß unterscheiden wir in unserer Menschenwelt
verschiedene Arten von «Realitäten»: das Natürliche und das Künstliche, das Physische und das Seelische, das Organische und das Rechtliche.

In einer Raum-Zeit, die legitim und zwangsläufig die Bewegungen
unseres Geistes einbegreift, verschwinden mehr und mehr die Grenzen zwischen diesen gegensätzlichen Begriffspaaren. Besteht denn
unter dem Gesichtspunkt der Ausweitungen des Lebens wirklich ein
so großer Unterschied zwischen dem Wirbeltier, das seine Glieder

ausspannt oder befiedert, und dem Flieger, der auf Flügeln dahingleitet, die er sich dank seiner Erfindung angeschafft hat? Inwiefern ist das furchtbare und unvermeidliche Spiel der Energien des Herzens weniger physisch wirklich als die universale Anziehungskraft? Was ist schließlich die wahre Bedeutung unserer mühsam errichteten gesellschaftlichen Rahmen, mögen sie oberflächlich noch so veränderlich und konventionell erscheinen, wenn nicht ein Bemühen, den künftigen strukturellen Gesetzen der Noosphäre Schritt für Schritt vorzuarbeiten? ... Sind das Künstliche, das Seelische und das Rechtliche in ihrem Wesen und, sofern sie den lebendigen Zusammenhang mit der aus den Tiefen der Vergangenheit aufsteigenden Strömung wahren, nicht vielmehr nur Natürliches, Physisches, Organisches in *vermenschlichter* Form?

Unter diesem Gesichtspunkt – dem der künftigen Naturgeschichte der Welt – verlieren Unterscheidungen ihren Wert, die wir noch gewohnheitsmäßig beibehalten auf die Gefahr hin, die Welt ungebührlich zu vermauern. Wiederum taucht die Form des Fächers in der Evolution auf, sie setzt sich in tausend gesellschaftlichen Phänomenen fort, die uns betreffen, deren enge Verknüpfung mit der Biologie wir nie vermutet hätten: so die Entstehung und Verbreitung der Sprachen, so die Entwicklung und Differenzierung der neuen Industrien, so die Begründung und Übermittlung der philosophischen und religiösen Lehren. In allen diesen gesonderten Feldern menschlicher Tätigkeit sieht ein oberflächlicher Blick nur eine abgeschwächte und zufällige Nachahmung der Wege des Lebens. Er wird diesen merkwürdigen Parallelismus registrieren, ohne sich darüber Gedanken zu machen – oder aber er schiebt ihn mit bloßen Worten irgendeiner abstrakten Notwendigkeit zu.

Für einen Geist, der zum vollen Sinn der Evolution erwacht ist, löst sich diese unerklärliche Ähnlichkeit in Identität auf: Identität einer Struktur, die sich unter verschiedenen Formen von unten nach oben fortsetzt, von Schwelle zu Schwelle, von den Wurzeln bis zur Blüte – auf Grund einer organischen Kontinuität der Bewegung – oder, was dasselbe besagt, auf Grund einer organischen Einheit des Milieus.

Das gesellschaftliche Phänomen: Steigerung, nicht Abschwächung des biologischen Phänomens.

b) *Einheit der Wirkungsweise.* «Tasten» und «Erfinden». Dieser Worte haben wir uns instinktiv bedient, als wir bei der Beschreibung der Aufeinanderfolge der zoologischen Gruppen auf die Erscheinungen der «Mutation» trafen.

Aber sind diese vielleicht mit Anthropomorphismen beladenen Ausdrücke wirklich berechtigt?

Unbestreitbar tritt die Mutation erneut am Ursprung der Fächer von Institutionen und Ideen auf, die einander kreuzen und die menschliche Gesellschaft bilden. Rings um uns macht sie sich überall und beständig bemerkbar – und eben in den beiden Formen, welche die Biologie errät, ohne sich für die eine oder andere zu entscheiden: hier Mutationen in engen Grenzen rings um einen einzelnen Herd; dort «Massenmutationen», die stromartig ganze Menschheitsblöcke jäh mit sich reißen. – Doch nun hellt sich alles auf, denn das Phänomen spielt sich in uns selber ab und wir sehen es in voller Funktion. Nun können wir auch feststellen, daß wir uns nicht irrten, als wir die progressiven Sprünge des Lebens in einem aktiven und finalistischen Sinn deuteten. Wenn nämlich unsere «künstlichen» Produkte wirklich nichts anderes sind als die legitime Folge unserer Phylogenese, dann kann auch der revolutionäre Akt, aus dem nacheinander alle Schöpfungen unseres Denkens hervorgehen, dann kann auch die *Erfindung* legitimerweise als die bewußtgewordene Fortsetzung des dunklen Mechanismus betrachtet werden, der alle Formen hervorgebracht hat, die je am Stamm des Lebens gekeimt haben.

Keine Metapher, sondern eine natürlich begründete Analogie. Hier und dort derselbe Vorgang – im vermenschlichten Zustand nur besser zu erkennen.

Abermals nimmt das sich selbst widerspiegelnde Licht seinen Weg und dringt mit einem Blick bis zu den untersten Schwellen der Vergangenheit. Doch was sein Strahl diesmal im tiefsten Grunde von uns selbst erleuchtet, ist kein endloses Spiel verflochtenen Gezweigs, sondern eine lange Folge von Entdeckungen. Auf derselben Flammenlinie schließen sich den instinktiven Tastversuchen der ersten Zelle

die gelehrten Tastversuche in unseren Laboratorien an. – Grüßen wir
mit Ehrfurcht den Atem, der unsere Herzen schwellt, auf daß wir mit
Angst und mit Freude «alles versuchen, um alles zu finden». Die
Welle, die uns durchzieht, hat sich nicht in uns selbst gebildet. Von
weither kommt sie zu uns – sie begann ihren Weg mit dem Licht der
ersten Sterne. Nachdem sie alles auf ihrer Bahn geschaffen hat, langt
sie bei uns an. Der Geist des Forschens und Erringens ist die ewige
Seele der Evolution.

c) Daher während aller Zeit *Einheit der Bewegung*. «Aufstieg und
Ausbreitung des Bewußtseins».

Der Mensch, nicht Mittelpunkt des Universums, wie wir naiv geglaubt hatten, sondern, was viel schöner ist, der Mensch, die oberste
Spitze der großen biologischen Synthese. So bildet der Mensch, der
Mensch allein, die letztentstandene, die jüngste, die zusammenge-
setzteste, die farbenreichste der einander folgenden Schichten des Lebens.

Dies ist wieder die grundlegende Schau. Ich komme nicht mehr darauf zurück.

Doch – beachten wir es wohl – nur dann erhält diese Schau ihren
vollen Wert, ja sogar nur dann läßt sie sich verteidigen, wenn wir uns
zugleich die Gesetze und Bedingungen der Vererbung klarmachen.

Die Vererbung . . .

Ich hatte bereits Gelegenheit zu sagen, wir wüßten noch immer
nicht, wie sich im geheimen Wirken der organischen Keime die
Eigenschaften bilden, anhäufen und übermitteln. Oder vielmehr, es
gelingt der Biologie noch nicht, in der Genese der Phylen die spontane Aktivität der Individuen mit dem blinden Determinismus der
Gene zu kombinieren, soweit es sich um Pflanzen oder Tiere handelt.
Unfähig, die beiden Begriffe zu versöhnen, neigt sie zu der Ansicht,
das Lebewesen sei nur der passive und machtlose Zeuge der Transformationen, die es erleide, ohne sie verantworten noch beeinflussen
zu können.

Aber – und hier bietet sich die Gelegenheit, diese Frage ein für allemal zu regeln – welche Rolle spielen dann in der menschlichen
Phylogenese die unzweifelhaft vorhandenen Erfindungskräfte?

Was von sich selbst die Evolution im Menschen wahrnimmt, wenn sie sich in ihm spiegelt, genügt, um diesen paradoxen Anschein aufzulösen oder zumindest zu mildern.

Gewiß fühlen wir alle auf dem Grund unseres Wesens das Gewicht oder den Rückhalt dunkler Mächte, guter oder böser, eine Art festgelegten und unveränderlichen «Quantums», das wir ein für allemal von der Vergangenheit empfangen haben. Doch mit nicht minderer Klarheit sehen wir auch, daß vom mehr oder weniger geschickten Gebrauch dieser Energien die weitere Fortsetzung der Lebenswoge über uns hinaus abhängt. Wie können wir daran zweifeln, wenn wir sehen, wie diese Energien vor unseren Augen alle Kanäle der «Tradition» durchfließend sich unverlierbar in der höchsten unserer Erfahrung zugänglichen Lebensform sammeln, ich meine, im kollektiven Gedächtnis und der kollektiven Intelligenz des menschlichen Biot? – Überlieferung, Unterricht, Erziehung. In unserer Geringschätzung des «Künstlichen» betrachten wir instinktiv diese sozialen Funktionen nur als schwache Abbilder, fast als Parodien des Vorgangs, der sich in der natürlichen Bildung der Arten zeigt. Ist es nicht viel richtiger, sofern die Noosphäre keine Illusion ist, in diesen Mitteilungen, in diesem Austausch von Ideen die höhere Form zu erkennen, in der sich bei uns durch *Additivität* biologische Bereicherungen fixieren, sei es auch in einer dem Leben fremderen Form?

Kurz, je entschiedener ein Lebewesen dank der Helligkeit seines Bewußtseins aus den anonymen Massen auftaucht, um so größer wird der Teil seiner Aktivität, der durch Erziehung und Nachahmung übermittelt und gerettet werden kann. Unter diesem Gesichtspunkt verkörpert der Mensch nur einen äußersten Fall von Transformation. Durch den Menschen in die denkende Schicht der Erde übertragen, wird die Vererbung, ohne dadurch aufzuhören, im Individuum an Keime (oder Chromosome) gebunden zu sein, mit ihrem lebenskräftigsten Element in einen denkenden, kollektiven und dauernden Organismus verlegt, wo Phylogenese und Ontogenese ineinander übergehen. Aus den Zellketten geht sie in die erdumfangenden Schichten der Noosphäre über. Es ist daher nicht erstaunlich, daß sie sich von diesem Augenblick an, und dank der Eigenschaften dieses neuen Milieus, im Zustand höchster Blüte, auf die bloße und einfache Übermittlung *erworbener* geistiger Schätze beschränkt.

Vor dem reflektiven Bewußtsein war die Vererbung vielleicht passiv. Doch indem sie sich in ihrer «noosphärischen» Form vermenschlichte, wurde sie im höchsten Maße aktiv.

Also genügte es nicht, wenn wir vorhin sagten, die Evolution sei auf dem Grund unserer Seele zum Bewußtsein von sich selbst gelangt, sie brauche sich daher nur in diesem Spiegel zu betrachten, um sich bis in ihre Tiefen wahrzunehmen und zu erkennen. Sie gewinnt überdies die Freiheit, über sich selbst zu verfügen – sich zu geben oder sich zu verweigern. Wir lesen nicht nur in unseren unbedeutendsten Handlungen das Geheimnis ihrer Wege, sondern zu einem entscheidenden Teil *halten wir sie auch in unseren Händen:* vor ihrer Zukunft für ihre Vergangenheit verantwortlich.

Größe oder Knechtschaft? Hier liegt das Problem unseres Handelns.

II. DAS PROBLEM DER HANDLUNG

A. DIE UNRUHE DER MODERNEN WELT. Der Zugang zu einem von Grund auf neuen Milieu führt unvermeidlich durch die Seelenängste einer Metamorphose. Wird nicht schon das Kind von Schrecken erfaßt, wenn es zum erstenmal die Augen öffnet? Wenn sich unser Geist den ins Unermeßliche gewachsenen Linien und Horizonten angleichen will, so muß er auf die Behaglichkeit vertrauter Enge verzichten. All die Dinge, die er auf dem Grund seiner kleinen Innenwelt mit solcher Umsicht geordnet hatte, muß er in ein neues Gleichgewicht bringen. Er verläßt eine dunkle Kammer und ist wie geblendet vom Licht. Er tritt plötzlich auf die Spitze eines Turmes hinaus und Angst überfällt ihn. Schwindel und Verwirrung ... Die ganze Psychologie der modernen Unruhe ist erklärlich aus ihrer jähen Konfrontation mit der Raum-Zeit.

Es steht außer Frage, daß eine Urform der menschlichen Angst an die Erscheinung des Ichbewußtseins gebunden und daher ebenso alt ist wie die Menschheit. Doch ebensowenig zweifelhaft scheint mir die Tatsache, daß die Menschen von heute infolge der Wirkung eines Bewußtseins, das sich immer stärker sozialisiert, ganz besonders zur Unruhe neigen – mehr als jemals in der Geschichte. Zutiefst in den Herzen, hinter allen Gesprächen lauert trotz der lächelnden Lippen – bewußt oder uneingestanden – die Angst, eine Angst, die aus dem Grunde des Seins aufsteigt. Doch wir sind noch weit davon entfernt, die Wurzel dieses Angstzustandes genau zu erkennen. Irgend etwas bedroht uns, irgend etwas fehlt uns mehr denn je – und dennoch können wir dieses Etwas nicht nennen.

Suchen wir doch den Ursprung des Unbehagens näher und näher zu erfassen – lassen wir die täuschenden Ursachen der Unruhe beiseite, und wir werden schließlich die schmerzende Stelle entdecken, wo das Heilmittel anzuwenden ist, sofern es ein solches gibt.

Auf einer ersten – der gewöhnlichsten – Stufe äußert sich das «Raumzeit-Übel» in einem Gefühl von Lähmung und Nutzlosigkeit gegenüber den ungeheuren Ausmaßen des Kosmos. – Das Übermaß des Raumes, fühlbarer und daher erregender. Wer von uns hat in seinem Leben nur einmal gewagt, das Universum unverhüllt zu schauen, wer hat je versucht, ein Universum zu «leben», dessen Galaxien sich über hunderttausend Lichtjahre erstrecken? Und wenn es jemand gewagt hat – wurde bei diesem Versuch nicht der eine oder andere seiner Glaubenssätze zutiefst erschüttert? Wer hatte nicht das dunkle Gefühl, als ob ein Riesenschatten über seine heitersten Freuden glitte, selbst wenn er vor den unerbittlichen Entdeckungen der Astronomen die Augen zu schließen versuchte? – Doch auch das Übermaß der «Dauer»: bald wirkt sie auf die geringe Anzahl derer, die sie zu sehen vermögen, wie ein Abgrund, bald und häufiger flößt sie (denjenigen, die sie falsch sehen) Verzweiflung über ihre Unveränderlichkeit und Monotonie ein. Begebenheiten, die sich im Kreise drehen, ungewisse Wege, die einander kreuzen und nirgends hinführen. – Schließlich das dazugehörige Übermaß der Zahl: die sinnverwirrende Zahl alles dessen, was nötig war, ist und sein wird, um Raum und Zeit zu füllen. Ein Ozean, in dem wir um so unrettbarer zu verschwinden glauben, als wir uns mit größerer Klarheit lebend wissen. Die Aufgabe, unseren Platz bewußt inmitten einer

Milliarde von Menschen einzunehmen, oder einfach in der Menge...
Übel der Massenhaftigkeit und der Unermeßlichkeiten.

Wenn die moderne Welt diese erste Form ihrer Unruhe überwinden will, dann kann sie, meines Erachtens, nur eines tun: ihre Einsichten, ohne zu zögern, bis zum Ende verfolgen.

Unbeweglich oder blind (ich will sagen: solange wir glauben, sie seien unbeweglich oder blind) sind Zeit und Raum unleugbar Schrecken erregend. Bleibt unsere Einführung in die wahren Ausmaße der Welt unvollendet, dann kann sie leicht gefährlich werden – denn es fehlt ihr die notwendige Ergänzung und Berichtigung: der Blick auf eine Evolution, die sie mit Leben erfüllt. Was sorgen uns hingegen die schwindelerregende Vielheit und die phantastischen Weiten der Sterne, wenn dieses unendlich Große, in Symmetrie mit dem unendlich Kleinen, keine andere Funktion hat, als die mittlere Schicht im Gleichgewicht zu halten; jene Mitte, in der – und in der allein – das Leben sich chemisch aufbauen kann? Was bekümmern uns die Jahrmillionen und die Milliarden Wesen, die uns vorausgehen, wenn jene zahllosen Tropfen einen Strom bilden, der uns weiterträgt? In den unbegrenzten Weiten eines regungslosen oder eines ewig bewegten Universums müßte unser Bewußtsein in nichts vergehen. Doch es findet Kraft in sich selbst, inmitten einer Flut, die, wenngleich sie unwahrscheinliche Weiten faßt, nicht nur ein *Werden* darstellt, sondern eine *Genesis*, was etwas anderes ist. Ja, Zeit und Raum vermenschlichen sich mit dem Sichtbarwerden einer bestimmten Bewegung, die ihnen Physiognomie verleiht.

«Nichts ändert sich unter der Sonne», sagen die Verzweifelten. Wie konntest du dann, Mensch, denkender Mensch – außer du wolltest dein Denken verleugnen – wie konntest du dann eines Tages aus der Tierheit auftauchen? – «Zumindest hat sich seit den Anfängen der Geschichte nichts mehr geändert, und wird sich nichts mehr ändern.» Wie ist es dann möglich, Mensch des 20. Jahrhunderts, daß du vor Horizonten – und zugleich auch unter Angstgefühlen – erwachst, die deine Väter nicht gekannt haben?

Wirklich, die Hälfte des Druckes, der jetzt auf uns lastet, könnte sich in Erleichterung verkehren, wenn wir uns den Tatsachen gegen-

über gelehrig erweisen und uns dazu entschließen wollten, einer
Noogenese die Wesenszüge und Maße unserer modernen Kosmogo-
nien zuzuerkennen. Über die Länge dieser Achse ist kein Zweifel
möglich. Das Universum war immer in Bewegung – und im gegenwärtigen Augenblick bewegt es sich weiter.

Aber wird es sich auch *morgen* noch weiterbewegen?

Erst hier, an diesem Wendepunkt, wo die Zukunft den Platz der
Gegenwart einnehmen soll, müssen die Feststellungen der Wissenschaft der Vorwegnahme durch den Glauben weichen; hier kann
unsere Ratlosigkeit beginnen, und hier ist sie im Recht. Morgen, –
wer kann uns denn ein Morgen garantieren? Können wir aber
weiterleben ohne die Überzeugung von der Existenz dieses Morgen –
wir, denen vielleicht zum erstenmal im Universum die schreckliche
Gabe des Voraus-Sehens zuteil geworden ist?

Das Übel, keinen Ausweg zu finden, – die Angst, sich eingeschlossen
zu sehen . . .

Nun haben wir endlich den Finger auf die schmerzende Stelle gelegt.

Indem unsere heutige Welt um sich und in sich die Evolution entdeckte, gewann sie, wie ich sagte, ihren spezifisch modernen Charakter. Die tiefste Wurzel der Unruhe in der modernen Welt, kann ich
jetzt hinzufügen, besteht darin, nicht sicher zu sein und nicht einmal
zu sehen, wie man je sicher sein könnte, daß es ein Endziel gibt – das
befriedigende Endziel dieser Evolution.

Wie muß denn die Zukunft beschaffen sein, damit sie uns die Kraft
und gar noch die Freude gibt, ihre Ausblicke anzunehmen und ihre
Last zu tragen?

Untersuchen wir die Gesamtlage, um das Problem noch enger zu
fassen und zu sehen, ob sich ein Heilmittel findet.

B. DAS VERLANGEN NACH ZUKUNFT. Es gab eine Zeit, da gebot das
Leben nur über Sklaven oder Kinder. Für seinen Fortschritt tat es
genug, wenn es dunkle Instinkte nährte. Der Köder der Nahrung.
Die Sorge um die Fortpflanzung. Ein halb unbewußter Kampf, sich
über die anderen zu erheben und im Licht zu bleiben – stets bereit,
die anderen zu erdrücken. So hob sich die Gesamtheit, automatisch

und fügsam, gleichsam die Resultante einer unermeßlichen Summe von in Dienst gestellten Egoismen. – Es gab auch eine Zeit – fast haben wir sie noch gekannt –, in der Arbeiter und vom Besitze Ausgeschlossene das Los, das sie zu Sklaven der übrigen Gesellschaft machte, annahmen, ohne weiter darüber nachzudenken.

Doch sobald der erste Funke des Denkens auf Erden erschienen war, fand sich, daß das Leben eine Fähigkeit in die Welt gesetzt hatte, durch die nun dieses selbst kritisiert und gerichtet werden konnte. Eine ungeheure Gefahr. Lange blieb sie unbemerkt. Doch kaum erwachen wir zur Idee der Evolution, so werden die Gefahren deutlich. Wie erwachsene Söhne – wie «bewußt» gewordene Arbeiter – sind wir daran, zu entdecken, daß sich etwas in der Welt *entwickelt*, mitten unter uns – vielleicht auf unsere Kosten. Wir gelangen sogar zu der noch schwerer wiegenden Erkenntnis, daß wir in dem großen, begonnenen Spiel nicht nur die Spieler sind, sondern zugleich auch die Spielkarten und der Einsatz. Wenn wir den Spieltisch verlassen, geht nichts mehr weiter. Und nichts kann uns zwingen, weiterzuspielen. Lohnt das Spiel die Mühe? Oder sind wir die Betrogenen? Der Mensch, seit Jahrtausenden ans «Weitergehen» gewöhnt, hat diese Frage noch kaum in seinem Herzen gestellt. Doch schon wird das leise Murmeln dieser Frage vernommen und es verkündet unfehlbar ein kommendes Donnergrollen. Im vergangenen Jahrhundert zeigten sich die ersten planmäßigen Streikbewegungen in den Fabriken. Vor dem Ende des folgenden wird ganz gewiß der Streik in der Noosphäre auszubrechen drohen.

Die Elemente der Welt, die, weil sie denken, sich weigern, der Welt zu dienen. Oder genauer: die Welt, die, wenn sie bewußt sich selbst erblickt, sich selbst zurückweist. Hier liegt die Gefahr. Was hinter der modernen Unruhe sich herausbildet und heranwächst, ist nichts Geringeres als eine organische Krise der Evolution.

Nun erhebt sich die Frage: um welchen Preis, auf welchen Vereinbarungen läßt sich die Ordnung wiederherstellen? – Hier liegt zweifellos der Schwerpunkt des Problems.

Bei der kritischen Stimmung des Geistes, mit der wir von nun an zu rechnen haben, zeigt sich ein Punkt ganz klar. Wir werden die uns anvertraute Aufgabe, die Noogenese weiterzutreiben, nur unter einer Bedingung übernehmen: wenn die Bemühung, die man von uns fordert, Aussicht hat zu glücken und uns so weit zu führen als möglich. Ein Tier kann sich blindlings in eine Sackgasse oder in einen Abgrund stürzen. Niemals wird der Mensch auch nur mit einem Schritt einen Weg einschlagen, von dem er weiß, daß er versperrt ist. Gerade dies aber ist das Übel, an dem wir leiden.

Nach dieser Feststellung fragen wir, welcher Mindestbedingung es bedarf, damit wir behaupten können, der vor uns liegende Weg sei offen. – Nur einer einzigen, die aber zugleich alles enthält. Es müssen uns der Raum und die Möglichkeiten gesichert sein, um uns verwirklichen zu können, das heißt im Vorwärtsschreiten (direkt oder indirekt, individuell oder kollektiv) *bis ans Endziel von uns selbst zu gelangen*. Eine elementare Forderung, ein Existenzminimum: und doch verbirgt sich darin ein ungeheueres Verlangen. Das Endziel des Denkens, wie immer es beschaffen sei: ist dies nicht die oberste, noch undenkbare Grenze einer Folge von Konvergenzen, die endlos immer höher steigen? Ist es nicht eben Endziel des Denkens, kein Endziel zu haben? – Das Bewußtsein ist eine Größe, für die als einzige unter allen Energien des Universums die Annahme, sie könnte ihr Höchstmaß erreicht haben oder eine Rückentwicklung erleiden, eine Denkunmöglichkeit oder sogar ein Widerspruch ist. Man kann auf ihrem Weg kritische Punkte annehmen, soviel man mag. Doch ein Stillstand oder ein Rückgang ist unmöglich: einfach weil jedes Wachstum der inneren Schau wesentlich den Keim zu einer neuen Schau bildet, die alle anderen enthält und noch weiter vorwärts trägt.

Daher die höchst eigentümliche Situation unseres Geistes, der – eben weil es ihm möglich ist, vor sich unendliche Horizonte zu erblicken – nur dann weiterstreben will, wenn die Hoffnung besteht, er könne irgendwie durch sich selbst zu einer endgültigen Erfüllung gelangen. Wenn nicht, so müßte er sich mit gutem Recht als beschränkt, verfehlt, ja als genarrt empfinden. Gemäß dem Wesen des Werkes und mithin der Forderung des Wirkenden wären ein totaler Tod, eine unüberwindliche Mauer, an der das Bewußtsein scheiterte, «unverträglich» mit dem Mechanismus bewußten Handelns (dem dabei sogleich die Feder bräche).

Je mehr der Mensch zum Menschen wird, um so unbedingter wird er fordern, daß er sich nur nach etwas grenzenlos und unzerstörbar Neuem hinbewegt. Ein «Absolutes» findet sich schon in das Spiel des Wirkens einbezogen.

Mögen «exakte und kritische» Geister reden, die neue Generation, weniger naiv als die vergangene, glaube nicht mehr an eine Zukunft und an eine Vervollkommnung der Welt. Haben die Leute, die diese Dinge schreiben oder wiederholen, auch nur daran gedacht, daß alle geistige Bewegung auf Erden stillstände, wenn sie recht behielten? Sie scheinen zu glauben, das Leben würde seine Kreise friedlich weiterziehn, selbst wenn es des Lichtes, der Hoffnung, der Verlockung einer unerschöpflichen Zukunft beraubt wäre. Irrtum! Vielleicht brächte es noch ein paar Jahre lang aus Gewohnheit Blüten und Früchte. Doch sein Stamm wäre endgültig von seinen Wurzeln getrennt. Selbst wenn die Menschheit Mengen materieller Energie zur Verfügung hätte, selbst wenn plötzliche Furcht oder jäher Trieb sie anstachelten, würde sie doch bald *ohne die Liebe zum Leben* weder erfinden noch schaffen wollen an einem Werk, das sie auf jeden Fall verdammt wüßte. Am Ursprung der Schwungkraft getroffen, die sie erhält, müßte sie sich aus Ekel oder Auflehnung auflösen und in Staub zerfallen.

Sowenig sich unsere Intelligenz den einmal erblickten Perspektiven der Raum-Zeit entziehen könnte – ebensowenig könnte unsere Zunge den Geschmack eines allgemeinen und dauernden Fortschritts vergessen, hätte sie nur einmal davon gekostet.

Wenn der Fortschritt ein Mythus ist, das heißt, wenn wir angesichts der Arbeit fragen können: «Wozu das alles?», sinkt unsere Kraft und reißt in ihrem Fall die ganze Evolution mit,[1] *da wir sie selbst sind.*

C. Scheideweg und Wahl. Eben weil wir den wahrhaft kosmischen Ernst des Übels, an dem wir leiden, ermessen, besitzen wir das Heil-

---

[1] Man sage, was man will – es gibt keine «Kraft der Verzweiflung». Der wahre Sinn dieser Redewendung bedeutet vielmehr einen Paroxysmus auswegloser Hoffnung. Jede bewußte Energie ist wie die Liebe (weil sie Liebe ist) auf Hoffnung gegründet.

mittel für unsere Angst. «Steht die Weltentwicklung nicht still, nachdem sie sich zum Menschen hinbewegt hat? Oder bewegen wir uns nicht ständig im Kreis, falls wir uns noch fortbewegen?»

Die Antwort auf diese unruhige Frage der modernen Welt ergibt sich ganz von selbst, sobald wir einfach das Dilemma formulieren, in das die Analyse unseres Handelns uns gebracht hat:

«Entweder ist die Natur unseren Zukunftsforderungen verschlossen: dann ist das Denken die totgeborene Frucht eines Bemühens von Millionen Jahren, in einem absurden Universum erstickt an sich selbst.

Oder aber sie ist offen, es gibt eine Über-Seele über unseren Seelen: dann muß sich aber dieser Ausgang – damit wir frei zu ihm hinstreben können – ohne Einschränkung zu unbegrenzten seelischen Räumen hin auftun, zu einem Universum, dem wir uns bedingungslos anvertrauen können.»

Absoluter Optimismus oder absoluter Pessimismus. Keine mittlere Lösung zwischen beiden, denn der Fortschritt ist seinem Wesen nach alles oder nichts. Zwei Richtungen – und nur zwei: die eine nach oben, die andere nach unten, ohne die Möglichkeit, auf halbem Wege stehenzubleiben.

Übrigens gibt es weder in dem einen noch in dem andern Sinn eine greifbare Evidenz. Aber damit wir hoffen können, laden Vernunftgründe zu einem Akt des Glaubens ein.

Vom Leben weitergeschoben, können wir an diesem Scheideweg nicht stehenbleiben und warten – wir sind gezwungen, Stellung zu nehmen, sofern wir fortfahren wollen, irgend etwas zu tun. In welcher Richtung werden wir uns frei entscheiden?

In seiner berühmten Wette fälschte Pascal,[1] um den Menschen in seiner Wahl zu bestimmen, die Würfel durch die verlockende Aussicht, alles sei zu gewinnen. Wenn hier das eine der beiden Glieder unserer Alternative das Gewicht der Logik trägt und gewissermaßen die Versprechungen einer ganzen Welt, kann man dann noch von

---

[1] Anm. des Übersetzers: Pascal, Pensées, Éd. Brunschwicg, S. 233. Die Wette von Pascal: Wenn du gewinnst, gewinnst du alles; wenn du verlierst, verlierst du nichts.

einem einfachen Glücksspiel reden, und haben wir noch das Recht, unschlüssig zu sein?

Dazu ist die Welt ganz gewiß ein zu großes Unternehmen. Sie hat, um uns zu gebären, seit den Uranfängen mit zu viel Unwahrscheinlichkeiten nach Wunderart gespielt, als daß wir nur die geringste Gefahr liefen, wenn wir auch weiterhin und bis ans Ende uns ihrer Führung anvertrauten. Wenn sie das Werk unternommen hat, so kann sie es auch vollenden, und zwar nach denselben Methoden und mit derselben Unfehlbarkeit, wie sie es begonnen hat.

Schließlich ist die beste Garantie für das Eintreffen eines Ereignisses, daß es uns lebensnotwendig erscheint.

Wir haben festgestellt, daß das Leben, auf der Stufe des Denkens angelangt, ohne den seiner Struktur gemäßen Anspruch auf immer höheren Aufstieg nicht fortdauern könnte.

Dies genügt zur Sicherung von zwei Voraussetzungen, deren unser Handeln unmittelbar bedarf:

Erstens gibt es für uns in der Zukunft, in irgendeiner und zumindest in kollektiver Form, nicht nur ein Fortleben *(survivance)*, sondern ein höheres Leben *(survie)*.

Zweitens müssen wir, um diese höhere Existenzform zu erahnen, zu entdecken und zu erlangen, immer entschiedener in jener Richtung denken und weitergehen, in der die von der Evolution durchlaufenen Linien sich am engsten zusammenfügen.

IV

DAS HÖHERE LEBEN

ERSTES KAPITEL

DIE KOLLEKTIVE LÖSUNG

VORBEMERKUNG

Als Ausweglosigkeit zu vermeiden: die Isolierung. Wenn der Mensch erkannt hat, daß er das Schicksal der Welt in sich trägt und vor ihm eine grenzenlose Zukunft liegt, an der er nicht scheitern kann, bringt ihn ein erster Reflex leicht in Gefahr, Erfüllung in der Isolierung zu suchen.

Einerseits kann unser persönlicher Egoismus dadurch gefährlich ermutigt werden, daß ein angeborener und durch Überlegung bestärkter Instinkt uns die Meinung nahelegt, wenn wir die Fülle unseres eigenen Seins besitzen wollten, müßten wir uns von der Menge *der anderen* möglichst fernhalten. Liegt das «Ziel unseres Selbst», das wir erreichen müssen, nicht in der Trennung von allen übrigen oder zumindest darin, daß wir sie uns unterwerfen? Das Studium der Vergangenheit lehrt uns, daß der zum Selbstbewußtsein gereifte Einzelne, von der Knechtschaft des Phylums zum Teil befreit, begonnen hat *für sich* zu leben. Sollten wir nicht diese Emanzipationslinie immer entschiedener verfolgen, um einen künftigen Fortschritt zu sichern? In immer bewußterem *Alleinsein* zu immer höherem Seinsgefühl gelangen? – In diesem Fall würde die Menschheit wie eine strahlende Substanz in einer Staubwolke aktiver, abgetrennter Partikel gipfeln. Nein, gewiß nicht eine Garbe von Funken, die in der Nacht verlöschen: das wäre ja jener endgültige Tod, dessen Möglichkeit wir durch unsere grundsätzliche Entscheidung soeben ausgeschlossen haben. Vielmehr bestünde die Hoffnung, gewisse kräftigere oder glücklichere Strahlen würden schließlich den Weg der Erfüllung finden, den das Bewußtsein von jeher gesucht hat. Konzentration durch Abtrennung von allem übrigen. Einsam – und kraft ihrer Einsamkeit – fänden also die zu rettenden Elemente der Noosphäre ihr Heil auf dem Gipfel einer bis zum äußersten getriebenen Individualisierung.

Doch nur selten begegnet uns ein überbetonter Individualismus, der über die Philosophie des unmittelbaren Genusses hinaus käme und das Bedürfnis fühlte, den tiefen Forderungen des Handelns gerecht zu werden.

Weniger theoretisch und weniger extrem, aber auch viel tückischer ist hingegen eine andere Lehre vom «Fortschritt durch Isolierung», die augenblicklich weite Teile der Menschheit in ihren Bann schlägt: der Gedanke von der Selektion und der Erwählung der Rassen. Die Rassenlehre schmeichelt dem kollektiven Egoismus, der lebendiger, edler, aber auch empfindlicher ist als jedes individuelle Selbstbewußtsein; sie kann geltend machen, daß sie in ihrer Weltanschauung die Wachstumsgesetze des Lebensbaumes mit der größten Treue übernimmt und weiterführt. Was zeigt uns denn wirklich die Geschichte der lebendigen Welt anderes als eine Aufeinanderfolge von Fächern, von denen einer nach dem andern, einer auf dem andern ersteht, immer wenn eine bevorzugte Gruppe zu Erfolg und Macht gelangt? Warum sollten wir diesem allgemeinen Gesetz entgehen? Also auch jetzt noch und selbst unter uns Kampf ums Dasein, Überleben des Tauglichsten. Kraftprobe. Wie jeder andere Zweig muß auch der «Übermensch» aus einem einzigen Sproß der Menschheit entspringen.

Isolierung des Individuums – oder Isolierung einer Gruppe. Zwei verschiedene Formen derselben Taktik: jede von ihnen kann sich auf den ersten Blick als eine glaubhafte Extrapolation der Methoden legitimieren, die das Leben in seinen Entwicklungen bis zu uns verfolgt hat.

Das weitere wird uns zeigen, worin der Reiz (oder die Verderbtheit) dieser Theorien besteht, in denen – so zynisch und brutal sie sein mögen – dennoch eine oft edle Leidenschaft flammt, und warum wir bei dem einen oder anderen dieser Aufrufe zur Gewalt manchmal nicht umhin können, in unseren innersten Tiefen einen Widerhall zu vernehmen. Raffiniertes Zerrbild einer großen Wahrheit. . . .

Für den Augenblick ist es die Hauptsache, einzusehen, daß beide Theorien sich täuschen und uns täuschen, insofern sie ein wesentliches Phänomen vernachlässigen: «das natürliche Zusammenfließen aller Körner von Gedanken». Damit verbergen oder verunstalten sie für unsere Schau die wahren Umrisse der Noosphäre und verhindern, biologisch gesehen, die Bildung des wahren Geistes auf der Erde.

I. DER ZUSAMMENFLUSS DES DENKENS

A. ZWANG DES VERWACHSENS. a) *Verwachsen der Elemente.* Die Elemente der Welt haben von Natur aus und auf allen Stufen ihrer Zusammensetzung die Fähigkeit, sich zu beeinflussen und sich innerlich zu durchdringen, so daß sie ihre «radialen Energien» in Bündeln kombinieren. Bei Molekülen und Atomen läßt sich dieses Geöffnetsein für psychisches Durchdringen nur vermuten, doch bei organischen Wesen verstärkt es sich und läßt sich direkt wahrnehmen. Beim Menschen, bei dem die Wirkungen des Bewußtseins ihr augenblickliches Höchstmaß in der Natur erreichen, wird es schließlich im Phänomen des Sozialen äußerst stark und überall sichtbar. Übrigens wird es von uns unmittelbar gefühlt. Doch zugleich wirkt es, auch in diesem Fall, nur kraft der «tangentialen Energien» der Anordnung und folglich unter gewissen Bedingungen räumlicher Annäherung.

Hier macht sich eine anscheinend banale Tatsache geltend, hinter der sich aber faktisch ein grundlegender Zug der kosmischen Struktur offenbart: die Kugelgestalt der Erde. – Die geometrische Begrenzung eines Gestirns, das wie ein riesiges Molekül in sich selbst geschlossen erscheint.... Wir nahmen dieses Merkmal und seine Notwendigkeit schon wahr beim Beginn der ersten Synthesen und Polymerisationen auf der jugendlichen Erde. Ohne viel davon zu reden, setzten wir es voraus als Prinzip des Zusammenhalts aller Differenzierungen und allen Fortschritts in der Biosphäre. Doch was soll man zu seiner Funktion in der Noosphäre sagen!

Setzen wir den unmöglichen Fall, es hätte der Menschheit freigestanden, sich auf einer grenzenlosen Oberfläche unbehindert im

Raume zu verbreiten und auszudehnen, anders gesagt, sie hätte sich
dem Zusammenspiel ihrer inneren Anziehungskräfte allein überlassen können. Was wäre dann aus ihr geworden? Etwas Unvorstell-
bares, etwas von der modernen Welt gewiß sehr Verschiedenes und
vielleicht sogar überhaupt nichts, wenn wir nach der überaus großen
Bedeutung urteilen, welche die Kompressionskräfte in ihrer Entwicklung gewonnen haben.

Am Anfang und jahrtausendelang war die Verbreitung der Men-
schenwogen auf der Oberfläche des Erdballs durch nichts merklich
behindert. Vermutlich ist dies sogar einer der Gründe für die Langsamkeit ihrer sozialen Entwicklung. Seit der jüngeren Steinzeit begannen diese Wogen dann, wie wir sahen, auf sich selbst zurück-
zufluten. Da der ganze freie Raum besetzt war, mußten die Bewohner
sich enger aneinanderdrängen. Bloß durch die Vervielfältigung im
Lauf der Generationen sind wir so, von Stufe zu Stufe, bis zur gegenwärtigen Situation gelangt und bilden miteinander eine fast dichte
Masse menschgewordener Substanz.

In dem Maße, als die menschlichen Individuen unter der Wirkung
dieses Druckes und dank ihrer seelischen Durchlässigkeit einander
inniger durchdrangen, erwärmte sich ihr Geist (geheimnisvolles Zusammentreffen!) durch Annäherung. Und wie ausgeweitet über
sich selbst dehnte jedes Element den Radius seiner Einflußzone allmählich über die Erde aus, die sich infolgedessen ständig verkleinerte.
Was hat denn dieser moderne Paroxysmus mit sich gebracht? Man
hat schon häufig darauf hingewiesen. Die Eisenbahn, die vor kurzem
erfunden wurde, das Automobil, das Flugzeug ermöglichen es heute,
den physischen Einfluß jedes Menschen, der einst auf einige Kilo-
meter beschränkt war, auf Hunderte von Meilen auszudehnen. Ja
noch mehr: dank dem wunderbaren biologischen Ereignis der Entdeckung der elektromagnetischen Wellen findet sich von nun an
jedes Individuum (aktiv und passiv) auf allen Meeren und Kontinenten gleichzeitig gegenwärtig und verfügt über dieselbe Ausdehnung
wie die Erde.

Nicht nur durch unaufhörliche Vermehrung der Zahl ihrer Glieder, sondern auch durch beständige Vergrößerung ihres individuellen

Wirkungskreises sieht sich die Menschheit in ihrer notwendigen Entwicklung auf einer geschlossenen Oberfläche unvermeidbar einem fürchterlichen Druck ausgesetzt – einem Druck, der aus sich selbst unaufhörlich wächst: denn jeder höhere Grad der Verengung bewirkt nur eine noch stärkere Expansion eines jeden Elements.

Dies ist also eine erste Tatsache, die wir in Betracht ziehen müssen, um in der Vorwegnahme unserer Vorstellungen von der Zukunft der Welt keinen Fehler zu begehen.

Unabhängig von jeder Hypothese kann man nicht leugnen, daß sich das äußere Spiel der kosmischen Kräfte mit der überaus stark zu Verbindungen neigenden Natur unserer denkenden Seelen kombiniert und im Sinn einer Konzentration der Bewußtseinsenergien arbeitet: mit einer so mächtigen Kraft, daß es – wie wir noch sehen werden – dahin kommt, daß sich sogar die Konstruktionen der Phylogenese ihrem Druck beugen müssen.

b) *Verwachsen der Zweige.* Zweimal bereits, zuerst bei der Entwicklung der Theorie, dann bei der Beschreibung der historischen Phasen der Anthropogenese, habe ich auf die besondere und merkwürdige Eigenschaft der menschlichen Geschlechterfolgen hingewiesen, daß sie miteinander in Kontakt treten und sich vermengen dank ihrem psychischen Organ und den sozialen Lebensformen. Der Augenblick ist gekommen, das Phänomen als ganzes zu betrachten und seine tiefe Bedeutung aufzudecken.

Wenn der Naturforscher die Hominiden zu *sehen* versucht, und zwar nicht nur an sich (auf die übliche Weise der Anthropologen), sondern im Vergleich mit den anderen Tierformen, dann scheint ihm wohl zunächst die außerordentliche Elastizität ihrer zoologischen Gruppe am merkwürdigsten. Die anatomische Differenzierung eines primitiven Typus verfolgt im Menschen deutlich ihren Weg wie überall in der Evolution. Infolge von genetischen Wirkungen entstehen Mutationen. Infolge von klimatischen und geographischen Einflüssen zeigen sich Varietäten und Rassen. Somatisch gesehen erscheint der «Fächer»: er ist in beständiger Bildung begriffen und deutlich erkennbar. Dennoch bemerken wir die Tatsache, daß sich seine divergenten Rippen nicht mehr voneinander trennen können.

Unter Ausbreitungsbedingungen, unter denen jedes andere ursprüngliche Phylum sich längst in verschiedene Arten gespalten hätte, erblüht die menschliche Gruppe und «bleibt ganz» wie ein riesiges Blatt, in dem die Äderungen trotz ihrer Unterschiede immer in einem gemeinsamen Gewebe vereint sind. Unbegrenzte gegenseitige Befruchtung auf allen Stufen. Vermengung der Gene. Anastomosen der Rassen zu Zivilisationen und politischen Gebilden ... Unter dem Gesichtspunkt der Zoologie zeigt uns die Menschheit das einzigartige Schauspiel einer «Art», der das gelang, woran vorher jede andere Art gescheitert war: nicht nur kosmopolitisch zu wirken – sondern lückenlos um die ganze Erde eine geschlossene organische Schicht zu bilden.

Welchem anderen merkwürdigen Umstand läßt sich dies zuschreiben, wenn nicht der Umkehr oder genauer der gründlichen Vervollkommnung der Wege des Lebens, indem das Eingreifen eines mächtigen Mittels der Evolution endlich und hier erst möglich wurde: das Verwachsen eines ganzen Phylums in sich selbst?

Die Grundlage des Ereignisses sind auch hier die engen Grenzen der Erde, auf der die lebenden Äste, vom Wachstum selbst getrieben, sich krümmen und einander nähern, wie die dichtgedrängten Zweige des Efeus. Doch dieser äußere Kontakt war unzureichend, um eine Verbindung herzustellen, und wäre es immer geblieben, hätte nicht das Erwachen des Denkvermögens dem menschlichen Biot ein neues Bindeglied vermittelt. Bis zum Menschen hatte das Leben in assoziativer Hinsicht als höchsten Erfolg aufzuweisen, daß es nacheinander die äußersten und feinsten Spitzen desselben Phylums zu selbständigen sozialen Gruppen vereinte. Wesentlich mechanische und familiäre Gruppierungen, verwirklicht durch rein «funktionsmäßiges» Verhalten wie Bautätigkeit, Verteidigung oder Fortpflanzung. Tierstöcke. Der Bienenstock. Der Ameisenhaufen. Alle diese Organismen beschränken ihren Annäherungstrieb auf die Nachkommenschaft einer einzigen Mutter. – Dank dem Rahmen oder der Stütze von *universellem* Charakter, wie sie das Denken liefert, können sich die Kräfte des Zusammenschlusses vom Menschen an frei entwickeln. Innerhalb dieses neuen Milieus gelingt es den

Zweigen der gleichen Gruppe ganz von selbst, sich zu vereinen. Oder vielmehr: – sie heften sich aneinander, noch bevor ihre Trennung vollendet ist.

So findet sich im Verlauf der menschlichen Phylogenese die Differenzierung der Gruppen bis zu einem bestimmten Grad gewahrt – das heißt in dem Maße, als sie bei der tastenden Erschaffung neuer Typen eine Bedingung biologischer Entdeckung und Bereicherung ist. Doch diese Divergenz macht dann (oder zugleich) einer Bewegung der Konvergenz Platz und ordnet sich ihr unter. In ihr festigen sich Rassen, Völker und Nationen und vollenden sich durch gegenseitige Befruchtung. So sieht man auf einer Erdkugel die Meridiane einem Pol entspringen und sich von ihm entfernen, nur um im entgegengesetzten Pol sich wieder zu vereinen.

Man versteht den Menschen nicht, in seinem anthropologischen, ethnischen, sozialen und moralischen Sein, noch auch könnte hier eine gültige Voraussage über seinen künftigen Zustand gemacht werden, wenn man nicht gesehen hat, daß in seinem Fall die «Verzweigung» (soweit sie bestehen bleibt), nur mehr in höherer Form und mit dem Ziel von Agglomeration und Konvergenz weiterwirkt. Gruppenbildung, Zuchtwahl, Kampf ums Dasein: bloße Sekundärfunktionen, die bei ihm von nun an einem Streben nach Zusammenschluß untergeordnet sind. Eine Garbe möglicher Arten, die sich rings um die Oberfläche der Erde herumschlingt. Eine ganz neue Erscheinungsform der Phylogenese.[1]

B. MEGA-SYNTHESE. Verwachsen der Elemente und Verwachsen der Zweige. Geometrisch die Kugelform der Erde und psychisch eine entsprechende Krümmung des Geistes, in Einklang miteinander, um den individuellen und kollektiven Kräften der Zerteilung in der Welt ein Gegengewicht zu geben und die Einigung herzustellen: dies ist schließlich die ganze Antriebskraft und das ganze Geheimnis der Menschwerdung.

Doch weshalb und wozu in der Welt die Einigung?

---

[1] Ich nenne diesen Vorgang «die Planetisation des Menschen».

Um die Antwort auf diese letzte Frage zu finden, genügt es, die Beziehung zwischen den beiden Gleichungen herzustellen, die sich für uns seit dem ersten Augenblick ergeben haben, als wir versuchten, dem Phänomen Mensch in der Welt seinen Platz anzuweisen.

Evolution = Aufstieg des Bewußtseins.

Aufstieg des Bewußtseins = Einigungswirkung.

Die allgemeine Vereinigung, zu der in diesem Augenblick infolge der gemeinsamen Einwirkung des Außen und des Innen der Erde die Gesamtheit der denkenden Kräfte und Einheiten genötigt ist – die wechselseitige Annäherung ganzer Massen einer Menschheit, deren Stücke sich vor unseren Augen aneinanderschweißen und durchdringen, trotz und sogar im Maße ihrer Anstrengungen, sich zu trennen –, alles dies wird aufs tiefste verständlich, sobald man darin die natürliche Kulmination eines kosmischen Organisationsprozesses erkennt, der seit den fernen Zeitaltern, in denen unser Planet noch jung war, sich nicht veränderte.

Zuerst die Moleküle der Kohlenstoffverbindungen mit ihren Tausenden von symmetrisch gruppierten Atomen. Dann die Zelle, wo in einem Mindestvolumen Tausende von Molekülen sozusagen ein mechanisches System bilden. Dann die Metazoen, in denen die Zelle nunmehr ein fast infinitesimales Element darstellt. Danach, wie von vereinzelten Inseln aus, die vielgestaltigen Versuche der Metazoen, eine Symbiose einzugehen und sich zu einem höheren biologischen Zustand zu erheben.

Und nun, wie ein Keim von planetarischen Ausmaßen, die denkende Schicht, die in ihrer ganzen Breite ihre Fibern entwickelt und überkreuzt, nicht um sie zu verwirren und unwirksam zu machen, sondern um sie zu kräftigen in der lebendigen Einheit eines einheitlichen Gewebes . . .

In Wahrheit sehe ich nur eine zusammenfassende und damit wissenschaftliche Weise, diese endlose Folge von Tatsachen zu bewältigen: man muß die «höhere Ordnung», der sich heute alle denkenden Elemente der Erde individuell und kollektiv unterworfen sehen, im Sinne eines riesigen psycho-biologischen Vorgangs deuten – als eine Art *Mega-Synthese*.

Mega-Synthese im Tangentialen. Infolgedessen auch ein Sprung der Radialenergien nach vorwärts in Richtung der Hauptachse der Evolution. Immer mehr Komplexität: daher noch mehr Bewußtsein.

Ist aber dieser Vorgang wirklich so beschaffen, was brauchen wir dann noch mehr, um den lebensfeindlichen Irrtum aufzudecken, der sich zutiefst in jedem Isolierungsprinzip verbirgt?

Falsch und naturwidrig ist das egozentrische Ideal einer Zukunft, die denjenigen vorbehalten wäre, die egoistisch an die äußerste Grenze des «jeder für sich» zu gelangen wüßten. Kein Element könnte sich bewegen und wachsen, hätte es nicht die Hilfe und die Kraft aller andern hinter sich.

Falsch und naturwidrig ist das Ideal der Rassenlehre vom Ast, der für sich allein alle Säfte des Baumes in Anspruch nimmt und dem Tod der andern Äste seine eigene Erhebung verdankt. Um bis an die Sonne zu dringen, bedarf es des harmonischen Wachstums des gesamten Geästes.

Der Ausgang aus der Welt, die Tore der Zukunft, der Eingang zum Übermenschlichen eröffnen sich weder einigen Privilegierten noch einem einzigen Volk, das auserwählt wäre unter allen Völkern! Die Pforten öffnen sich nur, wenn *alle zusammen* nach einem Ziel drängen, in dem sich alle zusammen[1] vereinigen, um sich in einer geistigen Erneuerung der Erde zu vollenden. Wir wollen jetzt die Vorgänge dieser Erneuerung genauer untersuchen und über ihren Wirklichkeitsgrad nachdenken.

II. DER GEIST DER ERDE

A. HUMANITÄT. Erstes Leitbild, in welchem der moderne Mensch im Augenblick seines Erwachens zur Idee des Fortschritts seine ihm unentbehrlich gewordenen Hoffnungen auf eine unbegrenzte Zukunft mit der Aussicht auf seinen eigenen unvermeidbaren Tod zu versöhnen suchte. Humanität: zunächst nur ein unbestimmtes Etwas, mehr

---

[1] Wenn auch unter dem Einfluß und der Führung von Einzelnen (einer «Elite»).

gefühlt als gedacht, wobei eine verschwommene Vorstellung von
ständigem Wachstum mit einem Bedürfnis nach allumfassender
Brüderlichkeit Hand in Hand ging. Humanität: Gegenstand eines oft
naiven Glaubens, dessen Zauber jedoch stärker als aller Wechsel und
alle Kritik mit gleicher verführerischer Kraft auf die Seele der heutigen
Massen wie auf die Gehirne der «Intelligenz» weiterwirkt. Mag man
an diesem Kult teilnehmen oder ihn lächerlich finden; wer kann sich
der Humanitätsidee entziehen, und wen hält sie nicht auch heute noch
in ihrem Bann?

Dem Blick der «Propheten» des 18. Jahrhunderts zeigte die Welt
tatsächlich nur ein Durcheinander ungeordneter, lockerer Bindungen. Es bedurfte wahrhaftig der ahnenden Seele eines Gläubigen, um
das Herz dieses kaum erkennbaren Embryos schlagen zu hören. Heute,
nach weniger als zweihundert Jahren, befinden wir uns, fast ohne uns
darüber Rechenschaft zu geben, zumindest in materieller Hinsicht,
in der Wirklichkeit, die unsere Väter erwarteten. Während eines
Zeitraums von einigen Generationen haben sich um uns herum
ökonomische und kulturelle Bande aller Art geknüpft, die sich ununterbrochen in geometrischer Progression vervielfältigen. Heute
verlangt jeder Mensch täglich nicht nur sein Brot, das in seiner Einfachheit die Nahrung des Steinzeitmenschen symbolisiert, sondern
auch seine Ration Eisen, Kupfer und Baumwolle – seine Ration
Elektrizität, Erdöl und Radium – seine Ration Entdeckungen, Film
und internationale Nachrichten. Ein einfaches Feld – und sei es noch
so groß – genügt nicht mehr. Der ganzen Erde bedarf es, um unser-
einen zu ernähren. Wenn Worte einen Sinn haben, bedeutet es nicht,
daß sich sozusagen die Geburt eines großen Körpers vollzieht – mit
seinen Gliedern, seinem Nervensystem, seinen Wahrnehmungszen-
tren, seinem Gedächtnis? – Eben der Körper des Großen, das kommen
mußte, um im denkenden Wesen das neuerwachte, bewußt gewordene Begehren zu befriedigen: Solidarität und Verantwortung für ein
in Entwicklung befindliches Universum.

Die Logik unserer Bemühungen um die Gleichordnung und Organisation der Entwicklungstendenzen dieser Welt führt unser Denken, sobald wir einmal die Häresien des Individualismus und der

Rassenlehre ausgemerzt haben, ganz von selbst zu Ausblicken, die an die ursprüngliche Intuition der ersten Philanthropen erinnern. Der Mensch kann außerhalb einer Vereinigung mit allen anderen Menschen in Zukunft keinerlei Entwicklung erwarten. Die Träumer von gestern hatten das vorausgefühlt. In gewissem Sinn sehen wir dasselbe wie sie. Doch was wir besser als sie zu erkennen vermögen, weil wir «auf ihren Schultern stehen», das sind die kosmischen Wurzeln; es ist weiterhin der besondere physische Stoff; endlich ist es die spezifische Natur dieser Menschheit, die sie nur ahnen konnten, und vor der wir unsere Augen schließen müßten, wenn wir sie nicht sehen wollten.

Kosmische Wurzeln. Nach Ansicht der ersten Verfechter des Menschheitsgedankens gehorchte der Mensch, wenn er sich seinesgleichen zugesellte, einem natürlichen Gebot. Man fühlte übrigens kaum das Bedürfnis, die Ursprünge dieses Gebotes zu untersuchen und folglich seinen Ernst zu ermessen. Behandelte man nicht die Natur damals noch wie eine Person oder wie ein poetisches Gleichnis? Wenn die Natur in diesem oder jenem Augenblick etwas verlangte, hatte sie vielleicht erst gestern sich dazu entschlossen, oder konnte es morgen nicht mehr wollen. Wir hingegen kennen uns besser aus in den Dimensionen und strukturellen Forderungen der Welt, und die Kräfte, die, von außen einwirkend oder im Innern erwachend, immer heftiger Mensch zu Mensch zusammendrängen, verlieren jeden Anschein von Willkür und jede Gefahr von Unbestand.

Solange sich die Humanität noch von einem beschränkten, vielgestaltigen und unzusammenhängenden Kosmos eingerahmt fand, blieb sie eine gebrechliche, wenn nicht sogar eine fiktive Vorstellung. Doch gewinnt sie Körper und wird glaubhaft, sobald man sie in die biologische Raum-Zeit versetzt, wo sie mit ihrer Gestalt die Entwicklungslinien des Universums fortzuführen scheint, – als Wirklichkeit unter anderen ebenso umfassenden Wirklichkeiten.

Physischer Stoff. Für eine ansehnliche Zahl unserer Zeitgenossen bleibt die Menschheit immer noch etwas Unwirkliches, oder aber sie wird von ihnen absurd materialistisch aufgefaßt. Für die einen ist sie ein abstrakter Begriff oder ein konventioneller Ausdruck. Für die anderen wird sie zu einer plump organischen Vereinigung, in der sich das Soziale buchstäblich in der Sprache der Physiologie und der Anatomie zum Ausdruck bringt. Allgemeine Idee, rechtlich geordnete Einheit – oder ein gigantisches Tier. Hier wie dort, aus Mangel oder aus Übermaß, dieselbe Unfähigkeit, zu einer rechten Vorstellung von Gemeinschaft zu gelangen. Wäre nicht das einzige Mittel, aus dieser Sackgasse herauszukommen, die unverzügliche Einführung einer neuen Kategorie in unsere intellektuellen Schemata, sobald man es mit dem Über-Individuellen zu tun hat? Schließlich, warum nicht? Die Geometrie hätte keinerlei Fortschritte gemacht, wenn sie, die anfänglich auf rein rationalen Größen beruhte, nicht schließlich e, π oder jede andere inkommensurable Größe als ebenso vollkommen und verständlich angenommen hätte wie die ganze Zahl. Die Rechenkunst hätte niemals die von der modernen Physik aufgegebenen Probleme gelöst, wenn sie sich nicht beständig zum Begriff neuer Funktionen erhoben hätte. Aus den gleichen Gründen hätte sich die Biologie nicht auf das ganze Ausmaß des Lebens erstrecken können, wenn sie nicht in die Wertreihe der Größen, mit denen sie sich jetzt beschäftigen muß, gewisse Seinsstufen eingeführt hätte, die bisher die allgemeine Erfahrung ignorieren konnte – und darunter ganz besonders die Stufe des *Kollektiven*. Neben und außer den individuellen Wirklichkeiten finden sich von nun an die kollektiven Wirklichkeiten, die sich nicht auf das Einzelwesen zurückführen lassen und dennoch auf ihre Weise objektiv sind wie dieses. War ich nicht gezwungen, solche Ausdrücke wie Phylen, Schichten, Zweige usw. zu gebrauchen, um die Bewegungen des Lebens in Begriffe zu fassen?

Für das Auge, das fähig ist, die Evolution zu erschauen, werden diese sinnvollen Zusammenfassungen notwendigerweise ebenso deutliche, ebenso natürlich wirkliche Objekte wie irgendein einzelner Gegenstand. In dieser besonderen Größenklasse findet die Menschheit zwanglos ihren Platz. Damit sie vorstellbar werde, müssen wir uns nur bemühen, ihr Bild in unserem Geiste aufzurichten oder wiederherzustellen, und sie unmittelbar so zu denken, wie sie ist – ohne zu versuchen, sie auf irgend etwas Einfacheres oder schon Bekanntes zurückzuführen.

Schließlich, *spezifische Natur*. Hier finden wir das Problem wieder an dem Punkt, an den uns vorhin die gebührend festgestellte Tatsache des Zusammenflusses menschlichen Denkens geführt hatte. Als kollektive Wirklichkeit und daher Wirklichkeit *sui generis* läßt sich die Menschheit nur in dem Maße verstehen, als wir über den Leib ihrer greifbaren Gestalten hinaus den besonderen Typus bewußter Synthese bestimmen, der aus ihrem mühevoll und eifrig betriebenen Konzentrationsstreben hervorgeht. Man kann sie schließlich nicht anders definieren denn als Geist.

Im Hinblick darauf können wir bei dem gegenwärtigen Stand der Dinge versuchen, uns die Form, die sie vielleicht morgen schon annehmen wird, auf zwei Weisen, auf zwei Stufen vorzustellen. Entweder, was am einfachsten ist, als ein gemeinsames Vermögen oder einen gemeinsamen Akt des Erkennens und Handelns. Oder aber – und das geht viel tiefer: als eine organische Super-Aggregation der Seelen. Wissenschaft – oder Einswerden der Seelen.

B. WISSENSCHAFT. Im vollen, modernen Sinn des Wortes ist die Wissenschaft die Zwillingsschwester der Humanität. Miteinander geboren, sind beide Ideen (oder beide Träume) miteinander gewachsen und haben im Laufe des vergangenen Jahrhunderts sozusagen religiöse Bedeutung erlangt. Sie haben dann beide dieselben mißlichen Umstände erfahren. Dies hindert sie aber nicht, dank gegenseitiger Unterstützung, immer noch und mehr denn je die idealen Kräfte darzustellen, auf die unsere Einbildungskraft immer wieder zurückkommt, wenn sie ihren Glauben und ihre Hoffnung begründen und in irdischer Form verwirklichen will.

Die Zukunft der Wissenschaft ... In einer ersten Annäherungsform zeichnet sie sich an unserem Horizont ab als die totale, völlig lückenlose Schau des Universums. Es gab eine Zeit, wo man der Erkenntnis keine andere Rolle zuteilte als die, zu unserer spekulativen Genugtuung die fertig gegebenen Objekte unserer Umgebung zu beleuchten. Dank einer Philosophie, die unserem Drang, alles zu erkennen, Sinn und Weihe verleiht, vermuten wir heute, daß das Unbewußte eine Art Minderwertigkeit oder ontologisches Übel ist – da sich die Welt nur in dem Maß vollendet, als sie sich in einer systematischen, bewußten Wahrnehmung ausdrückt. Bringt nicht sogar (oder vielmehr: besonders) in der Mathematik das «Finden» ein neues Sein hervor? Unter diesem Gesichtspunkt sind intellektuelle Entdeckung und Synthese nicht mehr bloße Spekulation, sondern Schöpfung. Es wäre also in gewisser Hinsicht die Vollendung der Dinge gebunden an ihre genaue Wahrnehmung durch uns. So haben die Denker zumindest teilweise recht, die als Krönung der Evolution einen höchsten Akt kollektiver Schau annehmen[1], der durch die gemeinsame menschliche Forschungs- und Gedankenarbeit vollzogen würde.[2]

Wissen, um zu wissen. Aber auch, und vielleicht in noch höherem Maß, *wissen, um zu können.*

Seit ihrer Geburt ist die Wissenschaft besonders dann vorangekommen, wenn sie sich zur Lösung eines Lebensproblems angestachelt fühlte; ihre geistreichsten Theorien wären wurzellos an der Oberfläche des menschlichen Denkens dahingetrieben, wenn sie sich nicht gleich den Dingen einverleibt und in ein Mittel zur Beherrschung der Welt verwandelt hätten. So entwickelt sich der Gang der Menschheit, der den aller anderen Lebewesen fortsetzt, unzweifelhaft im Sinne der Beherrschung der Materie, die damit in den Dienst des Geistes gestellt ist. *Mehr können, um mehr zu tun.* Aber schließlich und vor allem: *Mehr tun, um mehr zu sein.* . . .

Die Vorläufer unserer Chemiker suchten ehemals hartnäckig den Stein der Weisen. Wir haben heute einen höheren Ehrgeiz. Nicht Gold wollen wir schaffen, sondern Leben! Wer würde die Behauptung wagen, dies sei nur eine trügerische Hoffnung – wenn man

---

[1] Ist dies nicht die Idee Brunschvicgs?

[2] Man könnte sagen, daß durch die Tatsache des menschlichen (sowohl individuellen wie kollektiven) Denkens die Evolution, über die physikalisch-chemische Organisation der Körper hinausgreifend, sich verdoppelt: sie strahlt auf sich selbst zurück (vgl. die folgende Anmerkung) und gewinnt dabei eine neue Kraft der Anordnung, die sie im Sinn einer mächtigen Konzentration auf die ursprüngliche Kraft richtet. So ergibt sich die erkenntnismäßige Anordnung des Universums. Die Welt denken, bedeutet tatsächlich – wie die Physik zu bemerken beginnt – sie nicht nur zur Kenntnis nehmen, sondern ihr eine Form von Einheit verleihen, die ihr immer fehlen würde, wenn sie nicht gedacht wäre.

sieht, was seit fünfzig Jahren vor sich geht? Hat uns nicht die
Kenntnis der Hormone so weit geführt, daß wir morgen schon auf
die Entwicklung unseres Körpers – ja sogar des Hirns Einfluß gewinnen können? Wird uns die Entdeckung der Gene nicht bald die Kontrolle des Mechanismus der organischen Vererbung gestatten? Wird
uns die bevorstehende synthetische Herstellung der Eiweißstoffe nicht
eines Tages befähigen, eine Wirkung hervorzurufen, die der sich
selbst überlassenen Erde versagt scheint: eine neue Woge von Organismen – ein künstlich hervorgebrachtes Neu-Leben?[1] Gewiß war
die Gesamtzahl der tastenden Versuche seit den Anfängen unermeßlich, gewiß benötigten diese eine lange Zeit. Und dennoch haben viele
mögliche Kombinationen dem Spiel des Zufalls entgehen können;
sie zu verwirklichen blieb dem planmäßigen Vorgehen des Menschen
vorbehalten. Das Denken, das kunstreich das Organ vervollkomm-
net, auf dem es beruht. Das Leben, das dank der kollektiven Wirkung
seines Nachdenkens einen Sprung nach vorwärts macht. Ja, der
heimliche Traum des menschlichen Forschens ersehnt, über die Energien der Atome und Moleküle hinaus, die Herrschaft über die Grund-
energie zu erlangen, für die alle andern Energien nur Dienerinnen
sind: dann würden wir, alle vereint, das Steuerruder der Welt ergreifen, indem wir die Hand auf die eigentliche Triebkraft der
Evolution legen.

Den Mutigen, die sich eingestehen, daß ihre Hoffnungen so weit
gehen, sage ich, daß sie die menschlichsten unter den Menschen sind,
– und es ist auch zwischen Forschung und Anbetung eine geringerer
Unterschied, als man meint. Doch sie mögen den folgenden Punkt
wohl beachten; seine Betrachtung führt uns allmählich zu einer voll-
ständigeren Form von Eroberung und Anbetung. So weit die Wissenschaft auch geht in der Entdeckung des «Urfeuers», so fähig sie eines
Tages auch werden mag zur Neubildung und Vollendung des
menschlichen Einzelwesens, ständig wird sie sich letzten Endes demselben Problem gegenübersehen: wie kann man allen und jedem ein-

[1] Ich nenne diesen Vorgang «die menschliche Wiederankurbelung» der Evolution. (Er steht in wechselseitiger Beziehung und in Zusammenhang mit der
Planetisierung.)

zelnen dieser Wesen ihren Endwert geben, indem man sie sammelt zur Einheit des organisierten Alls?

C. Einheit der Seelen. Mega-Synthese, sagten wir weiter oben. Gestützt auf ein besseres Verständnis des Kollektiven dürfen wir diesen Ausdruck weder abgeschwächt noch metaphorisch verstehen, wenn wir ihn auf die Gesamtheit aller Menschen anwenden. Das Universum ist notwendigerweise in seiner Natur und in seinen Dimensionen eine homogene Größe. Könnte es das bleiben, wenn es bei seiner Spiralbewegung nach oben irgend etwas von seiner Wirklichkeit oder seiner Festigkeit einbüßen würde? *Supra-*, nicht *infraphysisch*: einzig und allein so kann die Natur des noch unbenannten Dinges sein, das von der Verbindung der Individuen, Völker und Rassen in der Welt nach und nach hervorgebracht werden soll; andernfalls würde es seinen Zusammenhang mit dem übrigen verlieren. Tiefer als der gemeinsame Akt der Schau, in der sie sich ausdrückt, wichtiger als die gemeinsame Kraft der Aktion, in der sie durch eine Art von Selbstzeugung auftaucht, ist diese Realität selbst; man muß sie verstehen als konstituiert durch die lebendige Vereinigung denkender Teilchen.

Bedeutet das aber etwas anderes, als daß der Weltstoff auf der Stufe des Denkens seinen Entwicklungskreis noch nicht geschlossen hat (was durchaus wahrscheinlich ist), und daß wir uns daher auf einen neuen, noch vor uns liegenden kritischen Punkt zubewegen? Trotz der organischen Bindungen, deren Vorhandensein wir überall bemerkten, bildete die Biosphäre nur eine Ansammlung divergenter Linien mit freien Enden. Unter der Wirkung der Reflexion und der Blickwendung nach rückwärts, die sie zur Folge hat, schließen sich die Glieder der Ketten; die Noosphäre strebt sich zu konstituieren in einem einzigen, geschlossenen System, in dem jedes Element für sich dasselbe sieht, fühlt, ersehnt und leidet wie alle anderen zusammen.

Ein harmonisches Bewußtseinskollektiv, das einer Art Überbewußtsein gleichkommt. Die Erde bedeckt sich nicht nur mit Myriaden von Denkteilchen, sondern umhüllt sich mit einer einzigen denkenden Hülle und bildet funktionsmäßig ein einziges um-

fassendes Denkatom von siderischem Ausmaß. Die Vielheit individueller Reflexionen, die sich im Akt eines einzigen, gleichgestimmten
Bewußtseins sammeln und verstärken.

So sieht die allgemeine Figur aus, die uns, in Analogie und Symmetrie mit der Vergangenheit, zur wissenschaftlichen Vorstellung einer
zukünftigen Menschheit führt, außerhalb derer kein irdischer Weg
offensteht für die irdischen Forderungen, die wir mit unserem Tun
und Handeln erheben.

Dem «Hausverstand» des Durchschnittsmenschen und einer gewissen philosophischen Welterfassung, die nur für möglich hält, was
schon längst gewesen ist, scheinen dergleichen Perspektiven unwahrscheinlich. Durchaus natürlich hingegen erscheinen sie einem mit den
phantastischen Ausmaßen des Universums vertrauten Geist, denn sie
entsprechen ganz einfach den ungeheuren Astralräumen.

Könnte das Universum auf dem Weg des Denkens wie auf dem
Weg der Zeit und des Raumes anders als im Maßlosen enden?

Eines jedenfalls ist sicher: sobald man sich für unsere völlig realisti-
sche Schau der Noosphäre und der überorganischen Natur der sozialen Bindungen entscheidet, beginnt sich die gegenwärtige Situation
der Welt zu klären. Denn in den tiefgehenden Wirren, die augenblicklich die menschliche Schicht erschüttern, enthüllt sich ein recht
einfacher Sinn.

Die doppelte Krise, die sich schon in der Jüngeren Steinzeit ernstlich anzeigt und die sich auf der modernen Erde ihrem Höhepunkt
nähert, hat, wie wir sagten, ihren Grund zunächst in einer Vermas-
sung (oder «Planetisierung») der Menschheit. Völker und Zivilisationen sind zu einem so hohen Grad peripherischen Kontaktes oder
gegenseitiger wirtschaftlicher Abhängigkeit oder auch psychischer
Gemeinsamkeit gelangt, daß sie nur noch in wechselseitigem Durchdringen wachsen können. Ein zweiter Grund liegt in dem Umstand,
daß wir es unter dem Einfluß sowohl der Maschine wie einer Über-
hitzung des Denkens mit einem ungeheuren *plötzlichen Freiwerden
unverwendeter Kräfte* zu tun haben. Der moderne Mensch weiß nicht
mehr, was er mit der Zeit anfangen soll und mit den Kräften, die er
mit eigener Hand entfesselt hat. Wir seufzen über dieses Übermaß

an Reichtum. Wir klagen über «Arbeitslosigkeit». Fast versuchen wir, diesen Überfluß in die Materie zurückzudrängen, aus der er hervorgegangen ist – ohne das Unmögliche und Ungeheuerliche einer solchen widernatürlichen Handlungsweise zu bemerken.

Wachsender gegenseitiger Druck, ausgeübt von den Elementen, im Schoß einer freien Energie, die gleichfalls ununterbrochen wächst.

Muß man nicht in diesem doppelten Phänomen die beiden verketteten und immer gleichen Symptome sehen, die den Sprung ins «Radiale» kennzeichnen, das will hier besagen, einen neuen Schritt in der Genese des Geistes?

Vergeblich ist es, wenn wir versuchen, Konflikte zwischen Völkern durch Grenzregelungen beizulegen, nur damit wir unsere Gewohnheiten nicht zu ändern brauchen – oder die verfügbare, unausgenützte Tatkraft der Menschheit als «Freizeit» zur Zerstreuung zu behandeln. Bei dem augenblicklichen Tempo der Ereignisse werden wir einander bald erdrücken, und es muß zu einer Explosion kommen, wenn wir hartnäckig fortfahren, zur Pflege unserer alten Hütten materielle und geistige Kräfte zu verwenden, die von nun an auf das Ausmaß einer Welt zugeschnitten sind.

Ein neuer Bereich psychischer Expansion: das ist es, was uns fehlt, und doch steht er dicht vor uns, wenn wir nur die Augen öffnen wollten.

Friede im Erobern, Arbeit in Freude: das – und nicht ein Reich, das anderen Reichen feindlich ist – erwartet uns bei dem inneren Zusammenschluß der Welt zu einem Ganzen, bei der einmütigen Gestaltung eines *Geistes der Erde.*

Wie kommt es aber, daß unsere ersten Bemühungen um dieses große Ziel scheinbar keine andere Wirkung haben, als uns von ihm zu entfernen?

ZWEITES KAPITEL

JENSEITS DES KOLLEKTIVEN:
DAS ÜBERPERSÖNLICHE

NEUE VORBEMERKUNG

Ein Gefühl, das überwunden werden muß: die Hoffnungslosigkeit. Die Mode des Skeptizismus, den die «aufgeklärten» Leute heutzutage, wenn sie die Menschheit betrachten, zur Schau tragen, ist nicht in einer bloßen Vorstellung begründet. Selbst wenn der Geist die intellektuellen Schwierigkeiten einer Erfassung des Kollektiven und einer Schau in der Raum-Zeit überwindet, bleibt noch immer eine andere Art vielleicht ernsteren Zweifels bestehen, der sich an die scheinbare Zusammenhanglosigkeit der gegenwärtigen Menschenwelt knüpft. Das 19. Jahrhundert hatte in der Hoffnung gelebt, das gelobte Land zu betreten. Schon meinte es, ein neues goldenes Zeitalter beginne, erleuchtet und geleitet durch die Wissenschaft, erfüllt von Brüderlichkeit. Statt dessen gelangen wir jetzt in immer tiefere und immer tragischere Zwistigkeiten. Ein erdumfassender Geist mag in der Theorie möglich, ja sogar wahrscheinlich erscheinen, aber er widerspricht der Erfahrung. Nein, niemals wird es dem Menschen gelingen, durch Einigung mit sich selbst den Menschen zu überwinden. Dies ist eine Utopie, die man so schnell wie möglich aufgeben muß. Nichts weiter.

Zur Erklärung oder Vermeidung des Anscheins eines Mißerfolges, der in Wirklichkeit nicht nur das Ende eines schönen Traumes bedeuten, sondern uns wieder zur Annahme einer radikalen Absurdität des Universums führen würde, kann man zunächst einmal bemerken, daß es sicher voreilig ist, in solchen Dingen bereits von Erfahrung – von erfahrungsmäßigen Resultaten – zu sprechen. Wie denn! Das Leben benötigte eine halbe Million, vielleicht eine Million von Jahren,

um von den Prähominiden zum modernen Menschen zu gelangen;
und weil dieser moderne Mensch noch zu kämpfen hat, um von sich
selbst sich loszulösen, nachdem er vor kaum zwei Jahrhunderten
einen höheren Zustand vorausgeahnt hat, sollten wir schon beginnen
zu verzweifeln? Dies wäre nochmals ein Irrtum in der Perspektive.
Ein erster Schritt führte uns zur Erkenntnis der Unermeßlichkeit um
uns, hinter und vor uns. Doch wenn sich zu dieser Wahrnehmung
der Tiefe nicht die der Langsamkeit gesellt, bleibt die Transponierung
der Werte begreiflicherweise unvollständig, und es kann sich unserer
Betrachtung nur eine unmögliche Welt ergeben. Jeder Größenordnung ihren Rhythmus. Der planetarischen Bewegung deshalb
planetarische Majestät. Schiene uns die Menschheit nicht bewegungs-
los, wenn sich nicht hinter ihrer Geschichte die ganze Dauer der Vorgeschichte abzeichnete? Trotz der fast explosiven Beschleunigung der
Noogenese auf unserer Stufe können wir nicht damit rechnen, während der Dauer einer Generation Augenzeugen einer Umwandlung
der Erde zu sein. Seien wir nicht so ungeduldig und beruhigen wir uns!

Trotz des gegenteiligen Anscheins ist es sehr wohl möglich, daß die
Menschheit um uns in diesem Augenblick fortschreitet (zahlreiche
Anzeichen lassen vernünftigerweise auf ihren Fortschritt schließen):
doch wenn es der Fall ist, dann kann es nur geschehen wie alles wirklich Große, das heißt fast unmerklich.

Dieser Punkt ist von höchster Wichtigkeit; wir dürfen ihn niemals
außer acht lassen. Doch seine Feststellung ist noch keine Antwort auf
unsere innerste Angst. Die scheinbare Unbeweglichkeit des Lichts am
Horizont hätte schließlich wenig zu bedeuten. Bedenklich hingegen
ist, daß die Lichter, die man wahrzunehmen glaubte, zu erlöschen
drohen. Wenn wir nur noch einfach an unsere Unbeweglichkeit
glauben könnten. . . . Scheint es jedoch nicht manchmal, als würden
wir tatsächlich bald nach vorn gestoßen, bald nach rückwärts gezogen – wie ein Spielzeug unüberwindlicher Kräfte gegenseitiger
Abstoßung und Materialisierung?

Abstoßung. Ich habe schon von dem furchtbaren Druck gesprochen,
der auf der heutigen Erde die Menschen wie kleine Teilchen aneinander preßt. Individuen und Völker sind geographisch und psychisch

zu engster Nachbarschaft gezwungen. Doch seltsamerweise scheinen die denkenden Einzelwesen trotz der Intensität dieser Annäherungsenergien nicht fähig, die Wirkung einer gegenseitigen inneren Anziehung zu empfinden. Abgesehen von Ausnahmefällen, in denen die Sexualkräfte oder vorübergehend irgendeine gemeinsame, außerordentliche Leidenschaft am Werk sind, bleiben die Menschen einander feindlich oder zumindest verschlossen. Wie ein Pulver, dessen Stäubchen trotz heftigsten Druckes keinerlei Molekularverbindung eingehen wollen, schließen sie im Tiefsten mit aller Kraft einander aus und stoßen sich gegenseitig ab. Oder aber – was ärger ist – sie wirken als Masse derart, daß statt des erwarteten Geistes eine neue Woge von Determiniertheit entsteht, das heißt ein Rückfall in die Materie.

Materialisierung. Dabei denke ich nicht nur an das Gesetz der großen Zahlen, dem jede neugeformte Menge ihrer Struktur nach unterworfen ist, was immer ihr geheimer Endzweck sei. Wie jede andere Lebensform mußte auch der Mensch zur großen Menge werden, um völlig Mensch zu sein. Bevor eine Menge sich organisiert, ist sie notwendigerweise das Spiel des Zufalls und der Wahrscheinlichkeit, mag dieses auch gelenkt sein. Unwägbare Strömungen, von der Mode und dem Wechselkurs bis zu politischen und sozialen Revolutionen, machen jeden von uns zum Sklaven dunkler Gärungen der Masse Mensch. Mag man sich eine Bewußtseinsaggregation in ihren Elementen auch noch so geistig denken, so umhüllt sie sich auf ihre Weise doch automatisch, solange sie nicht in Harmonie ist, mit einem Schleier von «Neo-Materie», wie er auch über allen anderen Formen der Materie liegt. – Denn die Materie bildet ja die «tangentiale» Seite jeder in einem Vereinigungsprozeß befindlichen lebenden Masse. Gewiß müssen wir auf diese Bedingungen reagieren. Aber wir haben die Genugtuung zu wissen, daß sie nur Zeichen eines Fortschritts sind, der Preis, den wir bezahlen müssen. – Doch was sollen wir zu jener anderen Versklavung sagen, die in der Welt immer größer wird, je mehr wir uns bemühen, uns zu organisieren?

Noch in keinem geschichtlichen Zeitalter war die Menschheit zur Ordnung ihrer Mengen so gut ausgerüstet, so stark darum bemüht. «Massenbewegungen»! Doch es handelt sich nicht mehr um Horden, die fluchtartig aus den Wäldern des Nordens und den Steppen Asiens hervorbrechen. Sondern – wie man richtig gesagt hat – um die «Menschenmillion», die sich nach wissenschaftlichen Methoden zusammengeschlossen hat. Die Menschenmillion auf den Paradefeldern schachbrettförmig angeordnet. Die Menschenmillion in der Fabrik standardisiert. Die Menschenmillion motorisiert. . . . Als Ende dann die grauenhafteste Versklavung in den Ketten des Kommunismus und des Nationalsozialismus! Der Kristall statt der Zelle. Der Termitenbau statt der Brüderlichkeit. Statt des erhofften jähen Erwachens des Bewußtseins die Mechanisierung, die, wie es scheint, unvermeidlich aus der Totalisierung hervorgeht.

«Eppur si muove!»

Angesichts einer so gründlichen Verkehrung der Regeln der Noogenese behaupte ich, daß wir nicht mit Verzweiflung antworten dürfen – sondern nur mit einer neuerlichen Prüfung unser selbst. Wenn eine Energie toll wird, stellt der Ingenieur keineswegs ihre Kraft in Frage. Nimmt er nicht einfach seine Rechnung nochmals vor, um herauszufinden, wie man sie besser lenken könnte? Ist das moderne Totalitätsprinzip nicht eben deshalb so ungeheuerlich, weil es vermutlich das Zerrbild eines wundervollen Gedankens ist und der Wahrheit ganz nahe kommt? Es ist unmöglich, daran zu zweifeln: die große Maschine der Menschheit ist zum Funktionieren bestimmt, – und sie *muß* funktionieren und einen Überfluß an Geist erzeugen. Wenn sie nicht funktioniert, oder vielmehr wenn sie nur Materie erzeugt, dann arbeitet sie eben in einer falschen Richtung.

Sollten wir vielleicht in unseren Theorien und in unseren Handlungen die Stelle übersehen haben, die der Person gebührt und den Kräften der Persönlichkeitsbildung?

I. DIE KONVERGENZ DES PERSÖNLICHEN UND DER PUNKT OMEGA

A. DAS UNIVERSUM – PERSÖNLICH. Im Gegensatz zu den «Primitiven», die allem, was sich bewegt, ein Gesicht geben – oder sogar zu den ältesten Griechen, die alle Eigenschaften und Kräfte der Natur vergöttlichten, ist der moderne Mensch von dem Verlangen besessen, das, was er am meisten bewundert, zu entpersönlichen (oder unpersönlich zu machen). Diese Tendenz hat zwei Gründe. Erstens: die Analyse – dieses wunderbare Instrument wissenschaftlicher Forschung, dem wir alle unsere Fortschritte verdanken, das aber Ganzheit um Ganzheit auflöst und so eine Seele nach der anderen entweichen läßt, bis wir uns schließlich vor einem Haufen zerlegter Mechanismen und zergehender Teile befinden. – Zweitens: die Entdeckung der siderischen Welt, ein Objekt von so weiten Ausmaßen, daß zwischen unserem Sein und den Dimensionen des Kosmos um uns jedes Verhältnis aufgehoben erscheint. Eine einzige Realität scheint übrigzubleiben, fähig, dieses unendlich Kleine und unendlich Große hervorzubringen und zugleich zu sichern: die Energie, ein universelles, fließendes Sein, aus dem alles auftaucht, in dem alles untergeht wie in einem Ozean. Die Energie – der neue Geist. Die Energie – der neue Gott. Das Unpersönliche für das Omega der Welt wie für ihr Alpha.

Unter dem Einfluß dieser Eindrücke haben wir beinahe die Wertschätzung für die Person und zugleich den Sinn für ihre wahre Natur verloren. Schließlich geben wir zu, es sei das Vorrecht des Elements, sich selbst als Mittelpunkt zu betrachten und «ich» sagen zu können – sein Vorrecht (oder vielmehr seine Schwäche), soweit es ihm gelingt, sich allem Übrigen gegenüber zu verschließen und sich selbst im Gegensatz zum All zu konstituieren. Wenn das «ego» hingegen zum Kollektiven und Universalen strebt, das heißt zur höchsten Realität und Dauerhaftigkeit dieser Welt, dann nimmt es angeblich ständig ab und hebt sich auf. Die Persönlichkeit wäre demnach eine spezifisch körperhafte und vergängliche Eigenschaft – ein Gefängnis, aus dem man entweichen muß.

Mehr oder weniger sind wir heute in geistiger Hinsicht so weit gekommen.

Wenn man jedoch, wie ich es in dieser Abhandlung versuche, die Logik und den Zusammenhang der Tatsachen bis ans Ende verfolgt, – führen uns dann die Begriffe Raum-Zeit und Evolution nicht konsequent zu einer durchaus gegensätzlichen Auffassungsweise?

Wir haben uns die Erkenntnis zu eigen gemacht, daß die Evolution ein Aufstieg zum Bewußtsein ist. Das bestreiten nicht einmal die höchst materialistisch oder zumindest agnostizistisch Denkenden, die sich mit Menschheitsfragen befassen. Die Evolution muß am Ende in irgendeinem höchsten Bewußtsein gipfeln. Muß aber dieses Bewußtsein, eben um das höchste zu sein, nicht das Höchstmaß dessen haben, was die Vollendung des unseren ausmacht: die erhellende Rückstrahlung eines Wesens auf sich selbst? Die Kurve der Menschwerdung in Zersplitterung auslaufen zu lassen, ist offenbarer Irrtum! Es kann einzig und allein eine Super-Reflexion, das heißt eine Super-Personalisation sein, wohin eine Extrapolation des Denkens zu führen vermag. Wie könnte es sonst unsere Errungenschaften bewahren, die alle im Bereich der Reflexion liegen? Zuerst weichen wir vor einer Vereinigung des Ego mit dem All überrascht zurück. Die Disproportion zwischen den beiden Begriffen scheint uns handgreiflich – fast komisch. Das kommt daher, weil wir die dreifache Eigenschaft jedes Bewußtseins nicht genug bedacht haben: 1. alles nacheinander um sich selbst zu zentrieren, 2. sich *immer mehr* in sich selbst zu zentrieren und 3. eben durch diese Überzentrierung *in Verbindung mit allen anderen Zentren* zu treten, die es umgeben. Erleben wir nicht in jedem Augenblick ein Universum, dessen überwältigendes Maß dank der Funktion unserer Sinne und unserer Vernunft sich in jedem von uns immer einfacher zusammenfaßt? Die Wissenschaft und die philosophischen Strömungen sind heute bemüht, eine kollektive menschliche «Weltanschauung» aufzubauen, an der jeder von uns mitwirkt und teilnimmt. Erkennen wir darin nicht die ersten Anzeichen einer Vereinigung auf noch höherer Stufe, der Entstehung eines einzigen Brennpunkts aus den konvergenten Strahlen von Millionen elementarer Brennpunkte, die auf der Oberfläche der denkenden Erde verstreut sind?

Alle unsere Bedenken und Widerstände, die den Gegensatz zwischen dem Universum und der Person betreffen, würden sich verlieren, sobald wir begreifen würden, daß die Noosphäre und im weiteren Sinne die Welt strukturell nicht nur eine geschlossene, sondern eine *zentrierte* Gesamtheit darstellen. Weil die Raum-Zeit das Bewußtsein enthält und hervorbringt, ist sie notwendigerweise *konver-genter Natur*. Daher müssen sich ihre Schichten, so unendlich sie sich auch ausbreiten, wenn wir ihnen in der entsprechenden Richtung nachgehen, irgendwo auch wieder zusammenfalten, in einem Punkt vor uns – nennen wir ihn *Omega* –, der sie in sich verschmilzt und zur Gänze aufnimmt. Wie unermeßlich der Umkreis der Welt auch sein mag, so ist er schließlich doch nur dort vorhanden und faßbar, wo sich seine Strahlen zusammenschließen (geschähe dies auch jenseits von Zeit und Raum). Ja, noch mehr: je unermeßlicher er ist, um so reicher, um so tiefer und folglich um so bewußter kündigt sich der Punkt an, in dem sich das von ihm umfaßte «Seins-Volumen» konzentriert: – da ja der Geist, von uns aus gesehen, wesentlich Kraft der Synthese und der Organisation ist.

Unter diesem Gesichtspunkt nimmt das Universum deutlich Gestalt an, ohne etwas von seiner Enormität zu verlieren und ohne anthropomorph zu werden – da wir nun einmal, um es zu unserer Vorstellung, zu unserem Schicksal und zu unserer Tat zu machen, nicht in Gegenrichtung, sondern *über* unsere Seelen *hinaus* blicken müssen. In der Perspektive einer Noogenese werden Zeit und Raum wirklich menschlich – oder vielmehr übermenschlich. Das Universelle und das Persönliche (das heißt «Zentrierte») schließen einander keineswegs aus, sondern sie schreiten in derselben Richtung fort und erreichen zugleich miteinander ihren Höhepunkt.

Irrtum ist es also, die Ausläufe unseres Wesens und der Noosphäre im Unpersönlichen zu suchen. Das Universell-Zukünftige kann nur ein Überpersönliches sein – im Punkt Omega.

B. Das Universum – persönlichkeitsbildend. *Personalisierung:* mit dieser Vertiefung des Bewußtseins in Richtung auf das eigene Innere haben wir oben (Seite 173 das besondere Schicksal des Elementes charakterisiert, das durch die Erlangung des Ichbewußtseins sein völliges Selbst gefunden hat. – An diesem Punkt hatten wir unsere Untersuchung über das Schicksal der menschlichen Individuen vorläufig abgebrochen. – *Personalisierung:* dieselbe Art des Fortschritts zeigt sich nun aufs neue, doch diesmal bedeutet sie die

kollektive Zukunft der zu einem Ganzen zusammengefaßten Denk-
einheiten. Dieselbe Funktion für das Element und für die Summe der
vereinigten Elemente. Wie läßt sich die Harmonie zwischen den beiden Bewegungen vorstellen und voraussehen? Wie können sich die
unzähligen Sonderkurven in ihre sie umfassende gemeinsame Form
einzeichnen oder auch nur in sie hineinreichen, ohne Hemmungen
oder Mißbildungen zu erleiden?

Der Augenblick für die Behandlung dieses Problems ist gekommen; deshalb müssen wir der Natur des persönlichen Konvergenz-
zentrums weiter nachgehen, von dessen Existenz, wie wir eben sahen,
das evolutive Gleichgewicht der Noosphäre abhängt. Wie muß dieser höhere Pol der Evolution beschaffen sein, um seiner Rolle genügen zu können?

In *Omega* addiert und vereinigt sich, entsprechend unserer Begriffs-
bestimmung, die Menge des auf der Erde durch die Noogenese nach
und nach freigewordenen Bewußtseins in voller Frische und Unver-
sehrtheit. Dies steht fest. Doch was ist der wahre Sinn und die Folge
des scheinbar so einfachen Begriffes «Addition des Bewußtseins»?

Nach Ansicht der Jünger von Marx täte die Menschheit sozusagen
genug für ihr Wachstum und zur Rechtfertigung der uns auferlegten
Verzichte, wenn sie nach und nach die Errungenschaften in sich auf-
nähme, die ihr jeder von uns bei seinem Tod hinterläßt: unsere Ideen,
unsere Entdeckungen, unsere künstlerischen Schöpfungen, unser
Beispiel. Ist das alles nicht unvergänglich und ist es nicht das Beste an
unserem Wesen?

Denken wir ein wenig nach. Für ein Universum, das wir uns auf
Grund unserer Hypothese als einen «Sammler und Bewahrer von
Bewußtsein» vorstellen müssen, wäre eine Handlungsweise, die sich
darauf beschränkte, einen solchen Abfall aufzunehmen, nichts als
eine schreckliche Verschwendung. Was durch Erfindung, Erziehung,
Mitteilung jeder Art von uns allen ausstrahlt und in die Menschen-
masse übergeht, hat gewiß lebenswichtige Bedeutung: ich glaube
seinen phyletischen Wert genügend in das rechte Licht gesetzt zu
haben, um nicht den Verdacht zu erwecken, als wollte ich es unterschätzen. Dies steht außer Zweifel. Doch zugleich drängt sich mir

die Erkenntnis auf, daß wir in diesem Beitrag zum Kollektiven keineswegs unser Wertvollstes mitteilen, sondern daß es uns im günstigsten Fall nur gelingt, den anderen den Schatten von uns selbst zu überliefern. – Unsere Werke? Was ist denn gerade im Interesse des Gesamtlebens das Werk der menschlichen Werke, wenn nicht die Errichtung eines absolut originalen Zentrums in jedem von uns, worin sich das Universum in einzigartiger, unnachahmlicher Weise widerspiegelt – eben unser Ich, unsere Persönlichkeit? Der Brennpunkt unseres Bewußtseins sitzt tiefer als seine Strahlen: er ist das Wesentliche, und ihn muß Omega wiedergewinnen, um wirklich Omega zu sein. Dieses Wesentliche können wir natürlich nicht ablegen, um es den andern zu überlassen, als ob wir einen Mantel schenkten oder eine Fackel weitergäben: wir sind ja selbst die Flamme. Damit mein Ich sich mitteilen kann, muß es in der Hingabe seines Selbst dennoch bestehen bleiben: sonst verflüchtigt sich seine Schenkung – daher der unausweichliche Schluß, daß die Konzentration eines bewußten Universums sinnlos wäre, wenn sie nicht zugleich mit allem *Bewußten* alle *bewußten* Wesen in sich versammelte: dabei bleibt jedes von ihnen am Ende des Vorgangs seiner selbst bewußt – ja, jedes wird sogar (dies muß man richtig verstehen) umso mehr es selbst und daher von den andern verschieden, je mehr es sich in Omega den anderen nähert.

Nicht nur Erhaltung, sondern Höchstform der Elemente durch Konvergenz!

Wahrlich, was wäre einfacher, und was würde besser mit allem übereinstimmen, was wir wissen?

Die *Vereinigung differenziert* auf jedem beliebigen Gebiet, ob es sich um Zellen eines Körpers handelt oder um Glieder einer Gesellschaft oder um Elemente einer geistigen Synthese. In jeder organisierten Gesamtheit erlangen die Teile Vollkommenheit und Vollendung. Weil wir diese Universalregel vernachlässigt haben, konnten uns so viele pantheistische Lehren zum irrigen Kult eines großen Alls verleiten, in dem die Individuen dazu bestimmt schienen, sich wie Wassertropfen zu verlieren und wie ein Salzkorn im Meer aufzulösen. Wenn wir aber unser Gesetz der Vereinigung auf die Summierung von Bewußtseinseinheiten anwenden, bewahrt es uns vor diesem gefährlichen, immer wiederholten Irrtum. Nein, wenn die Bewußtseinsteilchen in der Richtung, die ihre Zentren bestimmen, zusammenfließen, trachten sie nicht danach, ihre Konturen zu verlieren und sich zu vermischen. Im Gegenteil, sie betonen die Tiefe und die Einzigartigkeit ihres *Ego*. Je mehr sie alle zusammen das andere werden, um so mehr finden sie ihr Ich. Wie könnte das anders sein, da sie in Omega eindringen? Kann denn ein Zentrum auflösen? Oder ist nicht vielmehr seine Art der Auflösung gerade eine höhere Stufe der Zentrierung?

Unter dem Einfluß der beiden Faktoren: wesentliche Unvermischbarkeit der Psychen und natürlicher Ablauf jeder Vereinigung, ist die einzige Form, in der wir den Endzustand einer sich psychisch konzentrierenden Welt richtig ausdrücken können, eine Ordnung, deren Einheit sich mit höchster Steigerung harmonischer Komplexität verbindet. Es wäre also falsch, sich Omega einfach als ein Zentrum vorzustellen, das aus der Fusion versammelter Elemente entspringt oder sie in sich aufhebt. Aus der Struktur des Ganzen ergibt sich, daß Omega in seinem tiefsten Prinzip nur ein *besonderes, im Herzen eines Systems von Zentren strahlendes Zentrum* sein kann. Eine Gruppierung, in der unter dem Einfluß eines völlig autonomen Zentrums der Vereinigung[1] die Personalisation des Alls und die Personalisationen der Elemente ohne Vermischung ihren höchsten Grad erreichen: dieses Bild allein entspricht dem Begriff der Kollektivität, wenn wir ihn logisch und konsequent auf eine aus Einheiten zusammengesetzte Denkgesamtheit anwenden.

Und hier werden die Motive deutlich, der Begeisterung wie der Ohnmacht, die jede egoistische Lösung des Lebensproblems kennzeichnen. Der Egoismus, mag er nun das Individuum oder die Rasse betreffen, begeistert sich ganz mit Recht an der Idee des Elements, das aus Treue zum Leben sich zu den Gipfeln dessen aufschwingt, was es an Einzigartigem und Unübertragbarem in sich enthält. Er *fühlt* richtig. Sein einziger Irrtum, der ihn aber zu einem völligen Verfehlen des richtigen Weges verführt, besteht in der *Verwechslung von Individualität und Persönlichkeit*. Wenn sich das Element soweit wie

---

[1] Nur diesen zentralen, notwendigerweise autonomen Brennpunkt bezeichnen wir im folgenden als «Punkt Omega».

möglich von den andern zu trennen sucht, so individualisiert es sich wohl, doch es sinkt und sucht die Welt mit sich in die Vielheit, in die Materie hinabzureißen. In Wirklichkeit macht es sich geringer und richtet sich zugrunde. Um völlig wir selbst zu sein, müssen wir in der entgegengesetzten Richtung voranschreiten, im Sinn einer Konvergenz mit allen übrigen, zum andern hin. Unser endgültiges Wesen, der Gipfel unserer Einzigartigkeit, ist nicht unsere Individualität, sondern unsere Person. Doch diese können wir, da die Evolution die Struktur der Welt bestimmt, nur in der Vereinigung finden. Kein Geist ohne Synthese, von oben bis unten durchwegs dasselbe Gesetz. Das wahre *Ego* wächst in umgekehrter Proportion zum «Egotismus». Nur wenn es universell wird, gewinnt das Element Persönlichkeit, nach dem Vorbild und dank der Anziehungskraft von Omega.[1]

Dies jedoch vollzieht sich nur unter einer einleuchtenden und wesentlichen Bedingung. Aus unserer Untersuchung folgt, daß die menschlichen Teilchen sich nicht auf jede beliebige Weise zusammenschließen dürfen, wenn sie unter dem schöpferischen Einfluß der Vereinigung wirklich Persönlichkeit erlangen wollen. Da es ja darum geht, eine Synthese der Zentren zu bewirken, müssen sie von Zentrum zu Zentrum – und *nicht anders* – in gegenseitigen Kontakt treten. Wir müssen also unter den verschiedenen Formen von psychischen Interaktivitäten, die in der Noosphäre vorkommen, besonders die Energien «interzentrischer» Natur erkennen, aufnehmen und entwickeln, wenn wir den Fortschritt der Evolution in uns wirksam unterstützen wollen.

So finden wir uns ganz von selbst vor dem Problem der *Liebe*.

II. DIE ENERGIE «LIEBE»

Gewöhnlich befassen wir uns nur mit der gefühlsmäßigen Seite der Liebe: mit den Freuden und Leiden, die sie uns verursacht (und wel-

---

[1] Andererseits kann es nur dann wirklich universell werden, wenn es sich überpersönlich macht. Hier liegt der ganze Unterschied (und der Doppelsinn) der wahren Mystik und der falschen politischen oder religiösen Mystizismen: diese zerstören den Menschen, jene vollendet ihn, indem er sich «in dem verliert, was größer ist als er».

ches Raffinement wurde auf ihre Analyse verwendet!). Hier jedoch muß ich sie in ihrer natürlichen Dynamik und in ihrer Bedeutung für die Evolution studieren, um die letzten Phasen des Phänomens Mensch zu erklären.

In ihrer vollen biologischen Realität betrachtet, ist die Liebe (das heißt, die Anziehung, die ein Wesen auf ein anderes ausübt) nicht auf den Menschen beschränkt. Sie ist allem Leben eigentümlich und verbindet sich in verschiedener Weise und in verschiedenem Grade mit allen Gestalten, in denen die organische Materie nach und nach erscheint. Bei den uns noch nahen Säugetieren erkennen wir sie leicht in ihren verschiedenen Ausdrucksweisen: sexuelle Leidenschaft, väterlicher oder mütterlicher Instinkt, soziale Solidarität usw. Weiter entfernt oder tiefer am Baum des Lebens sind die Analogien weniger klar. Sie werden immer schwächer und sind schließlich nicht mehr wahrzunehmen. Doch hier muß ich wiederholen, was ich vom «Innen der Dinge» gesagt habe. Wenn nicht schon im Molekül – gewiß auf unglaublich rudimentärer Stufe, aber doch schon angedeutet – eine Neigung zur Vereinigung bestünde, so wäre das Erscheinen der Liebe auch auf höherer Stufe, in ihrer menschlichen Form, physisch unmöglich. Im Prinzip müssen wir voraussetzen, daß sie zumindest in einem Anfangszustand in allem Seienden vorhanden ist, um dann ihre Gegenwart bei uns mit Sicherheit festzustellen. Wenn wir rings um uns die steigende Flut bewußter Wesen beobachten, die sich vereinigen, so sehen wir, daß sie tatsächlich nirgends fehlt. Schon Platon hat dies gefühlt und dafür in seinen Dialogen die unsterbliche Ausdrucksform gefunden. Später ist die Philosophie des Mittelalters mit Denkern wie Nikolaus von Kues praktisch auf dieselbe Idee zurückgekommen. Mit den Kräften der Liebe suchen die Fragmente der Welt einander, auf daß die Welt sich vollende. Dies ist kein Gleichnis – und viel mehr als Dichtung. Mag die allgemeine Schwere der Körper, die uns so sehr beeindruckt, Kraft oder Krümmung des Raumes sein, sie ist nur die andere Seite oder der Schatten der wahren Triebkraft der Natur. Um die kosmische «Quell»-Energie wahrzunehmen, muß man, sofern die Dinge ein Innen besitzen, bis zur inneren oder radialen Zone der geistigen Anziehungskräfte hinabsteigen.

Die Liebe in allen ihren Schattierungen ist nichts Anderes und nichts Geringeres als die mehr oder minder direkte Spur, die das Universum in seiner psychischen Konvergenz zu sich selbst in das Herz des Elementes einprägt.

Irre ich mich oder ist dies nicht der Lichtstrahl, der uns helfen kann, klarer zu sehen?

Mit Schmerz und Sorge stellen wir fest, daß die modernen Versuche, menschliche Kollektivitäten zu schaffen, entgegen aller theoretischen Voraussicht und allen unseren Erwartungen, nur zur Erniedrigung und Knechtung der Gewissen führten. – Doch welchen Weg haben wir bisher gewählt, um uns zu einigen? Die Verteidigung einer materiellen Situation. Die Erschließung neuer Industriezweige. Bessere Bedingungen für eine soziale Klasse oder benachteiligte Nationen. . . . Nur auf diesen Gebieten – von mittelmäßigem Interesse – haben wir bisher eine Annäherung versucht. Ist es verwunderlich, daß wir nach Art der Tiergesellschaften der Mechanisierung verfallen sind, gerade indem wir uns vergesellschaftet haben? Selbst bei der höchsten Leistung unserer Intelligenz, dem Aufbau der Wissenschaft (zumindest, solange sie rein forschend und abstrakt bleibt) vollzieht sich der Zusammenschluß unserer Seelen nur indirekt und gewissermaßen unfrei. Ein noch oberflächlicher Kontakt – und daher Gefahr einer neuen Abhängigkeit. Nur die Liebe vermag durch Vereinigung die Wesen als solche zu vollenden – das ist eine Tatsache der täglichen Erfahrung; nur sie erfaßt und vereint ja die Wesen im Tiefsten ihrer selbst. Erreichen zwei Liebende je einen vollkommeneren Besitz von sich selbst, als in dem Augenblick, in dem – wie sie sagen – einer sich im andern verliert? Verwirklicht die Liebe nicht rings um uns, in jedem Augenblick, im Liebespaar, in der Gemeinschaft, die magische Handlung, die angeblich widerspruchsvolle Tat der «Persönlichkeitsbildung» durch Totalisierung? Warum sollte sie nicht eines Tages in Erddimensionen wiederholen, was sie täglich in verkleinertem Maßstab ausführt?

Die Menschheit; der Geist der Erde; die Synthese der Individuen und der Völker; die paradoxe Versöhnung zwischen dem Element und dem All, der Einheit und der Menge: damit sich diese Dinge, die man als utopisch bezeichnet und die dennoch eine biologische Notwendigkeit haben, in der Welt verwirklichen, genügt nicht vielleicht die Vorstellung, unsere Liebeskraft könne sich entwickeln, bis sie schließlich die Gesamtheit der Menschen und der Erde umschlingt?

Damit weisen Sie ja gerade auf das, was unmöglich ist, wird man mir entgegnen.

Ein Mensch kann seine Neigung höchstens einem oder einigen wenigen menschlichen Wesen schenken. Darüber hinaus, für einen größeren Umkreis, fehlt dem Herzen das Gefühl, und es hat nur noch Platz für die kalte Gerechtigkeit und die kalte Vernunft. Alles und alle lieben – welch widerspruchsvolle und falsche Gebärde, die schließlich dazu führt, gar nichts zu lieben.

Wenn aber, wie Sie behaupten, eine universelle Liebe unmöglich ist – erwidere ich – welchen Sinn hat dann in unseren Herzen jener unwiderstehliche Instinkt, der uns jedesmal zur Einheit zieht, sobald sich unsere Leidenschaft für irgendein Ziel begeistert? Das Gefühl für das Universum, das Gefühl für das All: die Sehnsucht, die uns erfaßt, angesichts der Natur, vor der Schönheit, in der Musik – die Erwartung und Ahnung einer großen *Gegenwart*. Wie ist es möglich, daß die Psychologie, von den «Mystikern» und ihren Deutern abgesehen, diese fundamentale Schwingung vernachlässigen konnte, deren Ton jedes empfindliche Gehör auf dem Grund oder vielmehr auf der Höhe aller großen Erregungen vernehmen muß? Der Widerhall des Alls: die wesentliche Note der reinen Dichtung und der reinen Religion. So sage ich nochmals: bezeichnet dieses Phänomen, das mit dem Denken geboren ist und mit ihm wächst, nicht einen tiefen Einklang zwischen zwei einander suchenden Wirklichkeiten – das abgetrennte Teilchen, das bebt, wenn seine Ergänzung sich nähert?

Mit der Liebe des Mannes zur Frau, zu seinen Kindern, zu seinen Freunden und bis zu einem gewissen Grad für sein Land glauben wir oft die verschiedenen natürlichen Liebesformen erschöpft zu haben. In dieser Liste fehlt aber gerade die fundamentalste Form der Leidenschaft: die die Elemente des Alls, eins dem andern, in die Arme schleudert, unter dem Druck eines Universums, das sich zusammenschließt. Die gegenseitige Anziehung und folglich das kosmische Fühlen.

UniversaleLiebe: sie ist nicht nur psychologisch möglich, sondern sie ist die einzige vollständige und endgültige Art unserer Liebesfähigkeit.

Wie sollen wir nach dieser Feststellung das anscheinend immer stärkere Anwachsen der Abneigung und des Hasses rings um uns erklären? Wenn eine so mächtige Wirkungskraft uns von innen zur Vereinigung drängt, auf was wartet sie dann noch, um sich in die Tat umzusetzen?

Einfach nur auf die Überwindung des uns lähmenden «Anti-Personalisations»-Komplexes und unsere Entscheidung für die Möglichkeit, für die Wirklichkeit eines Liebenden und Liebenswerten auf dem Gipfel der Welt über unseren Häuptern. Solange das Kollektiv die Person absorbiert oder zu absorbieren scheint, tötet es die Liebe vor ihrer Geburt. So beschaffen ist das Kollektiv wesentlich unliebenswert. Eben hieran scheitern die philanthropischen Bemühungen. Der gesunde Verstand hat recht. Der anonymen Zahl kann man sich nicht schenken. Doch sobald das Universum vor uns und für uns ein Antlitz und ein Herz gewinnt, sobald es sich sozusagen personifiziert[1], werden in der von diesem Brennpunkt geschaffenen Atmosphäre die Anziehungstendenzen der Elemente die Möglichkeit finden, sich zu entfalten. Unter dem verstärkten Druck einer sich zusammenschließenden Erde werden dann gewiß die ungeheuren noch schlummernden Energien der Anziehungskräfte zwischen menschlichen Molekülen wirksam.

Unserem Sinn für die Welt, für die Erde, für die Menschheit haben die Entdeckungen des letzten Jahrhunderts durch ihre einheitlichen Perspektiven einen neuen und entscheidenden Schwung verliehen. So erklärt sich das plötzliche Aufkommen der modernen pantheistischen Systeme. Doch wenn uns dieser Schwung nicht zu Jemandem führt, wird er uns schließlich nur in die Materie zurückfallen lassen.

Damit sich der drohende Mißerfolg in Erfolg umwandle, damit sich der Zusammenschluß der menschlichen Monaden vollziehe, erscheint als notwendige und zureichende Bedingung: die Fortent-

---

[1] Natürlich nicht, indem es eine Person wird, sondern indem es mit den innersten Kräften seiner Entwicklung den beherrschenden und einigenden Einfluß eines Brennpunktes von persönlichen Energien und Anziehungskräften in sich aufnimmt.

wicklung unserer Wissenschaft bis an ihre äußersten Grenzen, und damit zugleich die Annahme und Erkenntnis, daß die Raum-Zeit nicht durch irgendeine unbestimmte künftige Existenz allein abgeschlossen und ins Gleichgewicht gebracht werden kann, sondern bloß (und darauf muß ich noch näher eingehen) mit Hilfe der bereits aktuellen Wirklichkeit und Leuchtkraft jenes geheimnisvollen Zentrums unserer Zentren, das ich *Omega* nannte.

III. DIE ATTRIBUTE DES PUNKTES OMEGA

Das moderne Denken ließ sich vom Reiz der Analyse so weit verführen, daß es schließlich auf Irrwege geriet; jetzt gewöhnt es sich endlich wieder daran, auf die evolutionistisch-schöpferische Funktion der Synthese zu achten. Es beginnt zu sehen, daß das Molekül sicher *mehr* enthält als das Atom, die Zelle *mehr* als die Moleküle, das Soziale *mehr* als das Individuelle, die mathematische Konstruktion *mehr* als Berechnungen und Theoreme.... Auf jeder höheren Kombinationsstufe – dies geben wir heute meistens zu – *strebt etwas*, das nicht auf isolierte Elemente zurückgeführt werden kann, zu einer neuen Ordnung *auf;* infolgedessen sind Bewußtsein, Leben, Denken fast dabei, ein wissenschaftliches Recht auf Existenz zu erlangen. Doch die Wissenschaft ist noch weit davon entfernt, diesem «Etwas» einen besonderen Unabhängigkeits- und Festigkeitswert zuzubilligen: nach ihrer Ansicht sind diese «Geschöpfe der Synthese» durch ein unglaubliches Zusammentreffen von Glückszufällen auf einem unsicher zusammengefügten Bau entstanden; ihr Erscheinen hat keinerlei neue meßbare Energie geschaffen. Daher sind sie, naturwissenschaftlich betrachtet, zwar das schönste, aber auch das gebrechlichste von allen Dingen. Wie könnten sie der ephemeren Vereinigung der Teilchen, auf denen ihre Seele sich eben niederließ, vorausgehen oder sie überleben? So blicken schließlich Physik und Biologie bei ihrem Suchen nach dem Ewigen und dem letzten Beständigen trotz einer halben Bekehrung zum Geistigen doch noch immer nach dem Elementaren und in der Richtung der unbegrenzt zersetzbaren Materie.

In Anbetracht dieses Geistesstandes erscheint die Idee, es bereite sich auf der Höhe der Welt eine *Seele* der Seelen vor, den augenblicklichen Ansichten der menschlichen Vernunft nicht so fernliegend, wie man glauben könnte. Gibt es, nach allem, für unser Denken eine andere Art, das Prinzip des Aufstiegs zu verallgemeinern?[1] Doch gibt man – offen oder insgeheim – zu verstehen, daß diese Seele, die eine höchst unwahrscheinliche Begegnung der Gesamtheit der Elemente und der Ursachen voraussetzt, sich erst in einer äußerst fernen Zukunft gestalten könnte, und nur in voller Abhängigkeit von den Reversibilitätsgesetzen der Energie.

Gerade diese beiden Einschränkungen (Ferne und Gebrechlichkeit) scheinen mir mit der Natur und der Funktion von Omega unvereinbar. Ich möchte zeigen, daß wir sie fallen lassen müssen, und zwar aus zwei bestimmten Gründen, deren einer die Liebe ist, der andere das Fortleben.

Der erste Grund: *die Liebe.* – Wenn wir von unserem Begriff der inneren Energie ausgehen, so besteht die kosmische Funktion von Omega darin, in seinem Strahlenkreis das Einheitsstreben der denkenden Teilchen der Welt in Gang zu bringen und zu nähren. Dies haben wir eben gesehen. Doch wie könnte der Punkt Omega diesen Einfluß ausüben, wenn sein liebendes und liebenswertes Wesen nicht irgendwie *schon jetzt* wirkte? Ich sagte, daß die Liebe stirbt, wenn sie auf das Unpersönliche und Anonyme stößt. Ebenso unvermeidlich vermindert sich ihre Kraft durch räumliche Trennung – und noch viel mehr durch die Entfernung in der Zeit. Eine wesentliche Bedingung der Liebe ist das Miteinandersein. Wie wunderbar auch die vorausgeahnte Gestalt des Punktes Omega sein mag, könnte er doch nicht einmal ein Gegengewicht zum Spiel der menschlichen Anziehung und Abstoßung bilden, wenn er nicht mit der gleichen Kraft wirkte, das heißt aus derselben körperlich fühlbaren Nähe. – In der Liebe, wie in jeder anderen Art von Energie, müssen sich die Kraftlinien schließen in der in jedem Augenblick gegebenen Existenz. Ideales Zentrum, virtuelles Zentrum: nichts von alledem kann genügen. Die aktuelle

---

[1] Vgl. oben den Text von J. B. S. Haldane, S. 46, Anm. 2.

und reale Noosphäre braucht ein reales und aktuelles Zentrum. Um das Höchstmaß seiner Anziehungskraft zu besitzen, muß Omega bereits im höchsten Maß gegenwärtig sein.

Als zweiter Grund: *das Fortleben*. – Auf der Flucht vor dem drohenden Ende, das, wie ich sagte, mit dem Wesen einer ichbewußten Tätigkeit unvereinbar ist, sucht der Mensch nach immer umfassenderen und beharrenderen Subjekten, die die Resultate seines Wirkens sammeln könnten: die Zivilisation, die Menschheit, den Geist der Erde. Eingegliedert in diese enormen Wesenheiten von unglaublich langsamem Entwicklungsablauf hat er das Gefühl, der zerstörenden Wirkung der Zeit entgangen zu sein.[1]

Doch damit hat er das Problem nur aufgeschoben. Denn mag schließlich der von Zeit und Raum umschlossene Bereich noch so ausgedehnt sein, so umfaßt er doch immer nur Hinfälliges. Solange unsere Bauten mit ihrem ganzen Gewicht auf der Erde ruhen, werden sie auch mit der Erde verschwinden. Der Grundfehler aller Formen des Fortschrittsglaubens, wie sie in den positivistischen Glaubensbekenntnissen zum Ausdruck gelangen, besteht in ihrer Unfähigkeit, den Tod endgültig auszuschließen. Was ist damit getan, wenn man an der Spitze der Evolution irgendeinen Brennpunkt entdeckt, aber dieser Brennpunkt eines Tages zerfallen kann und muß? – Um den höchsten Forderungen unseres Wirkens gerecht zu werden, muß Omega vom Sturz der Evolutionskräfte unabhängig sein.

Aktualität, Irreversibilität.

Wenn wir diese beiden wesentlichen Eigenschaften des autonomen Zentrums aller Zentren in den zusammenhängenden Plan einer Noogenese einfügen wollen, dann steht unserem Geist nur das Mittel einer Wiederaufnahme und Ergänzung des Emergenzprinzips[2] zur Verfügung. Es ist nach unserer Erfahrung völlig klar, daß der Aufstieg (die Emergenz) *im Lauf der Evolution* sich nur nach und nach

---

[1] Dazu vergleiche man z. B. das merkwürdige Buch von Wells: *Anatomy of Frustration:* ein bemerkenswertes Zeugnis für den Glauben und die Unruhe des modernen Menschen.

[2] Anm. d. Übers.: Unter Emergenz versteht man ein schöpferisches Entwicklungsprinzip, bei welchem die höheren Seinsstufen neue Qualitäten zu denen der niederen hinzufügen.

durchsetzt, in mechanischer Abhängigkeit vom Vorhergehenden. Zuerst gruppieren sich die Elemente, dann offenbart sich die «Seele», von der – energetisch betrachtet – bei diesem Geschehen nichts anderes erkennbar wird als eine immer komplexere und sublimiertere Innenwendung der von den Ketten der Elemente herangetragenen Kräfte. Das Radiale als Funktion des Tangentialen. Die Pyramide, deren Spitze von der Basis gehalten wird. Das ist es, was im Lauf der Entwicklung erscheint. Das ist aber auch die Art, in der sich uns der Punkt Omega selbst am Ende des Vorgangs enthüllt, in dem Maße, als der Aufbau der Synthese in ihm auf seinen Gipfel gelangt. Doch beachten wir, daß er unter dem Gesichtspunkt der Evolution sich nur halb zeigt. Er ist das letzte Glied der Reihe und doch zugleich *außerhalb der Reihe*. Er ist nicht nur die Krönung, sondern auch der Abschluß. Sonst würde der Aufbau in sich selbst zusammenfallen – in organischem Widerspruch mit dem ganzen Vorgang. – Wenn wir jetzt die Elemente beiseite lassen und vom Bewußtseins-Pol der Welt sprechen, so genügt es nicht, zu sagen, daß er aus der Summe des sich aufbauenden Bewußtseins *auftauche*: wir müssen hinzufügen, er sei zugleich aus dieser Genese bereits *aufgetaucht*. Sonst könnte er weder unter das Joch der Liebe beugen noch das Unvergängliche als endgültiges Ziel setzen. Wenn er nicht von Natur erhaben wäre über Zeit und Raum, die er in sich sammelt, so wäre er nicht Omega.

Eigengesetzlichkeit, allgegenwärtiges Wirken, Irreversibilität und schließlich Transzendenz: das sind die vier Attribute von Omega.

Auf diese Weise schließt sich mühelos das offen gelassene Schema, in dem wir zu Beginn dieses Werkes (Seite 55 f.) den Energienkomplex unseres Universums fassen wollten.

Es handelte sich zunächst um die Auffindung eines erklärenden Prinzips sowohl für das beständige Streben der Dinge nach einem höheren Bewußtseinszustand als auch für die paradoxe Festigkeit des Gebrechlichsten. Dieses Prinzip kennen wir jetzt: es ist Omega. Im Gegensatz zu den Annahmen, die in der Physik noch immer Geltung haben, findet sich das große Beständige nicht zutiefst – im Infra-Elementaren – sondern zuhöchst – im Ultra-Synthetischen. So verliert sich die Welt nur mit ihrer tangentialen Außenseite in den Zufall und in die Materie. Durch ihren radialen Kern findet sie ihre Gestalt und ihre natürliche Beständigkeit, indem sie wider alle Wahrscheinlichkeit nach einem göttlichen Brennpunkt des Geistes hinstrebt, der sie nach oben zieht.

Irgend etwas im Kosmos entgeht der Entropie – und entgeht ihr immer mehr.

Während ungeheurer Perioden im Lauf der Evolution konnte sich das Radiale, auf undurchsichtige Weise durch das Wirken des *ersten Bewegers vorwärts getrieben*, nur in zerstreuten Gruppierungen als animalisches Bewußtsein ausdrücken. In diesem Stadium fanden die Einheiten keinerlei Halt an etwas Höherem, an das sie sich hätten anklammern können und dessen Natur ihre Einfachheit überragt hätte; daher zerfielen sie, kaum gebildet. Sobald jedoch mit dem Ichbewußtsein ein Typ erschien, dessen Einheit nicht nur geschlossen oder sogar zentriert, sondern punktförmig war, begann die sublime Physik der Zentren zu spielen. Als die Elemente Zentren und daher Personen wurden, konnten sie endlich als solche direkt auf die persönlichkeitsbildende Kraft des Zentrums der Zentren zu reagieren beginnen. Die Überschreitung der kritischen Stufe der Menschwerdung bedeutet für das Bewußtsein den Übergang von der Divergenz zur Konvergenz – das heißt gewissermaßen einen Wechsel der Hemisphäre und des Pols. Diesseits jener kritischen «äquatorialen» Linie der Rückfall in die Vielheit. Jenseits der Sturz in die wachsende Einheit, der nicht mehr rückgängig zu machen war. Wenn sich ein ichbewußtes Zentrum einmal gebildet hat, so kann es sich nicht mehr ändern, außer durch Versenkung in sich selbst. Dem Anschein nach verwest der Mensch gewiß genau so wie das Tier. Doch das Phänomen funktioniert hier und dort im entgegengesetzten Sinn. Durch den Tod geht beim Tier das Radiale wieder im Tangentialen auf. Beim Menschen entgeht das Radiale dem Tangentialen und befreit sich von ihm. Die Flucht aus der Entropie durch Rückkehr zu Omega. Selbst der Tod wird vermenschlicht!

So ist das Universum daran, sich über unseren Häuptern aufzubauen, indem die Teilchen des Denkens die wahren und unzerstörbaren Atome seines Stoffes bilden – ein in seiner Resultante genau bestimmtes Universum – in Gegenrichtung zu einer Materie, die sich verliert: ein Universum, Sammler und Bewahrer von Personen und nicht von mechanischer Energie, wie wir glaubten. Wie ein beständiges Ausströmen lösen sich rings um uns, eine um die andere, «die Seelen» los und tragen ihre unmittelbare Bewußtseinslast nach oben. Eine um die andere: und doch nicht vereinzelt. Denn für jede von ihnen gibt es infolge der Natur von Omega nur einen möglichen Punkt endgültigen Emportauchens. Er wird deutlich werden, wenn die Noosphäre mit ihrer persönlichkeitsbildenden Kraft der Synthese sowohl ihre einzelnen Elemente wie sich selbst als Ganzes zur Persönlichkeit gerundet haben wird. Er liegt da, wo die Noosphäre, in kollektivem Zusammenwirken, ihren Konvergenzpunkt erreicht – am «Ende der Welt».

DRITTES KAPITEL

DER ENDZUSTAND DER ERDE

Ohne Rückwendung der Materie auf sich selbst, das heißt ohne einen in sich geschlossenen chemischen Prozeß der Moleküle, Zellen und phyletischen Zweige, hätte es – wie wir sahen – niemals eine Biosphäre noch eine Noosphäre gegeben. In ihrer Entstehung und ihrer Entwicklung sind Leben und Denken nicht nur zufällig, sondern strukturell an die Gestalt und das Schicksal der irdischen Masse gebunden.

Nun aber erscheint vor uns, um das Vorandrängen der Bewußtseinselemente zu unterstützen und ins Gleichgewicht zu bringen, ein psychisches Zentrum universeller Herkunft, Zeit und Raum transzendierend und daher seinem Wesen nach extraplanetar.

Die Noogenese steigt unumkehrbar bis zu Omega empor, indem sie die strengbegrenzten Entwicklungsphasen der Geogenese durchquert.

Unausbleiblich werden sich die beiden Linien der Entwicklung zu einem vom Schicksal bestimmten künftigen Zeitpunkt trennen, sei es unter dem Einfluß der einen oder der anderen Krümmung oder beider zugleich. Mag die Evolution auch noch so konvergent sein, so kann sie sich auf der Erde doch nur vollenden, indem sie durch einen Punkt der Auflösung hindurchgeht.

Das phantastische und unausweichliche Ereignis, dem wir uns mit jedem Tag um ein Stück nähern, führt sich so ganz natürlich ein und sucht in unseren Zukunftsaussichten Gestalt anzunehmen: das Ende allen Lebens auf unserem Erdball – der Tod des Planeten – die letzte Phase des Phänomens Mensch.

Niemand könnte wagen, sich die letzten Erscheinungsformen der Noosphäre vorzustellen – so wenig, wie er das unglaubliche Potential von Überraschungen geahnt hätte, das im Geist der Erde angehäuft ist. Das Ende der Welt ist unvorstellbar. Es beschreiben zu wollen, wäre unsinnig. Doch unter Verwendung der oben konstruierten Hilfslinien können wir bis zu einem bestimmten Punkt seine Bedeutung voraussehen und seine Form umschreiben.

Wie in einem aus Bewußtseinsstoff bestehenden Universum der Endzustand der Erde nicht sein kann; wie er sich abzeichnen, – wie er möglicherweise beschaffen sein wird: dies möchte ich auf Grund kühler Logik, ganz ohne Apokalypse, nahebringen – nicht um irgendwelche Behauptungen aufzustellen, sondern um zum Nachdenken anzuregen.

I. VORAUSSAGEN, DIE AUSZUSCHLIESSEN SIND

Wenn man vom Ende der Welt spricht, kommt einem sogleich die Vorstellung eines Unglücks in den Sinn.

Am häufigsten ein siderisches Kataklysma. Soviele Gestirne kreisen rings umher und streifen uns schier. Die Welten, die am Horizont aufflammen und bersten. . . . Wird die Reihe nicht auch an uns kommen? Wird das unerbittliche Spiel des Zufalls nicht auch uns treffen und töten?

Oder zumindest ein langsamer Tod in unserem Gefängnis. Er scheint unvermeidlich. Seit die Physik die Abschwächung jeder Energie entdeckt hat, glauben wir zu fühlen, wie die Wärme in der Welt rings um uns abnimmt. Die Wirkung dieser Erkaltung, zu der wir verurteilt sind, wurde glücklicherweise durch eine andere Entdeckung – der Radioaktivität – aufgewogen und aufgeschoben. Die Astronomen versprechen uns jetzt, wenn alles gut geht, noch ein paar volle hundert Jahrmillionen. Wir atmen auf. Doch wenn auch der Endtermin aufgeschoben ist, wächst inzwischen der drohende Schatten.

Werden wir denn überhaupt noch da sein, um den Abend sinken zu sehen? Wir wollen nicht einmal von den kosmischen Unglücksfällen sprechen, die uns bedrohen; aber was wird denn bis dahin in der lebenden Schicht der Erde vor sich gehen? Je komplizierter und älter die Biosphäre und die Noosphäre werden, desto zahlreicher werden in ihrem Schoß die inneren Gefahren. Invasionen von Mikroben. Organische Gegenevolutionen. Sterilität. Kriege. Revolutionen. Auf wie viele Arten kann es zum Ende kommen! – Das Ende, das vielleicht, alles in allem genommen, einer langen Vergreisung vorzuziehen ist.

Diese verschiedenen Möglichkeiten sind uns gut bekannt. Wir haben an sie gedacht. Wir haben ihre vorweggenommene Beschreibung in den Romanen der Goncourt, von Benson, von Wells gelesen, oder in wissenschaftlichen Werken berühmter Autoren. Jede dieser Möglichkeiten ist durchaus ernst zu nehmen. Jeden Augenblick können wir von einer ungeheuren Feuerkugel zermalmt werden. Das ist richtig. Morgen kann die Erde beben und unter unseren Füßen verschwinden. Auch das ist richtig. Jeder einzelne menschliche Wille kann die Aufgabe zurückweisen, in der Einigung fortzuschreiten. Auch das gebe ich zu. *In dem Maße* jedoch, wie diese vielfachen Katastrophen eine Vorstellung von verfrühtem Unfall oder Niedergang beinhalten, glaube ich, im Vertrauen auf unsere Kenntnis der Geschichte der Evolution sagen zu können, daß wir von ihnen nichts zu befürchten haben. Wenn sie auch theoretisch möglich sind, können wir doch eines höheren Grundes wegen sicher sein, daß *sie sich nicht ereignen werden.*

Und zwar aus folgendem Grund:

Die pessimistischen Vorstellungen von den letzten Tagen der Erde – kosmische Katastrophen, biologischer Zerfall oder einfach Wachstumsstillstand oder Altern – haben einen gemeinsamen Zug. Sie messen den Umständen und Gründen, die zu unserem individuellen Ende als Einzelwesen führen, *unveränderte* Bedeutung auch für das Gesamtleben zu. Verletzungen, Krankheit oder Altersschwäche. Der Tod der Menschheit gleicht dem Tod des einzelnen Menschen.

Haben wir denn das Recht, so einfach zu verallgemeinern?

Wenn ein Individuum verschwindet, und sei es vor der Zeit, so findet sich immer ein anderes Individuum, um es abzulösen. Für die Fortführung des Lebens ist sein Verlust nicht unersetzlich. Doch was läßt sich im Fall der Menschheit sagen? . . . In einem seiner Bücher äußerte der große Paläontologe Matthew die Ansicht, wenn der

Zweig der Menschheit verschwände, so würde ein anderer Zweig denkender Wesen seine Nachfolge antreten. Doch wo diese geheimnisvolle Knospe auf dem uns bekannten Lebensbaum erscheinen könnte, das hütet er sich wohl zu sagen, und dies wäre ihm gewiß auch sehr schwergefallen.

Im Hinblick auf die Gesamtgeschichte scheint mir die biologische Situation ganz anders.

Einmal und nur einmal im Lauf ihrer planetarischen Existenz konnte sich die Erde mit Leben umhüllen. Ebenso fand sich das Leben einmal und nur einmal fähig, die Schwelle zum Ichbewußtsein zu überschreiten. Eine einzige Blütezeit für das Denken wie auch eine einzige Blütezeit für das Leben. Seither bildet der Mensch die höchste Spitze des Baumes. Das dürfen wir nicht vergessen. Allein in ihm, mit Ausschluß von allem übrigen, finden sich von nun an die Zukunftshoffnungen der Noosphäre konzentriert, das heißt aber die der Biogenese und schließlich auch die der Kosmogenese. Nie könnte er also ein vorzeitiges Ende finden oder zum Stillstand kommen oder verfallen, wenn nicht zugleich auch das Universum an seiner Bestimmung scheitern soll! Doch dies haben wir bereits als Absurdität bezeichnet.

In ihrem gegenwärtigen Zustand könnte die Welt sich nicht begreifen, und das Dasein des Ichbewußtseins in ihr wäre unerklärlich, wenn wir nicht vermuten dürften, es herrsche zwischen dem unendlich Großen und dem unendlich Kleinen ein geheimes Einverständnis, um das zwischen ihnen beiden erschienene Bewußtsein dank glücklicher Zufälle und genützter Möglichkeiten und Freiheiten zu wärmen, zu nähren und bedingungslos zu unterstützen. Dieses geheime Einverständnis ist die Karte, die wir ausspielen. *Der Mensch ist unersetzbar.* Trotz der Unwahrscheinlichkeit seiner Aussichten *muß er ans Ziel gelangen;* gewiß nicht notwendig, aber unfehlbar.

Kein Stillstand, wie immer auch der Anschein sein mag, sondern ein letzter Fortschritt, der zu seiner biologisch bestimmten Stunde kommt. Eine Reife und ein Paroxysmus. Immer höher in das Unwahrscheinliche, aus dem wir hervorgegangen sind. In dieser Richtung müssen wir das Schicksal des Menschen und der Menschwerdung suchen, wenn wir das Ende der Welt voraussehen wollen.

II. DIE VORZEICHEN

Ohne die Grenzen wissenschaftlicher Wahrscheinlichkeit zu überschreiten, können wir sagen, das Leben verfüge zu seiner Entwicklung noch über lange geologische Perioden. Auch in seiner denkenden Form zeigt es noch alle Merkmale einer Energie in voller Entfaltung. Denn wenn man die Menschheit einerseits mit den ihr vorausgehenden zoologischen Schichten vergleicht, deren mittlere Lebensdauer zumindest an die 80 Millionen Jahre beträgt, dann erscheint sie noch so jung, daß man sagen kann, sie sei eben erst geboren. Wenn man andererseits die rasche Entwicklung des Denkens in dem beschränkten Zeitraum von nur einigen Jahrtausenden beobachtet, so trägt diese Jugend die Anzeichen und Versprechungen einer völlig neuen biologischen Ära in sich. Zwischen dem Endzustand der Erde und unserer modernen Erde erstreckt sich wahrscheinlich eine ungeheure Dauer, die nicht durch eine Verlangsamung der Entfaltung gekennzeichnet sein wird, sondern durch eine Beschleunigung und durch das endgültige Aufblühen der Evolutionskräfte im Sinne des menschlichen Aufstiegs.

In welcher Form und in welcher Richtung können wir uns – in Anbetracht der allein annehmbaren Hypothese eines Erfolges – den Weg des Fortschritts in diesem Zeitraum vorstellen?

Zunächst *in kollektiver und geistiger Form*. – Seit dem Erscheinen des Menschen konnten wir eine gewisse Verlangsamung der passiven somatisch-organischen Formänderungen bemerken, zugunsten der bewußten und aktiven Umwandlungen des vergesellschafteten Individuums. Das Künstliche löst das Natürliche ab. Die mündliche oder schriftliche Überlieferung ersetzt die genetischen (oder chromosombedingten) Formen der Vererbung. Ich leugne nicht die Möglichkeit oder sogar die Wahrscheinlichkeit einer gewissen Fortdauer der ehe-

maligen Prozesse der Orthogenese[1] in unseren Gliedern und besonders in unserem Nervensystem, doch ich neige zu der Ansicht, daß
ihr Einfluß – seit dem Auftreten des *homo sapiens* praktisch unmerklich
geworden – mehr und mehr schwinden muß. Die Lebensenergien
können sich, so möchte man sagen, nicht auf ein Gebiet ausdehnen,
oder eine neue Form annehmen, ohne dafür in den umgebenden
Partien schwächer zu werden, gerade als ob es sich um ein festes
Quantum handelte, das nach einem besonderen Gesetz aufgeteilt
wird. Seit dem Auftreten des Menschen scheint der Drang der
Evolution in allen nichtmenschlichen Zweigen des Lebensbaumes
nachgelassen zu haben. Jetzt, da der mündig gewordene Mensch das
Feld der geistigen und sozialen Umbildungen eröffnet hat, lassen
sich an den Körpern keine sichtlichen Veränderungen mehr wahrnehmen – es gibt nichts mehr am menschlichen Zweig zu verändern;
sollten Veränderungen noch vorkommen, dann werden sie sich nur
mehr unter unserer sachverständigen Kontrolle vollziehen. Es ist
möglich, daß unser Hirn in seinen individuellen Fähigkeiten und
seinem individuellen Scharfsinn seine organischen Grenzen erreicht
hat. Doch die Bewegung kommt deshalb nicht zum Stehen. Vom
Okzident bis zum Orient arbeitet die Evolution nun auf einem reicheren und komplizierteren Tätigkeitsfeld; mit der Gesamtheit aller
Geister errichtet sie den *Geist.* – Über Nationen und Rassen hinaus
die unvermeidliche und schon begonnene Zusammenfassung der
Menschheit.

Wenn wir dies festhalten, und von der eben erreichten planetarischen Stufe psychischer Vereinigung und der neu anlaufenden Evolution ausgehen: auf welchen Angriffslinien werden wir vornehmlich
vorrücken müssen, nach dem gegenwärtigen Stand der Noosphäre
zu urteilen?

Ich unterscheide drei Hauptlinien, bei denen die Voraussagen wieder auftauchen, zu denen uns bereits die Untersuchung der Begriffe
Wissenschaft und Menschheit geführt hat: – die Organisation der

---

[1] Von der Wissenschaft der Biologie bewußt, listig – wer weiß? – aufgenommen und fortgesetzt (Ausnutzung der Gesetze und Triebkräfte der Vererbung,
Verwendung der Hormone usw. Vgl. Seite 254 f.).

Forschung – ihre Konzentration auf das Objekt Mensch – die Verbindung von Wissenschaft und Religion.

Drei natürliche Begriffe in natürlicher Reihenfolge.

A. DIE ORGANISATION DER FORSCHUNG. Wir wagen uns zu rühmen, in einem wissenschaftlichen Zeitalter zu leben. Wenn wir dabei nur an eine Morgenröte denken, im Vergleich zu der vorhergehenden Nacht, so haben wir recht – zumindest bis zu einem gewissen Grad. Mit unseren Entdeckungen und unseren Forschungsmethoden ist im Universum etwas Ungeheures aufgekommen. Etwas, das nicht mehr zum Stillstand kommen wird. Davon bin ich überzeugt. Zwar sind wir auf die Forschung stolz und ziehen Vorteil aus ihr; doch mit welcher Knauserei an Geist und Mitteln und in welcher Unordnung betreiben wir auch heute noch unser Suchen!

Haben wir jemals ernsthaft über diesen Elendszustand nachgedacht?

Wie die Kunst, und fast könnte man sagen, wie das Denken, entstand die Wissenschaft anscheinend aus Überfluß und spielerischer Laune. Ein Strömen inneren Tätigkeitstriebes über die materiellen Notwendigkeiten des Lebens hinaus. Neugierde von Träumern und Unbeschäftigten. Nach und nach errang die Wissenschaft dank ihrer Wichtigkeit und Wirkungskraft das Bürgerrecht. Wir leben in einer Welt, die von ihr von Grund auf umgestaltet wurde, wie wir nicht leugnen können, und so haben wir ihr eine soziale Rolle zuerkannt – und sogar einen Kult. Dennoch lassen wir sie immer noch wachsen, wie der Zufall es will, fast ohne Pflege, wie die wilden Pflanzen, deren Früchte die primitiven Völker in den Wäldern pflücken. Alles für die Produktion. Alles für die Rüstungen. Aber nichts oder fast nichts für den Gelehrten und das Laboratorium, die unsere Kräfte verzehnfachen. Es hat wirklich den Anschein, als müßten die Entdeckungen periodenweise fertig vom Himmel fallen, wie der Sonnenschein oder der Regen – und die Menschen hätten immer noch nichts Besseres auf der Erde zu tun, als zu essen oder einander zu töten! Versuchen wir nur einmal, das Verhältnis der menschlichen Energien zu bestimmen, die *hic et nunc* zur Auffindung der Wahrheit verwendet werden. Oder noch materieller ausgedrückt: berechnen wir den Prozentsatz des Geldes, das in den Staatshaushalten zur Erforschung klar umschriebener Probleme, deren Lösung für die Welt lebenswichtig wäre, bestimmt ist. Die Antwort würde uns erschrecken. Weniger Aufwand für die Forschung im Jahr in der Welt als für einen Panzerkreuzer! Werden unsere Urenkel nicht mit Recht behaupten, wir seien Barbaren gewesen?

Es ist wahr, wir leben in einer Epoche des Übergangs und besitzen bisher weder das volle Bewußtsein noch die volle Meisterschaft über die neuentfesselten Kräfte. Alten Gewohnheiten treu, sehen wir immer noch in der Wissenschaft nur ein neues Mittel zu leichterem Gewinn derselben alten Dinge: Boden und Brot. Wir spannen Pegasus ins Joch – und Pegasus geht zugrunde oder stürmt samt dem Pflug auf und davon. Der Augenblick wird kommen und muß notwendigerweise kommen, wo der Mensch unter dem Eindruck des offenbaren Mißverhältnisses des Gespanns erkennen wird, daß die Wissenschaft für ihn nicht eine Nebenbeschäftigung ist, sondern eine wesentliche Form seines Wirkens und tatsächlich ein naturgegebenes Mittel, die Überfülle der Energien aufzufangen, die durch die Maschine ständig frei werden.

Eine Erde, auf der die immer reichlicher anfallende «Freizeit» und das immer gespanntere Interesse ihren vitalen Ausgleich darin finden, daß alles vertieft, alles versucht, alles weitergeführt werden kann. Eine Erde, auf der Riesenteleskope und Atommeiler mehr Geld verschlingen und mehr spontane Bewunderung hervorrufen als alle Bomben und Kanonen. Eine Erde, auf der das Problem des Tages nicht nur für den eingesetzten und bezahlten Trupp der Forscher, sondern auch für den Durchschnittsmenschen darin bestehen wird, ein Geheimnis zu enthüllen, eine neue Kraft zu ergründen, die man den Atomen, den Gestirnen oder der organischen Materie entreißt. Eine Erde, auf der man sein Leben, wie es bereits manchmal geschieht, lieber dafür einsetzt, zu wissen und zu sein, als zu besitzen.

Unvermeidlich bereitet sich dies rings um uns vor – es genügt, die vorhandenen Kräfte[1] zu messen.

---

[1] Äußere Druckkräfte unseres Planeten, die die Menschheit zwingen, sich organisch zu vereinigen; andererseits innere (auf- und vorwärtstreibende) Kräfte der Vergeistigung, die durch die technisch-soziale Totalisierung ausgelöst oder verstärkt wurden.

Wie bei niederen Organismen, bei denen die Netzhaut sozusagen über die Oberfläche des ganzen Körpers verbreitet ist, vollzieht sich das menschliche Sehen noch auf eine diffuse Weise, und ist mit den Arbeiten der Industrie und des Krieges vermengt. Biologisch verlangt es seine Individualisierung als unabhängige Funktion mit besonderen Organen.

Warten wir noch ein wenig, und die Noosphäre wird ihre Augen gefunden haben.

B. DIE ENTDECKUNG DES MENSCHEN. Wenn die Menschheit einmal erkannt haben wird, daß ihre wichtigste Aufgabe darin besteht, die Energien, die uns umgeben, geistig zu durchdringen, zu vereinheitlichen und einzufangen, um sie noch besser zu verstehen und zu meistern, dann wird sie sich entfalten können, ohne befürchten zu müssen, je an eine äußere Grenze zu stoßen. Ein kommerzieller Markt kann gesättigt sein. Eines Tages werden wir unsere Bergwerke und unsere Erdölquellen geleert haben und werden sie durch etwas anderes ersetzen müssen. Doch offenbar gibt es nichts auf Erden, was unsere Wißbegier sättigen oder unsere Erfindungskraft erschöpfen könnte. Denn von der einen wie von der anderen kann man sagen: *crescit eundo.*

Jedoch das will nicht besagen, daß sich die Wissenschaft unterschiedslos nach allen Richtungen zugleich verbreiten soll wie eine Welle in einem isotropen Medium. Je mehr man schaut, um so mehr sieht man. Aber man sieht auch um so besser, wohin man schauen muß. Das Leben konnte fortschreiten, weil es durch seine Tastversuche nach und nach die Punkte des schwächsten Widerstandes fand, wo die Wirklichkeit seinen Anstrengungen nachgab. Wenn die Forschung morgen ebensolche Fortschritte machen soll, so muß sie sich vor allem an die zentralen Zonen halten, die empfindlichen Zonen, die lebenskräftigen Zonen, deren Eroberung mühelos die Beherrschung alles übrigen sichern wird.

Unter diesem Gesichtspunkt kann man voraussagen, daß eine künftige Ära menschlicher Wissenschaft im höchsten Maß eine Ära der Wissenschaft vom Menschen sein wird: der wissende Mensch, der endlich wahrnimmt, daß der Mensch als «Gegenstand des Wissens» der Schlüssel der ganzen Naturwissenschaft ist.

«Der Mensch – das unbekannte Wesen», sagte Carrel. Der Mensch, füge ich hinzu, die Antwort auf alle Fragen, die wir haben.

Bisher kreiste die Wissenschaft, aus Vorurteil oder aus Angst, beständig um den Gegenstand Mensch, ohne es zu wagen, ihn direkt anzugehen. Materiell scheint unser Leib so unbedeutend, so zufällig, so vergänglich, so gebrechlich. Wozu sich mit ihm beschäftigen? – Psychisch haben wir eine so unglaublich subtile und verwickelte Seele. Wie kann man sie mit einer Welt der Gesetze und Formeln in Einklang bringen?

Je mehr wir uns in unseren Theorien bemühen, den Menschen auszuschließen, um so enger werden die Kreise, die wir um ihn herum beschreiben, als würden wir in seinen Wirbel hineingezogen. In meinem Vorwort habe ich daran erinnert, daß die Physik am Ende ihrer Analysen nicht mehr recht weiß, ob sie es noch mit reiner Energie zu tun hat, oder ob es nicht ganz im Gegenteil Denken ist, was ihr in Händen bleibt. Die Biologie sieht sich auf der Höhe ihres Lehrgebäudes, sofern sie der Logik ihrer Entdeckungen treu bleibt, dazu geführt, die Gesellschaft der denkenden Wesen als die augenblicklich letzte Form der Schöpfungen der Evolution zu betrachten. Der Mensch unten; der Mensch oben; der Mensch in der Mitte; und vor allem: der Mensch, der in uns und um uns lebt, sich ausbreitet und so furchtbar zu kämpfen hat. Man wird sich schließlich doch mit ihm befassen müssen.

Für die Wissenschaft besteht die einzigartige Bedeutung des Gegenstandes Mensch, wenn ich mich in meinen Ausführungen nicht geirrt habe, in dem zweifachen Umstand, daß er 1. individuell und sozial die höchste Synthese darstellt, in der uns der Weltstoff begegnet, und 2. daß er dementsprechend heute das beweglichste Glied dieses in Umwandlung begriffenen Stoffes ist.

Aus diesen beiden Gründen bedeutet die Entzifferung des Menschen im wesentlichen eine Untersuchung über die Art, wie sich die Welt gebildet hat, und wie sie fortfahren muß, sich zu bilden. Wissenschaft vom Menschen: theoretische und praktische Wissenschaft von der Menschwerdung, vertiefte Einblicke in die Vergangenheit und die Ursprünge. Aber noch viel mehr konstruktive, immer wieder neu aufgenommene Versuche an einem ständig erneuerten Objekt.

Das Programm ist unermeßlich und hat kein anderes Ende als das der Zukunft.

Zunächst die Pflege und Vervollkommnung des menschlichen Körpers. Kraft und Gesundheit des Organismus. Das Denken kann sich nur auf diesen materiellen Grundlagen erheben, solange seine «tangentiale» Phase dauert. Sind wir – bei dem Tumult der Ideen, der das Erwachen des Geistes begleitet – nicht in Gefahr, körperlich zu degenerieren? Wir sollten uns schämen, hat man gesagt, wenn wir die Menschheit, bei der es so viele Schlechtweggekommen gibt, mit den Tiervölkern vergleichen, wo bei hunderttausend Individuen keinem Fühler auch nur ein Gliedchen fehlt! An sich liegt eine solche Regelmäßigkeit nicht in der Linie unserer Entwicklung, die ganz auf Geschmeidigkeit und Freiheit gerichtet ist. Doch kann sie nicht, anderen Werten geziemend untergeordnet, als Hinweis und als Lehre dienen? Wir haben bisher unsere Rasse gewiß auf gut Glück wachsen lassen und nur ungenügend über das Problem nachgedacht, durch welche medizinischen und sittlichen Faktoren es notwendig ist, *die brutalen Kräfte der natürlichen Zuchtwahl zu ersetzen*, wenn wir sie unterdrücken. Im Lauf der kommenden Jahrhunderte muß unbedingt eine unserem Persönlichkeitsniveau entsprechende, humane und edle Form von Eugenik gefunden und entwickelt werden.

Eugenik der Individuen – und daher auch Eugenik der Gesellschaft. Wir finden es bequemer, ja, wir halten es sogar für sicherer, daß sich die Formen dieses großen Körpers, der aus allen unseren Körpern gebildet ist, von selbst herausbilden, auf Grund des blinden Spiels von Willkürakten und individuellen Trieben. Nur nicht in die Kräfte der Welt sich einmischen! Immer noch das Trugbild des Instinkts und der angeblichen Unfehlbarkeit der Natur. Doch erwartet nicht eben die zum Denken gelangte Welt, daß wir die instinktiven Schritte der Natur durchdenken und dadurch vervollkommnen? Ein bewußtes Wesen bedarf bewußter Maßnahmen. Wenn die Menschheit eine Zukunft hat, kann man sich diese Zukunft nur in der Richtung eines harmonischen Ausgleichs vorstellen zwischen Freiheit, Planmäßigkeit und Gesamtheit. Verteilung der Schätze des Erdballs. Regelung des Dranges nach den freien Räumen. Bestmögliche Verwendung der durch die Maschine freigewordenen Kräfte. Physiologie der Nationen und Rassen. Geoökonomie, Geopolitik, Geodemographie. Die Organisation der Forschung erweitert sich zu einer rationellen Organisation der Erde. Ob wir es wollen oder nicht, alle Anzeichen und alle unsere Bedürfnisse konvergieren im selben Sinn: was wir brauchen, und woran wir bereits unaufhaltsam arbeiten, mittels und jenseits unserer ganzen Physik, unserer ganzen Biologie, unserer ganzen Psychologie, das ist eine *menschliche Energetik*.

Und bei diesem Aufbau, der im stillen schon begonnen hat, begegnet unsere Wissenschaft, die dahin gelangt ist, sich auf den Menschen zu konzentrieren, immer unausweichlicher der Religion.

C. DIE VERBINDUNG WISSENSCHAFT-RELIGION. Dem Anschein nach ist die moderne Erde aus einer antireligiösen Bewegung entstanden. Der Mensch genügte sich selbst. Die Vernunft nahm die Stelle des Glaubens ein. Unsere Generation und die beiden vorhergehenden hörten fast nur vom Konflikt zwischen Glauben und Wissenschaft. So konnte es einen Augenblick scheinen, diese sei tatsächlich berufen, jenen zu ersetzen.

Je länger diese Spannung währt, um so deutlicher scheint sich der Konflikt in einer ganz anderen Form aufzulösen und sein Gleichgewicht zu finden – weder Eliminierung noch Dualität, sondern Synthese. Nach fast zwei Jahrhunderten leidenschaftlicher Kämpfe ist es weder der Wissenschaft noch dem Glauben gelungen, sich wechselseitig herabzusetzen; im Gegenteil, es bewahrheitet sich, daß sie nur zusammen sich normal entwickeln können; einfach, weil dasselbe Leben beide beseelt. Weder in ihrem Antrieb noch in ihren Theorien kann die Wissenschaft bis an ihre Grenzen gehen, ohne sich mit Mystik zu färben und mit Glauben aufzuladen.

Zunächst in ihrem Antrieb. Wir haben diesen Punkt schon berührt, als wir das Problem des Handelns erörterten. Der Mensch würde nicht weiterarbeiten, noch weitersuchen, wenn er sich seine leidenschaftliche Lust daran nicht erhalten könnte. Diese Lust hängt aber ganz und gar von der Überzeugung ab, die wissenschaftlich durchaus unbeweisbar ist, daß das Universum einen Sinn habe und daß es, wenn wir ihm treu bleiben, zu einer Vollkommenheit gelangen könne oder sogar müsse, die irgendwie gegen Zerstörung gesichert ist. Der Glaube an den Fortschritt.

Sodann in ihren Theorien. Wissenschaftlich kann man sich eine fast unbegrenzte Verbesserung des menschlichen Organismus und der menschlichen Gesellschaft vorstellen. Doch sobald es sich darum handelt, unsere Träume in Wirklichkeit umzusetzen, stellen wir fest, daß das Problem unentschieden, ja sogar unlösbar bleibt, solange wir nicht, erleuchtet von einer gewissermaßen überrationalen Intuition, den konvergenten Charakter der Welt, der wir angehören, anerkennen. Der Glaube an die Einheit.

Ja, noch mehr. Wenn wir uns unter dem Druck der Tatsachen für den optimistischen Glauben an die Einigung entscheiden, wird es praktisch für uns notwendig, nicht nur den Impuls aufzufinden, der uns weitertreibt, und nicht nur das besondere Ziel, das unserem Weg die Richtung gibt, sondern auch das Bindemittel oder den eigenartigen Kitt, der unsere Leben vital aneinanderfügt, ohne sie zu verbiegen oder zu schmälern. Der Glaube an ein Persönlichkeitszentrum von höchster Anziehungskraft.

Mit einem Wort: sobald die Wissenschaft über das untergeordnete und vorbereitende Stadium der analytischen Forschung hinauskommt und zur Synthese übergeht – eine Synthese, die naturgemäß in der Verwirklichung eines höheren Zustands der Menschheit gipfelt –, sieht sie sich sogleich zur Vorwegnahme der Zukunft und zu einer Auseinandersetzung mit dem All geführt: und zugleich wächst sie über sich selbst hinaus und wandelt sich um in freie Wahl und Anbetung.

Renan und das 19. Jahrhundert irrten sich nicht, wenn sie von einer Religion der Wissenschaft sprachen. Ihr Irrtum bestand darin, nicht zu sehen, daß ihr Menschheitskult die Wiedereinsetzung eben derselben geistigen Kräfte bedingte (wenn auch in erneuter Form), von denen sie sich frei zu machen wähnten.

Wenn wir sehen, wie in dem bewegten Universum, zu dessen Wahrnehmung wir eben erwacht sind, die Erscheinungen in Zeit und Raum um uns und hinter uns divergieren und sich voneinander lösen wie Kegelschnitte, so betreiben wir vielleicht reine Wissenschaft. Wenn wir aber unseren Blick nach der Spitze wenden, nach Ganzheit und nach Zukunft, so sind wir wohl gezwungen, auch Religion zu haben.

Religion und Wissenschaft: die Verbindung der beiden Seiten oder Phasen eines einzigen vollständigen Erkenntnisaktes – des einzigen, der Vergangenheit und Zukunft der Evolution zugleich umfaßt, um sie zu betrachten, zu messen und zu vollenden.

In der gegenseitigen Stärkung dieser beiden noch antagonistischen Kräfte, in der Verbindung von Vernunft und Mystik ist es dem menschlichen Geist durch die ganze Natur seiner Entwicklung bestimmt, sein Äußerstes an eindringender Schärfe zu erlangen zugleich mit dem Maximum lebendiger Kraft.

III. DAS ENDE

Wenn die Menschheit ihren Weg in den eben erwähnten drei Richtungen weiterverfolgt und von der unermeßlichen, ihr noch übrigen Lebensdauer Gebrauch macht, hat sie ungeheure Möglichkeiten vor sich.

Bis zum Menschen erstarrte und zersplitterte sich das Leben bei jedem Sprung nach vorwärts; denn es wurde in den Sonderformen, in die es einfließen mußte, um wirken zu können, rasch festgehalten und vermauert. In eine völlig neue Phase der Evolution sind wir gelangt durch das Vermögen der Reflexion, und zwar dank der erstaunlichen Eigenschaften des «Künstlichen», das mit der Unterscheidung des Instrumentes vom Organ ein und demselben Wesen erlaubt, die Arten seiner Betätigung unbegrenzt zu intensivieren und zu variieren, ohne seine Freiheit zu vermindern; – aber auch dank der wunderbaren Macht des Denkens, alle Partikel der Menschheit einander zu nähern und in einer gemeinsamen Anstrengung des Bewußtseins zusammenzufassen. Das Studium der Vergangenheit erlaubt uns eine gewisse Abschätzung der Möglichkeiten, die die organische Welt in zersplittertem Zustand besitzt, doch *wir haben noch keine Idee von der möglichen Größe der «noosphärischen» Wirkungen*. Die Resonanz von Millionen menschlicher Schwingungen! Eine ganze Schicht von Bewußtsein, die ihren Druck auf die Zukunft ausübt! Das kollektive und additive Produkt einer Denktätigkeit von einer Million Jahren! Haben wir je versucht, uns vorzustellen, was diese Größen bedeuten?[1]

In dieser Richtung ist vielleicht gerade das Unerwartetste am ehesten zu erwarten.

Bei der wachsenden Spannung des Geistes auf der ganzen Erdoberfläche kann man sich zunächst ernsthaft fragen, ob es dem Leben nicht eines Tages gelingen wird, die Gitter seines irdischen Gefängnisses kunstreich zu sprengen – sei's indem es das Mittel findet, andere unbewohnte Gestirne in Besitz zu nehmen, sei's (und das wäre ein noch viel schwindelerregenderes Ereignis) indem es eine psychische Verbindung mit anderen Bewußtseinsherden durch den Raum hindurch herstellt. Begegnung und gegenseitige Befruchtung von zwei Noosphären.... Eine Annahme, die auf den ersten Blick unsinnig scheint, die aber schließlich nur ein Größenmaß auf das Psychische ausdehnt, dessen Angemessenheit für die Materie niemand mehr zu bestreiten gedenkt. Das Bewußtsein könnte sich am Ende durch Synthese von planetarischen Einheiten aufbauen. Warum nicht, in einem Universum, in dem die Galaxie die astrale Einheit darstellt?

Ich will diese Hypothesen keineswegs verachten. Ihre mögliche Verwirklichung, wollen wir nur bemerken, würde die Ausmaße der

---

[1] Man braucht nicht nur mit dem Intelligenz-Wert der isolierten menschlichen Einheiten zu rechnen, sondern darf eine Steigerung durch kollektive Zusammenfassung (durch wechselseitige Stützung oder Resonanz) dieser zweckmäßig einander zugeordneten Elemente in Betracht ziehen. Es wäre schwierig, zu entscheiden, ob es auf der Erde noch Denker wie Aristoteles, Platon oder Augustinus gibt (wie soll man es beweisen? und schließlich: warum nicht?). Aber es ist klar, daß unsere modernen Seelen dadurch, daß sie sich aufeinander stützen (und sich zu einem gemeinsamen Gewölbe oder einem gemeinsamen Spiegel zusammenfügen), heute eine Welt sehen und fühlen, die (was Ausmaße, Verbundenheit und Wirkungsmöglichkeiten anbelangt) allen großen Männern früherer Zeiten unbekannt war. Wer würde zu behaupten wagen, daß diesem Bewußtseinsfortschritt keine Weiterentwicklung in der Tiefe des Seinsgefüges entspreche?

Noogenese unglaublich erweitern, aber nichts an ihrer konvergenten Form und in der Folge an ihrer begrenzten Dauer ändern. Immerhin glaube ich, daß ihre Wahrscheinlichkeit zu gering ist, als daß es die Mühe lohnt, sich mit ihnen zu befassen.

Die außerordentliche Kompliziertheit und Empfindlichkeit des menschlichen Organismus ist den irdischen Lebensbedingungen derartig angepaßt, daß man sich kaum vorzustellen vermag, wie er sich auf einem andern Gestirn akklimatisieren könnte, selbst wenn es ihm möglich wäre, die interplanetaren Entfernungen zu überwinden.

Die Unermeßlichkeit der siderischen Dauer ist so gewaltig, daß man nicht recht sieht, wie zwei Denksysteme in zwei verschiedenen Himmelsgebieten zugleich existieren und sich in vergleichbaren Phasen ihrer Entwicklung begegnen könnten.

Besonders aus diesen zwei Gründen stelle ich mir vor, daß es das Schicksal unserer Noosphäre ist, sich isoliert in sich selbst zu schließen – und daß sie ihre Fluchtlinie nicht in räumlicher, sondern in psychischer Richtung finden wird, ohne die Erde zu verlassen oder ihre Grenzen überschreiten zu müssen.

Und hier kommen wir abermals ganz natürlich zu der Vorstellung einer Zustandsänderung.

Die Noogenese ist in uns und durch uns hindurch in einem ständigen Wachstum begriffen. Wir haben bereits die wichtigsten Kennzeichen dieser Bewegung gefunden: Annäherung der denkenden Elemente; Synthesen von Individuen und Synthesen von Nationen und Rassen. Notwendigkeit eines persönlichen, autonomen und höchsten Brennpunkts, um die Einzelpersönlichkeiten in einer Atmosphäre aktiver Sympathie zu verbinden, ohne sie zu beeinträchtigen. Dies alles – noch einmal – unter der vereinten Wirkung von zwei Krümmungen: Rundung der Erde und kosmische Konvergenz des Geistes – in Übereinstimmung mit dem Gesetz von Komplexität und Bewußtsein.

Wenn einmal diese ihrem Wesen nach konvergente Bewegung durch genügende Zusammenballung einer entsprechenden Zahl von Elementen eine solche Kraft und eine solche Beschaffenheit erreicht hat, daß die Menschheit auf der Bahn ihrer Vereinigung nicht mehr weiter fortschreiten kann, es sei denn dadurch, daß sie sich *in ihrer Gesamtheit*, analog dem, was einst mit den individuellen Kräften des Instinkts vor sich gegangen ist, auf sich selbst zurückspiegelt zu «punktueller» Zusammenfassung[1] (in diesem Falle besagt das aber so viel wie ihre organisch-planetarische Stütze aufgeben, um ihr Zentrum in das transzendente Zentrum ihrer wachsenden Konzentration zu verlegen), dann ist für den Geist der Erde das Ende und die Erfüllung gekommen.

Das Ende der Welt: die Noosphäre, die das äußerste Maß ihrer Komplexität und zugleich ihrer Zentrierung erreicht hat, kehrt durch eine nach innen gerichtete Gesamtbewegung zu sich selbst zurück.

Das Ende der Welt: ein Umsturz des Gleichgewichts, der den endlich vollendeten Geist aus einer materiellen Hülle löst, um ihn künftig mit seiner ganzen Schwere auf Gott-Omega ruhen zu lassen.

Das Ende der Welt: entscheidender Augenblick für unsere Verwandlung und unser Emporsteigen, unsere Reife und unsere Befreiung.

Über den physischen und psychischen Zustand, in dem sich unser Planet beim Nahen seiner Reifezeit[2] befinden wird, können wir zwei fast gegenteilige Arten von Vermutungen anstellen.

Nach einer ersten Hypothese, die Ausdruck der Hoffnungen und eines Ideals ist, auf das wir unsere Bemühungen auf jeden Fall lenken müssen, wird das Übel im Endzustand der Erde auf ein Mindestmaß beschränkt sein. Krankheit und Hunger werden von der Wissenschaft überwunden sein; wir werden sie, zumindest in ihren ärgsten Formen, nicht mehr fürchten müssen. Auch Haß und innere Kämpfe werden, überwunden von der Bestimmung der Erde und der Menschheit, unter den immer wärmeren Strahlen von Omega verschwunden sein. Eine gewisse Übereinstimmung wird in der ganzen Masse der Noospäre herrschen. Die endgültige Konvergenz wird sich *im Frieden*

---

[1] Das würde bedeuten, daß die menschliche Geschichte zwischen zwei kritischen Punkten des Ichbewußtseins verläuft (zwischen einem niederen, individuellen und einem höheren, kollektiven).

[2] Über den Grad von «Unvermeidlichkeit» dieser Reife für eine *freie* Masse siehe unten Schlußbemerkung Seite 319 f.

vollziehen.[1] Ein derartiger Ausklang stünde gewiß in bester Übereinstimmung mit der Theorie.

Doch es ist ebenfalls möglich, daß das Böse zugleich mit dem Guten wächst – einem Gesetz zufolge, das in der Vergangenheit ausnahmslos waltete – und daß es am Ende gleichfalls seinen Höhepunkt erreicht, und zwar auch in einer besonderen und neuen Form.

Keine Höhen ohne Tiefen.

Die Menschheit wird auf Grund ihrer inneren Kohäsion ungeheure Kräfte entwickeln. Es ist möglich, daß diese Energie morgen, ebenso wie gestern und heute, im Widerstreit wirkt. Mechanisierende Synergie unter dem Zwang brutaler Kraft? Oder Synergie in der Sympathie? Der Mensch, der sich kollektiv in sich zu vollenden sucht? Oder persönlich durch einen Größeren als er? Zurückweisung oder Annahme von Omega? ... Ein Konflikt kann entstehen. In diesem Fall könnte sich die Noosphäre, gerade durch den Verlauf und die Auswirkung ihres Sammlungsprozesses, an dem Punkt, wo sie sich einigen sollte, in zwei Zonen spalten, die jeweils von einem entgegengesetzten Pol der Anbetung angezogen würden. Dann würde das Denken auf Erden niemals völlig mit sich einig. Die universelle Liebe würde dann schließlich nur einen Teil der Noosphäre beleben und loslösen, um ihn zu vollenden – denjenigen, der sich entscheiden würde, den «Sprung» aus sich selbst in den andern zu wagen. *Noch ein letztes Mal die Verzweigung.*

Nach dieser zweiten Hypothese, die den überlieferten Apokalypsen besser entspricht, würden vielleicht um uns drei Kurven zugleich in die Zukunft aufsteigen: unvermeidliche Verminderung der organischen Möglichkeiten der Erde; inneres Schisma des Bewußtseins, das durch zwei entgegengesetzte Ziele der Evolution immer mehr gespalten wird; positive Anziehungskraft, die das Zentrum der Zentren auf das Herz derjenigen ausübt, die sich ihm zuwenden. Die Erde könnte an dem dreifachen Ziel enden, in dem diese drei Kurven durch

[1] Dennoch – da es sich um das Nahen eines kritischen Momentes handelt – zugleich auch *unter äußerster Spannung*. Diese Schau hat nichts gemein mit den alten Jahrtausendträumen von einer paradiesischen Periode auf Erden am Ende der Zeiten.

ein Zusammentreffen, das den Verhaltensweisen des Lebens gut entsprechen würde, einander begegnen, und zu gleicher Zeit ihren Höhepunkt erreichen.

Tod des materiell erschöpften Planeten; Spaltung der Noosphäre in der Wahl der Form ihrer Einheit; zugleich – was dem Ereignis seine ganze Bedeutung und seinen ganzen Wert gibt – Befreiung jenes Teils des Universums, dem es gelungen ist, durch Zeit, Raum und Übel hindurch seine Synthese mühevoll bis ans Ende durchzuführen.

Kein unbegrenzter Fortschritt – die konvergente Natur der Noogenese widerspricht einer solchen Hypothese; aber eine Ekstase, die über die Ausmaße und den Rahmen des sichtbaren Universums hinausführt.

Ekstase in Eintracht oder Zwietracht; aber in beiden Fällen aus Übermaß der inneren Spannung.

Das allein angemessene und denkbare biologische Ende des Phänomens Mensch.

Von denen, die versucht haben, diese Seiten bis ans Ende zu lesen, werden viele das Buch unbefriedigt und nachdenklich schließen und sich fragen, ob ich sie in einer Welt der Tatsachen, der Metaphysik oder des Traumes herumgeführt habe.

Haben aber diejenigen, die solche Zweifel empfinden, die heilsam strengen Forderungen verstanden, welche der heute allgemein angenommene Zusammenhang des Universums unserer Vernunft auferlegt? Ein Fleck erscheint auf einem Filmstreifen, ein Elektroskop entlädt sich unerwarteterweise; das genügt, um die Physik zur Annahme von phantastischen Atomkräften zu zwingen. So nötigt uns auch der Mensch, die Schichten von Zeit und Raum zur Gänze seinem Maß anzupassen, wenn man versucht, ihn mit Leib und Seele in den Rahmen der Erfahrung einzuordnen.

Um dem Denken in der Welt seinen Platz zu geben, mußte ich die Materie verinnerlichen, eine Energetik des Geistes erdenken, im Gegensatz zur Entropie die Vorstellung einer steigenden Noogenese fassen, der Evolution einen Sinn, eine Spitze und kritische Punkte geben, schließlich alle Dinge zu *Jemandem* zurückkehren lassen.

Bei dieser Neuordnung der Werte konnte ich mich in manchen Punkten täuschen. Mögen andere versuchen besser zu urteilen! Ich wollte nur mit dem Faktum, mit der Schwierigkeit und der Dringlichkeit des Problems das Gefühl für die Größenordnung und die Form erwecken, die zur Lösung unentbehrlich sind.

Es kann nur ein Universum geben, das irreversibel die Persönlichkeit herausbildet; denn es muß imstande sein, die Person des Menschen aufzunehmen.

DAS PHÄNOMEN DES CHRISTENTUMS

Wenn nicht ein Pol von höchster Anziehungskraft und Beständigkeit über dem ichbewußten Leben leuchtete, so gäbe es eine Fortsetzung und einen Fortschritt weder im Bereich des individuellen Handelns, das nur durch die Hoffnung auf Unvergänglichkeit einen Impuls empfangen kann, noch in dem der kollektiven Anziehungskräfte, die sich ohne die Einwirkung siegreicher Liebe nicht verbinden könnten. Weder individuell noch in der Gemeinschaft könnte sich das Gefüge der Noosphäre anders schließen als unter dem Einfluß eines Zentrums Omega.

Die allseitige Anwendung der empirischen Entwicklungsgesetze auf den Menschen führte uns logisch zu diesem Postulat.

Doch wer sieht nicht in diesem auf ersten Anhieb ganz theoretischen Schluß die mögliche oder sogar wahrscheinliche Rückwirkung auf die Erfahrung?

Wenn Omega nur der ferne und ideale Brennpunkt wäre, dessen Bestimmung es ist, am Ende der Zeiten aus der Konvergenz der irdischen Bewußtseinselemente aufzutauchen, so könnte ihn nichts vor dem Eintritt dieser Konvergenz unserem Blick enthüllen. Zur Stunde, zu der wir leben, wäre keine andere Energie persönlicher Natur auf der Erde erkennbar als die, welche von der Summe der menschlichen Personen gebildet wird.

Wenn Omega hingegen, wie wir angenommen haben, schon gegenwärtig existent ist und im Tiefsten der denkenden Masse wirkt, dann ist es wohl unvermeidlich, daß sich seine Existenz schon jetzt unserer Beobachtung durch gewisse Anzeichen zu erkennen gibt. Um die Evolution in den unteren Stadien anzuregen, konnte der bewußte Pol der Welt natürlich nur biologisch verhüllt in unpersönlicher

Form wirken. Jetzt aber ist es ihm möglich, auf die denkenden Wesen, die wir geworden sind, von Zentrum zu Zentren zu strahlen – *auf persönliche Weise*. Wäre es wahrscheinlich, daß er dies unterließe?

Entweder die ganze hier vorgeführte Weltkonstruktion ist leeres Ideengespinst, oder aber irgendwo um uns muß in dieser oder jener Form ein Überschuß an persönlicher, außermenschlicher Energie erkennbar sein und seine große Gegenwart ankündigen, – wenn wir nur recht zu schauen wissen.

Hier enthüllt sich die Wichtigkeit des Phänomens des Christentums für die Wissenschaft.

Das Phänomen des Christentums. Am Ende einer Studie über das Phänomen Mensch ist dieser Ausdruck nicht zufällig oder einfacher Wortsymmetrie wegen gewählt. Er soll vielmehr eindeutig den Geist bezeichnen, in dem ich sprechen will.

Ich lebe im Herzen des Christentums, und man könnte mich verdächtigen, ich wolle hier sophistisch eine Apologie einführen. Doch soweit ein Mensch in seinem Innern verschiedene Ebenen der Erkenntnis voneinander trennen kann, spricht auch hier noch und verlangt Gehör nicht der überzeugte Gläubige, sondern der Naturforscher.

Die Tatsache des Christentums steht vor uns. Sie hat ihren Platz unter den anderen Realitäten der Welt.

Ich möchte aufzeigen, wie es zunächst durch den Inhalt seines Credo, weiter durch den Wert seines Daseins, schließlich durch die außerordentliche Kraft seines Wachstums für die Schau eines Universums, das unter der Herrschaft von Energien persönlicher Natur steht, die entscheidende Bestätigung zu bieten scheint, deren wir bedürfen.

I. RICHTUNGEN DES GLAUBENS

Dem, der es nur von außen kennt, erscheint das Christentum verzweifelt undurchsichtig. Tatsächlich aber enthält es eine äußerst einfache und erstaunlich kühne Lösung der Welt, wenn man es in seinen Hauptlinien betrachtet.

Im Mittelpunkt, und von bestürzender Sinnfälligkeit, die bedin-
gungslose Bejahung eines persönlichen Gottes: Gott als Vorsehung,
die das Universum fürsorglich leitet, und Gott als Offenbarer, der
sich dem Menschen auf der Ebene und durch die Wege des Verstandes
mitteilt. Es wäre mir nach allem, was ich gesagt habe, ein leichtes, in
einem Augenblick fühlen zu lassen, welchen Wert und welche Zeit-
nähe dieser zähe Persönlichkeitsglaube besitzt, der vor kurzem noch
als veraltet angesehen und verurteilt wurde. Hier ist nur wichtig, zu
bemerken, wieviel Raum eine solche Haltung im Herzen der Gläubigen läßt und wie mühelos sie mit allem Großen und Gesunden im
Weltganzen zu vereinigen ist.

In den Anfängen seiner jüdischen Phase konnte sich das Christentum für die besondere Religion eines einzelnen Volkes halten. Auch
später war es den allgemeinen Bedingungen der menschlichen Erkenntnis unterworfen, und konnte sich nur eine viel zu enge
Vorstellung von der Welt rings um sich machen. Immerhin hat
es seit seinem Bestand stets danach gestrebt, die Totalität des
erschauten Weltbildes seinem Aufbau und seinen Errungenschaften
einzugliedern.

Personalismus und Universalismus. Auf welche Art haben diese
beiden Prinzipien den Weg gefunden, sich in der Theologie des
Christentums zu vereinen?

Aus praktischer Bequemlichkeit und vielleicht auch aus intellek-
tueller Ängstlichkeit wird der Gottesstaat in den Erbauungsbüchern
zu oft in konventionellen und rein moralischen Begriffen beschrieben.
Gott und die Welt, die er regiert: eine umfassende Vereinigung auf
Rechtsbasis, etwa wie eine Familie oder eine Regierung. Ganz anders
ist die Grundschau, aus der die Kraft des Christentums sich nährt und
von Anfang an entspringt. Infolge einer falschen Auffassung der
evangelischen Lehre glaubt man oft, dem Christentum Ehre zu erweisen, indem man es zu einer milden Philanthropie zurückbildet.
Doch man hat von seinen «Mysterien» nichts verstanden, solange
man nicht sieht, daß kein Glauben und Hoffen wirklichkeitsnäher
und weltumfassender ist als seines. Das Reich Gottes – eine große
Familie? Ja, in einem gewissen Sinn. Doch in einem andern Sinn

auch ein wunderbares biologisches Wirken: die erlösende Inkarnation.

Die Welt schaffen, vollenden und entsühnen, so lesen wir bereits bei Paulus und Johannes, ist für Gott die Einigung der Welt in einer organischen Vereinigung mit sich selbst.[1] Auf welche Weise eint er sie? Indem er zu einem gewissen Teil in die Dinge eintaucht, indem er sich zum «Element» macht, und indem er dann, kraft des im Herzen der Materie gefundenen Stützpunktes, die Führung und den Plan dessen übernimmt, was wir heute Evolution nennen. Als Prinzip universeller Lebenskraft hat Christus, indem er als Mensch unter Menschen erstanden ist, seine Stellung eingenommen, und er ist seit je dabei, den allgemeinen Aufstieg des Bewußtseins, in den er sich hineingestellt hat, unter sich zu beugen, zu reinigen, zu leiten und aufs höchste zu beseelen. Durch eine immerwährende Aktion von Kommunion und Sublimation sammelt er die gesamte Seelenkraft der Erde in sich. Und wenn er so alles versammelt und alles umgeformt hat, wird seine letzte Tat die Rückkehr zu dem göttlichen Herd sein, den er nie verlassen hat, und er wird sich mit dem von ihm Errungenen wieder auf sich selbst zurückziehen. Und dann, sagt uns der heilige Paulus, «wird es nur Gott geben, alles in allen». Wahrlich eine höhere Form des «Pantheismus»,[2] ohne den vergiftenden Zug einer Vermanschung oder Zunichtemachung. Erwartung einer vollkommenen Einheit, in der jedes Element, das mithineingetaucht ist, zugleich mit dem Universum seine Vollendung finden wird.

Das Universum vollendet sich in einer Synthese der Zentren, in vollkommener Übereinstimmung mit den Gesetzen der Vereinigung. Gott, Zentrum der Zentren. In dieser endgültigen Schau gipfelt das christliche Dogma. – Das trifft so genau den Punkt Omega, daß ich gewiß niemals gewagt hätte, auf rationale Weise die Hypothese von Omega ins Auge zu fassen und zu formulieren, wenn ich nicht in meinem gläubigen Bewußtsein sein ideelles Bild vorgefunden hätte, ja noch mehr: seine lebendige Wirklichkeit.

---

[1] Ist nicht für das griechische Denken bereits – wie für jedes Denken – «Sein» und «Einssein» dasselbe?

[2] «En pasi panta Theos.»

II. WERT SEINES DASEINS

Es ist verhältnismäßig leicht, das Gerüst einer Welttheorie aufzubauen. Aber es übersteigt die individuellen Kräfte, die Geburt einer Religion künstlich zu bewirken. Platon, Spinoza, Hegel konnten Ansichten entwickeln, die an Weite den Perspektiven der Inkarnation nicht nachstehen. Dennoch ist es keinem ihrer metaphysischen Systeme gelungen, die Grenzen der Ideologie zu überschreiten. Das eine wie das andere konnte vielleicht die Geister erleuchten, doch keines ist dahin gelangt, Leben zu erzeugen. Was in den Augen eines «Naturforschers» die Bedeutung und das Rätsel des Phänomens Christentum ausmacht, ist sein Daseins- und Wirklichkeitswert.

Wirklich ist das Christentum in erster Linie durch die Weite der spontanen Bewegung, die es innerhalb der Menschheit hervorbringen konnte. Es wendet sich an den ganzen Menschen und an alle Menschenklassen, und so hat es mühelos seinen Platz unter den kräftigsten und fruchtbarsten Strömungen eingenommen, die die Geschichte der Noosphäre bis heute verzeichnet. Sind seine Kennzeichen und sein beständiger Einfluß nicht überall auf der modernen Erde fühlbar, ob man ihm zustimmt oder von ihm abrückt?

Gewiß ein quantitativer Wert, den man an der Größe seines Aktionsradius messen kann. Doch, möchte ich hinzufügen, besonders auch ein qualitativer Wert, der sich durch das Aufkommen eines spezifisch neuen Bewußtseinszustandes ausdrückt, wie im Falle jedes biologischen Fortschritts.

Hier denke ich an die christliche Liebe.

Die christliche Liebe bleibt denen, die sie nicht gekostet haben, unverständlich. Daß das Unendliche und Unfaßbare liebenswert sein kann, daß das menschliche Herz mit wirklicher Liebe für seinen Nächsten schlagen kann, scheint vielen Leuten, die ich kenne, einfach unmöglich – und fast abnorm. Doch wie kann man an der Existenz dieses Gefühls zweifeln – mag es sich auf eine Illusion gründen oder nicht – und sogar an seiner mehr als normalen Kraft, wenn man nur die nackten Tatsachen zur Kenntnis nimmt, die es unaufhörlich vor unseren Augen bewirkt? Ist es nicht eine positive Tatsache, daß an seiner Flamme seit zwanzig Jahrhunderten Tausende von Mystikern so leidenschaftliche Gluten in sich entzündet haben, daß ihr Glanz und ihre Reinheit das Feuer und die Hingabe jeder irdischen Liebe weit hinter sich zurücklassen? Ist es nicht gleichfalls eine Tatsache, daß andere Tausende von Männern und Frauen, weil sie diese Leidenschaft empfunden haben, tagtäglich auf jeden anderen Ehrgeiz und auf jede andere Freude verzichten als die, sich ihr unter Mühsalen mehr und mehr hinzugeben? Ist es nicht schließlich auch eine Tatsache – und für diese stehe ich ein –, daß das gewaltige Gebäude von Riten, Hierarchie und Lehrsätzen, das die Kirche darstellt, sofort in den Staub zurückfiele, aus dem es hervorgegangen ist, wenn die Liebe Gottes in der Seele der Gläubigen zum Erlöschen käme?

So ist es für die Wissenschaft vom Menschen ein Phänomen von grundlegender Bedeutung, daß auf einem beträchtlichen Teil der Erde eine Zone des Denkens sich bildete und wuchs, in der eine wahrhaft weltumfassende Liebe nicht nur erdacht und gepredigt wurde, sondern auch ihre psychologische Möglichkeit und praktische Wirksamkeit offenbarte; es ist um so bedeutungsvoller, als die Bewegung sich keineswegs abschwächt, sondern an Schnelligkeit und Intensität noch zu gewinnen scheint.

III. KRAFT DES WACHSTUMS

Für fast alle alten Religionen bedeutete die Erneuerung der kosmischen Anschauungen, die den «modernen Geist» charakterisiert, eine Krise, die sie voraussichtlich nicht überstehen werden, wenn sie nicht schon gestorben sind. Zu eng mit unhaltbaren mythischen Vorstellungen verknüpft oder an eine Mystik von Pessimismus und Passivität gebunden, ist es ihnen unmöglich, sich der zahlenmäßigen Unermeßlichkeit oder den konstruktiven Anforderungen der Raum-Zeit anzupassen. Sie entsprechen nicht mehr den Voraussetzungen unserer Wissenschaft und unseres Handelns.

Trotz dieser Erschütterung, die seine Rivalen rasch zum Verschwinden bringt, gibt das Christentum, das zunächst selbst zu wanken schien, alle Zeichen eines neuen Aufschwungs. Mit den neuen Ausmaßen, die das Universum vor unseren Augen gewonnen hat, gewahrt das Christentum in sich selbst eine höhere Kraft und fühlt, daß es für die Welt von größerer Notwendigkeit ist als je zuvor.

Höhere Kraft. Um zu leben und sich zu entwickeln, bedürfen die christlichen Anschauungen einer Atmosphäre von Weite und Verbundenheit. Je weiter die Welt wird, je organischer ihre inneren Bindungen, um so siegreicher triumphieren die Perspektiven der Inkarnation. Die Gläubigen beginnen das zu bemerken, nicht ohne eigene Überraschung. Einen Augenblick empfand der Christ Furcht vor der Evolution, doch heute erkennt er, daß sie ihm ganz einfach eine wunderbare Möglichkeit gibt, sich noch tiefer Gott nahe zu fühlen und hinzugeben. In einer Natur, deren Stoff man sich pluralistisch und statisch vorstellte, konnte man allenfalls die Weltherrschaft Christi mit einer von außen her auferlegten Gewalt verwechseln. Doch welche Dringlichkeit, welche Intensität gewinnt die Christus eigene Kraft in einer geistig konvergenten Welt! Wenn die Welt konvergent ist, und wenn Christus ihr Zentrum einnimmt, dann ist die Christogenese des heiligen Paulus und des heiligen Johannes nichts Anderes und nichts Geringeres als die gleichermaßen erwartete wie überraschende Fortsetzung der Noogenese, in der für unsere Erfahrung die Kosmogenese gipfelt. Christus umkleidet sich organisch mit der ganzen Majestät seiner Schöpfung. Infolgedessen (und ohne dies bildlich zu verstehen) sieht sich der Mensch imstande, mit der bewegten Welt in ihrer ganzen Länge, Breite und Tiefe seinen Gott zu erleiden und zu entdecken. Gott buchstäblich sagen zu können, daß wir ihn lieben, nicht nur mit unserem ganzen Leib, unserem ganzen Herzen und unserer ganzen Seele, sondern mit dem ganzen, auf dem Weg der Einswerdung befindlichen Universum, das ist ein Gebet, das nur in der Raum-Zeit möglich ist.

Größere Notwendigkeit. Wenn wir behaupten, daß das Christentum trotz des gegenteiligen Anscheins in einer von der Wissenschaft wunderbar erweiterten Welt heimisch werde und wachse, so besagt dieser Ausspruch nur die Hälfte dessen, was tatsächlich geschieht. Die Evolution flößt den christlichen Erwartungen und Hoffnungen sozusagen neues Blut ein. Doch ist umgekehrt der christliche Glaube nicht dazu bestimmt und schickt er sich nicht dazu an, die Evolution zu retten oder geradezu abzulösen?

Kein Fortschritt ist auf der Erde zu erhoffen, so habe ich zu zeigen versucht, ohne den Vorrang und den Triumph des Persönlichen auf der Höhe des Geistes. Heute ist in der gesamten Noosphäre das Christentum die einzige Denkströmung, die kühn und fortschrittlich genug ist, um die Welt tatsächlich und wirksam zu umfassen, auf eine Art, die ihr Genüge tut und unbegrenzt vervollkommnungsfähig ist, und bei der Glaube und Hoffnung sich in der Nächstenliebe vollenden. Das Christentum allein, ganz allein auf der modernen Erde zeigt sich fähig, in einem einzigen, aus dem Leben entspringenden Akt das All und die Person zur Synthese zu bringen. Ganz allein kann es uns dahin führen, der ungeheuren Bewegung, die uns mit sich reißt, nicht nur zu dienen, sondern sie auch zu lieben.

Was sollen wir anderes sagen, als daß es alle Bedingungen erfüllt, die wir von einer Religion der Zukunft mit Recht erwarten, und daß es wirklich, wie es uns verheißt, die Stellung einnimmt, durch die hindurch in Zukunft die Hauptachse der Evolution gehen wird?

Fassen wir nun die Situation zusammen.

1. Objektiv, als Erscheinung betrachtet, zeigt die Bewegung des Christentums mit ihrer Verwurzelung in der Vergangenheit und ihren unaufhörlichen Entwicklungen die Merkmale *eines Phylums*.

2. Versetzen wir dieses Phylum in eine Evolution, die wir als Bewußtseinsaufstieg deuten, so schreitet es, infolge seiner Ausrichtung nach einer auf Liebe gegründeten Synthese, genau in der Richtung fort, die wir für den Pfeil der Biogenese angenommen haben.

3. Der Schwung dieser gleich einem Pfeil aufsteigenden Bewegung, der ihr Vordringen leitet und trägt, enthält wesentlich *das Bewußtsein einer wirklichen Beziehung* zu einem geistigen und transzendenten Pol von universeller Konvergenz.

Ist dies nicht eine Gegenprobe, die uns aufs genaueste unsere Erwartung bestätigt, daß an der Spitze der Welt wirklich vorhanden ist, was wir den «Punkt Omega»[1] genannt haben? Ist das nicht der Sonnenstrahl, der die Wolken durchbricht? Das Licht, das das schon Erhöhte auf das Steigende zurückstrahlt? Durchbricht es nicht unsere Einsamkeit? Ist es nicht der in unserer Welt wahrnehmbare Einfluß *eines Anderen*, eines höchsten Jemand? Stimmt das Phänomen des Christentums, das sich aus der Mitte des Phänomens des Sozialen erhebt, nicht mit alledem genau überein?

Selbst wenn ich nicht Christ, sondern nur ein Mann der Wissenschaft wäre, würde ich mir angesichts eines so vollkommenen Zusammentreffens vermutlich diese Frage stellen.

Peking, Juni 1938 bis Juni 1940

---

[1] Oder zumindest in genauerer Formulierung: «daß an der Spitze der Welt etwas gegenwärtig ist, das in der gleichen Linie liegt, aber noch höher steht als der Punkt Omega.» – Dies um die theologische These vom «Übernatürlichen» zu berücksichtigen, derzufolge der hic et nunc begonnene einigende Kontakt zwischen Gott und der Welt eine übernatürliche Innigkeit und daher den Charakter eines übernatürlichen Geschenkes erreicht, worauf der Mensch kraft des bloßen Verlangens seiner «Natur» nicht hoffen noch Anspruch erheben konnte.

ZUSAMMENFASSUNG ODER NACHWORT

DIE ESSENZ DES PHÄNOMENS MENSCH

Seitdem ich dieses Buch verfaßt habe, hat sich meine innere Schau, die es wiederzugeben sucht, nicht geändert. Im ganzen genommen sehe ich den Menschen auch heute noch genau wie bei der ersten Niederschrift dieser Seiten. Doch diese Grundschau ist nicht starr geblieben – sie konnte nicht erstarren. Unvermeidliche Vertiefung durch weiteres Nachdenken, Abklärung und unwillkürliche Neuordnung von Gedankenzusammenhängen, neue Tatsachen, die hinzukamen, und auch die beständige Not, besser verstanden zu werden, haben mich in zehn Jahren nach und nach gewisse neue Formulierungen und Gliederungen finden lassen, die mir halfen, die Hauptlinien meiner ehemaligen Arbeit klarer und zugleich einfacher zu gestalten.

Ich halte es für nützlich, den folgenden, zwar nichts verändernden, aber neu überdachten Extrakt meiner Schrift «Der Mensch im Kosmos» nach Art einer Zusammenfassung oder Schlußfolgerung in drei zusammenhängenden Thesen hier vorzulegen.

I. EINE WELT, DIE SICH EINROLLT, ODER: DAS KOSMISCHE GESETZ VON KOMPLEXITÄT UND BEWUSSTSEIN (COMPLEXITÉ-CONSCIENCE)

In der Schule der Astronomen haben wir uns in letzter Zeit mit der Idee eines Universums vertraut gemacht, das sich (erst!) seit einigen Milliarden Jahren, von einer Art Uratom ausgehend, in Galaxien entfaltet. Diese Vorstellung einer Welt im Zustand der Explosion ist noch umstritten: doch keinem Physiker würde es einfallen, sie zu verwerfen mit dem Einwand, sie sei zu philosophisch oder zu finalistisch. Es wird vielleicht gut tun, sich dieses Beispiel vor Augen zu halten, um die Tragweite und ihre Grenzen sowie die volle wissenschaftliche Berechtigung der von mir hier vorgebrachten Ansichten zu verstehen. In der Tat läßt sich der ganze Inhalt der langen, vorstehenden Seiten in seinem letzten Kern auf folgende einfache Feststellung zurückführen: Astronomisch erscheint uns das Universum so, als befinde es sich auf dem Weg räumlicher Ausdehnung (vom unendlich Kleinen zum unendlich Großen); physikalisch-chemisch betrachtet erscheint es uns dagegen noch klarer auf einer Bahn, als rolle es sich nach innen zu Organismen zusammen (vom ganz Einfachen zum äußerst Komplizierten). Diese eigentümliche Zusammenrollung zum Komplexen ist erfahrungsgemäß mit einer entsprechenden Zunahme von Verinnerlichung, das heißt von Psyche oder Bewußtsein verbunden.

Auf dem engbegrenzten Gebiet unseres Planeten (dem einzigen, auf dem wir bis jetzt Biologie studieren können) ist die hier erwähnte strukturelle Beziehung zwischen Komplexität und Bewußtsein empirisch erhärtet und seit jeher bekannt. Was die Originalität meines in diesem Buch eingenommenen Standpunktes ausmacht, ist folgende von Anfang an festgehaltene Annahme: Die besondere Eigenschaft der irdischen Substanzen, sich in dem Maße mit Leben zu erfüllen, wie sie komplexer werden, ist nur die Auswirkung und die einem bestimmten Raum zugehörige Erscheinungsform einer Grundströmung, die ebenso allgemein ist (und zweifellos noch bedeutsamer) wie andere solche Strömungen, die die Wissenschaft bereits erforscht hat, die hier dazu führen, daß die kosmischen Schichten sich explosionsartig, wie eine Welle ausbreiten, dort, daß sie sich unter dem Einfluß von Elektro-Magnetismus und Gravitation zu Korpuskeln verdichten, oder auch durch Strahlung entmaterialisieren. Diese verschiedenen Strömungen hängen wahrscheinlich, wie wir eines Tages erkennen werden, zutiefst miteinander zusammen.

Ist dem so, dann sieht man, daß das Bewußtsein, das wir empirisch als die spezifische Wirkung organischer Komplexität deuten, weit über den lächerlich kleinen Ausschnitt hinausreicht, in dem es unserem Blick gelingt, es direkt zu erfassen.

Dort, wo sehr geringe oder selbst mittlere Werte von Komplexität seine Wahrnehmung völlig unmöglich machen (das heißt von den großen Molekülen abwärts), haben wir logischerweise in jedem Korpuskel die Existenz irgendeiner rudimentären Psyche zu vermuten (wenn auch im Zustand des unendlich Kleinen, beziehungsweise des unendlich Diffusen) – genau wie der Physiker Veränderungen der Masse annimmt und berechnen könnte, die bei langsamer Bewegung hervorgerufen werden (obwohl sie der direkten Erfahrung völlig unzugänglich sind).

Wo nun aber in der Welt infolge verschiedener physikalischer Umstände (Temperatur, Schwerkraft usw.) die Komplexität nicht jene Werte zu erreichen vermag, bei denen eine Ausstrahlung von Bewußtsein in unsere Wahrnehmung treten könnte, neigen wir zu der Meinung, daß die Einrollung, die augenblicklich zum Stillstand gekommen ist, sich sogleich fortsetzen würde, sobald die Bedingungen sich verbessern würden.

Betrachtet man das Universum längs der Achse seiner Komplexitäten, so sieht man es, wie ich betonen möchte, in seiner Gesamtheit und in jedem seiner Punkte in beständigem Streben nach organischer Rückwendung zu sich selbst und daher nach Verinnerlichung. Das bedeutet für die Wissenschaft, daß das Leben seit je und überall unter einer Spannung steht, und daß es durch nichts gehindert werden kann, den Prozeß, dem es entsprungen ist, dort, wo ihm ein merklicher Durchbruch gelungen ist, bis zum äußersten weiterzutreiben.

In diese Umwelt, in der die Kraft der Konvergenz des Kosmos wirksam ist, muß man sich meiner Meinung nach versetzen, wenn man das Phänomen Mensch von allen Seiten sichtbar machen und in voll zusammenhängender Weise erklären will.

II. DAS ERSTE ERSCHEINEN DES MENSCHEN ODER: DIE SCHWELLE DES ICHBEWUSSTSEINS DES INDIVIDUUMS

Um die Schwierigkeit der unwahrscheinlichen Verbindungen zu überwinden, die zu immer komplexeren Einheiten führen, tut das Universum auf der Bahn seiner Einrollung in den vorreflexiven

Zonen¹ nur Schritt für Schritt, indem es Milliarden und Milliarden von Versuchen unternimmt. Diese Tastversuche, die sich mit dem doppelten Mechanismus der Fortpflanzung und der Vererbung verbinden, bringen jene außerordentliche Anhäufung von Lebenslinien hervor, die den «Baum des Lebens» ergeben, von dem ich weiter oben gesprochen habe – die man aber auch mit einem Zerstreuungs-Spektrum vergleichen könnte, bei dem jede Wellenlänge einer besonderen Nüance von Bewußtsein oder Instinkt entspricht. (Die Vererbung erlaubt, die einmal gewonnenen günstigen Kombinationen zu sammeln und zu verbessern, nach einem additiven Verfahren, d. h. ohne zahlenmäßige Verringerung, ja sogar unter Vermehrung der beteiligten Individuen.)

Von einem gewissen Blickpunkt aus können die verschiedenen Strahlen dieses psychischen Fächers vital gleichwertig scheinen, und so werden sie auch tatsächlich von der Wissenschaft noch oft gesehen: so viel Instinkte, so viel gleichwertige und miteinander nicht vergleichbare Lösungen eines einzigen Problems. Nun besteht die zweite Originalität der in diesem Buch entwickelten Ansichten darin, daß ich neben der Auffassung des Lebens als universaler Funktion kosmischer Ordnung der Erscheinung des *Ichbewußtseins* im Stammbaum des Menschen den Wert einer «Schwelle» oder einer Zustandsänderung zuerkenne. Gewiß keine unbedachte Behauptung (man beachte dies wohl!), noch von Anfang an auf irgendeine Metaphysik des Denkens gegründet. Vielmehr eine Entscheidung, die sich empirisch auf die merkwürdig unterschätzte Tatsache stützt, daß wir es seit dem «Übergang zur Reflexion» tatsächlich mit einer neuen Form von Biologie² zu tun haben, die neben anderen Besonderheiten durch folgende Eigenschaften charakterisiert ist:

---

¹ Vom Ichbewußtsein ab bereichert sich das Spiel der zufälligen Kombinationen um die «vorbedachten» oder «erfundenen», die es gewissermaßen ersetzen (siehe weiter unten).

² Dieselbe Änderung wie in der Physik (durch das Auftauchen und Vorwalten gewisser neuer Begriffe), wenn sie vom Mittelgroßen zum Unermeßlichen oder umgekehrt zum unendlich Kleinen übergeht. – Man vergißt es zu leicht: eine spezielle Biologie des unendlich «Komplexen» gibt es, und *muß* es geben.

a) Im Leben der Individuen treten entscheidend innere Ordnungsfaktoren auf (z. B. *Erfindung*), die den äußeren Ordnungsfaktoren (Spiel der benutzten Zufälle) übergeordnet sind.

b) Zwischen den Elementen erscheinen gleichfalls entscheidend echte Kräfte der Anziehung oder Abstoßung (Sympathie und Antipathie), welche die Pseudo-Anziehungs- und Pseudo-Abstoßungskräfte des Prävitalen oder der unteren Lebensformen ablösen; diese letzteren waren wohl einfachen Reaktionen auf die Krümmungen der Raum-Zeit, respektive der Biosphäre zuzuschreiben.

c) Schließlich erwacht (infolge des neuen und revolutionären Vermögens, die Zukunft vorauszusehen) im Bewußtsein jedes einzelnen Elements das Verlangen nach «unbegrenztem Weiterleben». Das bedeutet für das Leben den Übergang von einem Zustand relativer Irreversibilität (physische Unmöglichkeit der kosmischen Bewegung der Zusammenrollung, zum Stillstand zu kommen, sobald die Bewegung begonnen hat) in den Zustand einer absoluten Irreversibilität (radikale dynamische Unvereinbarkeit einer sicheren Aussicht auf den Tod des Alls mit der Fortdauer einer denkend gewordenen Evolution).

Diese verschiedenen Eigenschaften verleihen der zoologischen Gattung, die sie hat, nicht nur quantitativ und zahlenmäßig, sondern auch funktionell und vital einen unbestreitbaren Vorrang. Unbestreitbar, wiederhole ich, jedoch nur unter der Voraussetzung, daß man sich entscheidet, das empirische Gesetz von Komplexität-Bewußtsein konsequent und unbeirrbar auf die Gesamtevolution der Gattung anzuwenden.

III. DAS SOZIALE PHÄNOMEN
ODER: DER AUFSTIEG ZUR SCHWELLE DES KOLLEKTIVBEWUSSTSEINS

Rein deskriptiv betrachtet stellt der Mensch anfänglich, wie wir sahen, nur eines von den unzähligen Äderchen dar, die – anatomisch und zugleich psychisch – den Fächer des Lebens bilden. Aber nachdem diese Ader, oder wenn man lieber will, dieser Strahl, allein unter allen anderen, dank einer bevorzugten Stellung oder Struktur, aus dem Instinkt zum Denken vorzudringen vermochte, erweist er eine Fähigkeit, sich innerhalb des von ihm besetzten, bis dahin noch gänzlich freien Bezirks der Welt derartig auszubreiten, daß er ein Spektrum zweiter Ordnung erzeugt: die ungeheure Mannigfaltigkeit der bekannten anthropologischen Typen. Betrachten wir diesen zweiten Fächer. In Anbetracht der besonderen Form von Kosmogenese, die wir in diesem Buch vertreten, müssen wir das Problem, das unsere Existenz der Wissenschaft stellt, wie folgt formulieren: «In welchem Maße und – eventuell – in welcher Form gehorcht die menschliche Schicht noch immer (oder entgeht sie) den Kräften der kosmischen Involution, die sie entstehen ließ?»

Die Antwort auf diese Frage, die für unser Verhalten von vitaler Bedeutung ist, hängt ganz von der Idee ab, die wir uns vom Wesen des sozialen Phänomens machen (oder genauer: machen sollten), das sich in voller Kraft um uns entfaltet.

Aus alter Denkgewohnheit (und auch weil es uns tatsächlich schwer fällt, einen Vorgang zu überschauen, der uns in sich gefangen hält), wird das dauernd sich verstärkende Bestreben der menschlichen Myriade, sich selbst zu organisieren, noch (sehr häufig) als eine Entwicklung von Rechtsbeziehungen angesehen, der man nur eine untergeordnete Bedeutung und nur eine oberflächliche, rein «äußerliche» Analogie mit biologischen Bildungen zuspricht. Seit ihrem Auftreten – gibt man stillschweigend zu – fährt die Menschheit fort sich zu vermehren: das zwingt sie natürlich, für ihre Glieder immer komplizertere Ordnungsformen zu finden. Laßt uns diesen *Modus vivendi* aber nicht mit einem echten ontologischen Fortschritt verwechseln! Entwicklungsmäßig rührt sich in der Menschheit seit langem nichts mehr – wenn sich je etwas gerührt hat.

Hier halte ich es als Mann der Wissenschaft für meine Pflicht, Einwand und Protest zu erheben.

In uns Menschen – behauptet noch eine gewisse Art von Gemeinverstand[1] – sei die biologische Evolution zu ihrem Abschluß gekom-

---

[1] Wohlgemerkt derselbe «Gemeinverstand», der in bezug auf so viele physikalische Probleme eben erst ein für allemal zurechtgerückt wurde.

men. Seitdem sich das Leben in seinem eigenen Bewußtsein spiegelt,
sei es unbeweglich geworden. – Aber muß man denn nicht ganz im
Gegenteil sagen, daß es einen neuen Sprung nach vorwärts macht?
Man sieht ja, wie mit den wachsenden Bestrebungen der Menschheit,
ihre eigene Masse zu organisieren, *pari passu* die psychische Spannung zunimmt, das Bewußtsein von Zeit und Raum, der Drang und
die Fähigkeit zu Entdeckungen. Dieses große Ereignis scheint uns
kein Mysterium. Ist aber in dieser vielsagenden Verbindung von
technischer Ordnung und psychischer Zentrierung nicht immer
noch die große Kraft deutlich am Werk (freilich in noch niemals erreichten Ausmaßen und Tiefen) – die Kraft, die uns geschaffen hat?
Ist es denn möglich, nicht zu sehen, daß derselbe Zyklon, der zunächst jeden einzelnen von uns – dich und mich – zusammengerollt
hat, seine Bahn über unseren Häuptern fortsetzt (diesmal auf der
Höhenlinie des Sozialen) und uns alle aneinanderdrückt, in einer
Umarmung, die uns vollkommen machen will, indem sie uns zugleich organisch an alle andern bindet?

«Mit der menschlichen Gesellschaftsbildung, deren spezifische Wirkung darin liegt, daß das gesamte Bündel der denkenden Schuppen
und Fibern der Erde auf sich selbst zurückgebogen wird, setzt der
kosmische Wirbel der Verinnerlichung seine ureigene Bewegungs-
richtung fort.» Dies ist die dritte Ansicht, zu der ich mich entschieden
habe – die folgenschwerste von allen. Indem sie an die beiden vorausgehenden, oben dargelegten Postulate anknüpft und sie erweitert
(das eine betrifft die vorherrschende Stellung des Lebens im Universum und das andere die des Denkens im Leben), definiert und beleuchtet sie endgültig meine wissenschaftliche Stellungnahme gegenüber dem Phänomen Mensch.

Hier ist nicht der Ort, in allen Einzelheiten aufzuzeigen, wie gut
und vollständig diese organische Deutung der sozialen Tatsachen den
Gang der Geschichte erklärt (oder sogar in bestimmter Richtung vorauszusehen erlaubt). Ich beschränke mich auf eine Bemerkung. Wenn
sich tatsächlich jenseits der elementaren Menschwerdung, die im
einzelnen Individuum gipfelt, eine zweite Menschwerdung über uns
vollzieht, diesmal eine kollektive, die die ganze Art umfaßt – dann

erscheint die Feststellung ganz natürlich, daß sich parallel mit der gesellschaftlichen Organisation der Menschheit dieselben drei psychobiologischen Eigenschaften, nun aber im Erdmaßstab, herausbilden, die erstmals beim Individuum der Übergang zum Denken ausgelöst hat:

a) Erstens die Fähigkeit zur Erfindung. Da sich heute alle Forschungskräfte planmäßig gegenseitig stützen, hat sie sich so rasch verstärkt, daß man bereits (wie ich weiter oben sagte) von einem Wiederanspringen (einer Wiederankurbelung) der menschlichen Evolution sprechen könnte.

b) Zweitens die Fähigkeit der Anziehung (oder der Abstoßung). Diese Kräfte wirken in der Welt noch auf chaotische Weise, doch sind sie rings um uns in einem so raschen Anstieg begriffen, daß das Wirtschaftliche (was man auch sagen mag) morgen möglicherweise dem Ideologischen und Gefühlsmäßigen gegenüber sehr wenig bei der Ordnung der Erde zählen wird.

c) Schließlich und vor allem die Forderung der Irreversibilität. Sie geht von der noch ein wenig zögernden Zone der individuellen Strebungen aus, um sich im Bewußtsein und durch die Stimme der Art kategorisch zum Ausdruck zu bringen. – Kategorisch, sage ich, und zwar in folgendem Sinn: ein einzelner Mensch kann vielleicht dahin gelangen, sich vorzustellen, daß es ihm physisch oder sogar moralisch möglich sei, seiner vollständigen Vernichtung ins Auge zu sehen; gegenüber einer totalen Zunichtemachung der Evolution mit ihren mühsam errungenen Früchten (oder auch schon bei ihrer unzureichenden Erhaltung) würde der Menschheit, und darüber beginnt sie sich völlig klarzuwerden, nur der Streik übrigbleiben. Die Anstrengung, die Erde voranzubringen, fällt zu schwer; auch droht sie zu lange zu dauern. Nur wenn wir im Unzerstörbaren arbeiten können, vermögen wir sie auf uns zu nehmen.

Diese und noch viele andere Anzeichen scheinen mir vereint einen ernsthaften wissenschaftlichen Beweis dafür zu erbringen, daß die zoologische Gruppe Mensch (in Übereinstimmung mit dem allgemeinen Gesetz der Zentro-Komplexität) weit davon entfernt ist, sich durch fessellosen Individualismus biologisch in einen Zustand zunehmender Körnung zu verlieren, noch auch (durch Flug in den Astralraum) in siderischer Ausbreitung Rettung vor dem Tod zu suchen, oder ganz einfach in eine Katastrophe oder in Vergreisung hineinzugleiten. Nein, dank der planetarischen Ordnung und Konvergenz aller Elemente, die auf der Erde reflektierend geworden sind, strebt sie tatsächlich nach einem zweiten kritischen Reflexionspunkt, der kollektiv und übergeordnet ist: jenseits dieses Punktes (eben weil er kritisch ist) können wir direkt nichts mehr sehen; doch (wie ich gezeigt habe) können wir voraussagen, daß sich in diesem Punkt der Kontakt vollziehen werde zwischen dem Denken, das aus der Involution der Materie entstanden ist, und einem transzendenten Brennpunkt Omega, dem Prinzip, das eine Rückwärtsentwicklung unmöglich macht und zugleich Antrieb ist und Sammler dieser Involution.

Ans Ende gelangt, will ich nur noch meine Gedanken über drei Fragen klarlegen, die meinen Lesern gewöhnlich Schwierigkeiten bereiten, nämlich: a) welcher Platz bleibt der Freiheit (und folglich der Möglichkeit eines Mißlingens der Weltentwicklung)? b) welcher Wert ist dem Geist zuzubilligen (in bezug auf die Materie)? und c) wie kann man nach der Theorie einer kosmischen Involution zwischen Gott und der Welt noch unterscheiden?

a) Was die Erfolgsaussichten der Kosmogenese betrifft, so folgt, wie ich behaupten möchte, aus dem hier eingenommenen Standpunkt keineswegs, daß der endgültige Erfolg der Menschwerdung notwendig, schicksalhaft, gesichert sei. Gewiß, die «noogenetischen» Kräfte der Kompression, der Organisation und der Verinnerlichung, unter deren Einfluß die biologische Synthese der Reflexion vor sich geht, mindern keinen Augenblick ihren Druck auf den menschlichen Stoff: daraus ergibt sich die oben angezeigte Möglichkeit – *wenn alles gut geht* – einige deutliche Wegrichtungen der Zukunft[1] mit Sicherheit vorauszusehen. Doch eben auf Grund seiner Natur – vergessen wir das nicht – kommen im Universum (und ganz besonders beim

---

[1] Zum Beispiel den unaufhaltsamen Fortschritt des Menschen zur gesellschaftlichen Vereinigung, zu der (den Geist befreienden) Entwicklung der Maschine und der Automation bis dahin schließlich, daß «alles versucht» und «alles gedacht» wird.

Menschen) die großen Komplexe (das heißt immer unwahrscheinlichere, wenn auch miteinander zusammenhängende Zustände) nur
durch zwei untereinander verbundene Methoden zustande: 1. tastende Benützung günstiger Fälle (die durch das Spiel der großen
Zahlen hervorgerufen werden) und 2. (in einer zweiten Phase) bewußte Erfindung. Das bedeutet aber, daß die Energie der kosmischen
Involution auf Grund ihres Wesens, mag sie auch noch so unbeirrbar
und gebieterisch eingreifen, zwei Unsicherheitsfaktoren ausgesetzt
ist, die mit einem doppelten Spiel zusammenhängen: nach unten –
der Glücksfälle, nach oben – der Freiheiten. Bemerken wir immerhin
noch, daß bei sehr großen Gesamtheiten (wie sie eben die Masse der
Menschheit darstellt) der fragliche Prozeß die Tendenz hat, «sich unfehlbar zu machen»; mit der Vermehrung der eingesetzten Elemente
nehmen die Erfolgsaussichten auf der Seite des Zufalls zu und die
Möglichkeiten der Ablehnung oder des Irrtums auf der Seite der
Freiheit ab.[1]

b) Was den Wert des Geistes anbelangt, so bemerke ich, daß Geist
und Materie, wenn man sie als Phänomene betrachtet, worauf ich
mich grundsätzlich beschränke, sich nicht als «Dinge», als «Naturen»
darstellen, sondern als einfache, aufeinander bezügliche *variable*
Größen. Es handelt sich nicht darum, ihr geheimes Wesen zu bestimmen, sondern ihre Kurve als Funktion von Raum und Zeit. Ich
erinnere auch daran, daß auf dieser Betrachtungsebene das «Bewußtsein» nicht als eine Art von besonderer und unvergänglicher Wesenheit erscheint und aufgefaßt werden will, sondern als eine «Wirkung», als die spezifische Wirkung der Komplexität.

Selbst in diesen bescheidenen Grenzen scheint mir von seiten der
Erfahrung ein sehr wichtiger Beitrag zugunsten der Spekulationen
der Metaphysik geliefert zu werden.

Denn wenn man die oben besagte Umstellung des Bewußtseins-
begriffes übernimmt, hindert – wie wir gesehen haben – nichts mehr,

---

[1] Einen gläubigen Christen wird es interessieren, daß der Enderfolg der Menschwerdung (daher der kosmischen Involution) tatsächlich durch die «Wieder-
belebungskraft» des in seiner Schöpfung Fleisch gewordenen Gottes verbürgt ist.
Doch damit haben wir schon die Ebene der Erscheinungswelt verlassen.

das Spektrum des «Innen der Dinge» nach unten zu verlängern, in Richtung der schwachen Komplexitäten, bis über die Grenze der Sichtbarkeit hinaus: das bedeutet aber, daß sich das «Psychische» als etwas erweist, was in verschiedenen Graden von Konzentration der Gesamtheit der Erscheinungswelt zugrunde liegt.

Folgt man hingegen demselben «Psychischen» nach oben, in Richtung der sehr großen Komplexe, so zeigt es von dem Augenblick an, in dem wir es an den Lebewesen wahrnehmen können, je nach der «Komplexität» seiner Unterlage ein zunehmendes Streben nach Herrschaft und Eigengesetzlichkeit. An den Ursprüngen des Lebens scheint der Brennpunkt der ordnenden Kraft (B 1) in jedem individuellen Element seinen an Bewußtsein gebundenen Brennpunkt (B 2) zu erzeugen und zu kontrollieren. Doch weiter oben kehrt sich das Verhältnis um. Von der «Schwelle des Denkens des Individuums» an (wenn nicht schon früher!), beginnt B 2 sich sehr deutlich (durch «Erfindung») um die Fortschritte von B 1 anzunehmen. Noch höher, das heißt beim (vermuteten) Nahen des Kollektivbewußtseins, beginnt B 2 aus seinem zeit-räumlichen Rahmen herauszutreten, um sich mit dem universalen und höchsten Brennpunkt Omega zu verbinden. Nach dem ersten Auftauchen die volle Erhebung. – Nach den Zukunftserwartungen, die sich an eine kosmische Involution knüpfen, gelangt nicht nur das Bewußtsein zur selben Ausdehnung wie das Universum, sondern das Universum erreicht in der Form des Geistigen, in einem Pol höchster Verinnerlichung, Gleichgewicht und Bestand.

Gibt es eine schönere empirische Stütze, um den Vorrang des Geistes metaphysisch zu begründen?

c) Schließlich, um ans Ende zu kommen – und auch um den Befürchtungen ein Ende zu machen, die beständig von gewissen Anhängern des traditionellen Spiritualismus erhoben werden, sobald von Evolution die Rede ist: daß es sich nämlich um «Pantheismus» handle – wie kann man verkennen, daß im Fall eines *konvergenten Universums*, wie ich es gezeichnet habe, das universale Einigungs-Zentrum (eben um seine Bewegungs-, Sammlungs- und Festigungsfunktion zu erfüllen) nicht aus der Vermischung und Verwischung der von ihm zusammengefaßten elementaren Zentren entstanden sein kann, sondern als präexistent und transzendent aufgefaßt werden muß.[1] Das ist, wenn man will, wirklich «Pantheismus» (im etymologischen Sinn), doch ein absolut legitimer Pantheismus. Denn wenn am Ende die bewußten Zentren der Welt tatsächlich nur mehr «eins mit Gott» sind, so kommt es zu diesem Zustand nicht durch Identifizierung (indem Gott zu allem wird), sondern durch die differenzierende und einigende Wirkung der Liebe (Gott ganz *in allen*) – und das ist durchaus orthodox und christlich.

[1] Wie ich bereits mehrfach auseinandergesetzt habe: Seite 275 und Seite 305.

EINIGE BEMERKUNGEN ÜBER DEN RANG
UND DIE ROLLE DES BÖSEN
IN EINER EVOLUTIONÄREN WELT

Im Verlauf der vorausgegangenen, langen Auseinandersetzungen wird ein besonderer Umstand den Leser vielleicht erstaunt oder sogar empört haben. Wenn ich mich nicht irre, wurde nirgends das Wort Leid oder Schuld ausgesprochen. Wird denn von meinem Gesichtspunkt aus das Böse und sein Problem hinfällig, oder zählt es nicht mehr in der Struktur der Welt? Ist in diesem Fall das Bild des Universums, das ich hier gezeigt habe, nicht vereinfacht oder sogar gefälscht?

Auf diesen so oft gehörten Vorwurf, mein Optimismus sei naiv oder übertrieben, ist meine Antwort (oder wenn man will, meine Entschuldigung), daß ich in diesem Werk einzig und allein darauf bedacht war, die *positive Essenz* des biologischen Menschwerdungsprozesses bloßzulegen, und es daher (aus Gründen der Klarheit und Einfachheit) für unnötig hielt, das Negativ des entworfenen Bildes zu entwickeln. Wozu die Aufmerksamkeit auf die Schatten der Landschaft lenken – oder auf die Tiefe der Abgründe zwischen den Gipfeln noch besonders hinweisen? Waren die einen wie die anderen nicht sichtbar genug? Ich dachte, man würde wahrnehmen, was ich nicht sagte. Wenn man in der hier dargebotenen Schau nur eine Art menschlicher Idylle sucht, statt des kosmischen Dramas, das ich entwerfen wollte, so hat man nichts verstanden.

Das Böse, wirft man mir vor, wird in meinem Buch nicht erwähnt. Ausdrücklich vielleicht nicht. Doch dringt dafür nicht eben dieses Böse unwiderstehlich und vielförmig aus allen Poren, aus allen Fugen, aus allen Gelenken des von mir vertretenen Systems?

Zunächst *das Übel der Unordnung und des Mißerfolgs.* Bis in ihre denkenden Zonen schreitet die Weltentwicklung, wie wir sahen, durch Glücksfälle, durch Tastversuche fort. Schon aus diesem Grund zeigen sich, sogar noch im Gebiet des Menschlichen (wo der Zufall noch am ehesten gelenkt wird), so viel mißglückte Versuche gegenüber einem einzigen Erfolg – so viel Unglück für ein einziges Glück – so viel Sünder auf einen einzigen Heiligen. Auf der Stufe der Materie im Anfang nur Mangel an Anordnung oder gestörte physikalische Ordnung; doch bald darauf Schmerz im empfindlichen Fleisch; noch höher Bosheit oder Qual des Geistes, der sich erforscht und der wählt; wir haben es statistisch festgestellt: auf allen Stufen der Evolution, immer und überall, in uns und um uns, bildet sich das Böse und bildet sich unversöhnlich immer aufs neue! «*Necessarium est ut scandala eveniant.*» So fordert es, ohne daß Hilfe möglich wäre, das Spiel der großen Zahlen innerhalb einer sich organisierenden Menge.

Der Zerfall als weiteres Übel: einfach eine Form des vorigen, insofern als Krankheit und Verderben immer das Ergebnis eines unglücklichen Zufalls sind; doch eine verschärfte und in doppelter Hinsicht schicksalhafte Form, so muß man hinzufügen, da für den Lebenden der Tod das regelmäßige und unentrinnbare Los geworden ist, damit in der Folge eines Phylums die einen Individuen durch die nächsten ersetzt werden. So ist der Tod ein notwendiges Rad im Mechanismus und im Aufstieg des Lebens.

Dann *noch das Übel der Einsamkeit und der Angst:* das große (nur dem Menschen bekannte) Angstgefühl eines Bewußtseins, das in einem dunklen Universum zum Denken erwacht, in dem das Licht Jahrhunderte um Jahrhunderte nötig hat, um zu ihm zu gelangen – ein Universum, das wir immer noch nicht recht verstehen, und von dem wir nicht wissen, was es mit uns vorhat.

Endlich das, was uns vielleicht (weil es uns höher stimmt) weniger tragisch scheint, das aber dennoch eine Wirklichkeit ist: das *Übel des Wachstums,* das daher rührt, daß in den Wehen jeder Geburt ein geheimnisvolles Gesetz wirksam ist, demzufolge sich jeder Fortschritt zu größerer Einheit, vom einfachsten chemischen Vorgang bis zu den höchsten Synthesen des Geistes, in die Begriffe von Arbeit und Anstrengung übersetzt.

Gewiß, wenn man den Lauf der Welt unter diesem Gesichtspunkt betrachtet, also nicht dem des Fortschritts, sondern des Einsatzes und der Mühe, die er fordert, bemerkt man bald unter dem Schleier von Sicherheit und Harmonie, mit dem sich, aus großer Höhe gesehen, der Aufstieg des Menschen umhüllt, einen besonderen Typ von Kosmos, der das Böse (nicht durch Zufall – das hätte wenig zu bedeuten –, sondern infolge seiner ganzen Anlage) notwendig in dem Kielwasser seiner Evolution nach sich zieht, und zwar in beliebiger Menge oder Schwere. Ein Universum, das sich einrollt, sagte ich – ein Universum, das sich verinnerlicht: aber eben damit auch ein Universum der Mühsal, ein Universum der Sünde, ein Universum des Leides. . . . Ordnung und Zentrierung: diese beiden eng miteinander zusammenhängenden Formveränderungen lassen sich, wie die Ersteigung einer Bergspitze, oder die Eroberung der Lüfte, nur dann richtig durchführen, wenn man sie teuer bezahlt; – wenn wir wüßten, aus welchen Gründen und nach welcher Taxe, so hätten wir das Geheimnis der Welt um uns durchdrungen.

Schmerz und Schuld, Tränen und Blut: durchwegs Nebenprodukte, von der Noogenese während ihres Wirkens erzeugt (übrigens häufig wertvoll und neuverwendbar). Das ist es, was uns zum Abschluß das Schauspiel der bewegten Welt enthüllt, auf Grund erster Beobachtung und Überlegung. Aber ist es auch wirklich alles – gibt es nichts anderes zu sehen? Das heißt: ist es so ganz gewiß, daß für einen Blick, den ein anderes Licht als das der reinen Wissenschaft wach und hellsichtig machte, die Menge und die Niedertracht des *hic et nunc* in der Welt verbreiteten Bösen nicht ein gewisses *Übermaß* verrät, unerklärlich für unsere Vernunft, wenn nicht der *normalen Wirkung der Evolution* noch die *außergewöhnliche Wirkung* einer uranfänglichen Katastrophe oder Abirrung hinzugefügt wird?

Auf diesem Gebiet fühle ich mich, ehrlich gesagt, nicht berufen, Stellung zu nehmen, und es ist auch hier nicht der Ort dazu. Eines jedoch scheint mir klar und vorläufig ausreichend, um das Verständnis zu fördern: man beachte, daß die Erscheinungswelt in diesem Fall (genau wie in dem der «Erschaffung» der menschlichen Seele, vgl. Seite 169 Anmerkung 1) der Theologie nicht nur alle Freiheit läßt, sondern sie geradezu auffordert, die von der Erfahrung gelieferten – und daher über ein gewisses Maß hinaus immer zweideutigen – Gegebenheiten oder Vermutungen (sofern sie dies für nötig hält) zu klären und zu vertiefen.

Jedenfalls ist es unleugbar, daß selbst für den Blick des einfachen Biologen nichts so sehr einem Passionsweg gleicht wie der abenteuerliche Weg der Menschheit.

Rom, den 28. Oktober 1948

PIERRE TEILHARD DE CHARDIN

Wissenschaft, Philosophie, Religion, Mythos

Jürgen Audretsch (Hrsg.)
Die andere Hälfte der Wahrheit
Naturwissenschaft, Philosophie, Religion
1992. 255 Seiten. Paperback
Beck'sche Reihe Band 469

Jürgen Audretsch / Klaus Mainzer (Hrsg.)
Vom Anfang der Welt
Wissenschaft, Philosophie, Religion, Mythos
2. Auflage. 1990. 234 Seiten mit 52 Abbildungen. Gebunden

Gernot Böhme (Hrsg.)
Klassiker der Naturphilosophie
Von den Vorsokratikern bis zur Kopenhagener Schule
1989. 458 Seiten mit 4 Abbildungen und 24 Porträts. Leinen

Bernulf Kanitscheider
Das Weltbild Albert Einsteins
1988. 208 Seiten mit 3 Abbildungen. Gebunden

Friedrich Wilhelm (Hrsg.)
Der Gang der Evolution
Die Geschichte des Kosmos, der Erde und des Menschen
1987. 270 Seiten mit 85 Abbildungen. Gebunden

Uwe Schultz (Hrsg.)
Scheibe, Kugel, Schwarzes Loch
Die wissenschaftliche Eroberung des Kosmos
1990. 360 Seiten mit 63 Abbildungen. Broschiert

Pierre Teilhard de Chardin
Die Entstehung des Menschen
1981. 129 Seiten. Leinen

Verlag C. H. Beck München

Weltbild und Weltanschauung

Kurt Hübner
Die Wahrheit des Mythos
1985. 465 Seiten mit 6 Abbildungen. Leinen

Heinrich Fries / Georg Kretschmar (Hrsg.)
Klassiker der Theologie
Band 1: Von Irenäus bis Martin Luther
Band 2: Von Richard Simon bis Dietrich Bonhoeffer
Beide Bände zusammen 948 Seiten mit 43 Abbildungen. Broschiert

Rudolf Simek
Erde und Kosmos im Mittelalter
Das Weltbild von Kolumbus
1992. 219 Seiten mit 32 Abbildungen und 3 Plänen. Gebunden

Klaus Fischer
Galileo Galilei
1983. 239 Seiten mit 6 Abbildungen. Paperback
Beck'sche Reihe Band 504

Ivo Schneider
Isaac Newton
Ein historischer Überblick
1988. 194 Seiten mit 11 Abbildungen. Paperback
Beck'sche Reihe Band 514

Klaus Oehler
Charles Sanders Peirce
1993. 163 Seiten mit 4 Abbildungen. Paperback
Beck'sche Reihe Band 523

Verlag C. H. Beck München